böhlau

Europäische Diktaturen und ihre Überwindung
Schriften der Stiftung Ettersberg

Herausgegeben von
Jörg Ganzenmüller
Anke John
Christiane Kuller

in Verbindung mit
dem Wissenschaftlichen Beirat
der Stiftung Ettersberg

Band 30

Transformationserfahrungen

Lebensweltliche Umbrüche in Ostdeutschland nach 1990

Herausgegeben von
Jörg Ganzenmüller

Redaktion
Sarah Kunte

BÖHLAU

Gefördert durch die Thüringer Staatskanzlei

Freistaat Thüringen Staatskanzlei

Bibliografische Information der Deutschen Nationalbibliothek:
Die Deutsche Nationalbibliothek verzeichnet diese Publikation in der Deutschen Nationalbibliografie; detaillierte bibliografische Daten sind im Internet über https://dnb.de abrufbar.

Umschlagabbildung: Werbeschild einer ehemaligen HO-Gaststätte »Zur Einheit« in Staßfurt in Sachsen-Anhalt in der DDR, Staßfurt 13.05.1992
© ddrbildarchiv.de/Robert Grahn

Umschlaggestaltung: Michael Haderer, Wien
Korrektorat: Ute Wielandt, Markersdorf
Satz: büro mn, Bielefeld
Druck und Bindung: Hubert & Co, Ergolding
Printed in the EU

Vandenhoeck & Ruprecht Verlage | www.vandenhoeck-ruprecht-verlage.com
E-Mail: info@boehlau-verlag.com

ISBN 978-3-412-53096-9

Für Herrn Prof. Dr. Alexander Thumfart (1959–2022)

Inhalt

Einführung

Jörg Ganzenmüller
Lebensweltliche Umbrüche in der Vereinigungsgesellschaft
Die erfahrungsgeschichtliche Dimension der Transformation
Ostdeutschlands nach 1990 11

Everhard Holtmann/Tobias Jaeck
Politische Einstellungen in Ostdeutschland nach
dem ›doppelten Transformationsschock‹ 35

Soziokulturelle Brüche der Transformation

Detlev Brunner
Arbeitsplatzverlust und Unsicherheit
Erfahrungen der Deindustrialisierung in Ostdeutschland
in den 1990er Jahren 51

Peer Pasternack
Expandierende Stadt – Shrinking City – Auffang- und Ankunftsquartier
Halle-Neustadt 1964 bis heute 63

Nicole Hördler
Identitäten im Umbruch
Zur Selbstwahrnehmung der ostdeutschen Transformationsgesellschaft
nach 1990 87

Uta Bretschneider
Nach dem ›Arbeiter-und-Bauern-Staat‹
Berufsbiografien und Transformationserfahrungen auf dem Land 107

Juliane Stückrad
Ohnmacht als Transformationserfahrung im ländlichen Raum
Die Folgen der Gemeindegebietsreformen für die politische Kultur
in ostdeutschen Dörfern und Kleinstädten 123

Franka Maubach
»Lichtenhagen ist überall«
Antivietnamesische Gewalt und Rassismuserfahrungen
im ostdeutschen Umbruch ... 135

Deutungen und Repräsentationen der Transformation

Agnès Arp/Élisa Goudin-Steinmann
Die DDR als Vergangenheit
Umbruchserfahrungen im Familiengedächtnis ... 161

Marcus Böick
Vom politischen Blitzableiter zur erinnerungskulturellen ›Bad Bank‹ und (pop)kulturellen Neuaneignung
Konjunkturen und Funktionen der Treuhandanstalt in der deutschen
Geschichtskultur seit den 1990er Jahren ... 183

Verena Krieger
Flüchtender – Standhaltender – Wutbürger
Wolfgang Mattheuers bildkünstlerische Kommentare
zur DDR-Transformation ausgehend von *Ausbruch (Panik)* (1988/89) ... 211

Christoph Classen
Lost in Transition?
Transformationserzählungen in Film und Fernsehen ... 241

Autorinnen und Autoren ... 267
Abbildungsverzeichnis ... 275
Personenregister ... 277

Einführung

Jörg Ganzenmüller

Lebensweltliche Umbrüche in der Vereinigungsgesellschaft

Die erfahrungsgeschichtliche Dimension der Transformation Ostdeutschlands nach 1990

Die revolutionären Umbrüche von 1989/91 zogen im östlichen Europa eine politische, gesellschaftliche und kulturelle Transformation nach sich, die alle Lebensbereiche erfasste und den Menschen eine grundlegende Neuorientierung abverlangte. In der DDR mündeten der gesellschaftliche Aufbruch und der begonnene Prozess der Selbstdemokratisierung nach einem knappen Jahr in den Beitritt der ostdeutschen Länder zum Geltungsbereich des Grundgesetzes und damit zur Vereinigung der beiden deutschen Staaten. Damit beschritt Ostdeutschland einen Sonderweg, indem es die Systemtransformation nicht aus eigener Kraft und in eigener Verantwortung vollzog, sondern mit maßgeblicher Unterstützung eines finanzstarken westdeutschen Teilstaates, der sich als politisch, ökonomisch und kulturell hegemonialer Teil Gesamtdeutschlands verstand. Die politischen Entscheidungsträger der Bundesrepublik sahen die Überlegenheit der eigenen Gesellschaftsordnung durch den Untergang des Staatssozialismus bestätigt. Sie gingen deshalb mit großer Selbstverständlichkeit davon aus, dass Ostdeutschland die bundesdeutsche Ordnung übernehmen werde, ohne diese dafür in nennenswerter Weise verändern zu müssen. Der radikale Umbau, der im gesamten ehemaligen sowjetischen Herrschaftsbereich anstand, war in Ostdeutschland somit kein offener Prozess, sondern erfolgte mit dem Ziel einer umfassenden Angleichung an die Lebensverhältnisse in Westdeutschland.[1] Dieser ostdeutsche Sonderweg entsprach allerdings – dies ist im Rückblick wichtig zu betonen – im Jahr 1990 auch dem Wunsch der weit überwiegenden Mehrheit der ostdeutschen Bevölkerung.

30 Jahre nach der deutschen Einheit hat sich die Stimmung in Ostdeutschland grundlegend gewandelt: Mehr als ein Drittel der Ostdeutschen fühlen sich als

1 Zur Situation im östlichen Europa siehe: Joachim von Puttkamer/Włodzimierz Borodziej/Stanislav Holubec (Hrsg.): From Revolution to Uncertainty. The Year 1990 in Central and Eastern Europe. London/New York 2020.

Bürger bzw. Bürgerin zweiter Klasse.[2] Dies ist keineswegs ein neues Phänomen. Die Umfrageforschung registriert eine Zunahme dieser Einschätzung seit Mitte der 1990er Jahre.[3] Laut *Thüringen-Monitor* äußerten zwischen 2003 und 2015 konstant rund ein Drittel der Befragten, dass sie als Ostdeutsche im Vergleich zu anderen weniger als den gerechten Anteil erhielten und zugleich von Westdeutschen als »Menschen zweiter Klasse« behandelt würden. Dabei ist bemerkenswert, dass mit rund 59 Prozent rund doppelt so viele der Befragten die Ostdeutschen insgesamt für benachteiligt und gering geschätzt halten; unter den 25- bis 34-Jährigen sind sogar 74 Prozent dieser Meinung.[4] Ganz ähnlich ist das Bild in Sachsen: 2018 sahen 52 Prozent der Sächsinnen und Sachsen die Ostdeutschen als »Bürger zweiter Klasse«. Gleichzeitig empfanden 61 Prozent, dass die Leistungen der Ostdeutschen für den Aufbau der neuen Länder nicht angemessen gewürdigt würden.[5] Neben einer langsam steigenden Zufriedenheit mit den Transformationserfolgen hat sich in Ostdeutschland zunehmend ein Gefühl der Benachteiligung und der politischen Entfremdung herausgebildet.[6] Und dieses Deprivationsgefühl der Ostdeutschen wird wiederum von Westdeutschen wenig ernst genommen: Gerade einmal 18,2 Prozent von ihnen denken, dass Ostdeutsche tatsächlich wie Bürger bzw. Bürgerinnen zweiter Klasse behandelt würden.[7]

Wenn man den Ursachen dieser Stimmungslage im Osten auf den Grund gehen will, wird man nicht umhinkommen, den Transformationsprozess der letzten 30 Jahre neu zu betrachten und neu zu bewerten. Bislang standen bei der Beurteilung des deutschen Vereinigungsprozesses politische, ökonomische oder

---

2 Naika Foroutan/Frank Kalter/Coşkun Canan/Mara Simon: Ost-Migrantische Analogien I. Konkurrenz um Anerkennung. Unter Mitarbeit von Daniel Kubiak und Sabrina Zajak. Berlin 2019, S. 22. Abgerufen unter URL: https://www.dezim-institut.de/fileadmin/user_upload/Demo_FIS/publikation_pdf/FA-5014.pdf, letzter Zugriff: 18.07.2023.

3 Siehe Wolfram Brunner/Dieter Walz: Selbstidentifikation der Ostdeutschen 1990–1997. Warum sich die Ostdeutschen zwar als ›Bürger 2. Klasse‹ fühlen, wir aber nicht auf die ›innere Mauer‹ treffen. In: Heiner Meulemann (Hrsg.): Werte und nationale Identität im vereinten Deutschland. Erklärungsansätze der Umfrageforschung. Opladen 1998, S. 229–250, hier S. 230.

4 Heinrich Best u. a.: Thüringen im 25. Jahr der deutschen Einheit – Ergebnisse des Thüringen-Monitors 2015, S. 61–63. Online abrufbar unter: https://thueringen.de/fileadmin/user_upload/Landesregierung/Landesregierung/Thueringenmonitor/thueringen-monitor_2015.pdf, letzter Zugriff: 18.07.2023.

5 Sachsen-Monitor: Ergebnisbericht, hrsg. v. dimap – das Institut für Markt- und Politikforschung GmbH. Bonn 2018, S. 16. Abgerufen unter URL: https://www.staatsregierung.sachsen.de/download/ergebnisbericht-sachsen-monitor-2018.pdf, letzter Zugriff: 18.07.2023.

6 Steffen Mau: Lütten Klein. Leben in der ostdeutschen Transformationsgesellschaft. Berlin 2019, S. 14.

7 Foroutan u. a.: Ost-Migrantische Analogien (wie Anm. 2), S. 22.

gesamtgesellschaftliche Perspektiven im Vordergrund. Die »Vereinigungskrise«[8] wird dabei häufig als Zusammenbruch der ostdeutschen Industrie, als die daraus resultierenden Arbeitslosigkeit sowie als Überforderung des gesamtdeutschen Sozialstaates beschrieben und damit vorwiegend als soziale bzw. sozialpolitische Verwerfung verstanden.[9] Jenseits der materiellen Unsicherheit, die die ökonomische Krise mit sich brachte, wurde die Vereinigung der deutschen Staaten häufig auch als umfassender Strukturbruch charakterisiert, der einen Verlust von Sicherheit und den Gewinn von neuen Chancen gleichermaßen bereithielt.[10] Steffen Mau hat Ostdeutschland zuletzt als »frakturierte Gesellschaft« beschrieben, die bis heute unter den soziostrukturellen und mentalen Brüchen leidet, welche der Vereinigungsprozess mit sich brachte.[11]

Mit den Wahlerfolgen der ›Alternative für Deutschland‹ (AfD) im Osten ist die Transformationszeit im Sinne einer »Problemerzeugungsgeschichte der Gegenwart«[12] zum Thema der zeitgeschichtlichen Forschung geworden. Damit einher geht eine Neuperiodisierung, welche nicht länger von einem absehbaren Ende des Vereinigungsprozesses ausgeht, dessen Erfolg oder Misserfolg es zu ergründen gelte.[13] Stattdessen wird eine »lange Geschichte der ›Wende‹«[14] erzählt und die deutsche Einheit als eine »Geschichte der Gegenwart«[15] verstanden: »Wo

---

8 Ulrich Herbert: Geschichte Deutschlands im 20. Jahrhundert. München 2014, S. 1143–1158.

9 Gerhard A. Ritter: Der Preis der Einheit. Die Wiedervereinigung und die Krise des Sozialstaates. München 2006.

10 Heinrich Best/Everhard Holtmann: Die langen Wege der deutschen Einigung. Aufbruch mit vielen Unbekannten. In: Dies. (Hrsg.): Aufbruch der entsicherten Gesellschaft. Deutschland nach der Wiedervereinigung. Frankfurt am Main 2012, S. 9–39, hier S. 9–16; Thomas Grossbölting: Wiedervereinigungsgesellschaft. Aufbruch und Entgrenzung in Deutschland seit 1989/90. Bonn 2020, S. 13–24.

11 Mau: Lütten Klein (wie Anm. 6), S. 13–16.

12 Hans-Günter Hockerts: Zeitgeschichte in Deutschland. Begriff, Methoden, Themenfelder. In: Historisches Jahrbuch 113 (1993), S. 98–127, hier S. 124. Damit sind auch die Wurzeln des Rechtsextremismus in Ostdeutschland in den Blick der historischen Forschung geraten, siehe Norbert Frei/Franka Maubach/Christina Morina/Maik Tändler: Zur rechten Zeit. Wider die Rückkehr des Nationalismus. Berlin 2019, S. 43–65 und S. 161–206; Raj Kollmorgen: Radikale Rechte als ostdeutsches Problem? Zur langen Kultur- und Gesellschaftsgeschichte des Rechtspopulismus in Ostdeutschland. In: *Aus Politik und Zeitgeschichte* 72 (2022), 49–50, S. 33–38. Siehe dazu auch den Beitrag von Franka Maubach in diesem Band.

13 Ein frühes Plädoyer für langzeitliche Perspektiven der Ostdeutschlandforschung findet sich bei Raj Kollmorgen: Ostdeutschland. Beobachtungen einer Übergangs- und Teilgesellschaft. Wiesbaden 2005, S. 294–299.

14 Kerstin Brückweh/Clemens Villinger/Kathrin Zöller (Hrsg.): Die lange Geschichte der »Wende«. Geschichtswissenschaft im Dialog. Berlin 2020.

15 Marcus Böick/Constantin Goschler/Ralph Jessen: Die deutsche Einheit als Geschichte der Gegenwart. In: Dies. (Hrsg.): Jahrbuch Deutsche Einheit 1 (2020), S. 9–23.

kommen wir her? Was ist geschehen? […] Was muss endlich passieren?« – so fragen die Herausgeber eines zweibändigen Kompendiums zu »(Ost)Deutschlands Weg« seit 1989.[16] Damit geraten nicht zuletzt die desintegrativen Faktoren des Vereinigungsprozesses in den Blick, was in der öffentlichen Debatte auch zu einer Selbstvergewisserung über ostdeutsche Identitäten geführt hat.[17] Das Wissen über die fortbestehenden wirtschaftlichen, sozialen und kulturellen Benachteiligungen der Ostdeutschen hat darüber hinaus eine Fundamentalkritik des Vereinigungsprozesses evoziert, welche die Übervorteilung der Ostdeutschen durch die Westdeutschen in den Mittelpunkt rückt.[18]

Vor diesem Hintergrund ist es erstaunlich, dass die Transformationserfahrungen der Ostdeutschen selbst bislang nur selten zum Gegenstand einer wissenschaftlichen Betrachtung wurden. Vorreiter sind hier ethnologische Studien, insbesondere die dreijährige Lokalstudie zu Wittenberg, die mit der Methode der teilnehmenden Beobachtung versucht hat, die Verhaltensweisen, Auffassungen und Überzeugungen der Einwohnerinnen und Einwohner in ihrer gelebten Wirklichkeit zu erfassen.[19] Seit 20 Jahren führt Juliane Stückrad Feldforschungen in der ostdeutschen Provinz durch und hat den tief sitzenden Unmut, den die Transformation bei den Menschen erzeugt hat, bereits weit vor den öffentlichen Protesten von PEGIDA und den Wahlerfolgen der AfD registriert.[20] Nur vereinzelt gibt es Studien, die auf Basis von lebensgeschichtlichen Interviews nach Formen der autobiografischen Verarbeitung von Transformationserfahrungen fragen.[21]

16 Frank Ebert/Ilko-Sascha Kowalczuk/Holger Kulick: »Zusammenrücken«. Annäherungen an dieses Buchprojekt. In: Dies. (Hrsg.): (Ost)Deutschlands Weg, 2 Bde. Berlin/Bonn 2021, Teil 1: 45 Studien & Essays zur Lage des Landes 1989 bis heute, S. 21–26, hier S. 24.

17 Siehe u. a. Wolfgang Engler/Jana Hensel: Wer wir sind. Die Erfahrung, ostdeutsch zu sein. Berlin 2018; Petra Köpping: »Integriert doch erst mal uns!«. Eine Streitschrift für den Osten. Berlin 2018; Dirk Oschmann: Der Osten: eine westdeutsche Erfindung. Wie die Konstruktion des Ostens unsere Gesellschaft spaltet. Berlin 2023.

18 Ilko-Sascha Kowalczuk: Die Übernahme. Wie Ostdeutschland Teil der Bundesrepublik wurde. München 2019.

19 Heinz Bude: Ein natürliches Experiment. In: Ders./Thomas Medicus/Andreas Willisch (Hrsg.): ÜberLeben im Umbruch. Am Beispiel Wittenberge: Ansichten einer fragmentierten Gesellschaft. Hamburg 2011, S. 13–30, hier S. 19–22. Siehe außerdem Andreas Willisch (Hrsg.): Wittenberge ist überall. Überleben in schrumpfenden Regionen. Berlin 2012.

20 Juliane Stückrad: »Ich schimpfe nicht, ich sage nur die Wahrheit«. Eine Ethnographie des Unmuts am Beispiel der Bewohner des Elbe-Elster-Kreises/Brandenburg. Kiel 2010.

21 Eine Dokumentation von 30 Lebensgeschichten enthält Uta Heyder (Hrsg.): Born in the GDR – angekommen in Deutschland. 30 Lebensberichte nach Tonbandprotokollen aus Sachsen, Sachsen-Anhalt und Thüringen. Jena o. J. [2019]. Zur Einordung der DDR-Erfahrung in die jeweilige Biografie siehe Agnès Arp/Élisa Goudin-Steinmann: Die DDR nach

Mehr als 30 Jahre nach der Vereinigung der beiden deutschen Staaten scheint ein anderer Umgang mit ostdeutscher Zeitzeugenschaft nötig, als er bislang in der wissenschaftlichen Forschung und in der öffentlichen Debatte gepflegt wird. Es standen gerade nicht die subjektiven Darstellungen und die autobiografischen Verarbeitungen von Erlebtem im Mittelpunkt des Erkenntnisinteresses, ebenso wurde auf die Offenlegung narrativer Strategien verzichtet. Stattdessen dienen Interviews mit Zeitzeuginnen und Zeitzeugen vornehmlich dazu, der staatlichen Überlieferung eine Perspektive der Betroffenen gegenüberzustellen. Doch erst durch die Rekonstruktion der Subjektivität der Betroffenen werden diese nicht mehr als Objekte staatlicher Herrschaft verstanden, sondern es werden deren Deutungsmuster und Handlungsmöglichkeiten sichtbar.[22]

Der vorliegende Band nimmt die ostdeutschen Transformationserfahrungen in den Blick und ermöglicht so eine erfahrungsgeschichtliche Perspektive auf die Brüche von individuellen Lebensläufen unter Einbeziehung der biografischen Verarbeitung dieser Umbruchserfahrungen. Folgende Fragen stehen im Zentrum des Erkenntnisinteresses: Erstens, in welcher Weise hat die Transformation die Lebenswelt der Menschen verändert? Zweitens, wie haben die Menschen diese Veränderungen wahrgenommen und inwieweit haben sie versucht, diese mitzugestalten? Und drittens, wie haben die Menschen die Umbruchserfahrungen gedeutet und mit Sinn aufgeladen? Inwieweit und in welcher Weise prägen diese Deutungen heute eine ostdeutsche Identität?

Transformation ist ein schillernder Begriff, für den es keine scharfe sozialwissenschaftliche Definition gibt.[23] Im Grunde herrscht jedoch Einigkeit darüber, dass Transformation ein tiefgreifender, umfassender und beschleunigter Wandel des politischen Systems, der Wirtschaft und der Gesellschaft ist.[24] Transformations-

---

der DDR. Ostdeutsche Lebenserzählungen. Gießen 2022. Besonders aufschlussreich kann die Anregung innerfamiliärer Gespräche sein, siehe Sabine Michel/Dörte Grimm: Die anderen Leben. Generationengespräche Ost. Berlin 2020.

22 Jörg Ganzenmüller/Anke John/Christiane Kuller: Die Ostdeutsche Erfahrung. Auswege aus einem polarisierenden Deutungskampf über unsere Geschichte vor und nach 1989. In: Böick/Goschler/Jessen (Hrsg.): Jahrbuch Deutsche Einheit 1 (wie Anm. 15), S. 95–119, hier S. 98 f.

23 Max Kaase/Rainer M. Lepsius: Transformationsforschung. In: Hans-Bertram/Kaj Kollmorgen (Hrsg.): Die Transformation Ostdeutschlands. Berichte zum sozialen und politischen Wandel in den neuen Bundesländern. Opladen 2001, S. 343–364, hier S. 344; Raj Kollmorgen: Schöne Aussichten? Eine Kritik integrativer Transformationstheorien. In: Ders./Rolf Reissig/Johannes Weiss (Hrsg.): Sozialer Wandel und Akteure in Ostdeutschland. Empirische Befunde und theoretische Ansätze. Opladen 1996, S. 281–331.

24 Philipp Ther: Die neue Ordnung auf dem alten Kontinent. Eine Geschichte des neoliberalen Europa. Berlin 2014, S. 28. Ähnlich bereits Claus Offe: Der Tunnel am Ende des Lichts.

prozesse verändern gesellschaftliche Strukturen, soziale Praktiken und kulturelle Normen. Sie ordnen Eigentumsverhältnisse neu und formen Arbeitsverhältnisse, sie strukturieren soziale Beziehungen um, bringen neue Akteurinnen und Akteure auf die Bühne und schaffen neue Erwartungshorizonte sowie Erfahrungsräume.[25] In historischer Perspektive umfasst Transformationsforschung »die gesellschaftlichen Wandlungen, individuellen Umbrüche sowie politischen Bearbeitungen und ideellen Suchbewegungen im postsozialistischen Ostdeutschland, in Osteuropa sowie Europa insgesamt und geht diesen auf lokalen, regionalen sowie nationalen Ebenen nach, die zugleich in transnationale, europäische wie globale Zusammenhänge eingebettet sind«.[26]

Die Kontinuität individueller Biografien reicht in der Regel über historische Zäsuren hinaus, individuelle und politische Periodisierung sind »nicht kongruent«.[27] Auch die politische Zäsur von 1989/90 wird in lebensgeschichtlicher Perspektive überwölbt. Nicht der Herbst 1989 oder der 3. Oktober 1990, sondern der Verlust des Arbeitsplatzes bildete für viele den prägenden lebensgeschichtlichen Einschnitt.[28] Vor diesem Hintergrund ist eine Periodisierung der Transformationszeit, die sich an politischen Zäsuren orientiert, nicht sinnvoll. Die Krise des späten Staatssozialismus und die vermeintliche Konsolidierung im neuen Jahrtausend müssen in einem engen Zusammenhang mit der »Kerntransformation«[29] der 1990er Jahre gesehen werden.

Ein erfahrungsgeschichtlicher Zugang bedeutet, nach »den durch spezifische Erfahrungen geprägten Mustern, die künftige Wahrnehmungen und Handlungen strukturieren«[30], zu fragen, das heißt, die Verarbeitung früherer Wahrnehmungen

---

Erkundungen der politischen Transformation im neuen Osten. Frankfurt am Main 1994, S. 19 f.

25 Dierk Hoffmann/Ulf Brunnbauer: Einleitung. In: Dies. (Hrsg.): Transformation als soziale Praxis. Mitteleuropa seit den 1970er Jahren. Berlin 2020, S. 7–20, hier S. 11.

26 Marcus Böick: Die Erforschung der Transformation Ostdeutschlands seit 1989/90. Ansätze, Voraussetzungen, Wandel. Version: 1.0. In: Docupedia-Zeitgeschichte, 18.10.2022. Abgerufen unter URL: http://docupedia.de/zg/Boeick_transformation_v1_de_2022, letzter Zugriff: 18.07.2023.

27 Ulrich Herbert: Zur Entwicklung der Ruhrarbeiterschaft 1930 bis 1960 aus erfahrungsgeschichtlicher Perspektive. In: Lutz Niethammer/Alexander von Plato (Hrsg.): »Wir kriegen jetzt andere Zeiten«. Auf der Suche nach der Erfahrung des Volkes in nachfaschistischen Ländern. Berlin/Bonn 1985, S. 19–52, hier S. 24.

28 Thomas Ahbe/Wolfgang Kraus/Beate Mitzscherlich: »Ich sehe was, was du nicht siehst …«. Ost-West Unterschiede im Prisma einer narrativen Identitätsforschung. In: Lutz Burkhart (Hrsg.): Subjekt im Transformationsprozeß – Spielball oder Akteur? München/Mering 1998, S. 89–103, hier S. 96.

29 Böick: Die Erforschung der Transformation (wie Anm. 26).

30 Lutz Niethammer: Was unterscheidet Oral History von anderen interview-gestützten sozialwissenschaftlichen Erfahrungs- und Interpretationsverfahren? In: *Bios* 20 (2007), Sonderheft,

als Vorstrukturierung künftiger Wahrnehmungen zu begreifen. Es geht hier also darum, den »Erfahrungsraum« und den »Erwartungshorizont« der Menschen auszuleuchten.[31] Zum Erfahrungsraum gehörten das bisherige Leben in der DDR und der revolutionäre Umbruch von 1989 sowie die kurze Phase der Selbstdemokratisierung zwischen Mauerfall und deutscher Einheit. Die DDR-Erfahrungen waren vielfältig und vor allem durch Gegensätze geprägt. Die unterschiedlichen Lebenswege waren trotz aller Einschränkungen und Bevormundungen, die ein Leben im Staatssozialismus rahmten, auch Ausdruck eigener Entscheidungen und eigener Leistungen. So wenig, wie das Leben in der Bundesrepublik durch totale Freiheit gekennzeichnet ist, so war es in der DDR durch totale Fremdbestimmung determiniert. Der Erwartungshorizont war wiederum von Freiheitsrechten, demokratischer Teilhabe und materiellem Wohlstand geprägt, aber auch vom Wunsch nach Anerkennung, und zwar Anerkennung als Deutsche sowie als Deutsche mit einer anderen Erfahrung.[32]

Eine erfahrungsgeschichtliche Perspektivierung der langen Geschichte der deutschen Vereinigung ergänzt den politikgeschichtlichen und soziologischen Blick der bisherigen Transformationsforschung um die gesellschaftliche Perzeption und um individuelle Aneignungsstrategien eines alle Lebensbereiche erfassenden politischen, sozialen und kulturellen Umbruchs. Ganz abgesehen vom heuristischen Mehrwert einer solchen Neuperspektivierung ist diese auch gesellschaftspolitisch geboten. Ohne erfahrungsgeschichtliche Erweiterung wird die Forschung weiterhin vor dem Problem stehen, dass viele Ostdeutsche ihre komplexen, oftmals ambivalenten Erfahrungen in der untergegangenen DDR und in der deutschen Vereinigungsgesellschaft in der Geschichtsschreibung nicht repräsentiert sehen. Die stärkere Berücksichtigung der ostdeutschen Erfahrung bietet darüber hinaus die Chance, die nationale Meistererzählung einer erfolgreichen Wiedervereinigung und das Streben nach einer weitgehenden Homogenisierung von West- und Ostdeutschland zu hinterfragen sowie identitätsstiftende Instrumentalisierungen in West wie Ost offenzulegen.[33]

Die Transformationserfahrungen der Ostdeutschen waren heterogen und widersprüchlich. Ein Nebeneinander von Erfolgen und Scheitern, Gewinnen und

---

S. 60–65, hier S. 62.

31 Reinhard Koselleck: »Erfahrungsraum« und »Erwartungshorizont«. Zwei historische Kategorien. In: Ders.: Vergangene Zukunft. Zur Semantik geschichtlicher Zeiten. Frankfurt am Main 1995, S. 349–375.

32 Ralph Jessen: Revolution und Transformation. Anerkennungskämpfe in der Vereinigungsgesellschaft. In: Böick/Goschler/Jessen (Hrsg.): Jahrbuch Deutsche Einheit 1 (wie Anm. 15), S. 24–45, hier S. 29 ff.

33 Vgl. Ganzenmüller/John/Kuller: Ostdeutsche Erfahrung (wie Anm. 22), S. 100.

Verlusten, Hoffnungen und Enttäuschungen, Eingewöhnung und Entfremdung finden sich in praktisch jeder ostdeutschen Biografie.[34] Im Folgenden wird in generalisierender Absicht versucht, drei zentrale Erfahrungen hervorzuheben, die nicht das gesamte Spektrum an Transformationserfahrungen widerspiegeln, aber eine desintegrative Wirkung entfaltet haben, die bis heute andauert und somit den Zusammenhang von Transformationserfahrung und Demokratieskepsis in Ostdeutschland zu ergründen helfen.

1. Verlusterfahrungen

Die staatliche Planwirtschaft, die auf einer extensiven Nutzung aller Ressourcen beruhte und dennoch stets eine Mangelwirtschaft war, hatte aufgrund ihrer Dysfunktionalität spätestens in den 1980er Jahren jeglichen Zuspruch in der Bevölkerung verloren.[35] Mit der Einführung der sozialen Marktwirtschaft verbanden die Ostdeutschen die Hoffnung auf jenen Wohlstand, den die Bundesrepublik nach dem Zweiten Weltkrieg erreicht hatte. Tatsächlich ist der materielle Wohlstand der ostdeutschen Bevölkerung nach 1989 spürbar gestiegen, der wirtschaftliche Umbruch ging allerdings mit einer Deindustrialisierung und einer Massenarbeitslosigkeit einher. Das Absterben alter Industriezweige, das sich in der Bundesrepublik ungleichzeitig über mehrere Jahrzehnte vollzogen hat, erfolgte in Ostdeutschland flächendeckend und in kürzester Zeit. Dabei war durchaus intendiert, dass die Deindustrialisierung einen kurzfristigen, heilsamen Schock verursache, von dem sich Ostdeutschland aber schnell erholen werde, sodass bald die vielzitierten ›blühenden Landschaften‹ entstünden. Die Privatisierung brachte allerdings nicht nur einen ökonomischen Wandel mit sich. In einer »Arbeitsgesellschaft«[36], in der weite Teile des sozialen Alltags eng mit dem Betriebsleben verwoben waren, bedeutete Arbeitslosigkeit nicht nur den Verlust des Arbeitsplatzes. Betriebsschließungen zogen vielmehr den Wegfall eines sozialen Umfeldes und den Zusammenbruch eines wesentlichen Strukturelements des Alltaglebens nach sich.[37] Hinzu kommt: Für eine Gesellschaft, die sich im Inneren stark als Gemeinschaft organisiert hatte und in der Berufs- und Privatleben nicht klar voneinander abgegrenzt waren, erschien die

34 Mau: Lütten Klein (wie Anm. 6), S. 13.

35 Siehe André Steiner: Von Plan zu Plan. Eine Wirtschaftsgeschichte der DDR. Bonn 2007, S. 217–221.

36 Alf Lüdtke: Die DDR als Geschichte. In: *Aus Politik und Zeitgeschichte* 36 (1998), S. 3–16, hier S. 7.

37 Siehe den Beitrag von Detlev Brunner in diesem Band.

flächendeckende Schließung von Betrieben vielen als Verlust von Gemeinsinn und Verfall menschlicher Werte.[38] Der vollständige Zusammenbruch der sozialistischen Arbeits- und Lebenswelten erwies sich mittel- und langfristig als eine Verlusterfahrung, die sich tief in das kommunikative Gedächtnis der ostdeutschen Gesellschaft eingegraben hat.[39]

Die westdeutsche Demokratie hatte mit der Währungsreform von 1948 einen positiven Gründungsmythos, der in den Alltagserfahrungen der Menschen fest verankert war. Ganz anders war die Situation in den frühen 1990er Jahren in Ostdeutschland. Hier ging die Demokratisierung mit einem wirtschaftlichen Strukturbruch einher, der große soziale Verwerfungen nach sich zog. Es bildete sich ein negativer Gründungsmythos heraus, der bis heute um die Treuhandanstalt kreist. Aus dieser Privatisierungsagentur, die innerhalb von zwei Jahren 8.000 Betriebe privatisiert oder abgewickelt hat, ist langfristig eine erinnerungskulturelle »Bad Bank« geworden, die nach wie vor die Gemüter erregt.[40] In den filmischen Repräsentationen der Transformationszeit überwogen als Sujets deshalb auch bald der »Ausverkauf des Ostens« oder andere Formen der Benachteiligung der Ostdeutschen.[41]

Auf den Verlust ihres Arbeitsplatzes reagierten die Menschen mit unterschiedlichen Strategien. Die einen versuchten, sich unter den veränderten Bedingungen ein neues Leben aufzubauen. Diese individuellen Strategien bestanden etwa in einer beruflichen Umorientierung oder der Verlagerung des eigenen Lebensmittelpunktes in eine Region mit größeren beruflichen Chancen. War dieser Neustart erfolgreich, werden die Jahre der Transformation im Rückblick als eine schwere Zeit geschildert, die man aber durch Engagement und Flexibilität erfolgreich gemeistert habe.[42] Diejenigen, denen es nicht gelang, sich eine neue berufliche Existenz aufzubauen, sind in der Überlieferung deutlich unterrepräsentiert. Sie sind weniger dazu bereit, über ihr Leben zu sprechen, da die persönlichen Niederlagen, die mit einem solchen biografischen Bruch einhergingen, häufig schambesetzt sind.

Als symbolischer Ort dieser ökonomischen Verlusterfahrung firmiert Bischofferode. Die Schließung des Kalischachtes und der Hungerstreik der Kalikumpel

38 Zur Überschneidung von Vergesellschaftung und Vergemeinschaftung in der DDR siehe Jörg Ganzenmüller: Herrschaft, Partizipation und Vergemeinschaftung. Perspektiven einer Gesellschaftsgeschichte der DDR. In: Ders./Bertram Triebel (Hrsg.): Gesellschaft als staatliche Veranstaltung? Orte politischer und kultureller Partizipation in der DDR. Köln/Wien 2022, S. 17–40.

39 Siehe den Beitrag von Marcus Böick in diesem Band.

40 Marcus Böick: Die Treuhand. Idee – Praxis – Erfahrung 1990–1994. Göttingen 2018, S. 724.

41 Siehe den Beitrag von Christoph Classen in diesem Band.

42 Siehe den Beitrag von Detlev Brunner in diesem Band.

repräsentieren die enttäuschenden Erfahrungen mit Demokratie und Marktwirtschaft. Inzwischen ist Bischofferode Teil des kulturellen Gedächtnisses Ostdeutschlands.[43] Es sind diese und vergleichbare Verlusterfahrungen, die ein Misstrauen gegenüber der bundesrepublikanischen Ordnung geschürt haben und einen Nährboden für Protestakteure der Gegenwart bilden. Während das bundesdeutsche ›Wirtschaftswunder‹ ganz wesentlich zur Akzeptanz der demokratischen Ordnung in Westdeutschland nach 1945 beigetragen hat, hat die ökonomische Vereinigungskrise, deren Auswirkungen zum Teil bis heute anhalten, zur Delegitimierung der Demokratie in Teilen der ostdeutschen Gesellschaft geführt.

Die ostdeutsche Verlusterfahrung beschränkt sich nicht auf die Arbeitswelt. Deindustrialisierung und ökonomische Krise zogen vielmehr einen Bevölkerungsschwund nach sich, der die sozialen Beziehungen auch im Privaten stark verändert hat. 1,8 Millionen Menschen verließen zwischen 1991 und 2013 Ostdeutschland, das entspricht rund 10 Prozent der Gesamtbevölkerung. Dabei wanderten doppelt so viele Frauen wie Männer ab, sodass in Ostdeutschland eine ›Männerüberschussgesellschaft‹ entstand. Die sozialen Folgeprobleme dieser »demografischen Maskulinisierung« sind sehr weitreichend und haben auch Auswirkungen auf geschlechterspezifische Rollenverständnisse.[44] Doch auch für die Familien stellt die Option der Abwanderung eine schwere Belastung dar: Sie werden räumlich getrennt, und allein die Option des Weggehens kann zu innerfamiliären Loyalitätskonflikten führen.[45] Hinzu kommt eine dramatisch gesunkene Geburtenrate, die erheblich zum demografischen Verlust im Osten beitrug. Die Unsicherheit der Lebensläufe hat dazu geführt, dass Kinder eher als Einschränkung oder Belastung wahrgenommen wurden und sich damit die reproduktiven Handlungsspielräume verringerten. Heute beträgt die Geburtenrate in Ostdeutschland nur noch 50 Prozent des Niveaus der späten 1980er Jahre.[46]

Die Abwanderung der Menschen zieht zwangsläufig einen Rückbau von Infrastruktur nach sich: Zunächst ist die Privatwirtschaft betroffen, etwa die kleinen Läden, die sich ökonomisch nicht mehr halten können, schließlich fallen auch öffentliche Einrichtungen einer Kosten-Nutzen-Rechnung zum Opfer, etwa

43 Zu den Ereignissen in Bischofferode siehe CHRISTIAN RAU: Hungern für Bischofferode. Protest und Politik in der ostdeutschen Transformation. Frankfurt am Main 2023, S. 121–190. Jüngste Form der kulturellen Verarbeitung mit deutlichen Bezügen zur aktuellen Protestkultur in Ostdeutschland ist das Schauspiel *Treuhandkriegspanorama* von THOMAS FREYER, das im Januar 2022 in Weimar uraufgeführt wurde, siehe https://www.nationaltheater-weimar.de/de/programm/stueck-detail.php?SID=2908, letzter Zugriff: 18.07.2023.

44 Siehe MAU: Lütten Klein (wie Anm. 6), S. 191–197.

45 BUDE: Ein natürliches Experiment (wie Anm. 19), S. 27.

46 MAU: Lütten Klein (wie Anm. 6), S. 186.

Bibliotheken, Schwimmbäder oder der öffentliche Nahverkehr.[47] »Schrumpfende Städte« sind kein ostdeutsches, sondern ein globales Phänomen. In der ostdeutschen Erfahrung sind die damit verbundenen lebensweltlichen Verluste jedoch eng mit dem Vereinigungsprozess verknüpft.[48] Einstmals prosperierende und stolze Städte wie Gera gelten heute als Problemfälle, sodass mit dem Verlust an Einwohnerinnen und Einwohnern häufig auch ein Identitätsverlust sowie ein schwindendes Selbstwertgefühl einhergehen.[49]

In der DDR wurde Industrie gezielt auf dem Land angesiedelt, um die Unterschiede zwischen Stadt und Land einzuebnen. Nicht zuletzt diese Betriebe waren von der allgemeinen Deindustrialisierung im Zuge des Vereinigungsprozesses betroffen, sie ist somit auch eine Erfahrung im ländlichen Raum.[50] Hinzu kam die Umwandlung der Landwirtschaftlichen Produktionsgenossenschaften (LPG) in Agrargenossenschaften. Damit blieb zwar die Struktur der Großbetriebe weitgehend erhalten, doch führten eine allgemeine Rationalisierung sowie die Befreiung von betriebsfremden Aufgaben, die vor allem der allgemeinen Daseinsfürsorge gedient hatten, zu Massenentlassungen.[51] Infolgedessen beschleunigte sich die schon vor 1989 einsetzende Landflucht, manche ländliche Region verlor nun bis zu einem Viertel ihrer Bevölkerung.[52] Gleichzeitig führte die Überführung der LPGs in genossenschaftliche Betriebe zu erheblichen Konflikten in den lokalen Gesellschaften. Diese dauern zum Teil bis heute an. Ökonomisch verlief die Transformation der Landwirtschaft jedoch glimpflicher als in der Industrie: Auch hier kam es zu Arbeitsplatzverlust und sozialem Abstieg, allerdings in weit geringerem

47 Die Folgen des raschen Abbaus alter Industriestrukturen in Ostdeutschland für die Lebenswelten der Menschen hat Nicole Hördler umfassend am Beispiel einer Kleinstadt in Sachsen-Anhalt beschrieben, siehe Nicole Hördler: Prettin liegt in Deutschland. Stadt und Land zwischen Aufbruch, Resignation und Identitätssuche, 1990 bis 2010. Berlin 2015, zum Rückbau der städtischen Infrastruktur siehe S. 311–318.

48 Zum globalen Phänomen siehe Harry W. Richardson: Shrinking Cities. A Global Perspective. Hoboken 2014. Zu schrumpfenden Städten im postsozialistischen Osteuropa siehe Chung-Tong Wu u.a. (Hrsg.): Postsocialist Shrinking Cities. London/New York 2022. Zum Beispiel Halle-Neustadt siehe den Beitrag von Peer Pasternack in diesem Band.

49 Klara Muhle: Gera? Hier ist Gera! 27 Jahre nach der Wiedervereinigung. Tagung zur Zeitgeschichte und den Perspektiven Geras. Tagungsbericht. In: *H-Soz-Kult*, 05.09.2017. Abgerufen unter URL: www.hsozkult.de/conferencereport/id/fdkn-125890, letzter Zugriff: 18.07.2023.

50 Siehe Hördler: Prettin (wie Anm. 47), S. 224–239.

51 Siehe Bernd Martens: Landwirtschaft in Ostdeutschland. Der späte Erfolg der DDR. In: Lange Wege der Deutschen Einheit. Abgerufen unter URL: https://www.bpb.de/themen/deutsche-einheit/lange-wege-der-deutschen-einheit/47157/landwirtschaft-in-ostdeutschland-der-spaete-erfolg-der-ddr/, letzter Zugriff: 18.07.2023.

52 Siehe hierzu den Beitrag von Uta Bretschneider in diesem Band.

Ausmaß. Heute ist die Bevölkerung auf dem ostdeutschen Land keine bäuerliche mehr, inzwischen sind mehr Menschen in der Tourismusbranche als in der Landwirtschaft beschäftigt.[53] Allerdings hatte das Verschwinden der LPGs einschneidende Folgen für die dörflichen Gemeinschaften. Ähnlich wie die Betriebe in der Stadt waren die LPGs auf dem Land nicht nur eine Arbeitsstätte, sondern der gesellschaftliche Mittelpunkt. Sie hatten das soziale und kulturelle Leben auf dem Dorf maßgeblich organisiert und geprägt. Diese gesellschaftlichen Strukturen brachen mit der Auflösung der LPGs weg, weshalb auch auf dem Land die deutsche Einheit mit einem Verlust an sozialen Bindungen einherging.[54] Das Gemeindeleben hing nun davon ab, inwieweit sich ein Vereinsleben entwickelte, das die wegfallenden gemeinschaftsstiftenden Funktionen der Betriebe und LPGs auffangen konnte.[55]

Die vergleichsweise immobile DDR-Gesellschaft, die sich durch ein hohes Maß an Sicherheit und Berechenbarkeit auszeichnete, wurde im Zuge der ökonomischen Transformationsprozesse von einer rasanten Umbruchsdynamik erfasst, in der zwar vieles möglich, aber auch nichts mehr sicher war. Für weite Teile der Bevölkerung zog die Einführung der Marktwirtschaft eine berufliche Neuorientierung nach sich. Zwei Drittel der Ostdeutschen arbeiteten 1993 nicht mehr in dem Beruf, den sie noch 1989 ausgeübt hatten.[56] Hinzu kam, dass Ostdeutschland ein Experimentierfeld für eine Deregulierung und Flexibilisierung des Arbeitsmarktes wurde. Die Folge ist, dass der Anteil der geringfügig oder befristet Beschäftigten heute doppelt so hoch ist wie in Westdeutschland.[57] Die grundlegende Neustrukturierung der Arbeitswelt zog eine Neuordnung der sozialen Beziehungen nach sich. Die sozial stark egalitäre DDR-Gesellschaft differenzierte sich entlang ökonomischen und habituellen Kriterien aus. Sozialer Auf- und Abstieg, binnendeutsche Migration und die neuen Möglichkeiten der Individualisierung

---

53 Hördler: Prettin (wie Anm. 47), S. 218 f.

54 Zum Alltag auf dem Lande in der DDR siehe Jens Schöne: Alltag im »sozialistischen« Dorf. Die DDR in den 1980er Jahren. In: Andreas H. Apelt/Robert Grünbaum/Jens Schöne (Hrsg.): Erinnerungsort DDR. Alltag, Herrschaft, Gesellschaft. Berlin 2016, S. 163–173.

55 Siehe Hördler: Prettin (wie Anm. 47), S. 320–337. Siehe hierzu auch die Beiträge von Nicole Hördler und Juliane Stückrad in diesem Band.

56 Heike Solga: Der Verbleib der Angehörigen der oberen Dienstklasse der DDR nach 1989. Heißt ihr Schicksal nach der Wende beruflicher Abstieg? In: Stefan Hradil (Hrsg.): Aufstieg für alle? Wiesbaden 1997, S. 321–382, hier S. 370.

57 Marcus Böick/Christoph Lorke: Zwischen Aufschwung und Anpassung. Eine kleine Geschichte des »Aufbau Ost«. Bonn 2022, S. 81 ff. Zu den postsozialistischen Ländern als neoliberalem Experimentierfeld in europäischer Perspektive siehe Ther: Die neue Ordnung (wie Anm. 24), S. 86–173.

strukturierten auch die sozialen Bindungen neu. Betriebliche Gemeinschaften verschwanden mit den Betrieben, Freundeskreise und Familienbande, die in der DDR-Mangelwirtschaft die Versorgung mit Gütern erleichterten, verloren an Bedeutung, lockerten sich oder zerrissen ganz. Gleichzeitig formierte sich die egalitäre Gesellschaft der DDR durch Bildungskarrieren, soziale Differenzierung, neues Statusdenken und Migration neu: Sie wurde fragmentierter. Auch diese Entwicklung löste soziale Bande, die in der DDR den Alltag stark geprägt und einen gesellschaftlichen Zusammenhalt erzeugt hatten.[58] Aufgrund dieser umfassenden Verlusterfahrungen fehlt vielen Ostdeutschen die Sicherheit von Alltagserfahrungen, wie sie Westdeutsche in der Regel haben.[59] Das Gros der Ostdeutschen wollte 1989 Unfreiheit und Mangelwirtschaft gegen Freiheit und Wohlstand eintauschen und gelangte dabei von einer »Fürsorgediktatur«[60] in eine »entsicherte Gesellschaft«[61]. Der Gewinn von individuellen Gestaltungsmöglichkeiten ging unweigerlich mit einem Verlust von kollektivem Sicherheitsgefühl einher. Dies zeigt die sächsische Längsschnittstudie, der zufolge 1987 noch 43 Prozent der befragten Jugendlichen sehr zuversichtlich waren, dass die eigene Zukunft gesichert ist. Zwischen 1991 und 2017 vertraten nur noch 11 bis 23 Prozent diese Überzeugung.[62]

2. Entwertungserfahrungen

Bereits früh haben soziologische Mikrostudien gezeigt, dass die Transformation für viele Ostdeutsche eine Entwertungserfahrung war, die eine desintegrative Wirkung entfaltete.[63] Die Ursachen liegen in einem Vereinigungsprozess, im Zuge dessen sich der Osten Deutschlands an den Westen angleichen sollte. Das

58 Mau: Lütten Klein (wie Anm. 6), S. 159.

59 Juliane Stückrad: Die Unmutigen, die Mutigen. Feldforschung in der Mitte Deutschlands. Berlin 2022, S. 83–89.

60 Konrad Jarausch: Realer Sozialismus als Fürsorgediktatur. Zur begrifflichen Einordnung der DDR. In: *Aus Politik und Zeitgeschichte* 20/98 (1998), S. 33–46.

61 Heiner Best/Everhard Holtmann (Hrsg.): Aufbruch der entsicherten Gesellschaft. Deutschland nach der Wiedervereinigung. Frankfurt am Main 2012.

62 Peter Förster: Über eine Studie, die schon mehrmals sterben sollte, noch immer lebt und weiterleben muss. In: Hendrik Berth u.a. (Hrsg.): 30 Jahre ostdeutsche Transformation. Sozialwissenschaftliche Ergebnisse und Perspektiven der Sächsischen Längsschnittstudie. Gießen 2020, S. 33–142, hier S. 69.

63 Siehe Elmar Lange/Peter Schöber: Sozialer Wandel in den neuen Bundesländern. Beispiel: Lutherstadt Wittenberg. Opladen 1993; Lothar Bertels/Ulfert Herlyn (Hrsg.): Stadt im Umbruch: Gotha. Wende und Wandel in Ostdeutschland. Opladen 1994.

Zusammenwachsen der beiden deutschen Staaten hatte eine Nivellierung von Differenz zum Ziel. Und da weite Teile der politischen Elite in der Bundesrepublik die DDR als eine grundsätzliche Fehlentwicklung betrachteten, erschien aus westdeutscher Sicht eine nachholende Anpassung des Ostens an die Entwicklung im westdeutschen Landesteil nur folgerichtig. Da man in der Bundesrepublik zudem davon ausging, dass die Ostdeutschen die Diktatur, die sie unmündig gehalten hatte, möglichst schnell abstreifen wollten, kam zunächst gar nicht die Frage auf, ob es auch Strukturen, Gegenstände und Erfahrungen gab, welche die Menschen bewahren wollten. Diese umfassende Diskreditierung aller Lebensumstände und jeglicher Lebenserfahrung in der DDR nötigte die Ostdeutschen wiederum in eine defensive Haltung, wenn über ihre Vergangenheit gesprochen wurde. Verstärkt wurde diese Abwehrhaltung dadurch, dass jegliche Hinweise auf Ambivalenzen pauschal als ›Ostalgie‹ zurückgewiesen wurden. Viele Westdeutsche wollten sich ihr Bild von der DDR, das sie sich allzu häufig aus der Distanz und ohne tieferes Wissen gemacht hatten, nicht nehmen lassen. Diese kommunikative Verweigerung, sich über die jeweilige Teilungserfahrung auszutauschen, trug in Ostdeutschland zu der Überzeugung bei, nicht ernst genommen zu werden und nicht gleichrangig zu sein.

Jenseits dieser kommunikativen Entwertungserfahrungen brachte der Beitritt der ostdeutschen Länder zur Bundesrepublik auch eine soziale Entwertungserfahrung mit sich: Es kam zu einer Unterschichtung der alten Bundesrepublik und zu einer Überschichtung Ostdeutschlands. Während Westdeutsche, die in den Osten gingen, dort häufig Führungspositionen einnahmen, wanderten die Ostdeutschen, die in den Westen gingen, in eine wohlhabendere Gesellschaft ein und fanden sich statusmäßig überwiegend in den unteren Schichten wieder. Diese Asymmetrie wurde von den Menschen auch so wahrgenommen: In Ostdeutschland rechnen sich im Vergleich zu Westdeutschland doppelt so viele Menschen der Unterschicht zu, in Westdeutschland wiederum fünfmal so viele zur Oberschicht. Die Einheit Deutschlands ging also mit einer sozialen Deklassierung der Ostdeutschen einher. Auch wenn es vielen materiell besser ging als vor 1989, so haben wir es doch mit dem Phänomen einer relativen Deprivation zu tun.[64]

Der Elitentransfer von West nach Ost hatte zudem zur Folge, dass der Kontakt mit Westdeutschen häufig ein Kontakt mit jenen westdeutschen Eliten war, die in den Osten kamen. Es waren Vorgesetzte, denen nicht auf Augenhöhe begegnet werden konnte und die als distanziert, mitunter auch als arrogant wahrgenommen wurden. Diese Alltagsbegegnungen trugen ihren Teil zur Eigenwahrnehmung der Ostdeutschen bei, im vereinten Deutschland eine untergeordnete Rolle zu spielen.

64 Mau: Lütten Klein (wie Anm. 6), S. 167 ff.

Die Unterrepräsentation Ostdeutscher in staatlichen wie gesellschaftlichen Führungspositionen auch 30 Jahre nach der deutschen Einheit hat diese Erfahrung wiederholt bestätigt und ist bei vielen zu der Überzeugung geronnen, lediglich »Bürger 2. Klasse« zu sein.[65]

Schließlich machten viele Ostdeutsche auch eine kulturelle Entwertungserfahrung. Die deutsche Einheit ging mit einer weitreichenden Umdeutung von Wertorientierungen, Normen, Symbolen und Sprechweisen einher. Die im Osten eingeübten kulturellen Codes wurden von Westdeutschen nicht verstanden, spezifisches Alltagswissen verlor an Bedeutung, langjährig eingeübte Routinen und Verhaltensweisen galten als Hypothek und mussten neu erlernt oder modifiziert werden. Die Begegnung von Ost- und Westdeutschen fand somit nicht auf Augenhöhe statt: Ostdeutsche traten Westdeutschen als Lernende gegenüber. Ihre bisherigen Lebensentwürfe und erworbenen Kompetenzen galten nichts. Vielmehr hatten sie sich in die westdeutsche Kultur einzuschreiben sowie an die herrschenden Verhältnisse anzupassen.[66] Jana Hensel brachte diese fortdauernde Entwertungserfahrung wie folgt zum Ausdruck:

> Die ostdeutsche [Identität, J. G.] bleibt die defizitäre, die nachrangige, die marginalisierte und oft auch einfach jene, die schlicht übersehen wird. Auf jeden Fall eine, die weit davon entfernt ist, in eine gesamtdeutsche Identitätserzählung aufgenommen zu werden. Eher bildet sie eine Art Gegenerzählung, von der man sich, je nach Bedarf und Thema, abzugrenzen versucht.[67]

Dazu gehört auch, dass im gesamtdeutschen Diskurs der Westen als ›Normal Null‹ firmiert, während der Osten stets die Abweichung darstellt. Der Diskurs über die deutsche Einheit wurde so zu einem Diskurs über Ostdeutschland. Ja, im medialen Diskurs wurde ›Ostdeutschland‹ nur dann explizit zum Thema gemacht, wenn es um Abweichungen vom Westen ging. Dieser Topos der Besonderheit ist wiederum die Grundlage dafür, den Osten als »defizitär« und damit auch als »Belastung« (für den Westen) zu charakterisieren.[68] Der gesamtdeutsche Diskurs über Ostdeutschland ist somit eine Entwertungserfahrung, da ostdeutsche Eigenheiten fortwährend als Abweichung vom Normalen erscheinen. Vor dem Hintergrund, dass gesellschaftliche Anerkennung eine sozial integrierende

---

65 Zum Elitentransfer und seinen Folgen siehe MAU: Lütten Klein (wie Anm. 6), S. 177–185.

66 BÖICK/LORKE: Zwischen Aufschwung und Anpassung (wie Anm. 57), S. 95–100.

67 ENGLER/HENSEL: Wer wir sind (wie Anm. 17), S. 57.

68 KERSTEN SVEN ROTH: Der Westen als ›Normal Null‹. Zur Diskurssemantik von ›ostdeutsch*‹ und ›westdeutsch*‹. In: DERS./MARKUS WIENEN (Hrsg.): Diskursmauern. Aktuelle Aspekte der sprachlichen Verhältnisse zwischen Ost und West. Bremen 2008, S. 69–89, hier S. 73 ff.

Funktion hat, entfaltet die langjährige Nichtbeachtung ostdeutscher Erfahrungen und kultureller Prägungen eine desintegrative Wirkung, die sich in Umfragen seit den 1990er Jahren in dem Eindruck manifestiert, nur »Bürger zweiter Klasse« zu sein.[69] Gleichzeitig zog die Erfahrung soziokultureller Entwertung eine Distanz zu den politischen Institutionen und ihren Repräsentanten im vereinigten Deutschland nach sich.[70] Und die Fremdenfeindlichkeit, die es wohlgemerkt in ganz Deutschland gibt, hat im Osten die wichtige Besonderheit, dass sie auch eine Strategie der Entlastung von Scham über die Entwertungserfahrungen der Transformation und den damit verbundenen eigenen niedrigen Status ist.[71]

3. Ohnmachtserfahrungen

Anders als im östlichen Europa, wo der Zusammenbruch des sowjetischen Imperiums den Gewinn staatlicher Souveränität bedeutete, folgte für Ostdeutschland nach einem kurzen Intermezzo die Aufgabe der Eigenstaatlichkeit infolge des Beitritts zur Bundesrepublik Deutschland.[72] Die Übernahme einer im bundesdeutschen Selbstverständnis funktionierenden politischen und sozialen Ordnung, die sich nach 1945 demokratisch bewährt hatte, schnitt den Ostdeutschen die Möglichkeit ab, die neue, gemeinsame Gesellschaftsordnung mitzugestalten. Hierfür hätte es durchaus Grundlagen und Anknüpfungspunkte gegeben, denn die Selbstermächtigung der Ostdeutschen beschränkte sich nicht auf den Straßenprotest im Herbst 1989. Vielmehr folgte in den Monaten zwischen November 1989 und Oktober 1990 eine Selbstdemokratisierung der DDR, welche die Massenproteste zwar ermöglicht hatten, anschließend jedoch von den Runden Tischen auf den Weg gebracht und von der im März 1990 frei gewählten Volkskammer durch eine umfassende Gesetzgebung gestaltet wurde.[73] In diesem »demokratischen Jahr der DDR«[74] schlug die Ohnmacht, die viele in der DDR empfunden

69 Jessen: Revolution und Transformation (wie Anm. 32), S. 37–40.

70 Mau: Lütten Klein (wie Anm. 6), S. 18.

71 Zur Ventilfunktion von Wut gegenüber Minderheiten bei frustrierten Mehrheiten siehe Sighard Neckel: Blanker Neid, blinde Wut? Sozialstruktur und kollektive Gefühle. In: *Leviathan* 27 (1999), 2, S. 145–165, hier S. 161 f.

72 Jessen: Revolution und Transformation (wie Anm. 32), S. 26.

73 Zu den Runden Tischen siehe Francesca Weil: Verhandelte Demokratisierung. Die Runden Tische der Bezirke 1989/90 in der DDR. Göttingen 2011. Zur Arbeit der Volkskammer siehe Bettina Tüffers: Die 10. Volkskammer der DDR. Ein Parlament im Umbruch. Selbstwahrnehmung, Selbstparlamentarisierung, Selbstauflösung. Düsseldorf 2016.

74 Jörg Ganzenmüller/Franz-Josef Schlichting (Hrsg.): Das demokratische Jahr der DDR. Zwischen Friedlicher Revolution und deutscher Einheit. Weimar 2021.

hatten, in Handlungsmacht um. Die Rückgewinnung der Volkssouveränität und die schrittweise Selbstdemokratisierung waren einschneidende Erfahrungen der ostdeutschen Gesellschaft.[75] Allerdings muss hier einschränkend berücksichtigt werden, dass sich bei Weitem nicht alle an den Selbstdemokratisierungsprozessen aktiv beteiligten. Gerade im ländlichen Raum waren die Revolutionserfahrungen geringer ausgeprägt und die Euphorie der Selbstermächtigung weniger verbreitet. Der von den Akteuren der ›Friedlichen Revolution‹ stark kritisierte Begriff ›Wende‹ bringt womöglich genau die Erfahrung jener zum Ausdruck, denen ein historischer Umbruch geschehen ist, die ihn jedoch nicht gestaltet haben.[76]

Im deutsch-deutschen Vereinigungsprozess griff man auf das demokratische Potenzial des Jahres 1990 nicht zurück. Stattdessen priorisierte man Regierungshandeln und regelte die Vereinigung mittels eines Vertrages, der von ungleichen Partnern ausgehandelt wurde.[77] Am Ende »wurde die Blaupause West auf den Osten übertragen«[78]. Die Übernahme der bundesdeutschen Strukturen erneuerte das Ohnmachtsgefühl, dass andere über die gesellschaftliche Ordnung bestimmten, in der man sich nun zurechtfinden musste. Bei der Gestaltung des eigenen Lebens fand man sich abermals in einer vorgegebenen Ordnung wieder.[79] Die parlamentarische Demokratie erscheint nicht wie noch 1990 als selbst erkämpft, sondern inzwischen als vorgegebene westdeutsche Ordnungsstruktur. Das damit verbundene Ohnmachtsgefühlt entlädt sich in einer Kritik an ›denen da oben‹, womit unausgesprochen die westdeutschen Eliten gemeint sind, die als Investorinnen und Investoren, ›Aufbauhelferinnen und -helfer‹ oder politische Parteien in den Osten gekommen sind und als Repräsentantinnen und Repräsentanten jener angeblichen Fremdbestimmung aus dem Westen gelten.[80]

Es war allerdings nicht nur der verfassungsrechtliche Weg des Beitritts, der ein Ohnmachtsgefühl auslöste. Einen wesentlichen Anteil hatte der Umstand, dass fortan vorwiegend politische Repräsentantinnen und Repräsentanten der

---

75 So versteht Ilko-Sascha Kowalczuk seine Darstellung der Revolution von 1989 in der DDR explizit nicht als Geschichte der deutschen Einheit, sondern als Geschichte des gesellschaftlichen Aufbruchs, der die deutsche Einheit erst möglich machte, siehe Ilko-Sascha Kowalczuk: Endspiel. Die Revolution von 1989 in der DDR. München 2009, S. 13 f.

76 Stückrad: Die Unmutigen (wie Anm. 59), S. 38 f.

77 Siehe Alexander Thumfart: Die politische Integration Ostdeutschlands. Frankfurt am Main 2001, S. 806.

78 Mau: Lütten Klein (wie Anm. 6), S. 134.

79 Bude: Ein natürliches Experiment (wie Anm. 19), S. 26.

80 Siehe Axel Salheiser: Welche Akzeptanz hat die repräsentative Demokratie in Ostdeutschland? In: Ilko-Sascha Kowalczuk/Frank Ebert/Holger Kulick (Hrsg.): (Ost) Deutschlands Weg. 35 weitere Studien, Prognosen & Interviews. Teil II: Gegenwart und Zukunft. Bonn 2021, S. 343–357, hier S. 343 ff.

alten Bundesrepublik die Einheit gestalteten. Im Zuge der Vereinigung der beiden deutschen Staaten stießen naturgemäß konkurrierende Interessen West- und Ostdeutschlands aufeinander. In den meisten strittigen Fragen setzten sich allerdings die bundesdeutschen Unterhändler und Unterhändlerinnen durch. Dies wird bei dem vereinbarten Prinzip ›Rückgabe vor Entschädigung‹ besonders deutlich, welches das DDR-Unrecht früherer Enteignungen höher gewichtete als die bestehenden Besitzverhältnisse. Hier setzte sich die Bundesregierung durch, die die Interessen jener vertrat, die die DDR einst in Richtung Westen verlassen und ihr Eigentum verloren hatten. Nun mussten zunächst die staatliche Verwaltung und Gerichte klären, ob Rückerstattungsansprüche rechtens waren. Am Ende waren zwar ›nur‹ 22 Prozent der Anträge auf Rückerstattung erfolgreich, doch für die Betroffenen bedeutete dies, dass sie ihre Wohnung oder ihr Haus verlassen mussten. Alle anderen, die mit Rückerstattungsansprüchen konfrontiert waren, lebten oft jahrelang in Unsicherheit.[81] Der Umstand, dass andere über die Zukunft des eigenen Hauses oder der eigenen Wohnung entschieden, hat starke Ohnmachtsgefühle ausgelöst.

Auch die Privatisierung der ostdeutschen Industrie hinterließ bei den Betroffenen den Eindruck, dass es nicht fair zugehe und man permanent übervorteilt werde.[82] Hier standen sich ebenso west- und ostdeutsche Interessen gegenüber. Die bundesdeutsche Wirtschaft litt zu dieser Zeit an Überkapazitäten und hatte kein Interesse an einer ostdeutschen Konkurrenz. Die Privatisierung folgte deshalb allzu oft der Logik einer Marktbereinigung. Für diejenigen, die erfolglos um den Erhalt ihres Betriebes kämpften, war diese frühe Demokratieerfahrung ernüchternd. Allzu häufig entstand der Eindruck, dass sie bei Entscheidungen, die sehr weitreichende Auswirkungen auf ihr Leben hatten, nicht mitwirken konnten. Demokratie als eine Form des Interessenausgleiches wurde und wird zum Teil bis heute als westdeutsche Übervorteilung erfahren. Lang gehegte Hoffnungen, in einer Demokratie würden die eigenen Interessen eine angemessene Berücksichtigung finden, wurden vielfach enttäuscht. Der Vereinigungsprozess war für viele Ostdeutsche somit von Beginn an mit Ohnmachtserfahrungen und mit Zukunftsängsten verbunden.

Zu den Ohnmachtserfahrungen gehören auch Gewalterfahrungen. Das Wegbrechen staatlicher Strukturen und die Delegitimierung alter Autoritäten ebnete

---

81 Siehe Kerstin Brückweh: Unter ostdeutschen Dächern. Wohneigentum zwischen Enteignung, Aneignung und Neukonstituierung der Lebenswelt in der langen Geschichte der ›Wende‹. In: Thomas Grossbölting/Christoph Lorke (Hrsg.): Deutschland seit 1990. Wege in die Vereinigungsgesellschaft. Stuttgart 2017, S. 187–212, hier S. 205.

82 Siehe Kowalczuk: Übernahme (wie Anm. 18), S. 115 ff.

einer rechtsextremen Alltagsgewalt die Bahn, der insbesondere Migrantinnen und Migranten sowie augenscheinlich ›linke‹ Jugendliche zum Opfer fielen. Zunächst wurden diese Gewalterfahrungen in der Literatur thematisiert.[83] Christian Bangel hat den »Baseballschlägerjahren« einen Namen und den Betroffenen ein Forum gegeben, ihre Erfahrungen mitzuteilen.[84] Erst jüngst hat sich die historische Forschung diesem Thema in gesellschafts- und erfahrungsgeschichtlicher Perspektive zugewandt.[85] Ein genauer Blick auf diese Gewalterfahrungen birgt das Potenzial, eine Perspektive auf den unterschiedlichen Umgang mit Ohnmachtserfahrungen und der Frage nach deren desintegrativer Wirkung zu öffnen.

Partizipation ist ein wesentlicher Faktor für gesellschaftliche Integration.[86] Politische Ohnmachtserfahrungen haben hingegen eine desintegrative Wirkung. Und die Erfahrung einer Selbstermächtigung und Selbstdemokratisierung, die in einer zumindest so empfundenen politischen Ohnmacht mündet, nährt naturgemäß Zweifel an der Legitimität einer politischen Ordnung, die infolgedessen als ›übergestülpt‹ diskreditiert werden kann. Wohlgemerkt: Die weit überwiegende Mehrheit der Ostdeutschen begrüßte 1989/90 den schnellen Weg zur deutschen Einheit über den Beitritt zum Geltungsbereich des Grundgesetzes.[87] Auch das Ergebnis der Volkskammerwahl war ein Votum für eine schnelle Vereinigung der beiden deutschen Staaten. Im März 1990 waren insbesondere diejenigen Parteien erfolgreich, die sich im Wahlkampf als ostdeutscher Ableger einer bundesdeutschen Partei präsentierten und auf entsprechende Wahlkampfhilfe zurückgreifen

83 Literarische Verarbeitungen finden sich bei Clemens Meyer: Als wir träumten. Frankfurt am Main 2006; Peter Richter: 89/90. München 2015; Manja Präkels: Als ich mit Hitler Schnapskirschen aß. Berlin 2017; Daniel Schulz: Wir waren wie Brüder. München 2022.

84 Christian Bangel: #Baseballschlägerjahre. Ein Hashtag und seine Geschichten. In: *Aus Politik und Zeitgeschichte* 72 (2022), 49–50, S. 4–9.

85 Siehe Carsta Langner: »…daß niemand im Dunkeln alleine nach Hause gehen muß«. Zur Wahrnehmung rechter Gewalt in der ostdeutschen Umbruchsgesellschaft. In: Till Kössler/Janosch Steuwer (Hrsg.): Brandspuren. Das vereinte Deutschland und die rechte Gewalt der frühen 1990er Jahre. Bonn 2023, S. 180–199. Siehe auch den virtuellen Stadtrundgang »Angstzonen und Schutzräume – Rechte Gewalt, antirassistisches Engagement und die Jenaer Stadtgesellschaft um 1990«: https://www.angstzonenundschutzraeume.de/de/, letzter Zugriff: 11.08.2023. Siehe dazu auch den Beitrag von Franka Maubach in diesem Band.

86 Alfons Bora: »Partizipation« als politische Inklusionsformel. In: Christoph Gusy/Heinz-Gerhard Haupt (Hrsg.): Inklusion und Partizipation. Politische Kommunikation im historischen Wandel. Frankfurt am Main 2005, S. 15–34, hier S. 15.

87 Im Februar 1990 plädierten 89,9 Prozent der Westdeutschen und 84,1 Prozent der Ostdeutschen für einen Beitritt nach Artikel 23 des Grundgesetztes, siehe Detlev Brunner/Günther Heydemann: Die Einheit und die Folgen. Eine Geschichte Deutschlands seit 1990. Bonn 2021, S. 163.

konnten.[88] Dieser starke westdeutsche Einfluss auf die Volkskammerwahl behinderte allerdings maßgeblich und zu einem frühen Zeitpunkt das Herausbilden einer eigenen, ostdeutschen Handlungsmacht.[89] In den folgenden Verhandlungen des Einigungsvertrages fehlte der Regierung von Lothar de Maizière die Legitimation, um auf Augenhöhe zu verhandeln, denn sein Wahlerfolg schien zu einem erheblichen Teil auf die Wahlhilfe der bundesdeutschen CDU und nicht zuletzt auf die Wahlkampfauftritte von Helmut Kohl zurückzuführen zu sein.

Vor diesem Hintergrund ist strikt zwischen den zeitgenössischen Einstellungen und den nachträglichen Deutungen der Ereignisse zu unterscheiden. Es ist nur die halbe Wahrheit, den deutschen Einigungsprozess als eine Entmündigungserfahrung zu beschreiben, denn politische Handlungsmacht wurde in Wahlen zum Teil auch aktiv an die westdeutsche politische Elite abgetreten. Allerdings haben aufmerksame Beobachter schon sehr früh entsprechende Ohnmachtsgefühle artikuliert. Wolfgang Mattheuer hielt den gesellschaftlichen Aufbruch in der DDR bereits 1989 in einem Gemälde als einen panisch-rauschhaften Ausbruch rücksichtsloser Gestalten fest, fünf Jahre später repräsentiert ein Wütender die Ostdeutschen im Transformationsprozess.[90] Bei den Protesten gegen die Hartz-Reformen im Jahr 2004 knüpften viele Ostdeutsche an diese frühen Transformationserfahrungen an und brachten ihre Ohnmachtsgefühle erneut zum Ausdruck. Bereits hier wurden ein Freund-Feind-Denken gegenüber der politischen Elite sowie ein erhebliches Aggressionspotenzial sichtbar.[91] Diese Protesterfahrungen waren allerdings – anders als 1989 – keine Selbstermächtigung, sondern eine fortgesetzte Ohnmachtserfahrung, die sich im Laufe der Zeit zu einer grundlegenden Skepsis gegenüber der repräsentativen Demokratie auswuchs.

4. Fazit

Die größere Distanz zur repräsentativen Demokratie in Ostdeutschland liegt nicht daran, dass die Ostdeutschen »diktatursozialisiert« (Marco Wanderwitz) sind. Zweifellos haben Diktaturerfahrungen, die Ostdeutsche in der DDR gemacht haben, ihre politischen Vor- und Einstellungen geprägt. Im Alltag angelernte Verhaltensweisen hatten dabei einen nachhaltigeren Einfluss auf die Wertvorstellungen

88 Zur Volkskammerwahl vom März 1990 siehe Wolfgang Jäger: Die Überwindung der Teilung. Der innerdeutsche Prozess der Vereinigung 1989/90. Stuttgart 1998 (Geschichte der deutschen Einheit Bd. 3), S. 413–426.

89 Mau: Lütten Klein (wie Anm. 6), S. 125.

90 Siehe dazu den Beitrag von Verena Krieger in diesem Band.

91 Stückrad: Die Unmutigen (wie Anm. 59), S. 63–66.

als die staatliche Propaganda. Das Verhältnis zum Staat, das gleichermaßen von lebensweltlicher Distanz und einer materiellen Erwartungshaltung geprägt ist, sowie die Vorstellung von Gesellschaft als einer Vertrautheits- und Nahbeziehungsgemeinschaft sind mentale Prägungen, die bis heute nachwirken.[92] Diese stehen in einem offensichtlichen Widerspruch zu den nach wie vor geringeren Chancen auf gesellschaftliche Teilhabe im Osten Deutschlands.[93]

Mindestens genauso prägend waren die Transformationserfahrungen, die naturgemäß sehr unterschiedlich ausgefallen sind. Verlust-, Entwertungs- und Ohnmachtserfahrungen waren allerdings so weit verbreitet, dass sie als kollektive Erfahrungen der Ostdeutschen angesehen werden können. Zudem haben sich Vertrauensverlust und Existenzängste über das Familiengedächtnis mitunter auch auf die nächste Generation übertragen.[94] Die »Dritte Generation Ost«, die »Wendekinder« und die »Nachwendekinder« definieren sich zumindest ebenso stark über die Erfahrungen ihrer Eltern wie über die eigenen Transformationserfahrungen.[95] Trotz einer Verankerung der Transformationserfahrungen im Familiengedächtnis findet das Gespräch zwischen den Generationen bis heute allerdings nur eingeschränkt statt. Die große Verunsicherung der Elterngeneration ist ebenso schambesetzt wie die Wahrnehmung der Eltern durch ihre Kinder.[96]

Ostdeutsche Identitäten sind von spezifischen Erfahrungen geprägt, die in der DDR und während der Transformationszeit gemacht wurden. Aus diesem Grund werden sie auch nicht verschwinden. Ihre Existenz ist weder eine reine Zuschreibung noch ein Problem, das es zu überwinden gilt.[97] Im Gegenteil: Unterschiedliche regionale Identitäten sind Kennzeichen für die landschaftliche Vielfalt, die Deutschland ausmacht. Zu diesen regionalen Identitäten werden noch lange Zeit ostdeutsche Varianten gehören, denn 40 Jahre DDR und die tiefgreifenden Transformationserfahrungen haben tiefe biografische und erfahrungsgeschichtliche Spuren hinterlassen, die es in Westdeutschland nicht gibt. Ein politisches

---

92 Siehe GANZENMÜLLER: Herrschaft, Partizipation und Vergemeinschaftung (wie Anm. 38), S. 39 f.

93 Teilhabeatlas Deutschland. Ungleiche Lebensverhältnisse und wie die Menschen sie wahrnehmen, hrsg. v. Berlin-Institut für Bevölkerung und Entwicklung. Berlin 2019, S. 22 f.

94 Siehe den Beitrag von Agnès Arp und Élisa Goudin-Steinmann in diesem Band.

95 MICHEAL HACKER u. a. (Hrsg.): Dritte Generation Ost. Wer wir sind, was wir wollen. Berlin 2012; ADRIANA LETTRARI/CHRISTIAN NESTLER/NADJA TROI-BOECK (Hrsg.): Die Generation der Wendekinder. Elaboration eines Forschungsfeldes. Wiesbaden 2016; VALERIE SCHÖNIAN: Ostbewusstsein. Warum Nachwendekinder für den Osten streiten und was das für die Deutsche Einheit bedeutet. München 2020.

96 Einen aufschlussreichen Blick in die intergenerationelle Familienkommunikation bieten MICHEL/GRIMM: Die anderen Leben (wie Anm. 21).

97 So jüngst recht wirkmächtig OSCHMANN: Der Osten (wie Anm. 17), S. 74–92.

und gesellschaftliches Problem entsteht daraus nur, wenn eine ostdeutsche Identität als Gegenentwurf zu unserer freiheitlich-demokratischen Grundordnung konstruiert wird: sei es als Selbstbeschreibung oder als Fremdzuschreibung.[98]

Der vorliegende Band basiert auf dem 19. Internationalen Symposium der Stiftung Ettersberg, das in Kooperation mit der Landeszentrale für politische Bildung Thüringen am 22. und 23. Oktober 2021 in Weimar stattfand. Er ist eine Bestandsaufnahme des aktuellen Forschungsstandes und versteht sich als Anregung, die Transformationsgeschichte Ostdeutschlands künftig stärker in erfahrungsgeschichtlicher Perspektive zu erforschen.

Zunächst skizzieren Everhard Holtmann und Tobias Jaeck, in welcher Weise sich der »doppelte Transformationsschock« von deutscher Einheit 1989/90 und Finanzkrise 2008/2009 auf die politischen Einstellungen in Ostdeutschland ausgewirkt haben. Sie konstatieren eine wachsende Distanz der Ostdeutschen zur repräsentativen Demokratie und eine sich wieder öffnende Schere im Hinblick auf die unterschiedlichen Einstellungen in Ost- und Westdeutschland.

Die folgenden sechs Beiträge beleuchten spezifische Transformationserfahrungen in der Stadt und auf dem Land. Detlev Brunner beschreibt den Verlust des Arbeitsplatzes bzw. die Angst vor Arbeitslosigkeit als tiefgreifende Transformationserfahrung, betont aber zugleich den daraus resultierenden Protest, der die Handlungsmacht der Menschen zeigt und sie nicht als wehrlose Opfer einer Deindustrialisierung charakterisiert. Peer Pasternack zeigt am Beispiel Halle-Neustadt, dass sowohl die euphorischen Zuschreibungen vor 1989 als auch die verunglimpfenden Zuschreibungen nach 1989 dem Erfahrungsraum einer einst prosperierenden, dann schrumpfenden Stadt nicht gerecht werden. Nicole Hördler untersucht am Beispiel der Kleinstadt Prettin/Elbe den Zusammenhang von Transformationserfahrungen und (ostdeutschen) Identitäten. Uta Bretschneider nimmt die spezifischen Transformationserfahrungen in den ländlichen Gebieten in den Blick und untersucht, in welcher Weise sich das Leben und Arbeiten in den Dörfern im Zuge der deutschen Einheit gewandelt hat. Juliane Stückrad beleuchtet die Auswirkungen von Gebietsreformen auf lokale und regionale Identitäten. Franka Maubach rückt die Rassismus- und Gewalterfahrungen in das Zentrum ihrer Betrachtung und erweitert die Transformationserfahrungen um eine migrantische Perspektive.

---

98 Siehe dazu Jörg Ganzenmüller: Ostdeutsche Identitäten: Selbst- und Fremdbilder zwischen Transformationserfahrung und DDR-Vergangenheit. In: *Deutschland Archiv*, 24.04.2020. Abgerufen unter URL: www.bpb.de/308016, letzter Zugriff: 01.07.2024.

Dem schließen sich vier Beiträge an, die unterschiedliche Deutungen und Repräsentationen der Transformation in den Blick nehmen. Agnès Arp und Élisa Goudin-Steinmann beleuchten auf Basis von lebensgeschichtlichen Interviews, wie Menschen 30 Jahre nach dem Ende der DDR über den revolutionären Umbruch von 1989/90 und die Transformationszeit erzählen. Marcus Böick geht der entlastenden Funktion der Treuhandanstalt in den geschichtskulturellen Verarbeitungen der Deindustrialisierung Ostdeutschlands von 1990 bis heute nach. Verena Krieger zeigt, wie Wolfgang Mattheuer den revolutionären Umbruch von 1989/90 und den deutsch-deutschen Vereinigungsprozess künstlerisch verarbeitete. Er verwandelte zeitgenössische Deutungen in geschichtskulturelle Repräsentationen, die als künstlerischer Kommentar zu ostdeutschen Transformationserfahrungen verstanden werden können. Schließlich gibt Christoph Classen einen Überblick, wie die Transformation Ostdeutschland in Film und Fernsehen verhandelt wurden und welche Deutungsangebote hierbei dominierten.

Am 22. August 2022 verstarb Prof. Dr. Alexander Thumfart. Er war seit 2012 Mitglied unseres Wissenschaftlichen Beirates und hat die Stiftung Ettersberg stets mit großem Engagement unterstützt. Die Transformation Ostdeutschlands war nicht nur das Thema seiner Habilitationsschrift, die zu einem Standardwerk geworden ist. Vielmehr hat er die Transformation der ostdeutschen Hochschulen miterlebt und mitgestaltet, zunächst an der TU Ilmenau (1991–1994), anschließend an der PH Erfurt (1994–2001) und seit 2001 an der neugegründeten Staatswissenschaftlichen Fakultät der Universität Erfurt, wo er 2011 zum außerplanmäßigen Professor für Politische Theorie ernannt wurde. Mit Humor und Mitmenschlichkeit erzählte er gerne von seinen Transformationserfahrungen, die ihn stark mit Ostdeutschland verbunden haben. Dieser Band ist ihm für seine stets wohlwollende Unterstützung und seine persönliche Verbundenheit in Dankbarkeit gewidmet.

Everhard Holtmann/Tobias Jaeck

Politische Einstellungen in Ostdeutschland nach dem ›doppelten Transformationsschock‹

Seit 2015 hat sich die Ost-West-Schere bei den politischen Einstellungen wieder stärker geöffnet. Eine zunehmende Distanzierung von zentralen Grundsätzen und Verfahrensregeln der parlamentarischen Demokratie ist in Ostdeutschland stärker ausgeprägt als in Westdeutschland. Dies äußert sich nicht zuletzt beim Wahlverhalten, das von einer geringeren Parteibindung und einem schwindenden Vertrauen in die politischen Akteur*innen geprägt ist. Die Beteiligung an Wahlen folgt immer weniger dem Zweck, mit dem Stimmzettel Einfluss auf die Regierungsbildung und damit auf die Berücksichtigung sachpolitischer Interessen zu nehmen, sondern dient zunehmend dazu, Unzufriedenheit, Protest und grundsätzliche Kritik an der repräsentativen Demokratie zum Ausdruck zu bringen. Damit einher geht eine Ablehnung des Prozesses pluralistischer politischer Willensbildung, der auf Interessenausgleich und Entscheidungskompromisse setzt. An die Stelle einer stetigen Mitarbeit in Parteien und Verbänden tritt eine situative Mobilisierung und punktuelle Partizipation. Beide Einstellungen bzw. Verhaltensweisen verstärken sich wechselseitig und destabilisieren die Grundlagen der parlamentarischen Demokratie.

Das Wahlverhalten der Menschen resultiert nicht zuletzt aus bestimmten Erfahrungslagen. Daraus leitet sich die Frage ab, welche gegenwärtigen, aber auch welche zurückliegenden Erfahrungen, die im Gedächtnis abgespeichert sind und mit der gegenwärtigen Lebenswirklichkeit abgeglichen werden, sich für das spezifische Wahlverhalten der Ostdeutschen anführen lassen? Inwieweit lassen sich individuelle Erfahrungen überhaupt so weit verallgemeinern, dass diese als Erklärungsansatz für gesellschaftliche Prozesse herangezogen werden können?

Der folgende Beitrag beleuchtet die politischen Einstellungen in Ostdeutschland und fragt nach dem Zusammenhang von Transformationserfahrungen und Demokratieskepsis. Dazu wird in einem ersten Schritt die ›mentale Matrix‹ des Systemwechsels betrachtet und grundsätzlich nach dem Einfluss von Lebenserfahrungen auf politische und gesellschaftliche Einstellungen gefragt. In einem zweiten Schritt werden die Folgen der Transformationserfahrungen für die politischen Einstellungen in Ostdeutschland skizziert. Schließlich werden zentrale Einstellungen zu Politik und Demokratie in einem langfristigen Zeitverlauf sowie in einem Ost-West-Vergleich betrachtet und eingeordnet.

1. Die »entsicherte Gesellschaft« als zentrale Transformationserfahrung

Der revolutionäre Umbruch von 1989 und die Vereinigung der beiden deutschen Staaten zogen einen vollständigen Wechsel der politischen, wirtschaftlichen, gesellschaftlichen und kulturellen Ordnungen nach sich. Damit einher ging eine erhöhte Unsicherheit für die Menschen, die sich in den neuen Rahmenbedingungen einfügen sowie Sicherheit und Stabilität in ihrem Leben zurückgewinnen mussten. In einer durch beschleunigten und unberechenbaren Wandel »entsicherten Gesellschaft« verdichteten sich individuelle und gemeinschaftliche Krisenerfahrungen zu einem dominanten Zeitgefühl.[1] Alles, von dem man geglaubt hatte, es sei sicher, wurde mit einem Mal infrage gestellt, verschwand oder wurde entwertet. Dazu gehörten die materielle Grundsicherung durch einen sicher geglaubten Arbeitsplatz, aber auch persönliche Entwicklungsguthaben wie berufliche Qualifikationen und Karrierehoffnungen. In der Summe löste diese umfassende Entsicherung ein schockartiges Erleben aus, was sich als Erfahrung tief in das Gedächtnis der Menschen eingrub und auch im Zuge des Auftuns von neuen persönlichen Lebensperspektiven nicht einfach verschwand.

Erst in der Rückschau wird deutlich, welche enormen Kraftanstrengungen das existenzielle Erfordernis, Verhaltenssicherheit zurückzugewinnen, den unmittelbar Betroffenen wie auch den verantwortlich handelnden Akteur*innen in neu gebildeten Unternehmensformaten und politischen Institutionen abverlangt hat. Die Transformation der gewohnten Strukturen ging für Millionen Menschen mit persönlichen Lebenskrisen einher. Der Verlust des Arbeitsplatzes und die Entwertung von Arbeitsbiografien wurden als tiefe Einschnitte im Bewusstsein abgespeichert. In Reaktion auf die Entsicherung der aus DDR-Zeiten gewohnten Verhältnisse entstand »ein widersprüchliches Bild: Rückzug und Resignation breiteten sich parallel aus zu Erneuerungskraft und Selbstaktivierung, die sich ihrerseits als bemerkenswert vielgestaltig und durchsetzungsstark erwiesen«[2].

Zeitgenössische Bevölkerungsumfragen aus dem Frühjahr 1990 zeigen, wie ambivalent die Erwartungen waren, mit denen die Ostdeutschen den anstehenden Herausforderungen eines rapiden, teils schockartigen Wandels ihrer Lebenswelt und ihrer Lebenschancen entgegentraten. So hielt eine klare, annähernd drei

1 Heinrich Best/Everhard Holtmann: Die langen Wege der deutschen Einigung: Aufbruch mit vielen Unbekannten. In: Dies. (Hrsg.): Aufbruch der entsicherten Gesellschaft. Deutschland nach der Wiedervereinigung. Frankfurt am Main/New York 2012, S. 9–39, hier S. 9 f.

2 Ebd., S. 10.

Viertel der DDR-Bevölkerung umfassende Mehrheit (73,8 Prozent) es persönlich für wichtig, »nach Sicherheit zu streben« (in Westdeutschland bejahten dies 61 Prozent). Zugleich war knapp die Hälfte der befragten Ostdeutschen (49,2 Prozent – im Westen 51,1 Prozent) gewillt, in neuen Zeiten des Aufbruchs »eigene Fantasie und Kreativität zu entwickeln«[3]. Als vorrangiges Grundbedürfnis festigte sich in der Folge allerdings der Wunsch nach Sicherheit: So stieg von 1990 bis 1995 die Zahl der Ostdeutschen, die auf die Verantwortung des Staates für soziale Vorsorge pochten, von 70 auf 83 Prozent an (der Trend in Westdeutschland war gegenläufig: Dort fiel der Anteil von 64 auf 58 Prozent). Und noch im Jahr 1990 wuchs bei den ostdeutschen Erwerbstätigen die Überzeugung, »sicher nicht« in die Selbstständigkeit zu wechseln, von 65 Prozent im Mai/Juni auf 71 Prozent im Juli/August desselben Jahres an.[4]

Die Erwartungshaltung, der Staat müsse soziale Sicherheit im Sinne einer umfassenden Daseinsvorsorge garantieren, war in Gesamtdeutschland auf einem hohen Niveau, zum Zeitpunkt der Vereinigung der beiden deutschen Staaten jedoch in Ost- und Westdeutschland unterschiedlich ausgeprägt. Diese Ost-West-Differenz besteht im Großen und Ganzen bis heute fort. Besonders deutlich tritt das innerdeutsche Erwartungsgefälle zutage, wenn nach dem Ausmaß gewünschter Staatsinterventionen gefragt wird. Laut einer im Jahr 2014 platzierten Umfrage war der Anteil derjenigen, die bei Lohn- und Preiskontrollen sowie der Bereitstellung von Arbeitsplätzen den Staat in der Pflicht sahen, in Ostdeutschland neun bzw. 17 Prozentpunkte höher als in Westdeutschland.[5] Auch weitere Umfragedaten stützen die Annahme, dass das Verständnis von Sozialstaatlichkeit in Ostdeutschland nicht nur das Erbe des autoritären Wohlfahrtsstaates der DDR ist, sondern dass auch persönliche Krisen- und Verlusterfahrungen der Umbruchsphase nach 1990 nachwirken.

2. Die ›mentale Matrix‹ des ›doppelten Transformationsschocks‹

Die empirische Politik- und Sozialforschung ist sich weitgehend darin einig, dass individuelle und kollektive Orientierungen und Handlungsmuster wesentlich dadurch beeinflusst werden, wie die persönliche Umgebung wahrgenommen

3 Zahlenangaben lt. Rudolf Wildenmann (1990): Vergleichende Umfrage BRD-DDR. Abgedruckt in: Oscar W. Gabriel u. a.: Deutschland 25. Gesellschaftliche und Politische Einstellungen (bpb Zeitbilder). Bonn 2015, S. 66.

4 Ebd., S. 73 und S. 85.

5 Siehe hierzu: Everhard Holtmann u. a.: Deutschland 2014. 25 Jahre Friedliche Revolution und Deutsche Einheit. Forschungsprojekt für den Arbeitsstab der neuen Bundesländer im Bundesministerium für Wirtschaft und Energie (Endbericht Januar 2015).

wird.[6] Diese Kontexte setzen sich aus Lebensumfeldern wie Arbeitswelt und Privatleben sowie den Kommunikationsbeziehungen, die sie in den jeweiligen Lebensumfeldern eingehen, zusammen. Diese Kontexte lassen sich nach Größenordnungen grob unterscheiden: Sie verkleinern sich ausgehend vom globalen über den nationalen, den regionalen bis hinunter auf den lokalen Kontext. Diese verschiedenen Erfahrungshorizonte sind dabei nicht strikt voneinander getrennt, sondern stehen in einem Zusammenhang. Die Systemtransformation im Zuge des deutschen Vereinigungsprozesses ist innerhalb all dieser Kontexte erlebbar geworden und ist deshalb eine alle Bereiche der Lebenswelt umfassende Transformationserfahrung. Die ›mentale Matrix‹ des Systemwechsels lässt sich aus der Sicht der betroffenen Menschen demzufolge wie folgt umreißen: Es gab eine makropolitische (›vertikale‹) Erfahrungsdimension, die die politische und ökonomische Transformation umfasst, und es gab eine individuelle (›horizontale‹) Erfahrungsdimension, die das persönliche Lebensumfeld umfasst.

Die politischen Einstellungen und das Wahlverhalten in Ostdeutschland haben sich allerdings nicht unmittelbar im Zuge des Transformationsprozesses verändert, sondern erst mit Verzögerung. Die Verunsicherung der 1990er Jahre, die als Lebenserfahrung nach wie vor latent wirksam war, wurde erstens durch die andauernde Divergenz in der wirtschaftlichen Entwicklung zementiert und zweitens durch die globale Finanz- und Wirtschaftskrise 2008/09 als zweiter Transformationsschock vergegenwärtigt. Auch wenn die sozialen Folgen der Krise 2008/09 weit weniger gravierend waren als die der Vereinigungskrise der frühen 1990er Jahre, so hat sie doch Befürchtungen geweckt, erneut in eine existenzielle Notlage zu geraten, und zu einer erneuten Verunsicherung geführt.[7] Hinzu kommt, dass sich einigungsbedingte Probleme und die Herausforderungen der globalen Finanz- und Wirtschaftskrise zu überlagern schienen, wodurch die Krisenwahrnehmung verstärkt und neue Ungewissheiten aufgebaut wurden. Diese abermalige Entsicherung der Lebensverhältnisse hat die Krisenwahrnehmungen miteinander verknüpft, sodass die Transformationsforschung inzwischen von einem ›doppelten Transformationsschock‹ spricht.[8] Und dieser

6 Vgl. hierzu: Everhard Holtmann: Politische Partizipation und Effekte des Lebensumfelds. In: Ders. (Hrsg.): Die Umdeutung der Demokratie. Politische Partizipation in Ost- und Westdeutschland. Frankfurt am Main/New York 2019, S. 57 ff. und S. 72 ff.

7 Das belegen Daten der Bielefelder Langzeitstudie ›Deutsche Zustände‹ für den Zeitraum der Jahre 2008 und 2009. Siehe hierzu Wilhelm Heitmeyer: Krisen – Gesellschaftliche Auswirkungen, individuelle Verarbeitungen und Folgen für die *Gruppenbezogene Menschenfeindlichkeit*. In: Ders. (Hrsg.): Deutsche Zustände, Folge 8. Berlin 2010, S. 23–29.

8 Best/Holtmann: Die langen Wege der deutschen Einigung (wie Anm. 1), S. 11; Matthias Brachert: Bestimmungsgründe regionaler Unterschiede der politischen Partizipation

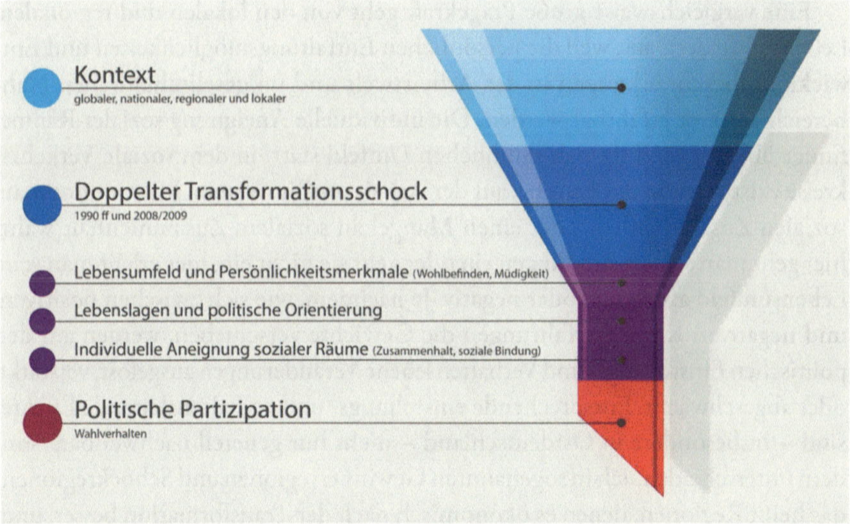

Abb. 1 Der ›Trichter‹ der Kontexteffekte. Eigene Darstellung.

›doppelte Transformationsschock‹ ist eine ostdeutsche Erfahrung, die der Westen des Landes so nicht gemacht hat.

Die Menschen nehmen als soziale Wesen verschiedene Rollen im Arbeitsleben wie im Privaten ein. Sie agieren darin unterschiedlich und machen dementsprechend auch unterschiedliche Erfahrungen. Anders gesagt: Erfahrungshorizonte sind durch bestimmte Kontexte strukturell gerahmt. Als Kontexte werden hier jene gesellschaftlichen Ordnungssysteme verstanden, innerhalb derer die Menschen ihre Erfahrungen machen und innerhalb derer sie ihre Orientierungen herausbilden, unter Krisenbedingungen teilweise infrage stellen und teilweise an ihnen festhalten. Erfahrungshorizonte sind darüber hinaus sozialräumlich unterschiedlich dimensioniert. Es überschichten sich globale, nationale, regionale und lokale Sichten wie in einem Trichter (Abb. 1). Diesen unterschiedlichen Dimensionen sind jeweils spezifische Problemlagen eigen, deren Intensität, Relevanz und Dringlichkeit aus der Sicht der betroffenen Menschen wiederholt und bisweilen – man denke an die Covid-Pandemie oder den Krieg in der Ukraine – auch unerwartet und dramatisch wechseln. Dementsprechend variieren auch die Kontexteffekte, welche die Einstellungen und das persönliche Handeln, wie z. B. die politische Partizipation und hier speziell das Wahlverhalten, beeinflussen.

in Deutschland. In: HOLTMANN (Hrsg.): Die Umdeutung der Demokratie (wie Anm. 6), S. 219–290.

Eine vergleichsweise große Prägekraft geht von den lokalen und regionalen Lebensumfeldern aus, weil die persönlichen Entfaltungsmöglichkeiten und Entwicklungsbeschränkungen in der Arbeitswelt und im gesellschaftlichen Nahbereich konkret erfahrbar werden. Die individuelle Aneignung sozialer Räume findet überwiegend im nah-räumlichen Umfeld statt, in dem soziale Verkehrskreise existieren: in der Familie, auf der Arbeit oder im Verein. Hier nimmt man sozialen Zusammenhalt oder einen Mangel an sozialem Zusammenhalt wahr, hier geht man soziale Bindungen ein oder geht sie nicht ein, hier erlebt man sein Lebensumfeld als positiv oder negativ. Je nachdem, wie sich zwischen positiven und negativen Kontexterfahrungen die Gewichte verschieben, werden auf der politischen Einstellungs- und Verhaltensebene Veränderungen ausgelöst, verstärkt oder abgeschwächt. Entsprechende einstellungs- und verhaltensleitende Effekte sind – insbesondere in Ostdeutschland – nicht nur generell nachweisbar,[9] sondern unterscheiden sich in sogenannten Gewinnerregionen und Schockregionen, das heißt Regionen, denen es ökonomisch nach der Transformation besser, und solchen, denen es wirtschaftlich schlechter geht. So ist beispielsweise die Arbeitslosenquote in Ostdeutschland nach der Jahrtausendwende deutlich zurückgegangen, doch zeigen regionale Untersuchungen, dass in strukturschwachen Gebieten insbesondere des ländlichen Raumes einerseits schrumpfende Angebote an Infrastruktur und ausgedünnte soziale Beziehungen vergleichsweise stark empfunden werden, andererseits die Demokratiezufriedenheit schwächer ausgeprägt ist als anderswo. In den letzten Jahren hat bei Wahlen insbesondere die Partei Alternative für Deutschland (AfD) von dieser krisenhaften Grundstimmung profitieren können.[10] Bei den Landtagswahlen 2019 betrug das Gefälle der Stimmenanteile zwischen ›Gewinnerregionen‹ und ›Schockregionen‹ zugunsten der AfD in Brandenburg 6,4, in Sachsen 8,3 und in Thüringen 11 Prozentpunkte.[11]

In der Bewertung des Funktionierens der Demokratie kommt diese regionale Differenz ebenso deutlich zum Ausdruck. Die nachstehende, auf der Grundlage von Daten einer 2018 erhobenen Bevölkerungsumfrage erstellte Abbildung 2 veranschaulicht dreierlei: Mit dem Funktionieren der Demokratie zeigen sich mehr West- als Ostdeutsche zufrieden. Die Zahl der Zufriedenen liegt in

---

9 Siehe HOLTMANN: Die Umdeutung der Demokratie (wie Anm. 6), S. 121–124.

10 Hierzu mit weiteren Nachweisen MATTHIAS BRACHERT/EVERHARD HOLTMANN/TOBIAS JAECK: Sozialräumliche Einflüsse auf politische Einstellungen und Wahlverhalten. Eine vergleichende Analyse der Landtagswahlen 2019 in drei ostdeutschen Bundesländern (Reihe empirische Studien der Friedrich-Ebert-Stiftung). Bonn 2020.

11 Ebd., S. 32. Für die Klassifizierung der Kreistypen wurden zwei strukturelle Indikatoren, nämlich die langfristige Bevölkerungsentwicklung 1990–2016 sowie die Entwicklung der Beschäftigtenzahl 2007–2016, herangezogen (ebd., S. 12).

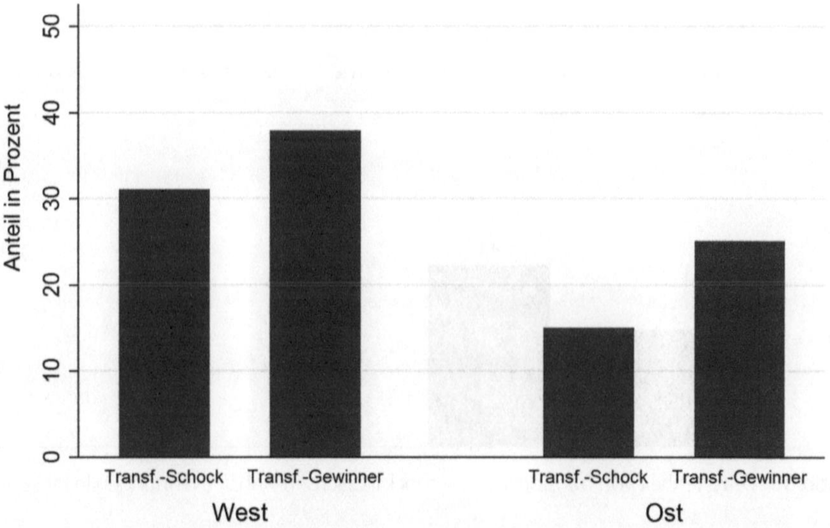

Abb. 2 Zufriedenheit mit dem Funktionieren der Demokratie nach dem Transformationsschock in Ost- und Westdeutschland.

›Schockregionen‹ in beiden Landesteilen niedriger als in ›Gewinnerregionen‹, dabei aber in ostdeutschen Regionen dieses Typs deutlich unter dem Anteil in vergleichbaren Kreisen Westdeutschlands.

Für das Bundesland Sachsen-Anhalt wurde die These vom Transformationsschock im Sachsen-Anhalt-Monitor 2020 anhand der Frage überprüft, ob die Befragten nach eigener Einschätzung selbst oder ob Menschen in ihrem näheren Umfeld von den ökonomischen Herausforderungen nach 1990 betroffen waren. Nur gut ein Viertel (27 Prozent) haben diese Frage verneint (Abb. 3). Hingegen antworteten 42 Prozent: Ja, ich bin persönlich betroffen gewesen. Und noch etwas mehr (45 Prozent) geben an: Ja, im Familienkreis begegnet mir das. Und immerhin 25 Prozent sagen: Ja, im Freundes- und Bekanntenkreis. Auch im Jahr 2020 spiegeln sich noch die langfristigen Auswirkungen des ›doppelten Transformationsschocks‹ in der Wahrnehmung der Menschen wider.

Aufschlussreich ist hierbei die Aufschlüsselung nach soziodemografischen Merkmalen.[12] Unter persönlich vom Transformationsschock Betroffenen sind alle

12 Zu den folgenden Ausführungen siehe: Everhard Holtmann/Tobias Jaeck/Kerstin Völkl: Sachsen-Anhalt-Monitor 2020. 30 Jahre Bundesland Sachsen-Anhalt. 30 Jahre Deutsche Einheit, hrsg. v. Zentrum für Sozialforschung Halle e. V. an der Martin-Luther-Universität Halle-Wittenberg und dem Institut für Politikwissenschaft an der Martin-Luther-Universität Halle-Wittenberg im Auftrag der Landeszentrale für politische Bildung. Halle/Saale 2020, S. 57–59.

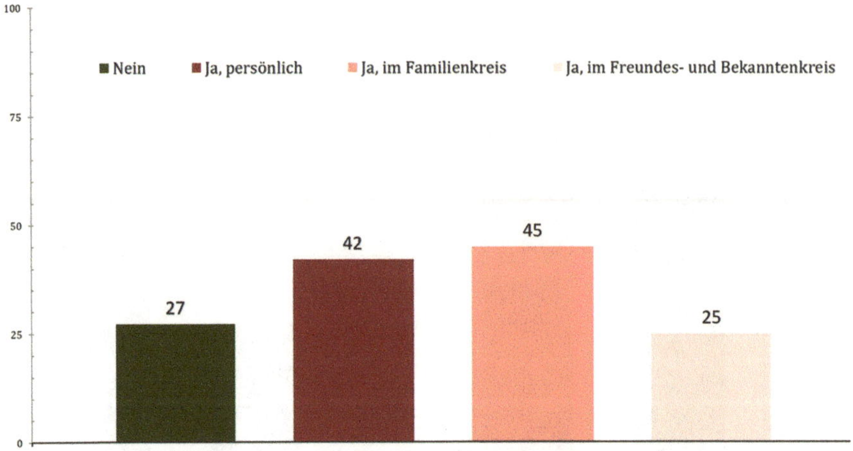

Abb. 3 Betroffenheit von Transformationsschock in Sachsen-Anhalt (Nennungen in Prozent).

Einkommensgruppen in etwa gleich vertreten. Unter als betroffen eingestuften Familienangehörigen, Verwandten, Freunden und Bekannten finden sich deutlich häufiger Personen mit (vor 1990) höheren Einkommen und einem höheren Bildungsgrad. Dies dürfte den beruflichen und sozialen Abstieg von Angehörigen der technischen Intelligenz und der staatlichen Dienstklasse der DDR widerspiegeln.

Männer sind unter betroffenen Personen nur leicht überrepräsentiert. Eine Erklärung hierfür ist, dass die Brüche in den Arbeitsbiografien in hohem Maße auch erwerbstätige Frauen eingeschlossen haben. Bei einer Einteilung nach Generationen, welche die unterschiedliche Dauer der Sozialisation in der DDR abbildet, zeigt sich: Die erste und die zweite Generation Ost, also die zum Zeitpunkt der Befragung 2020 über 68-Jährigen sowie 46- bis 67-Jährigen, sehen sich überdurchschnittlich, nämlich zu knapp 50 bzw. 58 Prozent, betroffen. Nachwendekinder (unter 35 Jahren) bekunden hingegen nur zu rund 11 Prozent persönliche Betroffenheit, was auf entsprechende Wahrnehmungen im Familien- oder Verwandtenkreis zurückzuführen ist.

Unter den nach eigener Aussage vom Transformationsschock persönlich Betroffenen sind diejenigen, die mit der deutschen Einheit eher Nachteile verbinden, mit rund 51 Prozent überdurchschnittlich häufig vertreten. Auch diese Bevölkerungsgruppe schätzt die bisherige Entwicklung der Demokratie mehrheitlich (ca. 47 Prozent) kritisch ein. Ökonomische sowie soziale Verlust- und Abstiegserfahrungen, die während der ersten Transformationskrise der 1990er Jahre gemacht worden waren und sich in der globalen Finanz- und Wirtschaftskrise von 2008/09 zu wiederholen drohten, begünstigen also eine anhaltend kritische bzw. skeptische Grundhaltung gegenüber dem politischen System der Bundesrepublik.

Allerdings stützen diese Daten nicht die Annahme, die vom ›doppelten Transformationsschock‹ Betroffenen seien im wiedervereinigten Deutschland ausnahmslos ›nicht angekommen‹. Vielmehr ziehen annähernd 40 Prozent derer, die sich von der Vereinigungskrise persönlich betroffen sehen, eine vorteilhafte Bilanz der Wiedervereinigung und bescheinigen der Demokratie hierzulande eine positive Entwicklung. Persönliche Krisenerfahrungen münden somit nicht zwangsläufig in die Selbstwahrnehmung eines ›Einheitsverlierers‹. Vielmehr überlagern sich zwei Schichten einer sozialisationsbedingten Wahrnehmung: Eine frühere Schicht, die durch das Leben in der DDR geprägt worden ist, und eine spätere Schicht, die durch das Leben in der Bundesrepublik geprägt wird. Und diese überschichtete Wahrnehmung lässt für heutige Einstellungen darauf schließen, dass Angleichung ebenso wie Differenz vorhanden sind. Inwieweit und in welcher regionalen Differenzierung es in Reaktion auf die Covid-Pandemie zu einer ›dritten‹ Schockwelle kommt, ist nach dem gegenwärtigen Kenntnisstand nicht abschätzbar.

3. Die langfristigen politischen Einstellungen in Ost- und Westdeutschland

Die Effekte des ›doppelten Transformationsschocks‹ sind in den politischen Einstellungen der Ostdeutschen zwar empirisch nachweisbar, doch die Gesamtheit der Einstellungen weist, insbesondere wenn man sie über längere Zeiträume hinweg betrachtet, erkennbare Unterschiede auf. In der Langzeitperspektive werden zudem Trends und Trendwechsel nachvollziehbar. Insgesamt verlaufen die Kurvenverläufe der Einstellungsdaten, ausweislich der in den Abbildungen 4 bis 7 präsentierten Meta-Daten[13], in beiden Teilen des Landes weitgehend kongruent. Von einer ›gespaltenen‹ politischen Kultur im geeinten Deutschland kann folglich nur bedingt gesprochen werden.

Eine Langzeitbetrachtung für den Zeitraum seit 1990 führt im Ost-West-Vergleich politischer Einstellungen drei kennzeichnende Verlaufsmuster vor Augen: Erstens eine ›Divergenz‹, bei der sich die Prozentwerte der abgebildeten Kurven unterscheiden, bei der Demokratiezufriedenheit, dem Vertrauen in Parteien und Politiker*innen sowie bei der wahrgenommenen Rückkopplung (Responsivität)

---

13 Für die Konstruktion der Meta-Daten wird auf der Basis der Daten verschiedener und einheitlich umcodierter Surveys ein zusammenfassender statistischer Mittelwert gebildet. Zur Erläuterung dieser Methode siehe den Beitrag von Tobias Jaeck in Holtmann: Die Umdeutung der Demokratie (wie Anm. 6), S. 39 f.

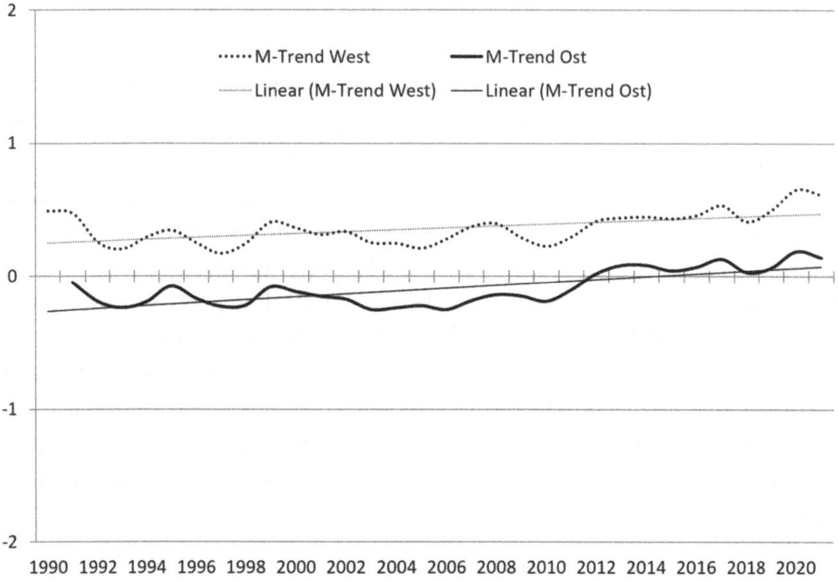

Abb. 4 Zufriedenheit mit dem Funktionieren der Demokratie (Mittelwerte auf einer Skala (rekodiert) von -2 (Sehr unzufrieden) bis +2 (Sehr zufrieden)). Berechnet auf Basis von Allbus, Polit- und Eurobarometer, ESS, GLS und Langzeit Online Tracking.

der politischen Akteure mit der Bevölkerung (Abb. 4, 5 und 7); zweitens einen ›Gleichlauf‹ mit parallelen Auf- und Abschwüngen in den Kurvenverläufen, wobei die Abstände der Werte konstant bleiben (ebenfalls Abb. 4, 5 und 7) und drittens eine Tendenz zur ›Angleichung‹ beim politischen Interesse (Abb. 6, Anfangsphase).

Die Abbildung 4 zeigt zwei Entwicklungen. Erstens bleibt die Demokratiezufriedenheit in Ostdeutschland – auf der Abbildung der »M-Trend Ost« – bis ins Jahr 2012 im negativen Bereich. Zweitens ist die Einschätzung, dass die Demokratie funktioniert, in Ostdeutschland über die Jahre hinweg geringer ausgeprägt als in Westdeutschland, wobei die Wellenbewegungen beider Kurven bemerkenswert synchron verlaufen.

Auch bei den Antworten auf die Frage nach dem in Parteien und Politiker*innen gesetzten Vertrauen ergibt sich das gleiche »doppelte Verlaufsmuster« (Abb. 5). Ostdeutsche Befragte urteilen kritischer als Westdeutsche und der Abstand bei den Vertrauenswerten bleibt über die Jahre hinweg weitgehend gleich. Ähnlich wie bei der Demokratiezufriedenheit ist beim Parteien- und Politiker*innenvertrauen eine leichte Aufwärtsbewegung erkennbar, wenn auch auf niedrigerem Niveau.

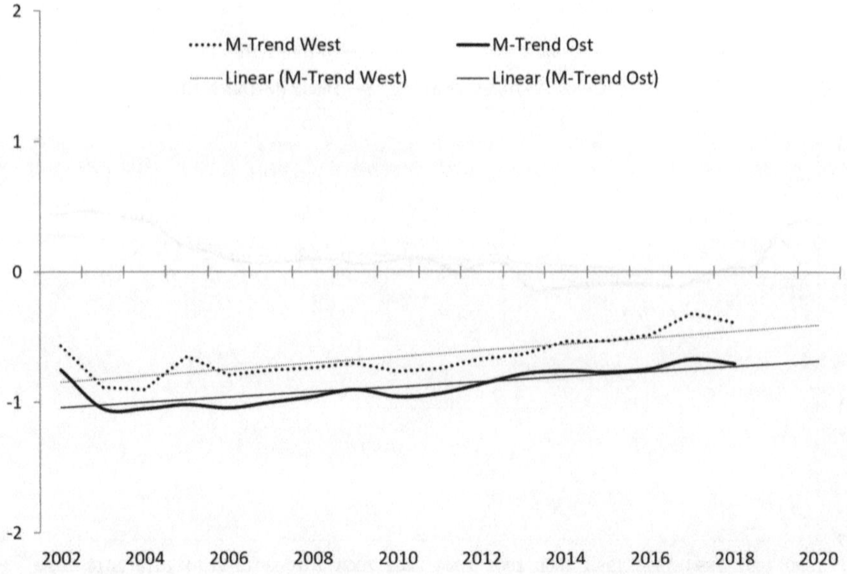

Abb. 5 Vertrauen in Parteien/Politiker*innen (Mittelwerte auf einer Skala (rekodiert) von -2 (Überhaupt kein Vertrauen) bis +2 (Sehr großes Vertrauen)). Berechnungen auf Basis des ALLBUS, des Eurobarometers und des ESS – ab 2004 zusammengefasst.

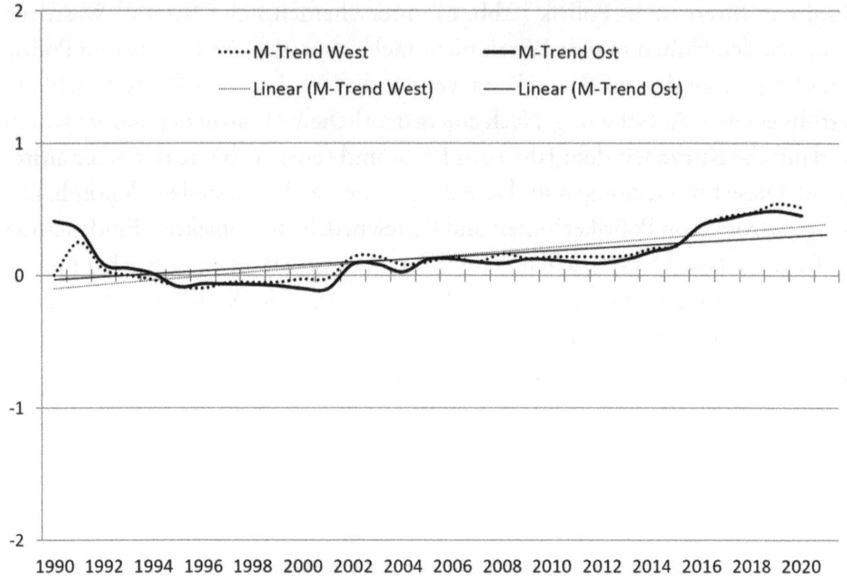

Abb. 6 Interesse an Politik (Mittelwerte auf einer Skala von -2 (min.) bis +2 (max.)). Eigene Berechnungen auf Basis des ALLBUS, des Polit- und Eurobarometers, des SOEP und des ESS.

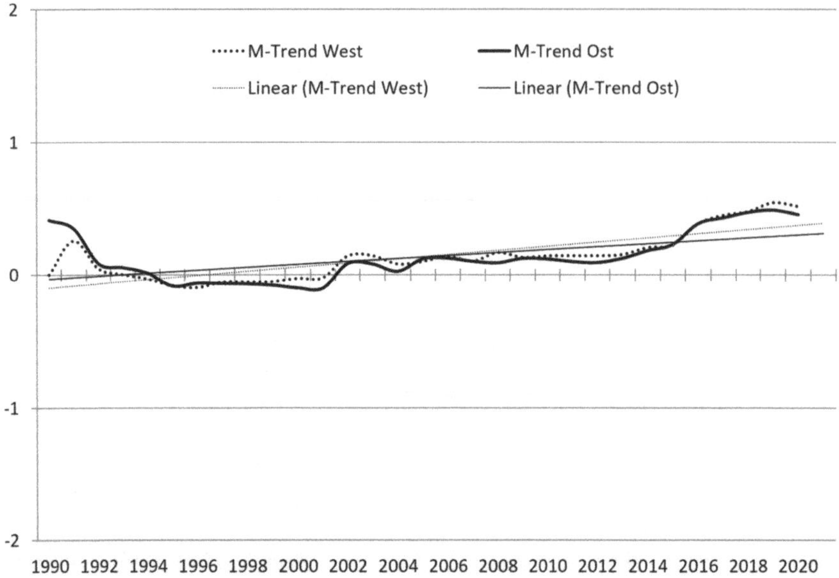

Abb. 7 Responsivität der Politiker*innen und Parteien (Mittelwerte auf einer Skala (rekodiert) von -2 (min.) bis +2 (max.)). Eigene Berechnungen auf Basis des ALLBUS, des Polit- und Eurobarometers, des SOEP und des ESS.

In ihrem Interesse an Politik (Abb. 6) unterscheiden sich Ost- und Westdeutsche seit den frühen 1990er Jahren nicht mehr. 1990 war das Interesse an Politik im Osten besonders groß, was kaum verwundert, und auch in Westdeutschland erfuhr es einen Aufschwung. Nach einem deutlichen Abfall in den 1990er Jahren verläuft die Kurve seit dem Jahr 2001 leicht und seit 2015 bis 2018 stärker ansteigend. Diese Entwicklungen sind allerdings in beiden Landesteilen identisch. Die Responsivität von Politiker*innen und Parteien, d. h. der subjektive Eindruck der Befragten, dass die politischen Akteur*innen ernsthaft an einer Rückkopplung mit der Bevölkerung interessiert sind, fällt in Ost- wie Westdeutschland traditionell skeptisch aus (Abb. 7). Dabei ist bei einem synchronen Kurvenverlauf die Beurteilung im Osten stets negativer als im Westen.

4. Ausblick

Neuere Umfragedaten lassen erkennen, dass sich die Unzufriedenheit mit dem Funktionieren der Demokratie und mit der Handlungskompetenz der Politiker*innen und Parteien bundesweit tendenziell verfestigt.[14] Es bleibt künftigen regionalen Studien vorbehalten herauszufinden, ob sich in Ostdeutschland zum einen – zumal in ländlichen Räumen – die psychologisch negativen Effekte eines verbreiteten Gefühls, »abgehängt« zu sein,[15] verstetigen und zum anderen in Gebieten, die vom industriellen Strukturwandel, der den Abschied vom fossilen Zeitalter vorantreibt, betroffen sind, politische Einstellungen aufbauen, die als Anzeichen eines dritten Transformationsschocks gedeutet werden können. Diesmal zumindest ist die Bundes- und Landespolitik auf solche Verstörungen industriepolitisch besser vorbereitet. Ob verstärkte Fördermaßnahmen wie z. B. das in der Kohlekommission vereinbarte Strukturstärkungsgesetz STARK oder auch jüngste Erfolge bei der Ansiedlung zukunftsfähiger Industrien dazu beitragen können, die Akzeptanz- und Vertrauenslücke zwischen Politik und Teilen der Bevölkerung wieder zu verringern, ist gegenwärtig noch ungewiss.

14 Siehe etwa infratest dimap: ARD-DeutschlandTREND April 2023. Abgerufen unter URL: https://www.infratest-dimap.de/fileadmin/user_upload/DT2304_Report.pdf, letzter Zugriff: 19.03.2024; ferner Ipsos Wahlforschung: Allgemeine Sonntagsfrage April 2023 (3./4. April 2023). Abgerufen unter URL: https://www.ipsos.com/de-de/sonntagsfrage-spd-und-fdp-im-aufwind-grune-mit-verlusten, letzter Zugriff: 19.03.2024.

15 Vgl. hierzu Christoph Richter/Axel Salheiser/Matthias Quent: Die AfD zur Kreistagswahl 2019 in Thüringen. Empirische Analysen zur Erklärung der Wahlergebnisse auf Gemeindeebene (IDZ-Forschungsbericht). Jena 2019.

Soziokulturelle Brüche der Transformation

Detlev Brunner

Arbeitsplatzverlust und Unsicherheit

Erfahrungen der Deindustrialisierung in Ostdeutschland in den 1990er Jahren

> Es gab Arbeitslosigkeit in Größenordnungen, viele Menschen, die zu den Betrieben eine emotionale Bindung hatten, ich höre heute noch Leute, wenn sie in der Gaststätte sagen »mein Betrieb«. Es ist nie ihr Betrieb gewesen. [...] Aber es ist so, dieser Gedanke, die Solidarität zum Betrieb, die haben für den Betrieb alles getan, plötzlich war das alles weg. Alles weggebrochen, [...] die Hoffnungslosigkeit in vielen Familien, [...] viele wussten nicht mehr, wie soll es weitergehen?[1]

Eine Diplompsychologin, die das ›Telefon des Vertrauens‹ in Leipzig – eine Einrichtung des dortigen Sozialamtes – seit Jahren betreute, zog aus den zahlreichen Telefongesprächen mit Arbeitslosen und Kurzarbeiter*innen im März 1991 das Fazit: »Das Selbstwertgefühl gerät täglich mehr aus den Fugen.«[2] Das Nachrichtenmagazin *Der Spiegel* zitierte in seiner Ausgabe vom 10. März 1991 den Gesamtbetriebsrat von Carl-Zeiss-Jena, Burgard Riese: Schon die Angst vor Arbeitslosigkeit mache krank. »Diese dauernde Unsicherheit ist demoralisierend.« Manche Kollegen seien schon »regelrecht verhaltensgestört.«[3]

Arbeitslosigkeit war in der Arbeitsgesellschaft DDR ein unbekanntes Phänomen. Offiziell herrschte im realsozialistischen Staat Vollbeschäftigung. Dabei muss jedoch in Rechnung gestellt werden, dass die DDR eines der Industrieländer mit dem höchsten Industriebesatz war. Mit diesem Begriff wird der Anteil der in der Industrie Beschäftigten je 1.000 Einwohner bezeichnet. Im IV. Quartal 1990 lag dieser Wert in der DDR bzw. den neuen Bundesländern bei 157,6 und damit erheblich höher als in den alten Bundesländern, wo er mit 115 seit den 1980er

1 Interview von Skadi Renz und Lukas Hamm mit Bernhard Hecker am 22.06.2018, Transkript, S. 36 (Forschungsstelle Transformationsgeschichte/Universität Leipzig). Hecker wurde nach der ›Wende‹ zum Betriebsratsvorsitzenden der Maxhütte Unterwellenborn gewählt und war später Gewerkschaftssekretär der IG Metall und des DGB in Saalfeld.

2 Zitiert nach »Dann fahr ich gegen den Baum«. In: *Der Spiegel* 11 (10.03.1991), S. 139–145. Abgerufen unter der URL: https://www.spiegel.de/wirtschaft/dann-fahr-ich-gegen-den-baum-a-6392313e-0002-0001-0000-000013488387?context=issue, letzter Zugriff: 15.07.2022.

3 Zitiert nach ebd.

Jahren konstant geblieben war.[4] Angesichts dieser Ausgangslage rechneten auch gewerkschaftlich orientierte Sozialwissenschaftler*innen »mit einem gewissen Abbau im industriellen Bereich«, da der industrielle Sektor in Ostdeutschland »überdurchschnittlich ausgeprägt war.«[5] Wie dramatisch der Abbau industrieller Arbeitsplätze jedoch in kurzer Zeit erfolgte, zeigten die Messwerte im Jahr 1992. Im Juni 1992 war der Industriebesatz in Ostdeutschland auf 59,8 und im Oktober 1992 auf 54 gesunken. Zum Vergleich: In den alten Bundesländern lag er zu diesem Zeitpunkt bei 113.[6] »Innerhalb von nur knapp 20 Monaten brach der industrielle Sektor in den neuen Bundesländern nahezu vollständig zusammen.«[7]

Der Arbeitsplatzverlust bedeutete einen tiefgreifenden Bruch im Leben der Beschäftigten. Viele zeitgenössische wie auch rückblickende Berichte schildern dessen desaströse Folgen. Psychische Schäden, Resignation, Desintegration, Bedeutungsverlust und Auflösung sozialer Strukturen – mit derartigen Zustandsbeschreibungen der ostdeutschen Gesellschaft werden häufig Narrative verbunden, die die Figur des ›Opfers‹, des ›Wendeverlierers‹ in den Blickpunkt rücken. Dabei werden Bilder der Passivität, der Lethargie, des Schicksals produziert: Es ist von der »stillen Wut der Wendegeneration« die Rede, von Massenarbeitslosigkeit als »Kollektivschicksal«, von Arbeitslosen, die »um sozialen Beistand betteln«, und von einer »sozialstaatlich abgefederten Lethargie«.[8] Im Unterschied zu diesen ›Opfer‹-Narrativen soll in diesem Beitrag untersucht werden, welche Ressourcen und Strategien in der ostdeutschen Gesellschaft seit den 1990er Jahren vorhanden waren, mit denen der Arbeitsplatzabbau verhindert und die Verluste im Arbeitsleben kompensiert werden sollten. Inwieweit dies gelang, ist angesichts der vielen Niederlagen und der anhaltend hohen Arbeitslosigkeit in den beiden ersten Jahrzehnten seit der Vereinigung der beiden deutschen Staaten sicherlich fraglich. Welche längerfristigen Folgen das individuelle und kollektive

4 Vgl. Dirk Nolte: Zwischen Privatisierung und Sanierung: Die Arbeit der Treuhandanstalt – Bilanz und Perspektiven aus gewerkschaftlicher Sicht (WSI-Arbeitsmaterialien, 32). Düsseldorf 1993, S. 30.

5 Dirk Nolte/Astrid Ziegler: De-Industrialisierung in den ostdeutschen Bundesländern. Die Auswirkungen einer falschen Wirtschaftspolitik (WSI-Arbeitsmaterialien, 34). Düsseldorf 1993, S. 20.

6 Vgl. ebd.; Nolte: Zwischen Privatisierung und Sanierung (wie Anm. 4), S. 30.

7 Nolte/Ziegler: De-Industrialisierung (wie Anm. 5), S. 20.

8 Zitate in der Reihenfolge ihrer Nennung: Sabine Rennefanz: Eisenkinder. Die stille Wut der Wendegeneration. München 2012; Steffen Mau: Lütten Klein. Leben in der Transformationsgesellschaft. Berlin 2019, S. 151; Ilko-Sascha Kowalczuk: Die Übernahme. Wie Ostdeutschland Teil der Bundesrepublik wurde. München 2019, S. 149; Thomas Großbölting: Wiedervereinigungsgesellschaft. Aufbruch und Entgrenzung in Deutschland seit 1989/90. Bonn 2020, S. 148.

Engagement gegen Arbeitslosigkeit auf spätere Haltungen und Verhaltensweisen hatte und hat, ist jedenfalls aus historischer Perspektive kaum erforscht. In der sozialwissenschaftlichen Forschung existierten hingegen bereits in den 1990er Jahren Ansätze, die die Reaktionen von Betroffenen auf bestehende oder drohende Arbeitslosigkeit untersuchten.

1. Deindustrialisierung und Arbeitslosigkeit

Mit der Einführung der sozialen Marktwirtschaft und der ›harten‹ bundesdeutschen D-Mark als gesamtdeutscher Währung am 1. Juli 1990 verbanden viele Menschen in der DDR große Hoffnungen. Nicht wenige glaubten an ein ›Wirtschaftswunder‹ und westdeutsche Politiker, allen voran Bundeskanzler Helmut Kohl, nährten solche Hoffnungen. Umso größer waren die Enttäuschungen, als der verheißene wirtschaftliche Aufstieg sich nicht einstellte. 1991, das Jahr eins der Einheit, legte die massiven wirtschaftlichen und sozialen Probleme offen, die mit dem umfassenden Umbau in Wirtschaft und Gesellschaft verbunden waren.

Wirtschaftsinstitute stellten im ersten Quartal 1992 fest, dass die Talsohle der ostdeutschen Wirtschaft nach wie vor nicht überwunden sei. Die Industrieproduktion war in allen Segmenten rückläufig und stabilisierte sich allenfalls auf niedrigem Niveau.

Tabelle 1 Industrielle Produktion in Ostdeutschland.

	3. Vj. 1989	3. Vj. 1990	2. Vj. 1991	4. Vj. 1991
Industrie gesamt	100	52	32	36
Chemie	100	53	37	57
Steine und Erden	100	46	24	40
Maschinen-Fahrzeuge	100	65	31	33
Elektrotechnik	100	58	22	25
Feinmechanik-Büromaschinen	100	58	17	11
Textilien	100	46	36	34
Nahrung/Genuss	100	40	37	39

Index 1989 = 100 (wegen Änderung der Wirtschaftszweigsystematik nicht voll vergleichbar).

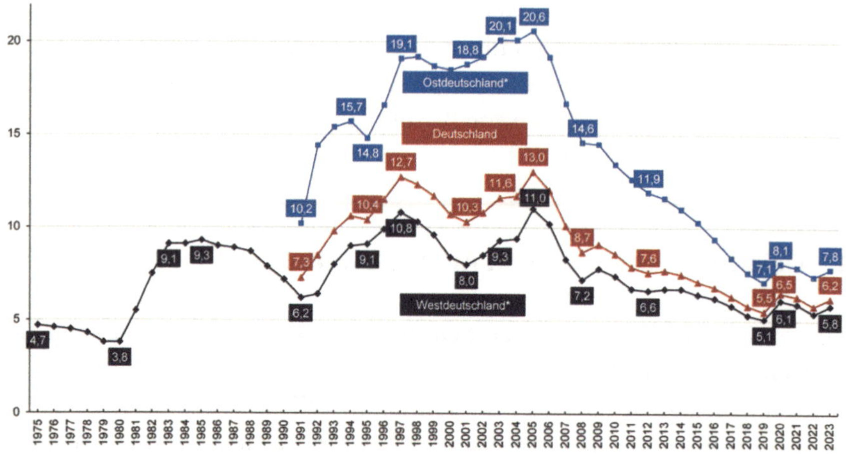

Abb. 1 Arbeitslosenquoten in Gesamt-, West- und Ostdeutschland* 1975–2023, in Prozent aller abhängig zivilen Erwerbspersonen (*Westdeutschland ohne, Ostdeutschland mit Berlin).

Dem Rückgang der industriellen Produktion folgte ein Beschäftigungsabbau. Im Februar 1992 waren in der ostdeutschen Industrie noch 1,1 Millionen Menschen beschäftigt, das waren bereits eine Million weniger als im Jahr zuvor. Seit Herbst 1989 waren fast vier Millionen Arbeitsplätze verloren gegangen.[9] Arbeitslosigkeit sollte die neuen Bundesländer auch in den folgenden Jahren, ja Jahrzehnten in besonderem Maße betreffen. Auch in Zeiten, in denen die Arbeitslosigkeit in Gesamtdeutschland stieg, lagen die Quoten in den neuen Ländern jeweils fast doppelt so hoch wie in den alten Bundesländern.

Trotz dieser Negativentwicklung äußerten sich ostdeutsche Befragte in einer Umfrage des Instituts für Demoskopie Allensbach im Oktober 1991 optimistisch zur Zukunft ihres Betriebes. Dass dieser erhalten werden könne, meinten immerhin 61 Prozent (gegenüber nur 45 Prozent im August 1990), nur 16 Prozent befürchteten eine Schließung (22 Prozent im August 1990).[10]

Auch wenn die eigene Lage relativ positiv eingeschätzt wurde, die Bekämpfung der Arbeitslosigkeit nahm bei Befragten generell einen besonders hohen Stellenwert ein. In einer vom Deutschen Gewerkschaftsbund (DGB) in Auftrag

9 Jörg Goldberg: Kein Aufschwung in Ostdeutschland. In: *Blätter für deutsche und internationale Politik* 38 (1992), 6, S. 759–764, hier S. 760 f.

10 Institut für Demoskopie Allensbach: Probleme und Stimmungslage der Bevölkerung in den neuen Bundesländern. Eine aktuelle Bestandsaufnahme im Herbst 1991. Allensbach am Bodensee 1991, S. 8.

gegebenen Erhebung des Instituts für empirische Psychologie (IFEP) gaben jeweils ca. 90 Prozent von 2500 befragten Arbeitnehmer*innen aus den neuen Bundesländern an, dass für sie die Themen Sanierung der Wirtschaft (90,5 Prozent), Bekämpfung der Arbeitslosigkeit (88,7 Prozent) und Erhalt der Arbeitsplätze (87,6 Prozent) auf der Prioritätenliste ganz oben stünden.[11]

Tabelle 2 Beurteilung der allgemeinen und der persönlichen Lage.

Beurteilung der allgemeinen Lage in den neuen Bundesländern	
Schlecht	41 Prozent
Sehr schlecht	52,2 Prozent
Beurteilung der persönlichen Wirtschaftslage	
Gut	32 Prozent
Weder/noch	42 Prozent
Schlecht	19,9 Prozent
Sehr schlecht	4,8 Prozent

Die neuen Gewerkschaften. Repräsentativ-Erhebung bei Arbeitnehmerinnen und Arbeitnehmern in den neuen Bundesländern.

Ähnlich wie in anderen Befragungen zeigt sich auch hier, wie sehr sich die Beurteilung der allgemeinen Lage von jener der eigenen Situation unterscheiden konnte. 41 Prozent der Befragten beurteilten die allgemeine Lage in den neuen Bundesländern als »schlecht«, 52,2 Prozent sogar als »sehr schlecht«. 32 Prozent hingegen beurteilten die persönliche Wirtschaftslage als »gut«, 42 Prozent als »weder/noch« und nur 19,9 Prozent als »schlecht« und 4,8 Prozent als »sehr schlecht«.[12] Diese Diskrepanz könnte auf eine Strategie der Selbstbeschwichtigung oder der Abwehr hindeuten, trotz allgemeiner Probleme werde es für einen selbst schon nicht so schlimm kommen.

Der Verlust des Arbeitsplatzes war in einer Gesellschaft wie der DDR, in der ein großer Teil der Identität über Arbeit und über den Betrieb geschöpft wurde, ein einschneidender Bruch. Doch die Angst vor Arbeitslosigkeit wird nicht durchgängig erinnert:

11 Institut für empirische Psychologie: Die neuen Gewerkschaften. Repräsentativ-Erhebung bei Arbeitnehmerinnen und Arbeitnehmern in den neuen Bundesländern. München/Köln, 3. Juni 1991; DGB/IFEP: Präsentation am 4. Juni 1991. In: Archiv der sozialen Demokratie (AdsD), DGB-Archiv, 5/DGAI002991.

12 Vgl. ebd.

> [...] und also auch vor Arbeitslosigkeit, oder so in dem Sinne, hatte ich keine Angst. Und zum anderen habe ich immer gesagt: »Irgendetwas muss passieren. Sie können nicht 17 Millionen Sozialhilfeempfänger machen. So reich ist die alte Bundesrepublik auch nicht, dass sie sich das leisten kann.« Aber Angst eigentlich überhaupt nicht.[13]

Das Problem Arbeitslosigkeit wird hier externalisiert – »die Bundesrepublik« wird sich etwas einfallen lassen, »es muss etwas passieren«. Wichtig ist allerdings, stets die Person, die solche Aussagen trifft, in ihrem Kontext zu betrachten. Jutta Schmidt, die sich 2012 im Interview in dieser Weise an die Umbruchsphase 1989/90 erinnerte, war alles andere als passiv, sie wartete nicht auf die helfende Hand des Staates, sondern war als Mitglied des Neuen Forums und als Gewerkschafterin aktiv an der Gestaltung der neuen Verhältnisse beteiligt.

In einer Studie aus den 1990er Jahren waren 1.562 Personen – Arbeitslose, Kurzarbeiter*innen, Beschäftigte – in der Zeit vom Januar 1991 bis Juni 1992 teils schriftlich, teils mündlich befragt worden, dabei kam es zu folgenden Ergebnissen: »Die aktive Auseinandersetzung mit der Situation überwog, Chancen wurden erkannt, Resignation und Passivität waren kaum ausgeprägt.« Und: »Der Wille zu aktiver Bewältigung der Arbeitslosigkeit herrschte sowohl bei den Arbeitslosen als auch bei den Beschäftigten vor.« Das Fazit lautete: »Diese Ergebnisse widersprechen der Hypothese, daß die ehemaligen DDR-Bürger der neuen Lage hilflos ausgeliefert seien und sich passiv oder apathisch verhalten.«[14]

Der Wille zur aktiven Gestaltung der eigenen Lage kommt auch bei dem folgenden Zeitzeuginnengespräch zum Ausdruck:

> Also wir haben ... mit Arbeitslosigkeit, natürlich sind wir konfrontiert worden. Auch mein Mann war mal arbeitslos gewesen. Aber wir ... also insgesamt kann man sagen, es ist für uns, hat es funktioniert. [...] und auch natürlich die eigene Aktivität, dass man immer ständig auch versucht hat zu gestalten. Also nicht sich einfach nur hinzugeben, sondern auch zu gestalten. Aber damit will ich nicht in Abrede stellen, dass wenn jemand in einem Betrieb gearbeitet

---

13 Interview von CHRISTIAN HALL mit Jutta Schmidt am 25. 10. 2012, Transkript, S. 14. – Jutta Schmidt war zu Zeiten der ›Wende‹ wissenschaftliche Mitarbeiterin im Institut für Halbleiterphysik, Frankfurt an der Oder, BGL-, dann Betriebsratsvorsitzende, Mitglied im Neuen Forum, ab Juni 1992 stellvertretende Vorsitzende der Gewerkschaft Öffentliche Dienste, Transport und Verkehr (ÖTV). Vgl. DETLEV BRUNNER/CHRISTIAN HALL: Revolution, Umbruch, Neuaufbau. Erinnerungen gewerkschaftlicher Zeitzeugen der DDR. Berlin 2014, S. 72.

14 CLAUDIA ACKERMANN: Die Auswirkungen von Arbeitslosigkeit und Arbeitsunsicherheit. In: HANS BERTRAM/WOLFGANG KREHER/IRENE MÜLLER-HARTMANN (Hrsg.): Systemwechsel zwischen Projekt und Prozeß. Analysen zu den Umbrüchen in Ostdeutschland. Opladen 1998, S. 433–456, hier S. 454.

hat, der pleite gegangen ist, sich nicht auch gedreht hat und alles versucht hat und trotzdem, weil er jetzt 45 oder 50 war, in die Arbeitslosigkeit gekommen ist und aus diesem Loch nicht wieder rausgekommen ist.[15]

2. Kollektiver Protest gegen Betriebsschließungen

Der Wille, gegen drohende oder bereits bestehende Arbeitslosigkeit aktiv zu werden, zog nicht nur individuelle Bemühungen nach sich, sondern zeigte sich insbesondere in der ersten Hälfte der 1990er Jahre auch in kollektiven Protestformen.

Der zweite Vorsitzende der IG Metall, Klaus Zwickel, hatte im März 1991 die neuen Bundesländer bereist. In einem Bericht darüber hieß es:

> Den Menschen wird ihre Situation zunehmend bewußt. Endgültig wird die Gewißheit spätestens mit dem Versenden der Kündigungen zum Ende diesen Monats eintreten. Bislang reagieren die Menschen noch mit Angst und Resignation. Übereinstimmend wird von den beauftragten Geschäftsführern [der Gewerkschaft] jedoch geschildert, daß sich die Lage gerade in den letzten Wochen gravierend geändert hat. Zunehmend trete Wut auf und das Gefühl, von der Bundesregierung betrogen worden zu sein. Allmählich verdichte sich sogar eine explosive Stimmung, die die PDS für sich zu nutzen versuche. […] [D]ie Bereitschaft, sich zu wehren, bietet für uns zugleich die Grundlage für eine mögliche Mobilisierung mit der Zielsetzung Sicherung der Arbeitsplätze.[16]

Anders als oft behauptet, ließen die ostdeutschen Beschäftigten das Schicksal Arbeitslosigkeit nicht passiv über sich ergehen. Im Gegenteil: Die Proteste gegen Arbeitsplatzabbau und die Sorge um den Niedergang industrieller Regionen waren zahlreich. In der ersten Hälfte der 1990er Jahre erfasste die neuen Bundesländer eine regelrechte Protestwelle. Für das Jahr 1991 werden 150 Streiks gezählt, oftmals verbunden mit Betriebsbesetzungen und Straßenblockaden. Für die Jahre 1992 und 1993 liegen mit jeweils 200 Streiks pro Jahr noch höhere Zahlen vor.[17]

---

15 Interview Christian Hall mit Eva-Maria Stange am 06. 06. 2013, Transkript, S. 36. – Stange war ab 1992 gewerkschaftlich aktiv, 1997–2005 Vorsitzende der Gewerkschaft Erziehung und Wissenschaft, 2006–2009 und 2013–2017 Ministerin für Wissenschaft und Kunst in Sachsen. Vgl. auch Brunner/Hall: Revolution (wie Anm. 13), S. 133.

16 Eberhard Vetter, 02 Organisation, Frankfurt, den 7. März 1991: Bericht über die Informationsreise des Zweiten Vorsitzenden der IG Metall, Klaus Zwickel in Verwaltungsstellen der neuen Bundesländer. AdsD, IG Metall/Zwischenarchiv (IGM ZA), 5/IGMZ230229.

17 Zahlen siehe Dokumente der Initiative Ostdeutscher und Berliner Betriebsräte, Personalräte und Vertrauensleute, zusammengestellt und mit einem Vorwort versehen von Bernd Gehrke für den AK Geschichte sozialer Bewegungen Ost-West. Berlin ²2017, S. 12; vgl. außerdem Dietmar

Abb. 2 Protestaktion Herbst 1991 für den Erhalt der Maxhütte Unterwellenborn.

Am 6. September 1991 richteten die Betriebsräte und Bürgermeister der Industriestandorte Zschornewitz und Gräfenhainichen einen Offenen Brief an den Ministerpräsidenten Sachsen-Anhalts Werner Münch. Darin hieß es:

> Hier leben und arbeiten wir seit Generationen! […] Mit der Wende kam die Ernüchterung, kam das ›Aus‹ für die gesamte Industrie in unserer Region. Die Tagebaue werden geschlossen, die Kraftwerke stillgelegt und die Chemieindustrie außer Dienst genommen. Wir werden unserer Existenz- und Lebensgrundlage beraubt. Von einem System ausgenutzt, von dem neuen System als überflüssig fallengelassen, damit geben wir uns nicht zufrieden. […][18]

Die hier beschworene ›Tradition‹ und die herausgestellte Bedeutung von Industrie für die Lebensfähigkeit einer Region sind Elemente, die in den damaligen Protesten immer wiederkehrten.

Bereits am 21. Juli 1990 protestierten 3.000 Beschäftigte der Kaliindustrie im Südharz-Revier in Sondershausen. 12.000 Arbeitsplätze waren bedroht, jeder

---

Dathe: Streiks und soziale Proteste in Ostdeutschland 1990–1994. Eine Zeitungsrecherche. Berlin 2018.

18 Offener Brief, 6.9.1991. Archiv für soziale Bewegungen (AfsB), Bestand IG Bergbau-Energie Archiv, IG BE 12128.

zweite Arbeitsplatz hing dort von der Kaliindustrie ab. Sie warnten, dass die Industrie der Region nicht »sterben« dürfe, sie drohe ansonsten zu einem Armenhaus zu werden.[19] In einer Entschließung der IG Bergbau-Energie-Wasserwirtschaft, die an Ministerpräsident Lothar de Maizière, an die Fraktionen in der Volkskammer und an den Präsidenten der Treuhandanstalt gerichtet war, hieß es: »Mit großer Sorge und Verbitterung stellen wir fest, mit der Einführung der Marktwirtschaft droht für tausende Arbeitnehmer in der Kaliindustrie im Südharzrevier der Verlust des Arbeitsplatzes.« Damit drohe für tausende Familien das soziale »Aus«.[20]

Die Aktionen waren oft auf einzelne Standorte beschränkt, jedoch auch regional vernetzt. Erfolge dieser Aktionen waren begrenzt, aber es gab sie. Die von der Schließung bedrohten Edelstahlwerke in Freital nahe Dresden konnten zum Beispiel durch die Kooperation von Belegschaft, Gewerkschaft und Politik gerettet werden. Nach einer spektakulären Flughafen-Besetzung in Dresden am 15. September 1992 sicherte der sächsische Ministerpräsident Kurt Biedenkopf zu, sich für den Erhalt des Werkes einzusetzen. In einer konzertierten Aktion von IG Metall, der Belegschaft, der Landesregierung und des DGB-Vorsitzenden Heinz-Werner Meyer gelang es, die Zukunft des Werkes zu sichern.[21]

Auch dem Protestnetzwerk ›Thüringen brennt‹ gelang es 1993/94, zumindest Teilerfolge zu erringen. Bodo Ramelow, späterer Ministerpräsident des Landes Thüringen und in den 1990er Jahren einer der Organisatoren der Protestbewegung, erinnerte sich im November 2018 in einem Interview:

> Wir haben auch etwas erreicht mit dem Aktionsbündnis. […] Und das haben wir dann auch gemeinsam verhandelt mit der Landesregierung, mit [Ministerpräsident] Bernhard Vogel. Nämlich: 200 Millionen D-Mark in einen Fonds, den Thüringer Industriebeteiligungsfonds. Also das Ziel, das wir hatten mit dem Aktionsbündnis, nämlich Betriebe zu sanieren, die von der Treuhand stillgelegt werden sollten […]: Das haben wir erreicht.[22]

---

19 »Das Südharz-Revier darf nicht sterben«. In: *Thüringer Allgemeine*, 23. Juli 1990. AfsB, IG BE 12555.

20 Landesvorstand Thüringen der IG B-E-W Erfurt [Entschließung an de Maizière, Volkskammer usw.] o. D. AfsB, IG BE 12555.

21 Betriebsräte aus Ost und West wollen Kehrtwende. In: *Neue Zeit*, 17. September 1992; Wolfgang Uellenberg-van Dawen: Gewerkschaften und deutsche Einheit. In: Detlev Brunner/Michaela Kuhnhenne/Hartmut Simon (Hrsg.): Gewerkschaften im deutschen Einheitsprozess. Möglichkeiten und Grenzen in Zeiten der Transformation. Bielefeld 2018, S. 45–67, hier S. 63 f.

22 Interview von Julia Eberhardt und Justin Andreae mit Bodo Ramelow am 02. 11. 2018, Erfurt, Transkript, S. 4 (Forschungsstelle Transformationsgeschichte, Universität Leipzig).

Bodo Ramelow betont die solidarische Aktion, die die Politik zu Zugeständnissen genötigt habe. Gleichzeitig zeigt die Schließung des Kalibergwerks ›Thomas Müntzer‹ in Bischofferode im gleichen Zeitraum, dass ein landesweit vernetzter und bundesweit beachteter Protest auch erfolglos sein konnte.[23] Tatsächlich hat sich der vergebliche Hungerstreik der Bergarbeiter von Bischofferode im Jahr 1993 viel stärker im kollektiven Gedächtnis verankert als die Beispiele eines erfolgreichen, solidarischen Arbeitskampfes.

3. Fazit

Der Verlust des Arbeitsplatzes oder die Angst vor Arbeitslosigkeit gehören zu den tiefgreifenden Transformationserfahrungen einer »Arbeitsgesellschaft«[24], wie sie in der DDR bestanden hatte. Das pauschale Narrativ von den Industriebeschäftigten der neuen Bundesländer als »Transformationsverlierer« und als »passive Opfer« muss allerdings korrigiert werden.[25] Viele Ostdeutsche nahmen die drohende Schließung ihrer Betriebe nicht kampflos hin, sodass auch die vielfältigen Versuche, den eigenen Betrieb zu retten, zu den Transformationserfahrungen gehören. Mit einer lapidaren Einordnung von Arbeitslosigkeit als bedauerliche, aber leider nicht vermeidbare Begleiterscheinung eines alles in allem erfolgreichen wirtschaftlichen Aufbaus seit 1990 wird man den Erfahrungen der Menschen jedenfalls nicht gerecht. Zu komplex und nachhaltig treten nicht nur wirtschaftliche und politische, sondern auch psychosoziale Folgen der Transformation noch über 30 Jahre nach der Vereinigung der beiden deutschen Staaten zu Tage.

Welche Bedeutung die kollektiven Proteste für die Bewältigung von Existenzängsten hatten, ist bislang kaum erforscht. Auch zur Frage nach den politischen und sozialpsychologischen Wirkungen von Erfolg oder Misserfolg von Protest-

23 Im Detail dazu Christian Rau: Die verhandelte »Wende«. Die Gewerkschaften, die Treuhand und der Beginn der Berliner Republik. Berlin 2022, S. 476–485; Ders.: Hungern für Bischofferode. Protest und Politik in der ostdeutschen Transformation. Frankfurt am Main 2023.

24 Alf Lüdtke: Die DDR als Geschichte. Zur Geschichtsschreibung über die DDR. In: *Aus Politik und Zeitgeschichte* B 36/98 (1998), S. 3–16, hier S. 7.

25 Dazu auch Dominik Stegmeyer/Philipp Ther: Die Große Transformation des vereinigten Deutschlands nach Karl Polanyi und Pierre Bourdieu. Biografische Brüche in der Marktgesellschaft am Beispiel des VEB Werk für Fernsehelektronik. In: Marcus Böick/Constantin Goschler/Ralph Jessen (Hrsg.): Jahrbuch Deutsche Einheit 1. Berlin 2020, S. 271–292, hier S. 289.

aktionen zum Erhalt von Betrieben und Arbeitsplätzen müssen weitere Forschungen angestrengt werden. Zudem wissen wir noch vergleichsweise wenig über die politischen und gesellschaftlichen Folgen einer so weitreichenden Enttäuschung von hoffnungsvollen Erwartungen, wenn diese in Langzeitarbeitslosigkeit und ökonomischer Prekarität mündeten. Auch stellt sich die Frage, welche Erfahrungen die Menschen bei ihrer mitunter monate-, ja jahrelangen erfolglosen Bemühung um Weiterbildung, Qualifikation und Arbeitsplatzsuche mit der neuen politischen Ordnung gemacht haben und bis heute machen.

Peer Pasternack

Expandierende Stadt – Shrinking City – Auffang- und Ankunftsquartier

Halle-Neustadt 1964 bis heute

Eines vor allem ist auffällig, wenn man die Geschichte Halle-Neustadts betrachtet: die Drastik, mit der dort prägende gesellschaftliche Entwicklungen zur Kenntlichkeit gelangten. Bis 1989 war Halle-Neustadt der Prototyp der geplant expandierenden sozialistischen Stadt. Dann, beginnend um 1992, wandelte es sich in rasend kurzer Zeit zum Prototyp der ungeplant schrumpfenden ostdeutschen Stadt. Dieser Wandlungsprozess an sich war nicht singulär: Er erfasste nahezu alle ostdeutschen Neubausiedlungen in gleicher oder ähnlicher Weise. Diese stellten damit anhaltend nicht nur städtebaulich einen spezifischen urbanen Siedlungstyp dar, sondern auch sozial. Dabei waren und sind die Siedlungen keine peripheren Erscheinungen. In der DDR waren 171 Neubaugebiete mit jeweils mindestens 2.500 Wohnungen errichtet worden.[1] Diesen Großwohnsiedlungen traten hunderte kleinerer Plattenbausiedlungen bis hin zu Kleinstquartieren von vier bis zehn Blöcken in Dörfern zur Seite. Ein Drittel der gesamten DDR-Bevölkerung wohnte 1989 in Plattenbausiedlungen mit mindestens 500 Wohnungen.[2] Heute ist es im Osten Deutschlands schätzungsweise jede und jeder Fünfte. Dort sind diese Siedlungen prägende Elemente der Stadtlandschaften, während sie in den westlichen Bundesländern deren gelegentliche Ergänzungen sind.

Als wenig hilfreich für das Ansehen der Siedlungen erweist es sich, dass viele Historikerinnen und Historiker in den 1990er Jahren begannen, ahistorisch von ›Platte‹ zu sprechen. In der DDR waren zwei neutrale Vokabeln gebräuchlich: ›Neubau‹ und ›Plattenbau‹. ›Platte‹ hingegen war eine in der westdeutschen Öffentlichkeit eingeführte Bezeichnung mit sehr strikt negativer Konnotation – für die westdeutschen Plattenbaugebiete. Für die DDR-Siedlungen wurde mit dem Begriff nachträglich eine negative Bedeutung unterstellt, die es in der DDR

---

1 Nico Grunze: Ostdeutsche Großwohnsiedlungen. Vielfältige Entwicklungen und parallele Trends. In: Peer Pasternack (Hrsg.): Das andere Bauhaus-Erbe. Leben in den Plattenbausiedlungen heute. Berlin 2019, S. 39–48, hier S. 43.

2 Heike Liebmann: Vom sozialistischen Wohnkomplex zum Problemgebiet? Strategien und Steuerungsinstrumente für Großwohnsiedlungen im Stadtumbauprozess in Ostdeutschland. Dortmund 2004, S. 47.

so nicht gegeben hatte. ›Platte‹ bezeichnet insoweit in Ostdeutschland keine Wohnform, sondern die Karriere eines postsozialistischen Begriffs: »Die Platte ist in ihrer ganzen Wirkung proletarisch und billig – beides Wörter, die in der Bundesrepublik verächtlich ausgesprochen werden.«[3]

1. Kleine DDR: 1964–1989

Halle-Neustadt weist gegenüber anderen DDR-Plattenbausiedlungen einige Besonderheiten auf. Vor allem war sie das einzige Projekt der Errichtung einer eigenständigen Stadt in industrialisierter Bauweise. Die jüngeren Großwohnsiedlungen Berlin-Marzahn und Berlin-Hohenschönhausen waren zwar noch größer, aber ›nur‹ Stadtbezirke. Halle-Neustadt wurde zudem die Rolle des modellbildenden Vorbildes zugedacht: »[D]iese Stadt lässt nicht nur ahnen, sondern absehen, daß die Städteplaner unserer Republik bereits mit einem Bein im nächsten Jahrhundert stehen«,[4] und wer in Halle-Neustadt lebte, durfte »in der Zukunft leben«.[5] Die neue Stadt verbürgte Zukunftsoptimismus. Sie galt als Ausdruck der Überlegenheit des Sozialismus im Systemwettbewerb. Sie sollte die Gewissheit des ›unaufhaltsamen Sieges‹ des Sozialismus symbolisieren. Die einzige DDR-Neuplanung einer ganzen Großstadt gewesen zu sein, ihr Modellcharakter für den gesamten DDR-Wohnungsbau und schließlich die lange Bauzeit von 1964 bis 1985: Dies begründete die Besonderheit Halle-Neustadts.

Die Gründer und Planer der Stadt hatten dabei dreierlei vor Augen: Zum Ersten nutzen sie die Gelegenheit, eine nach den Vorstellungen ihrer Zeit ideale Stadt zu bauen, die dann in historisch kurzer Zeit realisiert wurde. Die ideale Stadt im 20. Jahrhundert war gekennzeichnet durch Funktionalität und Rationalität. Beides verbürgte Modernität. Statt der Zufälligkeiten und Idiosynkrasien, wie sie in Jahrhunderten gewachsene Städte erkennen lassen, ist am Grundriss der

---

3 Martin Luce: Die Idee vom vertikalen, seriellen Scheitern. In: Axel Watzke/Christian Lagé/Steffen Schuhmann (Hrsg.): Dostoprimetschatjelnosti. Hamburg 2003, S. 97–102, hier S. 99. – Zu den ostdeutschen Plattenbausiedlungen in der DDR und den Post-DDR-Jahrzehnten gibt es eine sehr vielfältige Literatur: zeithistorische Dokumentationen, wissenschaftliche Studien, autobiografische Texte, Belletristik, Kunst- und Fotobände. Als jüngerer Überblick lässt sich hier statt vieler verweisen auf: Pasternack (Hrsg.): Das andere Bauhaus-Erbe (wie Anm. 1).

4 Dieter Heimlich: Die Türme wandern. In: *Der Sonntag* 44 (1967), S. 4.

5 Kai Vöckler/Andreas Denk (Hrsg.): In der Zukunft leben! Die Prägung der Stadt durch den Nachkriegsstädtebau, hrsg. im Auftrag des Bundes Deutscher Architekten/Deutsches Architektur Zentrum. Berlin o. J. [2009].

Planstadt der zugrundeliegende Plan erkennbar. Die Orientierung an der Funktionalität kann dabei nicht verwundern: Überraschender wäre es, wäre die neu zu errichtende Stadt explizit dysfunktional entworfen worden.

Zum Zweiten waren die Chemiewerker und -werkerinnen der Leuna- und Buna-Werke bis zur Errichtung von Halle-Neustadt aus 283 verschiedenen Wohnorten gekommen, mit täglichen Arbeitswegezeiten von häufig vier bis fünf Stunden. »Stundenlange An- und Abtransporte in überfüllten Verkehrsmitteln nehmen den Chemiearbeitern die Freizeit, in der sie sich bilden und in der sie sich erholen sollen«[6], hieß es dazu. Stattdessen sollten nun den Chemiearbeiterinnen und -arbeitern, als Teil einer gesellschaftlichen Avantgarde und (vermeintlichen) Eigentümern der Produktionsmittel, komfortable Lebensbedingungen verschafft werden.[7]

Zum Dritten schwebte Politik und Planern eine Art ›kleine DDR‹ vor. In der Überschaubarkeit einer Stadt sollte sich schon einmal verwirklichen, wie die DDR schließlich insgesamt werden sollte: »Mit dem Bau der Chemiearbeiterstadt werden wir demonstrieren, wie wir uns die Verbesserung der Lebensverhältnisse der arbeitenden Menschen vorstellen«[8], so hatte SED-Bezirkssekretär Horst Sindermann zur Grundsteinlegung verkündet. Das schlug bis ins Privateste durch: Die sozialistische Familie stellte man sich als »freiwillige Vereinigung der Werktätigen« vor, »die sich durch freundschaftliche, kameradschaftliche, verwandtschaftliche oder intime Beziehungen verbinden«.[9]

In der DDR sollte Halle-Neustadt also mehr leisten, als nur Wohnungen und Versorgung bereitzustellen. Dort sollte der ›neue Mensch‹ entstehen und dieser die neue Gesellschaft gestalten. Ein ›sozialistisches Wohnkonzept‹ und eine ›sozialistische Lebensweise‹ wurden angestrebt. Das verband sich mit einem geradezu überbordenden Zukunftsoptimismus. 1967 schrieben Schülerinnen und Schüler der 1. Polytechnischen Oberschule Aufsätze darüber, wie Halle-Neustadt im Jahre 2000 aussehen werde. Ein 13-Jähriger malte es sich aus:

---

6 MANFRED MÜLLER/FRIEDER SCHLÖR/ROLF BACHMANN (Red.): Halle-Neustadt. Vom Werden unserer Stadt. Jahrgang 1968, Ortsleitung der SED und Parteileitung der Großbaustelle Halle-Neustadt. Halle (Saale) 1968, S. 6. Abgerufen unter URL: https://wirsindneustadt.de/sites/default/files/uploads/pdf/vom_werden_unserer_stadt_68-96dpi.pdf, letzter Zugriff: 27.07.2019.

7 KAI VÖCKLER: Ein Modell wird 40. Überlegungen zur Aktualisierung der Moderne. Studie Halle-Neustadt, in Zusammenarbeit mit Rainer Mühr. o. O. 2004, S. 16. Abgerufen unter URL: http://www.iba-stadtumbau.de/download.php?f=d5163a2be326f8edc26a7e8a1fd8c12d&target=0, letzter Zugriff: 05.08.2022.

8 HORST SINDERMANN: Aus der Rede zur Grundsteinlegung am 15. Juli 1964. In: MÜLLER/SCHLÖR/BACHMANN (Red.): Halle-Neustadt (wie Anm. 6), S. 5–7, hier S. 5.

9 HANS-PETER SCHMIEDEL: Wohnhochhäuser. Bd. 1: Punkthäuser. Berlin [DDR] 1967, S. 60.

> Die meisten Einwohner werden Chemiearbeiter sein. Gearbeitet wird am Tag fünf Stunden. Mit Raketenautos sind die Arbeiter in drei Minuten in Buna oder Leuna. Der ganze Verkehr fließt unterirdisch [...] Besonders schön sind die Parks mit hohen Bäumen, die ganz dicht stehen, die Wohnblocks sehen darin wie Inseln aus. Die Türen öffnen und schließen sich alle automatisch. Mit einem Knopfdruck kann die Farbe der Wände gewechselt werden. Die Möbel sind versenkbar. So wird die Wohnung geräumiger. Das nutzt man bei vielen Festen aus. Das Erholungszentrum liegt unter einer großen Glaskuppel, unter der kleine Atomsonden angebracht sind.[10]

Der Aufbau Halle-Neustadts wurde mit einer gleichsam zivilreligiösen Aufrüstung verbunden. Recht markante Vorstellungen, die in Bezug auf die Stadt – d. h. für sie, in ihr, durch und über sie – produziert wurden, verdichteten sich in den DDR-Jahren zu einem städtischen Ideenhaushalt. Halle-Neustadt sollte vieles sein: sozialistische Stadt, Chemiearbeiterstadt, Modell für den Städtebau in der DDR, Großstadt, Stadt der Jugend. Also: sozialistische Chemiearbeiter-Modellgroßstadt der Jugend. Man könnte auch sagen: Die Stadt war überversorgt mit Leitideen.

Das überwölbende implizite Leitbild aber ist die ›eindeutige Stadt‹ gewesen, eine architektonisch wie kulturell gebändigte Stadt. Die zugrundeliegende Stadtkonstruktion zielte darauf, Deutungsoffenheiten, konkurrierende Deutungen, Normenkonflikte, alternative Optionen, Paradoxien, Dilemmata oder Zielkonflikte systematisch auszuschließen. Eine strikte Funktionalität erstreckte sich auf die stadträumliche Gestalt und die praktischen Lebensvollzüge der in ihr lebenden Menschen. Halle-Neustadt wurde damit auch tatsächlich im Kleinen, was die DDR im Großen war: ökonomisch, sozial und politisch entdifferenziert, zugleich funktional-stadtstrukturell den starken Bildungsoptimismus der DDR verkörpernd und qua getakteter Planung und Realisierung technisch modern, zumindest soweit die Ressourcen dafür mobilisiert werden konnten. Dieser Ideenhaushalt wurde dann politisch und alltagsweltlich bewirtschaftet: beginnend bei den Bedeutungen, die Halle-Neustadt als einer zu verwirklichenden Idee von politischer Seite angesonnen worden waren, über die Penetration und Persistenz dieser ideologischen Maximalversorgung im damaligen Alltagsbewusstsein bis hin zum heutigen Gedächtnis der Alt-Einwohner und -Einwohnerinnen, d. h. der beiden Erstbezugsgenerationen.

Ordnet man es gesellschaftspolitisch ein, so war die Stadt ein exemplarisch gedachter Bestandteil eines Gesellschaftsprojektes, das sein Ziel kannte und gewillt war, zur Zielerreichung jegliche Irritationen als irrelevant zu ignorieren oder ggf. aus dem Weg zu räumen – statt sie zu bearbeiten. Dazu wurde Halle-Neustadt

10 Zitiert nach: Jan Koplowitz: Die Taktstraße. Geschichten aus einer neuen Stadt. Berlin [DDR] 1969, S. 165.

als ein sich selbst regulierendes System geplant und gebaut, in dem funktionale Eindeutigkeiten das störungsfreie Voranschreiten zum sozialistischen Leben und Streben ermöglichten. Steuernde Interventionen politischer oder ideologischer Natur sollten gleichsam algorithmisch in Abläufe und Selbstbild der Stadt übersetzt werden. Eine Stadt-Mensch-Kopplung war angestrebt, in der durch die Stadtmorphologie und das Institutionengefüge verhaltenssteuernde Nachrichten an die Bewohnerinnen und Bewohner übertragen werden, die sich dann in den determinierten Regelkreisen bewegen.

Wer hinreichende Normenkonformität ausbildete, konnte auch an den zentralen Emanzipationseffekten teilhaben, die Halle-Neustadt ermöglichte: soziale Gleichheit, basierend darauf, dass alle »äußerlich anständiger versorgt als der überwiegende Teil der Menschheit« waren,[11] sozialer Aufstieg durch Bildung bzw. Qualifikation, Selbstbestimmung der Frauen durch berufliche Entfaltung. So war die Infrastruktur familiengerecht und erlaubte die Berufstätigkeit der Frauen, ermöglichte ihnen damit gesteigerte gesellschaftliche Teilhabe und (ggf. jederzeit herstellbare) ökonomische Unabhängigkeit. Letzteres steigerte den Grad an Selbstbestimmung für Frauen erheblich. Aus wirtschaftlichen Gründen jedenfalls musste keine Frau in Halle-Neustadt eine Ehescheidung vermeiden. Das relativiert auch die häufig mit problematisierendem Unterton gegebene Auskunft, in Halle-Neustadt sei die Ehescheidungsquote besonders hoch gewesen. Zugleich hat es, entgegen gängigen Annahmen, keinen Arbeitszwang für Frauen gegeben. Dass in Halle-Neustadt nahezu jede Frau berufstätig gewesen sei, kann nicht bestätigt werden: Insgesamt waren 1985 82 Prozent der erwerbsfähigen Männer und Frauen erwerbstätig – weniger übrigens als in Halle-Altstadt (84,5 Prozent).[12] Da die Männer in der DDR einer faktischen Arbeitspflicht unterlagen, kann damit die Halle-Neustädter Frauenbeschäftigungsquote auf etwa 65 Prozent taxiert werden.

Den Rhythmus der Stadt bestimmten die Schichtzeiten in Buna und Leuna. In der großen Halle-Neustadt-Reportage *Städte machen Leute* von 1969 wurde das alltägliche Erwachen der Stadt so geschildert:

> Früh um vier beginnt der Tag. Die ersten Fenster werden hell; nicht lange, und hier und da klappt eine Haustür, im blaßkalten Neonlicht der Straßenbeleuchtung wandern Männer und Frauen zum Bahnhof hin. Noch nicht viele, ein paar hundert nur, deren Arbeit in Leuna und Buna um sechs Uhr morgens anfängt. Eine Stunde später sind es Tausende: [...] lange Doppelstockzüge

11 Simone Hain: Das utopische Potenzial der Platte. In: Watzke/Lagé/Schuhmann (Hrsg.): Dostoprimetschatjelnosti (wie Anm. 3), S. 79–87, hier S. 87.

12 Fred Staufenbiel und Autorenkollektiv: Stadtentwicklung und Wohnmilieu von Halle (Saale) und Halle-Neustadt. Soziologische Studie. Weimar 1985, S. 17.

> stehen auf den Bahnsteigen bereit, die Arbeiterzüge, die ins Leunawerk und ins Bunawerk fahren. Kinder trippeln an den Händen der Mütter oder der Väter; die Kindergärten, die Krippen und die Schulhorte der Polytechnischen Oberschulen öffnen ihre Pforten. [...] In den Straßen von Halle-Neustadt wird's stiller, bis gegen halb acht, nur ein paar Minuten lang, noch einmal Lachen, Rufen, Singen von den Häusern widerhallt: Die Schulkinder haben es nicht weit, einige Schritte nur, dann sind sie in ihrer Schule .... So sieht es heute aus, vom Montag bis zum Freitag jeden Morgen.[13]

Der gemeinsame Gang zum und vom Schichtzug wurde zum täglich inszenierten Ritual. Ein schreibender Arbeiter fasste es in die Worte: »Wir ... genossen es, das kumpelhafte Schulterklopfen des Vertrauens. Pfeifend, manche verschlafen, liefen wir jeden Früh zum Arbeiterzug. Abends waren wir stolz auf die gespannten Muskeln.«[14] Und die Mütter fuhren eine halbe Stunde nach den Männern mit dem ›Muttizug‹ nach Buna bzw. Leuna – sie mussten zuvor die Kinder in die Tageseinrichtungen bringen.

Die normierten Wohnungen und die normierte Wohnumwelt transportierten auch politische Erwartungen der Normbefolgung. Die Stadt war eine Planstadt in jeder Hinsicht: architektonisch, städtebaulich, hinsichtlich der Alltagsabläufe und kulturell. Normabweichungen waren möglichst zu vermeiden. Religion beispielsweise kam in der Stadt fast nicht vor – außer in der Friedhofsordnung: »Die Friedhofsverwaltung ist nicht berechtigt, Einschränkungen von Inschriften oder Symbolanwendungen vorzunehmen, die Ausdruck einer anerkannten Glaubensgemeinschaft sind.«[15] Die evangelische Gemeinde Halle-Neustadt residierte jenseits der Neubauten im Restdorf Passendorf, die katholische Gemeinde auf der anderen Seite der Saale am Altstadtrand.

Das heikelste Unterlaufen politischer Ansprüche an die Stadt indes war gänzlich unpolitisch. Es bestand in einem vielfach erprobten Muster: Man nahm eine Arbeit in Leuna oder Buna auf, um die begehrte Wohnungszuweisung für Halle-Neustadt zu erlangen, und anschließend sah man sich nach einer Arbeit außerhalb der Chemiewerke um. Damit wurde tendenziell der Charakter Halle-Neustadts als Chemiearbeiterstadt infrage gestellt. Es zeigte aber auch: Die planwirtschaftliche Ordnung im Beschäftigungssystem wurde individuell unterlaufen,

---

13 Werner Bräunig u. a.: Städte machen Leute. Streifzüge durch eine neue Stadt. Halle (Saale) 1969, S. 39 f.

14 Laszlo Csiba: Meine Stadt. In: Kreiskabinett für Kulturarbeit Halle-Neustadt (Hrsg.): Nicht nur Häuser wachsen in der Stadt... Anthologie des Zirkels »Schreibende Arbeiter« Halle-Neustadt. Halle-Neustadt 1979, S. 7–9, hier S. 7.

15 Friedhofsordnung für den kommunalen Friedhof der Stadt Halle-Neustadt. o. O. o. J. [Halle-Neustadt 1985], S. 11.

und deren Mechanismen wurden so instrumentalisiert, dass sie den eigenen Präferenzen entsprachen.

Insofern lebten die Neustädter auch neben den Ansprüchen, mit denen die Stadt und ihre Einwohnerinnen und Einwohner politisch befrachtet wurden: Es handelte sich dabei in mancherlei Hinsicht schlicht um Überforderungen. Ein hybrides Menschenbild forderte von den Einzelnen einerseits abstrakteste Einsichten in historische Prozesse, deren vermeintliche Gesetzmäßigkeiten und entsprechende Folgerungen für den Alltag. Andererseits war den Einzelnen hinsichtlich der Details politischer Prozesse Unmündigkeit verordnet, da die Partei das Wissen um den Gang der Dinge monopolisiert hatte. Dem ließ sich individuell sinnvoll nur dadurch begegnen, dass man den politischen Ansprüchen gegenüber Routinen des Ins-Leere-laufen-Lassens entwickelte.

Der Eigensinn der Bewohner und Bewohnerinnen zeigte sich überwiegend dann, wenn es um die Steigerung des individuellen Glückes ging. Fernseher, Kleingarten oder die mühevolle Individualisierung der Plattenbauwohnungen – das vor allem bestimmte die Freizeit vieler Neustädter. Stadtordnungswidrig wurden insbesondere die Balkone aufwendigen Umarbeitungen unterzogen und Antennen für das Westfernsehen auf die Dächer montiert. Letzteres sorgte in der Frühphase der Stadt sogar einmal für eine überraschende Normabweichung. 1968 fand die Abstimmung über eine neue DDR-Verfassung statt, und ausgerechnet in der Vorzeigestadt Halle-Neustadt ergab diese das republikweit schlechteste Abstimmungsergebnis: 90,5 Prozent statt des DDR-Durchschnitts von 94,5 Prozent.

Die Ursachenforschung, so ein seinerzeit Involvierter, habe offenbart, dass sich derart ein spezifischer Unmut Ausdruck verschaffte: In der Stadt war damals kein Westfernsehen zu empfangen. In die zentralen Antennenanlagen der Wohnblocks wurde es nicht eingespeist, und private Dachantennen wurden rigoros entfernt.[16] In einer der Postwurfsendungen an alle Haushalte, die aktuelle Informationen enthielten, war das Problem bereits 1966 angesprochen worden: »In letzter Zeit häufen sich die Fälle, daß Mieter in den Wohnblöcken eigenmächtig Veränderungen an Fernsehantennen und deren Einrichtungen vornehmen«[17]. Das angedrohte Zur-Verantwortung-Ziehen versagten sich Stadt und Staat nach der Verfassungsabstimmung allerdings. Die Privatantennen blieben nun stehen, bis dann Ende der 1970er Jahre die ARD und Anfang der 1980er auch das ZDF über die Gemeinschaftsantennen empfangbar gemacht wurden.

16 Heinz Grünklee: Gelebte und gedruckte Freiheit. Autobiografische Streiflichter aus sechs Jahrzehnten 1926–1988. Halle (Saale) 2006, S. 378 und S. 383.

17 Staatliche Leitungsgruppe Chemiearbeiterstadt (Hrsg.): Informationen für die Einwohner der Chemiearbeiterstadt Halle-West, Nr. 3/1966.

Im Übrigen aber war bei den Einwohnerinnen und Einwohnern die Toleranz gering, wenn es um Abweichungen von gängigen Üblichkeiten ging. Ob lange Haare bei männlichen Jugendlichen, öffentlicher Unmut gegen die unübersehbare Umweltverschmutzung durch die Chemiewerke oder Wehrdienstverweigerung: So etwas war den meisten Neustädterinnen und Neustädtern eher suspekt. Das bekamen vor allem die zahlreichen Jugendlichen zu spüren. Halle-Neustadt war eine sehr junge Stadt, da insbesondere junge Familien in die Neubauwohnungen zogen. So betrug 1972 der Altersdurchschnitt der Erwachsenen 24,4 Jahre, und ein Drittel der Bevölkerung waren Kinder.[18] Die Kinder wuchsen heran, gingen in die zahlreichen Kindergärten und Schulen, wurden Jugendliche und entwickelten eigene Vorstellungen. Für deren Entfaltung bot die Stadt kaum Freiräume.

Individualismus wurde nur in den beengenden Grenzen des sozialistischen Systems geduldet, etwa als Erfindertum für die Messe der Meister von morgen (MMM) oder als Junger Mathematiker in der Station Junger Techniker und Naturforscher. Die wenigen Jugendklubs betrieb die Freie Deutsche Jugend (FDJ). Die Schulen waren vergleichsweise gut ausgestattet und vermittelten erfolgreich Grundlagenbildung. Doch zugleich waren sie, wie überall in der DDR, politische Disziplinaranstalten. Renitenz wurde streng geahndet mit Sanktionen, Ausschluss aus der FDJ und Verweigerung weiterführender Bildung.

Dass es gleichwohl einen Bedarf an alternativen Entfaltungsmöglichkeiten gab, zeigte sich punktuell. So sind aus dem Jahr 1976 mehrere Aktionen gegen die Biermann-Ausbürgerung dokumentiert, von Unterschriftensammlung über Flugblattaktionen bis hin zu Graffiti.[19] Von 1977 bis 1983 war die Evangelische Gemeinde Halle-Neustadt ein Ort der Offenen Arbeit mit Jugendlichen und jungen Erwachsenen, der republikweite Ausstrahlung besaß. Dort wurde nicht nach Konfession und Konvention gefragt, sodass sich der unangepasste Teil der Neustädter Jugend dort einfand. Der Jugenddiakon Lothar Rochau schuf einen für die Stadt einmaligen Ort für offene Diskussionen, einen Freiraum für Selbsterfahrung, weltanschauliche und kulturelle Horizonterweiterung und Selbstermächtigung. Die Arbeit kam 1983 infolge intensiver staatlicher und geheim-

---

18 Thomas Hafner: Halle-Neustadt. Die sozialistische Modellstadt einst und heute. In: Hans-Rudolf Meier (Hrsg.): Denkmale der Stadt – die Stadt als Denkmal. Probleme und Chancen für den Stadtumbau. Dresden 2006, S. 127–134, hier 131 f.

19 Vgl. Udo Grashof: Einzelkämpfer mit viel Mut. Aktionen gegen die Biermann-Ausbürgerung 1976 in Halle-Neustadt. In: Peer Pasternack u. a. (Hrsg.): 50 Jahre Streitfall Halle-Neustadt. Idee und Experiment. Lebensort und Provokation. Halle (Saale) 2014, S. 305–307. Online abrufbar unter URL: https://www.hof.uni-halle.de/web/dateien/pdf/Pasternack-Halle-Neustadt.pdf, letzter Zugriff: 14. 10. 2024.

polizeilicher ›Bearbeitung‹ zum Erliegen.[20] Ende der 1980er Jahre ermittelte das MfS Konzentrationsschwerpunkte der halleschen Punks und fand einen solchen auch in Halle-Neustadt: »Gaststätte ›Thüringer Bauernstube‹ – 19 Personen, vorrangig Anhänger des Punk und Havy Metal [sic]«[21].

Halle-Neustadt hat Beachtliches für Mehrheiten geleistet. Minderheiten allerdings und deren Ansprüche waren in der Stadtkonzeption nicht vorgesehen. Das unterschied Halle-Neustadt wie die anderen DDR-Großwohnsiedlungen von den alten Städten. Üblicherweise sind größere Städte dicht bewohnt von heterogenen Einwohnerschaften und bieten für einzelne und für Gruppen Sektoren der Autonomie: Sie ermöglichen Freiräume. Damit unterscheiden sie sich von der sozialen Enge dörflicher und kleinstädtischer Situationen. Das macht sie attraktiv für Menschen, die irgendeiner gesellschaftlichen Norm oder einem gesellschaftlichen Durchschnitt nicht entsprechen. Denn das »Dickicht der Städte« (Bertolt Brecht) sorgt dafür, dass Minderheiten sozialen Kontrollansinnen leichter ausweichen können. Daher finden diejenigen, die in irgendeiner Weise von der Mehrheitsbevölkerung abweichen, in größeren Städten Möglichkeiten der Nischenbildung. Das war auch in den alten Städten der DDR zu beobachten.

Ob Lebenskünstler, Zeugen Jehovas, Schwule und Lesben, innovative Spinner oder Anthroposophen, Punks oder Homöopathen, Christinnen und Christen oder politisch Oppositionelle: Sie und andere fanden dort Mittel und Wege, um ihre eigenen Räume bilden zu können. All das galt (in diktaturtypischen Grenzen) auch in der DDR. Aber: Es galt dort kaum für die Neubaustädte. Auch in Halle-Neustadt blieben Minderheiten nicht nur weitgehend unsichtbar, sondern bildeten auch kaum dauerhafte eigene Strukturen unterhalb der Sichtbarkeitsschwelle. Ein Teil der Erklärung dessen liegt darin, dass Alt-Halle dafür die besseren Bedingungen bot und man dorthin ausweichen konnte. Ein anderer Teil wird darin gelegen haben, dass es der Neubaustadt an der Unübersichtlichkeit mangelte, die Nischenbildung erst möglich macht. Wer von den Einschränkungen, die Halle-Neustadt produzierte, betroffen war, auf den wirkte die uniforme Erscheinung der Stadt eindeutig: als Teil einer Zurichtung auf eine uniforme Haltung.

20 Vgl. Sebastian Bonk/Florian Key/Peer Pasternack (Hrsg.): Rebellion im Plattenbau. Die Offene Arbeit in Halle-Neustadt 1977 – 1983. Katalog zur Ausstellung, Institut für Hochschulforschung (HoF), Halle-Wittenberg 2013. Abgerufen unter URL: http://oa-halle-neustadt.de/wp-content/uploads/Broschüre_OA-HaNeu.pdf, letzter Zugriff: 22. 03. 2023.

21 Mark M. Westhusen: Zonenpunkprovinz. Punk in Halle (Saale) in den 80er Jahren, hrsg. vom Verein Zeit-Geschichte(n). Halle (Saale) 2005, S. 86.

2. Von der Shrinking City zum Ankunftsquartier: Die Zeit nach 1990

Angesichts der in der DDR allerorts sanierungsbedürftigen Altbauten war die Wohnsituation in Halle-Neustadt exklusiv. Bis 1989 hatten der Wohnkomfort und die wohnungspolitische Auswahlmechanik der Einwohnerinnen und Einwohner dazu geführt, dass dort eine Bevölkerung lebte, die in dem Bewusstsein eingezogen war, sozial privilegiert zu sein. Ein spezifisches Wohnbewusstsein ließ sich »mit den Begriffen Fortschrittlichkeit, hoher Wohnstandard, gesellschaftskonforme Wohnform charakterisieren«. Nach dem Herbst 1989 »mußte dieselbe Bevölkerung einen dramatischen Verfall der Bewertung ihrer Wohngebiete ertragen«.[22] Das fiel zusammen mit dem massiven Arbeitsplatzabbau in den Leuna- und Buna-Werken. Zwar war die Stilllegung der überalterten Anlagen ein Segen für die Umwelt. Doch wurde mangels Arbeitsplatzalternativen die Alltagskultur Halle-Neustadts jetzt vor allem durch ein Gefühl der sozialen Deklassierung geprägt. Dieses Gefühl erwuchs aus dem Verlust des traditionellen Werktätigen- bzw. Facharbeiterstatus und des daraus bezogenen Selbstbewusstseins.

Doch nicht nur das. Von der Hoffnung getrieben, Halle im Kampf um den sachsen-anhaltischen Regierungssitz zur größten Stadt des Landes zu machen, hatten sich am 6. Mai 1990 in einer Bürgerbefragung die Halle-Neustädter – die Hallenser waren nicht befragt worden – zu 66 Prozent für die Wiedervereinigung mit Halle ausgesprochen (1967 waren beide Städte administrativ verselbstständigt worden). Landeshauptstadt wurde dennoch Magdeburg. Für Halle-Neustadt blieb, nun ein hallescher Stadtteil zu sein. Die Meinungen, ob das wirklich gut war und ist, gehen bis heute auseinander.

In den 1990er Jahren erfuhren die Neustädterinnen und Neustädter die Stadtteilentwicklung als tendenzielle Verschlechterung ihrer Lebensqualität: steigende Mieten bei zunächst gleichbleibendem Leistungsumfang, Verwahrlosung der Grünanlagen, unzureichende Pflege öffentlicher Plätze und Gebäude, deutliche Zunahme des Straßenverkehrs und der Parkplatzprobleme, Zerfall der kulturellen Infrastruktur, eine sich auf die Hallenser Altstadt konzentrierende Lokalpolitik, verlängerte Wege zu den Ämtern, Kapazitätsabbau der Kindereinrichtungen, Absterben der Stadtöffentlichkeit. »Lediglich die Erweiterung des

---

22 Christine Hannemann: Entdifferenzierung als Hypothek – Differenzierung als Aufgabe: Zur Entwicklung der ostdeutschen Großsiedlungen. In: Hartmut Häussermann/Rainer Neef (Hrsg.): Stadtentwicklung in Ostdeutschland. Soziale und räumliche Tendenzen. Opladen 1996, S. 87–106, hier S. 99.

Handelsangebotes wird als Gewinn erlebt«[23], wurde seinerzeit konstatiert. Hinzu trat, dass es zwischen 1990 und 1992 zu einer Diskriminierungswelle der ostdeutschen Neubaugebiete insgesamt kam. Sie fungierten gleichsam »als Inkarnation der DDR, so daß die massive Entwertung der ostdeutschen Lebensweise beispielhaft auf sie übertragen werden konnte«[24]. Dass Halle-Neustadt in den 1990er Jahren eine Neonazi-Hochburg wurde,[25] trug schließlich auch dazu bei, den Ort für einen hoffnungslosen Fall zu halten.

Einzelne Lichtblicke gab es freilich auch. Eine erste Sanierungswelle hatte einen beträchtlichen Teil der Wohnungen erfasst. 1998 waren bereits 70 Prozent des Neustädter Wohnungsbestandes voll- oder teilsaniert.[26] Große Investitionen wie das Halle-Neustadt-Center (eröffnet 2000) und die Einbindung der Neustadt ins hallesche Straßenbahnnetz (stufenweise von 1999 bis 2003) gaben Anlässe zu der Hoffnung, dass der Stadtteil eine positive Zukunft haben könne.

Mit den Programmen ›Stadtumbau Ost‹, ›URBAN 21‹, ›Soziale Stadt‹ und der ›IBA Stadtumbau Sachsen-Anhalt 2010‹ setzte sich dann in den 2000er Jahren die auch schon bisherige Förderprogramm-Taktung der Stadtteilentwicklung fort. Zugleich befeuerte dies die Konkurrenz zwischen Alt- und Neustadt: Wechselseitige Vorwürfe der Bevorzugung ignorierten, dass bestimmte Förderprogrammgelder nur für die Alt- oder die Neustadt zu erlangen waren. Die Stadt beauftragte bei einem freien Träger ein Quartiersmanagement, das seither Aufgaben erledigt, die zum Teil wohl eher öffentliche wären. Gelegentlich wackelte selbst für diese heroische Arbeit – zu wenig Leute für zu viele Aufgaben – die Finanzierung.

Ein aufschlussreicher Widerspruch tat sich dabei auf: Was in Halle-Neustadt (und anderen ostdeutschen Plattenbausiedlungen) seit 1990 geschah, ist nicht ›aus Versehen‹ passiert. Vielmehr geschah es, weil diejenigen, die Entscheidungen zu treffen hatten, es mit den Siedlungen geschehen ließen. Das wiederum vollzog sich, im Grundsatz jedenfalls, in Kenntnis dessen, was passieren würde.

23 Holger Schmidt/Uta Schäfer/Birgit Schindhelm: Stadterneuerung als demokratischer und kultureller Prozeß. In: Magistrat der Stadt Halle/Projektgesellschaft Dessau (Hrsg.): Stadterneuerung als Prozess demokratischer und kultureller Weiterentwicklung. Perspektiven für Halle-Neustadt. Dessau 1993, S. 6–13, hier S. 7.

24 Dies.: Die Heimat im Beton. Halle-Neustadt im Urteil seiner Bewohner. Ergebnisse der Sozialstudie 1992. In: Magistrat der Stadt Halle/Projektgesellschaft Dessau (Hrsg.): Stadterneuerung als Prozess demokratischer und kultureller Weiterentwicklung (wie Anm. 23), hier S. 45.

25 Vgl. Peer Pasternack: Die Neonazi-Stadt. In: Ders. u. a. (Hrsg.): 50 Jahre Streitfall Halle-Neustadt (wie Anm. 19), S. 394–396.

26 Markus Bader: Halle-Neustadt im Umbau. In: Ders./Daniel Herrmann (Hrsg.): Halle-Neustadt Führer. Halle (Saale) o. J. [2006], S. 52–53, hier S. 52.

Denn denjenigen, die als Aufbauhelferinnen und -helfer wegen vermeintlicher Expertise aus dem Westen in den Osten gekommen waren, hätte aufgrund westdeutscher Erfahrungen die Antwort auf eine Frage bekannt sein müssen: Was ergibt sich, wenn man Menschen, deren Kosten der Unterkunft (KdU) vom Amt finanziert werden, dort konzentriert, wo es am preiswertesten ist? Köln-Chorweiler oder Berlin-Gropiusstadt sind einschlägige Beispiele.[27] Die andere Seite des Widerspruchs war, dass die Entscheidungsträger gleichzeitig von administrativer Ratlosigkeit erfasst wurden, wie sich diesem Problemfall Halle-Neustadt bloß beikommen ließe.

In Halle führte diese (selbstverschuldete) Ratlosigkeit dann zu einer bemerkenswerten Reaktion, die am Ende freilich ebenso bemerkenswert folgenlos blieb. Zeitweilig wurde in den 2000er Jahren nahezu ungehemmt etwas zugelassen, das kommunale Administrationen üblicherweise nur in sehr eingehegten Varianten protegieren: Kreativität ohne Auflagen. Jede Idee war erlaubt, damit überhaupt Ideen zustande kamen. Vor allem junge Architektinnen, Künstler und Soziologinnen, typischerweise in gemischten Teams, wurden auf die Stadt angesetzt, um sie symbolisch zu rekonstruieren. Man erhoffte sich, dass daraus Anregungen für praktische Lösungen der scheinbar unlösbar gewordenen Teilstadt entstehen.

Das war vergleichsweise preiswert, zumal überwiegend Bundesmittel aktiviert werden konnten, und man musste nichts Grundsätzliches an der gegebenen Situation ändern. Das wäre die Veränderung der KdU-Sätze gewesen, sodass Einkommensschwache auch außerhalb der Großwohnsiedlungen auf Wohnungssuche hätten gehen können. Man mag etwas durchaus Bigottes darin sehen, wenn die Kommunalpolitik Segregation in Halle beklagt und sie zugleich mit den KdU-Sätzen vorantreibt. Immerhin greifen Städte über die KdU-Regelungen in die Wohnungsmärkte ein und sind damit wichtige Akteure bei der Erzeugung sozialer Segregation.

Manche der Ideen, welche die Kreativen entwickelten, konnten auch tatsächlich umgesetzt werden, etwa ein Skatepark (auf den man aber vielleicht auch ohne kreative Einflüsterungen hätte kommen können). Anderes scheiterte, insbesondere das Zentrum für Zeitgenössische Kunst (ZfZK) im alten S-Bahnhofsgebäude, das nicht dauerhaft gesichert werden konnte. Damit war nach 50 Jahren erneut die Chance vertan, auch der Hochkultur eine dauerhafte Repräsentanz in Halle-

27 Es gibt weitere Beispiele für die Wirksamkeit solcher importierter »Expertise«, die das, was man von ihr erwartete, nämlich westdeutsche Erfahrungen einzubringen, ausdrücklich nicht leistete. Man denke nur an die Genehmigungen und Ansiedlungsförderungen für Einkaufszentren auf der grünen Wiese, welche die Verödung hunderter ostdeutscher Stadtzentren bewirkten. Der Bund legte dann später Förderprogramme zur Wiederbelebung von Stadtzentren auf.

Neustadt zu verschaffen. Im Übrigen aber gingen die kreativen Interventionen ganz überwiegend an den Resonanzpotenzialen der Einheimischen vorbei. Der Diskurs der Kreativen war von einer Ästhetisierung Halle-Neustadts getragen. Den Umstand, dass diese Kulisse auch noch bevölkert ist, nahmen die symbolischen Instandbesetzer und -besetzerinnen als spannungssteigernden Umstand wahr. Recherchen in die Geschichte und Gegenwart des belebten Stadtkörpers wurden mit semi-ethnologischem Blick unternommen.[28]

Die Einwohnerschaft Halle-Neustadts verhielt sich gegenüber dieser freundlichen Besetzung durch die jungen Kreativen weitgehend passiv. Nicht zuletzt musste den Bewohnerinnen und Bewohnern das Herangehen und der Jargon der Kreativen fremd bleiben, wenn da »an den visionären Gestus der Neugründung« angeknüpft und »Halle-Neustadt als Ort für Wissensproduktion und Wissensvermittlung« eröffnet werden sollte, mit dem Ziel, »eine Wahrnehmungshaltung zu fördern, die es gestattet, Potenziale und Chancen von Halle-Neustadt in den gegenwärtigen urbanen Transformationsprozessen zu erkennen«, wobei Schönheit »als eine immer wieder neu zu begründende Wahrnehmungs- und Gestaltungshaltung begriffen« wird.[29] So reden halt Leute, die sich andere Sorgen leisten können als wir, dachten sich die Neustädter und Neustädterinnen.

Kurz darauf, 2014, wurden 50 Jahre Halle-Neustadt gefeiert. Damals war die Einwohnerzahl im Vergleich zu 1990 gerade unter die 50-Prozent-Marke gerutscht. Verlassen hatten den Stadtteil aber deutlich mehr ihrer ursprünglichen Bewohnerinnen und Bewohner, als es diese Zahl vordergründig nahelegt: Nach 1989 entschieden sich 70 Prozent der Neustädter zum Wegzug, z. T. freiwillig, etwa weil ein Häuschen im Grünen lockte, z. T. unfreiwillig, weil ein Arbeitsplatz nur andernorts zu finden war. Halb freiwillig und halb unfreiwillig gingen junge Leute, die aus ihrem Leben etwas machen wollten und dafür in Halle-Neustadt nur geringe Chancen sahen. Zurück blieb eine Residualbevölkerung, die meist vorzeitig aus dem Arbeitsleben exkludiert war, deren Lebensleistung keine Anerkennung erfuhr und die am Aufwachsen der überwiegend weit entfernt lebenden Enkelkinder kaum teilhaben konnte.

Dass die Bevölkerung trotz 70 Prozent Wegzugs nicht auf 30 Prozent reduziert wurde, lag an gleichzeitigen Neuzuzügen. Von den heutigen Einwohnerinnen und Einwohnern lebten etwa 55 Prozent bereits 1989 in der Stadt, 45 Prozent kamen später hinzu. Die Neuzugänge setzten Mitte der 1990er Jahre ein, als in der halleschen Altstadt die Mieten zu steigen begannen und als die

---

28 Vgl. Pasternack u. a.: 50 Jahre Streitfall Halle-Neustadt (wie Anm. 19), hier S. 474–496.

29 Iss – Internationale Sommerschule Halle, Organisationsbüro (Hrsg.): Internationale Sommerschule Halle. Halle (Saale) 2005, S. 1.

seinerzeitigen postsowjetischen Kontingentflüchtlinge Wohnungen benötigten. Beide Entwicklungen setzten sich in den folgenden Jahren fort: Wer seine Altstadt-Wohnung nicht mehr finanzieren konnte, wurde auf die preiswerteren Angebote in der Neustadt (und den anderen halleschen Plattenbausiedlungen) verwiesen. Wer aufgrund von Kriegen oder Wirtschaftselend und Perspektivlosigkeit aus anderen Weltgegenden kam und in Sachsen-Anhalt landete, fand sich erst einmal in Halle-Neustadt (oder Halle-Silberhöhe, Magdeburg Neu-Olvenstedt oder Stendal-Stadtsee) wieder. Halle-Neustadt wurde so zu einem Auffangquartier für Menschen in prekärer Lebenslage und zum Ankunftsquartier für Menschen aus anderen Kulturkreisen. Positiv gewendet: Halle-Neustadt bekam wieder eine produktive Funktion. Damit gingen allerlei neue Probleme einher.

Der selektive Zuzug verstärkte und verstärkt die Wirkungen der Selektivität der Abwanderung bzw. des Verbleibs: Die Generation derjenigen, die in den 1970er und 1980er Jahren in den Siedlungen aufgewachsen waren, war und ist seit den 1990er Jahren besonders durch Arbeitslosigkeit und Transferleistungsbezug betroffen. Diejenigen aus dieser Generation, bei denen es sich anders verhielt, sind abgewandert. Migranten und Migrantinnen, bei denen sich Integration und wirtschaftlicher Erfolg verbanden, zogen zum Teil weiter.

2018 schreckte ein Brandbrief von Lehrerinnen und Lehrern der Sekundarschule Kastanienallee die Öffentlichkeit auf. Er gab Einblicke in den Schulalltag, die in dieser Deutlichkeit noch nicht ausgesprochen worden waren: 70 Prozent Anteil an Schülerinnen und Schülern mit Migrationshintergrund, katastrophale Verhältnisse an der Schule, deren Alltag von überfüllten Klassen, überforderten Lehrerinnen und Lehrern und Gewalt geprägt sei. Polizeieinsätze, Auseinandersetzungen zwischen ethnischen Gruppen, unerträgliche Lärmpegel, die Unterricht unmöglich machten, seien der Normalzustand. Drei Klassen bestünden zu 100 Prozent aus Schülerinnen und Schülern, deren Muttersprache nicht Deutsch sei. Die Personalausstattung trage der Belegungssituation in keiner Weise Rechnung. Ein Stadtrat wies darauf hin, dass schon längst etwas passiert wäre, würde die Kastanienschule im Paulusviertel (einem der begehrtesten Wohnstandorte in Halle-Altstadt) liegen. Mit anderen Worten: Dass Segregation entstanden ist und wie mit ihren Folgen umgegangen wurde, sei eine Frage politischer Entscheidungen.[30] Diese Deprivationserfahrung, den Abstieg von einer Vorzeigestadt zu einem politisch vernachlässigten Problemviertel, teilt Halle-Neustadt mit vielen DDR-Neubauvierteln.

30 Vgl. Oliver Müller-Lorey: Brennpunkt-Schule Kastanienallee. Insider: Klassen mit Ausländeranteil von 100 Prozent. In: *Mitteldeutsche Zeitung*, 29. August 2018. Abgerufen unter der URL: https://www.mz-web.de/halle-saale/brennpunkt-schule-kastanienallee-insider--klassen-mitauslaenderanteil-von-100-prozent-31362794, letzter Zugriff: 24.09.2018.

Unabhängig von der Herkunft wohnen in Halle-Neustadt überproportional viele SGB-II-Bezieherinnen und -Bezieher, für die es weniger wahrscheinlich ist, diesen Status zu verlassen: Langzeitarbeitslose, Familien mit Kindern und insbesondere Alleinerziehende, die es im Allgemeinen schwerer haben, aus der Abhängigkeit von Transferleistungen herauszukommen. Durch die Ballung von SGB-II-Beziehern kommt es zu Nachbarschaftseffekten,[31] die gleichfalls dazu führen, dass der Status schwieriger zu verlassen ist: Er stellt dort ein geringeres soziales Stigma als in anderen Quartieren dar, weil viele Personen im jeweiligen Umfeld die gleichen öffentlichen Leistungen erhalten. Dementsprechend kann das Bemühen, den SGB-II-Status zu verlassen, durch das nachbarschaftliche Umfeld geschmälert werden. Ebenso fehlen positive Rollenvorbilder, die den Bewohnerinnen und Bewohnern vor Augen führen, dass es durchaus möglich ist, den SGB-II-Status zumindest langfristig zu verlassen.[32]

Das erwähnte Jubiläumsjahr 2014 – nicht nur das 50. Jahr Halle-Neustadts, sondern auch 25 Jahre nach dem Ende des Sozialismus – ist auch geeignet, um zu zeigen, wie sich die politischen Stimmungen in Halle-Neustadt entwickelt haben. Bei der in diesem Jahr stattgefundenen Kommunalwahl wurde die Partei Die Linke, wie bisher häufig schon, stärkste Partei, vorläufig zum letzten Mal. Mit großem Abstand folgten CDU und SPD, beide etwa gleich stark. Es gab einige auffällige Unterschiede zwischen Gesamt-Halle und Halle-Neustadt. Der Abstand der Linken betrug zwischen Gesamtstadt und Neustadt elf Prozentpunkte (25 zu 36 Prozent). AfD und FDP erreichten in Gesamt-Halle nur 4,6 bzw. 4,2 Prozent, in Halle-Neustadt allerdings 6,8 bzw. 6 Prozent. Die Grünen erreichten in der Gesamtstadt zehn Prozent, in Neustadt sechs Prozentpunkte weniger.[33]

Abgesehen von der Partei Alternative für Deutschland (AfD), die 2014 erstmals angetreten war, setzten diese Ergebnisse noch tendenziell fort, wie seit 1990 in Halle-Neustadt bei Kommunalwahlen gewählt worden war: Die herkömmlichen Parteien sind schwach, und es gibt deutliche Differenzen zwischen Alt- und Neustadt. Bei der nächsten Kommunalwahl 2019 hatte sich das Bild deutlich gewandelt. Nun wurde die AfD mit 24,5 Prozent stärkste Partei und holte über zehn Prozentpunkte mehr Stimmen als in Gesamt-Halle. CDU, Grüne und FDP erreichten Ergebnisse, die zum Teil deutlich unter denen der Gesamtstadt lagen. Die SPD,

---

31 Vgl. William Julius Wilson: The Truly Disadvantaged. The Inner City, the Underclass, and Public Policy. Chicago 1987.

32 Marcel Helbig/Stefanie Jähnen: Pfadabhängigkeiten in den ostdeutschen Städten. Der Zusammenhang zwischen Bombenkrieg, sozialistischem Wohnungsbau, Kohls »blühenden Landschaften«, Schröders ›Agenda 2010‹ und heutiger sozialer Segregation. In: Pasternack (Hrsg.): Das andere Bauhaus-Erbe (wie Anm. 1), S. 49–68, hier S. 58 f.

33 Stadt Halle (Hrsg.): Kommunalwahl am 25. Mai 2014, Halle 2014.

insgesamt deklassiert, konnte sowohl in Halle-Neustadt als auch Gesamt-Halle nur ein sehr bescheidenes Ergebnis erreichen.[34] Bereits die Landtagswahlen von 2016 hatten diese Entwicklung vorweggenommen.[35] Die Ergebnisse lassen sich so deuten, dass die Wählerinnen und Wähler damit ihre Unzufriedenheit mit den bestehenden Verhältnissen zum Ausdruck bringen wollten. CDU, SPD und FDP vereinigen seit 2014 nur weniger als die Hälfte der Stimmen auf sich.[36]

Ein wichtiger Faktor für die zunehmende Enttäuschung und Entfremdung von der politischen Ordnung der Bundesrepublik sind Ohnmachtserfahrungen, wozu nicht zuletzt Erfahrungen mit langwierigen bürokratischen Prozessen zählen, die das Vertrauen in den demokratischen Rechtsstaat unterlaufen können. Auch wenn Bürokratiekritik keine ostdeutsche Besonderheit, sondern so alt wie die moderne Staatsbürokratie selbst ist, so steht sie als Ausdruck einer Transformationserfahrung in einem direkten Widerspruch zu den Erwartungen von Teilhabe in einer Demokratie. Immerhin war der politische Stillstand in einem bürokratisch verfestigten Staatssozialismus ein wesentliches Motiv für den revolutionären Umbruch von 1989.

Exemplarisch lässt sich dies an den Vorgängen um den Neubau des Gimritzer Damms verdeutlichen. Dieser 125 Jahre alte Damm schützte Halle-Neustadt einst vor Überflutung. Beim letzten Saale-Hochwasser 2013 drohte er akut zu brechen. Dann wurde neun Jahre um seinen Neubau gerungen. Acht Jahre nach dem Hochwasser stand der neue Damm immer noch nicht, sondern war ›in Planung‹. Einsprüche durch Landesbehörden, Gerichtsverfahren, Beteiligungsverfahren und Uneinigkeit im Stadtrat verzögerten fortwährend den Baubeginn. 2022 war der Neubau endlich gelungen. Dass der bis dahin marode Damm zwischenzeitlich keinem Wasserdruck ausgesetzt und somit Halle-Neustadt nicht überschwemmt worden war, war einer gutmütigen Laune der Natur zu verdanken. Zu verdanken war dieser wohl auch manches Überleben, denn ohne Todesopfer kann eine Überflutung mit ausfallender Wasser-, Strom- und Internetversorgung und die Evakuierung eines zum großen Teil aus Hochhäusern bestehenden und von vergleichsweise vielen älteren Menschen bewohnten Gebietes kaum verlaufen.[37]

---

34 Endgültige Ergebnisse Wahl des Stadtrates in der kreisfreien Stadt Halle (Saale) am 26. Mai 2019. Halle (Saale) 2019.

35 Stadt Halle (Hrsg.): Landtagswahl vom 13. März 2016. Halle 2016.

36 Wahlstatistiken der Bundestagswahl 2021. Abgerufen unter URL: https://wahlergebnisse.halle.de/BTW2021/ergebnisse_stadtviertel_571.html#w_9135; https://wahlergebnisse.halle.de/BTW2021/ergebnisse_stadtviertel_572.html#w_9135; https://wahlergebnisse.halle.de/BTW2021/ergebnisse_stadtviertel_573.html#w_9135, letzter Zugriff: 05.05.2022.

37 Die Darstellung basiert auf einer Auswertung der *Mitteldeutschen Zeitung* und des Online-Portals *Du bist Halle* (https://dubisthalle.de, letzter Zugriff: 14.10.2024) für die Jahre 2013 bis 2022.

Jeder Verfahrensschritt, der den Vorgang des Dammbaus verzögerte, hatte je für sich genommen seine guten Gründe. Doch das Ergebnis – kein Dammbau über neun Jahre hin – war vor allem geeignet, verbreitete (Vor-)Urteile über die mangelnde Leistungsfähigkeit von Politik, Verwaltung und Justiz in Fragen angemessener Daseinsvorsorge zu bekräftigen. Verfahren, die das bewirken, so die verbreitete Ansicht, sind offensichtlich nicht geeignet, Gefährdungslagen angemessen zu bewältigen. Während vergleichbare Erfahrungen andernorts in einer bloßen Bürokratiekritik münden, münden sie auf der Basis der Transformationserfahrungen in einer Fundamentalkritik des demokratischen Rechtsstaates.

Auch wenn das kaum so monokausal zurechenbar ist – mit der Institutionen- und Verfahrensskepsis verschafft sich in Halle-Neustadt ein verbreitetes Gefühl Ausdruck: das, abgehängt zu sein, keinen wirklichen Platz in der neuen Gesellschaft gefunden zu haben, einer Politik und einem administrativen Handeln ausgeliefert zu sein, die das konkrete Anliegen der Daseinsvorsorge nicht hinreichend ernst nehmen, kurz: das Gefühl, den Zusammenhang, in den das eigene Leben eingebettet ist, nicht im Griff zu haben. In diesem Gefühl mischen sich Transformationserfahrungen (»Im eigenen Leben nicht mehr mitspielen zu dürfen, ist hart«[38]) mit aktuellen Wahrnehmungen des Ausgegrenztseins (»Integriert doch erst mal uns«[39]).

Ein verfestigtes Lebensgefühl dieser Art mündet auch andernorts häufig nicht in konstruktives Handeln, um die Umstände zu verändern. Das kann man bedauern. Legt man eine historische Perspektive an, kann es aber nicht verwundern. Die AfD ist zu der Partei geworden, mit der sich in der Wahrnehmung vieler der etablierte politische Betrieb am intensivsten ärgern lässt. Das ist nicht zuletzt am beträchtlichen Zulauf aus dem Lager der Nichtwählerinnen und -wähler erkennbar, die sich bereits aus dem politischen Prozess verabschiedet hatten.

Inzwischen ist Halle-Neustadt intern differenzierter, als dies von außen wahrgenommen wird. Die Leerstandsquoten sind in den Teilquartieren der östlichen und nördlichen Neustadt gering. Auch die Sozialdaten unterscheiden sich deutlich. Insgesamt nimmt die Arbeitslosigkeit in Halle-Neustadt ab, ohne dass sich damit zwingend auskömmliche Familieneinkommen ergeben. Der Transferleistungsbezug nimmt (daher) zu. Die Einschätzungen der eigenen wirtschaftlichen Lage und der Lebenszufriedenheit verbessern sich. Allerdings fallen all diese Daten deutlich schlechter als im Durchschnitt Halles insgesamt

---

38 Maja Apelt/Irene Zierke: »Im eigenen Leben nicht mehr mitspielen zu dürfen, ist hart. Wirkungen der Umgestaltung an einer ostdeutschen Hochschule«. In: *Deutschland Archiv*, 29. Mai 2019. Abgerufen unter URL: www.bpb.de/292891, letzter Zugriff: 02.06.2019.

39 Petra Köpping: Integriert doch erst mal uns! Eine Streitschrift für den Osten. Berlin 2019.

aus.[40] Besonders heikel ist der Umstand, dass 60 Prozent der Neustädter Kinder in Bedarfsgemeinschaften leben. Im Übrigen ergibt die nüchterne Auswertung der sozioökonomischen Daten trotz der Differenzen zwischen den Neustädter Teilquartieren, dass alle vier Quartiere in die Kategorie ›Hoher Problemdruck‹ fallen.[41]

3. Konkurrierende Narrative

Verbunden wird die Stadtgeschichte der Jahre bis 1989 und danach durch einige Narrative, die über die Zeitgrenze hinweg wirksam waren und sind. In den 1990er Jahren setzte sich ein scharf kontrastiertes Bild durch: Danach sei Halle-Neustadt bis 1989 ausschließlich Gegenstand euphorischer Zustimmung gewesen, während es seit 1990 allein Abwehr auf sich gezogen habe. Beides ist so nicht zutreffend.

In der DDR war die Stadt in der Tat ein Versprechen: modern, funktional, komfortabel. Das formulierte zunächst keine spezifische DDR-Programmatik, sondern folgte den allgemeinen Stadtvorstellungen des 20. Jahrhunderts, in Ost wie West: Typisierung, Weite, Licht und grüne Stadt, Nachbarschaft und Planbarkeit urbanen Lebens waren die zentralen Ideen. Wesentliche Teile des Versprechens wurden auch eingelöst. Die Einwohnerinnen und Einwohner sahen sich mit Berechtigung in einer privilegierten Wohnsituation. Ihre Behausungen verfügten zu moderatem Preis über fließend warmes Wasser, Zentralheizungsanschluss, Innentoilette, zwar enge, aber lichtdurchflutete Räume (es durfte keine Wohnung gebaut werden, deren Zimmer sämtlich nach Norden gehen[42]) und waren von städtischer Infrastruktur umgeben. Das war seinerzeit nicht selbstverständlich (und ist es in weiten Teilen der Welt auch heute nicht). Zugleich brach der industrielle Plattenbau gründlich mit der Vorstellung von der gewachsenen Stadt. Es waren ebenso ökonomische Gründe wie die seinerzeit international gängigen Vorstellungen von modernem Städtebau wie das Gleichheitsversprechen des Sozialismus, die zu den genormten Lösungen führten. Das wurde insbesondere von den Bewohnerinnen und Bewohnern seinerzeit weniger als defizitär empfunden, sondern als gerecht. Plausibilität gewinnt das, wenn man

40 Vgl. Peer Pasternack: Drohende Strömungsabrisse. Das soziale und politische Profil Halle-Neustadts 2019. In: Ders. (Hrsg.): Kein Streitfall mehr? Halle-Neustadt fünf Jahre nach dem Jubiläum. Halle (Saale) 2019, S. 61–71.

41 Matthias Bernt/Patrick Hausmann: Studie zur kleinräumlichen Untersuchung sozialstruktureller Veränderungen in Halle (Saale). Ergebnisse der Auswertung von Daten der kommunalen Statistik. Erkner 2019, hier S. 11.

42 Vgl. Werner Bräunig u. a.: Städte machen Leute (wie Anm. 13), S. 29.

sich die Wohnsituation der Bevölkerungsmehrheit zwanzig Jahre nach dem Kriegsende vergegenwärtigt.

Unkritisch ging das gleichwohl nicht vonstatten. 1972 bereits publizierten die Stadtplaner und Architekten Halle-Neustadts einen opulenten Text-Bild-Band *Plan und Bau der Chemiearbeiterstadt*[43], der ein beachtliches Problembewusstsein erkennen lässt. Da werden »starre Grundrißlösungen und geringe innere und äußere Variabilität« moniert, ebenso die »Monotonie der Fassadenstruktur«. Die Schallisolierung der Wohnungen gegeneinander sei »in horizontaler wie vertikaler Richtung [...] unzureichend. Treppenhäuser und Aufzüge bilden erhebliche Geräuschquellen«. Auch die Freiraumgestaltung weise Probleme auf: Es herrschten »schematisches Denken und formale Auffassungen über die Gestaltung der Wohnumwelt«. In »immer wieder [...] unzulässiger Weise« würden »die materiell-technischen von den ästhetisch-künstlerischen Problemen getrennt«. Es zeige sich, »daß die funktionalistische Betrachtungsweise der Gastronomie unter ausschließlich ökonomischen und technologischen Kriterien den gesellschaftlichen Bedürfnissen nicht gerecht wird«. Die Versorgungsfunktion der Stadt dominiere eindeutig, und daher bleibe »auch ihre architektonische Aussagekraft beschränkt«.[44]

Als Ursachen für diese Mängel werden angegeben: Die »Erkenntnis der Komplexität und Kompliziertheit des Aufbaus einer Stadt dieser Größe« sei nicht ausreichend gewesen und die »Konsequenz und Wissenschaftlichkeit der Leitungstätigkeit einzelner staatlicher und wirtschaftsleitender Organe« »manchmal ungenügend«. Es habe eine zeitweilige Unterschätzung der Anforderungen gegeben; »einzelne Leiter« hätten mangelnde Bereitschaft gezeigt, »auftretende Schwierigkeiten und Störungen als Herausforderungen und als Bewährungsprobe für die eigene Kraft aufzufassen und nicht gegenüber der Dynamik und der Größe der zu bewältigenden Aufgaben zu resignieren«. Auch hätten auf die Planung »viel zu häufig subjektive Erfahrungen und Intuition und der aus der Sicht des Augenblicks geborene Entschluß Einfluß« gehabt. Und schließlich sei das Vorhaben teilweise ungenügend vorbereitet gewesen.[45] Im Schutz des langen Textes, der selbstredend das Projekt auch und vor allem feiert, findet sich als Fazit: Immer wieder dränge sich die Frage auf, ob das »Grundprinzip, Städte nach starren Vorschriftensystemen zu bauen, der Dynamik der gesellschaftlichen Entwicklung

---

43 Karlheinz Schlesier und Autorenkollektiv: Halle-Neustadt. Plan und Bau der Chemiearbeiterstadt, hrsg. vom Büro für Städtebau und Architektur des Bezirkes Halle. Berlin [DDR] 1972.

44 Ebd., S. 95–103, S. 125–129, S. 131–142 und S. 173–182.

45 Ebd., S. 168 und S. 179.

adäquat ist«. Ohne »die Entwicklungsprozesse zu erforschen, die im Zeitraum der Realisierung und darüber hinaus auftreten müssen«, sei das jedenfalls riskant.[46]

Die Bezirksorganisation Halle des Bundes der Architekten hatte bereits 1969 ähnliche Kritiken formuliert. In einem unveröffentlichten Text hieß es: Man habe davon ausgehen müssen, »daß mit den zur Verfügung stehenden Mitteln ein Maximum der ideellen Zielstellung zu verwirklichen ist«. Diese Aufgabe wurde »nicht in vollem Umfange gelöst«. Das dürfte in Kenntnis der verklausulierenden DDR-Sprache zu übersetzen sein in: Sie wurde verfehlt. Fazit der Autoren:

> Die quantitativen Ziele wurden im Prinzip erreicht. [...] Den qualitativen Forderungen der Grundkonzeption wurde nur teilweise entsprochen. | Die ausgewiesenen Kostenkennziffern konnten bisher nicht eingehalten werden. | Die aufgewandten Mittel stehen nicht im geforderten Verhältnis zum erreichten Nutzeffekt im Bezug auf sozialistischer Umweltgestaltung ... | Die Entwicklung eines charakteristischen einheitlichen Stadtorganismus wurde durch die additive Aneinanderreihung von Wohnkomplexen nicht erreicht![47]

Es ergebe sich daher die Frage:

> Stand der Mensch bisher im Mittelpunkt aller Bestrebungen ...? Bisher hat sich der Mensch in seiner Funktion als gesellschaftlicher Nutzer ... nur ungenügend mit der für ihn konzipierten Stadt ... identifizieren können! Nach unserer Auffassung liegt das nicht am Menschen.[48]

Offiziell wurden zu DDR-Zeiten die politischen Leitklischees wie ›sozialistische Menschengemeinschaft‹ und ›Neuer Mensch‹ mit positiv besetzten Begrifflichkeiten wie ›Vollkomfortwohnung mit Fernwärme und Bad/WC‹ oder ›Hausgemeinschaft‹ gekoppelt. Gegenläufig wiederum war das eher heikle Fremdimage von Halle-Neustadt. Auswärtige konnten sich meist nie recht vorstellen, dass man sich inmitten dieser Architektur heimisch fühlen könne. Der offiziellen Terminologie gesellte sich so im Laufe der Zeit eine konkurrierende zur Seite. Sie wird bis heute fortlaufend vervollständigt und bildet eine Brücke zur Gegenwartsbewertung der Stadt, die nun ein Stadtteil ist: ›Schlafstadt‹ und ›Schnarchsilo‹,

---

46 Karlheinz Schlesier und Autorenkollektiv: Halle-Neustadt (wie Anm. 43), S. 126 und S. 179.

47 Versuch einer kritischen Analyse des städtebaulichen Vorhabens Halle-Neustadt, 6 Seiten. Anhang zu: Dietrich Stier: Rechenschaftsbericht der Bezirksgruppe Halle des BDA zur Bezirksdelegiertenkonferenz am 14. 2. 1970. Halle (Saale) 1969. In: IRS Wissenschaftliche Sammlungen. Bestand Objektbezogene städtebauliche Wettbewerbe. R4U Halle-Neustadt, Karton 2, S. 33.

48 Ebd., S. 39 f.

›Wohnklos‹ und ›Karnickelställe‹, ›Arbeiterschließfächer‹ und ›Arbeiterregal‹, ›seelenlose Betonblöcke‹, ›Betonwüste‹, ›urbanes Desaster‹, ›geplante Monotonie‹ und ›betonierte Tristesse‹, ›trostlose Trabantensiedlung‹.

Vollkomfort und Trostlosigkeit also oder trostloser Vollkomfort, so das Dominanz erlangende Bild. Ab 1990 setzten sich endgültig Einschätzungen durch, die sich zwischen Distanziertheit und Abscheu bewegten. Halle-Neustadt wurde jetzt vor allem als architektonische Zumutung und peripherer Ort stigmatisiert. »Da hilft nur noch Dynamit«, brachte es *Der Spiegel* am 9. Oktober 2000 auf einen Punkt, der einer breiteren Öffentlichkeit außerhalb der Plattenbaustädte zunehmend plausibel erschien. Auch sonst wurden die ostdeutschen Großsiedlungen in überregionalen Zeitungen im allgemeinen »als marginale, periphere und überflüssige Orte der Gesellschaft abgebildet« – während die Altbauviertel »demgegenüber eher als Kulisse für Erzählungen über die wirtschaftlichen und kulturellen Potenziale und Chancen der neuen Bundesländer« dienten.[49]

Selbst der Wille, eine Stadt ohne verschmutzende Schornsteine errichten zu wollen, wurde im Nachhinein zum Gegenstand der Abwehr von außen. Dass damit eine Trennung von Arbeits- und Wohnort einhergehen musste, fand sich nun in einer modernisierungskritischen Perspektive problematisiert: Der Journalist Jens Bisky nannte die Stadt 2002 »gebaut, um die werktätigen Massen zwischen Produktionsstätte und Schlafplatz zu verschieben«[50] – also nicht: um die Arbeitenden jenseits des Drecks der Fabriken schlafen zu lassen.

Gegen oberflächliche Zuschreibungen dieser Art entwickelten sich Gegenaktivitäten aus Halle-Neustadt selbst heraus. Ein großer Teil der Einwohner und Einwohnerinnen empfand und empfindet die symbolischen Abwertungen und Zuschreibungen von außen als völlig unvereinbar mit den eigenen biografischen Erfahrungen. Sie sehen die Stadt als einen Versuch, seinerzeit akute Probleme (und ihr jeweils individuelles Wohnungsproblem) zu lösen. Bei den gebliebenen Teilen der ursprünglichen Einwohnerschaft findet sich dieser Versuch im Wesentlichen positiv bewertet. Das ist erinnerungsgeleitet und autobiografisch verankert, und es resultiert vor allem aus der individuellen und kollektiven Erfahrungsgeschichte. Die Erinnerungen schalten die Entstehung Halle-Neustadts mit den lebensprägenden Jahren von Familiengründung, Kindererziehung und beruflichem Aufstieg parallel. Für die Gegenwart nennen die Einwohnerinnen und Einwohner als Stärken Halle-Neustadts neben den bezahlbaren Mieten regelmäßig die umfangreichen Grünanlagen und die komfortable Nahversorgung.

49 Karin Wiest: Soziale Grenzen in Städten. Repräsentationen von Wohngebieten in den neuen Ländern. In: *Europa Regional* 1/2006, S. 33–40, hier S. 35 und S. 39.

50 Jens Bisky: Vom Ende der Ossi-Versteher. In: *Süddeutsche Zeitung*, 19. April 2002, S. 13.

Dagegen werden die konkurrierenden Beschreibungen von außen als erfahrungsfreie und daher vom ›wahren‹ Leben der Stadt kenntnislose Meinungen wahrgenommen. Aktive Teile der Bürgerschaft bemühten sich, eine Gegenerzählung zum Mainstream der aktuellen Bewertung Halle-Neustadts und seiner Geschichte zu etablieren. Diese Gegenerzählung zielt darauf, authentische Erinnerungen zu sichern. Geschichtsdarstellungen aus der eigenen Erfahrung soll privilegiert werden – um damit die Geschichtsdarstellungen, die aus der Unbefangenheit fehlender Erfahrung entstehen, zu kontern. Der wichtigste Schritt, um die Zeitzeugenschaft zu dokumentieren, war die Etablierung der Geschichtswerkstatt Halle-Neustadt. Mit Akribie werden dort Materialien, die Bürgerinnen und Bürger Halle-Neustadts abgeben, in den Archivbestand eingearbeitet und öffentlich zugänglich gemacht. Die Perspektive ist explizit eine von innen. Ihr Ausgangspunkt ist ein doppelter: Halle-Neustadt hatte ein seinerzeit gravierendes Problem zu lösen – die Versorgung mit Wohnraum –, und die Stadt ist trotz aller Unzulänglichkeiten ein identifikationsfähiger Lebensraum geworden. Insofern wird die Ausstellung von einer Fortschrittsperspektive geprägt, die das Arrangement mit den mitunter widrigen Bedingungen augenzwinkernd präsentiert.

Bei Städtebauern und Architektinnen hat Halle-Neustadt inzwischen auch eine städtebauliche Teilrehabilitierung erfahren, nachdem es ins Verhältnis zu vergleichbaren Projekten in der ehemaligen Bundesrepublik gesetzt worden ist.[51] Die externe soziale Wahrnehmung aber ändert auch das nicht, diese ist eindeutig: ›Getto‹.

Funktional und sozial ist Halle-Neustadt, wie die meisten ostdeutschen Plattenbausiedlungen, in den letzten drei Jahrzehnten den westdeutschen Großwohnsiedlungen sehr ähnlich geworden. Die verbliebenen Einwohnerinnen und Einwohner der Erstbezugsgenerationen einschließlich ihrer ersten Nachwuchskohorte haben eine hohe Identifikation mit ihrer Siedlung. Später Hingezogene sind vor allem dadurch gekennzeichnet, aufgrund ihrer Lebenssituation wenig Wahlmöglichkeiten hinsichtlich der Wohnlage zu haben. Halle-Neustadt ist, wie andere Plattenbausiedlungen, Austragungsort sozialer Probleme, nicht aber deren Verursacher. Mit der sozialen Struktur der Neuzugänge seit den 1990er Jahren war für Halle-Neustadt zunächst das westliche Modell der Großwohnsiedlung zum Zuge gekommen: Der ursprünglich im eigentlichen Sinne tatsächlich *sozial* gedachte Wohnungsbau wurde zum sozialen Brennpunkt, gemildert einstweilen noch durch die Einkommensverhältnisse und Alltagsroutinen der alternden

51 Vgl. Kai Vöckler/Andreas Denk (Hrsg.): In der Zukunft leben! Die Prägung der Stadt durch den Nachkriegsstädtebau, hrsg. im Auftrag des Bundes Deutscher Architekten/Deutsches Architektur Zentrum. Berlin o. J. [2009].

Ersteinwohner und -einwohnerinnen, soweit diese verblieben waren. Parallel, beginnend mit der russischen Kontingentzuwanderung und verstärkt seit der Migration aus Krisenregionen des globalen Südens, wurde der Stadtteil – wie schon in der Gründungs- und Aufbauzeit – zur Ankunftsstadt.[52] Im Unterschied zu den 1960er und 1970er Jahren brachte das kulturell verankerte Konflikte mit sich, zu deren Bearbeitung anhaltend ungenügende Ressourcen bereitgestellt werden. Der Stadtteil ist gespalten zwischen einer unzufriedenen Bevölkerungshälfte, die von starker Institutionen- und Verfahrensskepsis geprägt ist, und Akteuren wie dem Halle-Neustadt-Verein, weiteren Vereinen, dem Quartiersmanagement und den Wohnungsgesellschaften, die sich in geradezu heroisch anmutenden Alltagsanstrengungen darum bemühen, den Stadtteil lebenswert zu erhalten.

Insgesamt lässt sich konstatieren: Halle-Neustadt ist eine gewesene städtebauliche Leistung und eine gewordene soziale Problemzone. Es wird auch heute gebraucht, da seine 48.000 Bewohnerinnen und Bewohner anderweitig nicht menschenwürdig unterzubringen wären. Aufgeben lässt sich der Stadtteil weder als Baubestand noch als Sozialraum. Da sich in Halle-Neustadt aber zugleich soziale, kulturelle und politische Probleme konzentrieren, ist ein ›Weiter wie bisher‹ keine angemessene Option.[53]

---

52 Vgl. Lisa Wudy: Halle-Neustadt als dynamisches Ankunftsquartier nach dem langen Sommer der Migration. Migrantische Aushandlungs- und Aneignungspraktiken in einer ostdeutschen Großwohnsiedlung. Halle (Saale) 2021. Abgerufen unter URL: https://opendata.uni-halle.de/bitstream/1981185920/87292/1/mluhumangeowps_volume_4.pdf, letzter Zugriff: 20. 07. 2022.

53 Was sich tun lässt, um den Sozialraum aufzuwerten und ihn mit mehr Lebenschancen für seine Bewohnerinnen und Bewohner auszustatten, kann nicht Gegenstand eines zeithistorischen Artikels sein. Ersatzweise lässt sich dazu aber verweisen auf: Peer Pasternack: Das andere Bauhaus-Erbe. Leben in den Plattenbausiedlungen Sachsen-Anhalts heute, Expertenplattform Demographischer Wandel in Sachsen-Anhalt. Halle (Saale) 2019. Abgerufen unter URL: https://www.expertenplattform-dw.de/wp-content/uploads/2020/06/EPF-Workshop-Bauhaus-Erbe-Broschu%CC%88re-2019-komprimiert.pdf, letzter Zugriff: 12. 06. 2022, S. 21–27.

Nicole Hördler

Identitäten im Umbruch

Zur Selbstwahrnehmung der ostdeutschen Transformationsgesellschaft nach 1990

Transformationsforschung lebt augenscheinlich von Jubiläen: Zunächst wurden sie zu Beginn der 1990er Jahre unter der Euphorie der Zusammenführung beider deutscher Staaten begangen. Mit deutlichem Abstand folgten zum 20. Jahrestag der deutschen Einheit zahlreiche neue Projekte, darunter diverse Mikrostudien wie beispielsweise eine ethnologisch-kulturwissenschaftliche Untersuchung von Heinz Bude zur brandenburgischen Kleinstadt Wittenberge.[1] Unlängst schloss sich 2019 mit der Fallstudie zum Rostocker Stadtteil Lütten Klein die sozialwissenschaftliche wie auch persönliche Reflexion von Steffen Mau an.[2] Mau, einer der wenigen Lehrstuhlinhaber*innen (vor allem der Geistes- und Sozialwissenschaften) in der Bundesrepublik mit einer ostdeutschen Biografie,[3] gibt zugleich einen Einblick in seine eigenen Umbruchserfahrungen wie auch in die selbsterlebte Alltagswelt in einer DDR-typischen Plattenbausiedlung. Es ist eine ernüchternde Bestandsaufnahme zur – empirischen wie empfundenen – Unterschichtung der ostdeutschen Transformationsgesellschaft. Dies trifft gleichermaßen auf den akademischen Betrieb zu; so stammte Erhebungen des Centrums für Hochschulentwicklung zufolge Ende 2018 keine und nach einem Update im September 2020 nur eine einzige von rund 80 staatlichen Universitätsleitungen aus Ostdeutschland. Bei den staatlichen Hochschulen und Fachhochschulen war der Anteil nur unwesentlich höher.[4] Das Ergebnis wurde durch eine neuere Studie des Mitteldeutschen

1 Vgl. Heinz Bude/Thomas Medicus/Andrea Willisch: ÜberLeben im Umbruch. Am Beispiel Wittenberge: Ansichten einer fragmentierten Gesellschaft. Hamburg 2011.

2 Vgl. Steffen Mau: Lütten Klein. Leben in der ostdeutschen Transformationsgesellschaft. Berlin 2019.

3 Zum Elitentransfer und Ost-West-Gefälle in der Wissenschaft vgl. Peer Pasternack: Der Wandel an den Hochschulen seit 1990 in Ostdeutschland. In: Bundeszentrale für politische Bildung, 28.10.2020. Abgerufen unter URL: https://www.bpb.de/themen/deutsche-einheit/lange-wege-der-deutschen-einheit/310338/der-wandel-an-den-hochschulen-seit-1990-in-ostdeutschland/, letzter Zugriff: 11.08.2022.

4 Vgl. Centrum für Hochschulentwicklung/Isabel Roessler: CHECK – Hochschulleitung in Deutschland. Gütersloh 2019, S. 6; Dies.: CHECK – Hochschulleitung in Deutschland – Update 2021. Gütersloh 2021, S. 4 (beide Berichte sind online zugänglich unter

Rundfunks in Zusammenarbeit mit der Universität Leipzig im Juni 2022 bestätigt; von den 100 größten Hochschulen des Landes wird nur eine einzige von einem Ostdeutschen geleitet.[5] Dies ist aber beileibe kein Alleinstellungsmerkmal für den Wissenschaftsmarkt, sondern trifft auf nahezu alle Führungspositionen in Wirtschaft, Politik und Medien – so auch in Ostdeutschland selbst – zu[6] und feuerte 2023 auf hitzige Weise den Deutungskampf um Identitäten, Ungleichheiten und Verhältnisse zwischen Ost, West und DDR-Vergangenheit an.[7]

1. Statt einer Einleitung: Bestandsaufnahme einer veränderten Gesellschaft

Das Feld der Transformationsforschung hat sich im letzten Jahrzehnt massiv ausgeweitet. Längst ist nicht nur die Rede von der Transformation Ostdeutschlands. Begriffe wie Posttransformation[8] – was allerdings eine Überwindung einer wie auch immer gearteten ›ersten‹ Transformation implizieren würde – oder Co-Transformation[9] verschieben den Blick deutlich auf das Feld der transnationalen Interdependenzen. Dies meint nicht nur eine Kontextualisierung der deutsch-deut-

URL: https://www.che.de/download/check_universitaetsleitung_in_deutschland-pdf/, letzter Zugriff: 11.08.2022).

5 Vgl. Der lange Weg nach oben. Wie es Ostdeutsche in die Eliten schaffen. Erstellt von Hoferichter & Jacobs/MDR in Zusammenarbeit mit der Universität Leipzig. Leipzig 2022, S. 19. Online abrufbar unter: https://ostdeutscheswirtschaftsforum.de/wp-content/uploads/2022/06/20220608_Der-lange-Weg-nach-oben_Ostdeutsche-Eliten.pdf, letzter Zugriff: 02.07.2024. Siehe außerdem: Der Beauftragte der Bundesregierung für Ostdeutschland (Hrsg.): Konzept: Ostdeutsche in Führungspositionen. Bundeskonzept zur Steigerung des Anteils von Ostdeutschen in Führungspositionen der Bundesverwaltung. Berlin 2023. Online abrufbar unter: https://www.ostbeauftragter.de/resource/blob/2038516/2160276/5869fdb68b793ab774664c5a500644ad/bundeskonzept-data.pdf?download=1, letzter Zugriff: 16.08.2024.

6 Ebd. Vgl. ferner Holger Lengfeld: Kaum Posten für den Osten. Das Ausmaß und mögliche Ursachen der Unterrepräsentanz von Ostdeutschen auf Führungspositionen in Ostdeutschland. In: *Deutschland Archiv*, 10.09.2019. Abgerufen unter URL: https://www.bpb.de/themen/deutschlandarchiv/296773/kaum-posten-fuer-den-osten/, letzter Zugriff: 11.08.2022.

7 Vgl. u.a. Dirk Oschmann: Der Osten: eine westdeutsche Erfindung. Wie die Konstruktion des Ostens unsere Gesellschaft spaltet. Berlin 2023. Die Auseinandersetzungen wurden mit zunehmender Schärfe geführt.

8 Vgl. jüngst auch im Rahmen der historisch-politischen Bildung Timm Beichelt: Zwischen Transformation und Posttransformation. Entwicklungen seit 1989/91 in Mittel-, Südost- und Osteuropa und Konsequenzen für die Forschung. In: *Zeitschrift der Bundeszentrale für politische Bildung* 72 (2022), 1–2, S. 40–47.

9 Vgl. Philipp Ther: Europe since 1989. Princeton 2017, zur Sache: S. 259–287.

schen Geschichte nach 1990 im europäischen oder gar globalen Gefüge, sondern auch eine Perspektiverweiterung auf die Wechselwirkungen der tiefgreifenden Veränderungen in der Berliner Republik – in Ost und West. Philipp Ther hat zu Recht die Frage aufgeworfen, ob nicht auch der Westen über die Umgestaltungen im postkommunistischen Osten beeinflusst wurde: »Der Westen ist teilweise im Osten angekommen und der Osten im Westen.«[10] In der aktuellen Debatte geht es vor allem um die Frage nach einem interdependenten Transfer, sie zeigt aber zugleich Grenzen auf, da wirtschaftliche, soziale und kulturelle Faktoren nicht synonym benutzt werden dürfen.

Dies spiegelt sich insbesondere im Diskurs um die Identität(en) des Ostens wider. Denn das Problem der empfundenen Diskriminierung, des Abgehängt-Sein-Narratives, der Frustration scheint tiefgreifend. Noch wichtiger: Es stellt ein ernsthaftes Integrationsproblem dar, identifizieren sich doch Ostdeutsche zuallererst als Ostdeutsche, als – so Steffen Mau – »frakturierte« Teilgesellschaft, die sich gegenüber dem Westen behaupten müsse.[11] In dieser Gemengelage gewinnt die DDR weiter an ›positiver‹ Konnotation in der individuellen Erinnerung wie im öffentlichen Gedächtnis, insbesondere in den ›neuen Bundesländern‹. Empfanden um 1991 rund 43 Prozent der Ostdeutschen eine Verbundenheit mit der DDR, waren es im Jahr 2000 schon über zwei Drittel. 2016 waren es immerhin noch über 60 Prozent, wenn auch mit fallender Tendenz. Dabei wird die Diktatur in der DDR mehrheitlich als Unrecht abgelehnt, dagegen jedoch der gesellschaftliche Zusammenhalt als besonders positiv erinnert.[12] Hier treffen Vorstellungen aufeinander, die als Ausdruck kollektiver »Deklassierungs- und Entmündigungserfahrungen«[13] verstanden werden können.

Das Einzige, was nach 1990 zu steigen schien, war die Abwanderung in den Westen. Die Zahl der Erwerbstätigen sank genauso wie die Ziffern der Geburten oder Eheschließungen.[14] Der Höhepunkt der stetig anwachsenden Arbeitslosigkeit wurde von 2003 bis 2005 mit über 20 Prozent erreicht und sank erst wieder 2008/2009 auf den Wert von 1992. In den folgenden Jahren blieb er schließlich konstant auf einem Niveau unter 10 Prozent.[15] Bis 2013 kehrten rund 1,8 Millionen Menschen und damit mehr als zehn Prozent ihrer alten Heimat den Rücken.

---

10 Ders.: Die neue Ordnung auf dem alten Kontinent. Eine Geschichte des neoliberalen Europa. Bonn 2018, S. 284.

11 Mau: Lütten Klein (wie Anm. 2), S. 17. Vgl. auch Lengfeld: Posten (wie Anm. 6).

12 Vgl. Mau: Lütten Klein (wie Anm. 2), S. 210 ff.

13 Ebd., S. 15.

14 Zu Geburten und Eheschließungen vgl. ebd., S. 187.

15 Vgl. Statistisches Bundesamt: Registrierte Arbeitslose und Arbeitslosenquote nach Gebietsstand, 1. Juli 2022. Abgerufen unter URL: https://www.destatis.de/DE/Themen/

Zurück blieben die Älteren und Männer; 2012 warben bei den Zwanzigjährigen ohne Abitur 300 Männer um 100 Frauen. Nahezu 30 Jahre nach dem Mauerfall kehrte sich die Entwicklung zum ersten Mal um, 2017 migrierten mehr Menschen aus dem Westen in den Osten.[16] Ob jedoch von einer Zuzugsregion zu sprechen sei, ist fraglich. Nichtsdestotrotz scheinen einige Regionen zu boomen, insbesondere der brandenburgische Speckgürtel von Berlin wuchs in der Bevölkerung so rasant, dass Brandenburg im August 2022 den bisherigen Slogan ›Brandenburg. Es kann so einfach sein.‹ erweiterte. Unter dem Motto ›jwd – jeder will dahin‹ bewirbt das Landesmarketing Brandenburg mit Rekorden in Zuzug und Wirtschaftsdynamik.[17]

Die meisten Menschen wanderten unterdessen aus Sachsen-Anhalt und dem südlichen Brandenburg aus.[18] Es ist jene Gegend, welche die Autorin in einer historischen Feldstudie zum ländlichen Raum der Kleinstadt Prettin/Elbe mit ihren mehrdimensionalen Ebenen der Transformation untersuchte.[19] Aller Abwanderung und allen Identitätskrisen der künstlichen Bundeslandkonstruktion zum Trotz warb Sachsen-Anhalt bis 2016 mit dem Leitspruch, die Bürger*innen dieses Landes würden früher als der Bundesdurchschnitt aufstehen. Der Kabarettist Rainald Grebe kommentierte auf seine ganz eigene Art die erfolglose Werbeintention Sachsen-Anhalts: »›Willkommen im Land der Frühaufsteher‹. Wer kommt auf sowas nur? Wieso braucht dieses Land so eine beschissene Werbeagentur?«[20] Seit 2016 bemühte die Landesspitze nacheinander die Reformation seit 1517 und die Gründung des Bauhauses von 1919 zur geschichtsträchtigen Bedeutungsstiftung des traditionsarmen Bundeslandes.

Wirtschaft/Konjunkturindikatoren/Lange-Reihen/Arbeitsmarkt/lrarb003ga.html, letzter Zugriff: 28.08.2022.

16 Vgl. Dies.: Bevölkerungsentwicklung in Ost- und Westdeutschland zwischen 1990 und 2022: Angleichung oder Verfestigung der Unterschiede? Abgerufen unter URL: https://www.destatis.de/DE/Themen/Querschnitt/Demografischer-Wandel/Aspekte/demografie-bevoelkerungsent wicklung-ost-west.html, letzter Zugriff: 28.08.2022; Mau: Lütten Klein (wie Anm. 2), S. 190 ff.

17 Vgl. Pressemitteilung der Staatskanzlei des Landes Brandenburg: »jwd« auf brandenburgisch: »jeder will dahin« – Landesmarketing startet neue Kommunikationsoffensive – Basis sind erneut Bestwerte für das Zuzugs- und Aufsteigerland, 22. August 2022. Abgerufen unter URL: https://www.brandenburg.de/sixcms/detail.php/bb1.c.742141.de, letzter Zugriff: 29.08.2022. »Jwd« steht in Ableitung von der Berliner Umgangssprache ursprünglich für »janz weit draußen« und sinnbildlich für abgeschiedene Orte.

18 Vgl. Mau: Lütten Klein (wie Anm. 2), S. 191.

19 Vgl. Nicole Hördler: Prettin liegt in Deutschland. Stadt und Land zwischen Aufbruch, Resignation und Identitätssuche. 1990 bis 2010. Berlin 2015.

20 Songtext aus: Rainald Grebe und das Orchester der Versöhnung: *Sachsen-Anhalt.*

Die Standortkampagne ›Wir stehen früher auf‹ von 2005 verfolgte das Ziel, dem Land ein klares und positives Image zu verschaffen. In der Beschreibung wurde der Schwerpunkt zunächst auf die Sachsen-Anhaltiner*innen gelegt.[21] Angeblich stünden die Menschen in Sachsen-Anhalt neun Minuten vor der Durchschnittsbevölkerung in Deutschland auf. Frühaufstehen als ›Geisteshaltung‹ sollte die Mentalität eines aufstrebenden Landes verkörpern. Eines der Hauptargumente für die Wahl der Kampagne ist die leichte Verständlichkeit der Botschaft für die Bürger*innen, die Investor*innen, die Tourist*innen und die Existenzgründer*innen. Eine Reihe von Einzelaktionen dienten als Marketing, so erhielten beispielsweise Neugeborene im Jahr 2007 als kleines – möglicherweise für junge Eltern eher mahnendes – Begrüßungsgeschenk einen Body mit dem Aufdruck ›Sachsen-Anhalt. Wir stehen früher auf.‹ Der Ministerpräsident Rainer Haseloff persönlich posierte mit Babys und Bodys für Bild und Presse. Bis 2014 erwuchs die Kritik an dem Slogan, der erwünschte Aufschwung wie auch die Identifikation der Bürger*innen für das Bundesland blieben verwehrt, die Schilder an den Autobahnen wurden überklebt. Hintergrund der ›early birds‹ war nämlich weder eine Geisteshaltung noch eine aufstrebende Motivation, sondern häufig einfach die Notwendigkeit, zur Arbeit vor allem in die westlich angrenzenden Bundesländer wie Niedersachsen fahren zu müssen.[22]

Sachsen-Anhalt wird daher im Folgenden ein ständiger Begleiter durch den Beitrag sein. Von der gesamtostdeutschen Perspektive ausgehend wird immer wieder brennglasartig in das südöstliche Sachsen-Anhalt im Länderdreieck zu Brandenburg und Sachsen geschaut. In der Verschränkung von Makro- und Mikroebene kontextualisieren sich beide Level gegenseitig. Zentrale Aspekte sind – über die Transformation von ›Leitkultur‹ und produzierter wie gelebter Identität hinaus – Fragen zur wirtschaftlichen, sozialen und kulturellen Entwicklung, zur Demografie und zum Migrationsverhalten in Ostdeutschland. Was ist aber genau das Selbstbild der Ostdeutschen? Welche geschlechtsspezifischen und generationellen Unterschiede sind hierbei auszumachen? Und sind sie nun Gewinner oder Verlierer – oder beides? Volkswirtschaftlich gesehen ist der Osten im Vormarsch, kommunal schreiben Städte wie Jena schwarze Zahlen, liegen die zehn höchst-

21 Vgl. für folgende Beispiele: Björn Berger: Früher aufstehen für Reformation und Bauhaus. Abgerufen unter URL: https://www.mdr.de/nachrichten/sachsen-anhalt/halle/halle/studentenprojekt-imagekampagne-fruehaufsteher-reformation-bauhaus100.html, letzter Zugriff: 12. 12. 2022; Neue Kampagne #moderndenken als Nachfolger: https://moderndenken.sachsen-anhalt.de/die-kampagne/, letzter Zugriff: 08. 08. 2022.

22 Mehr als 400.000 Menschen fuhren täglich zur Arbeit von Ost nach West, das Dreifache gegenüber Pendlern aus den westlichen Bundesländern. Vgl. Mau: Lütten Klein (wie Anm. 2), S. 191 f. Besonders stark war diese Entwicklung in Sachsen-Anhalt.

verschuldeten Großstädte im Westen.[23] Doch der Wohlstand scheint im individuellen Befinden nicht anzukommen: Hartz IV, Mindest- und Niedriglohn sind keine Unbekannten im Osten, auch beim Generationenausgleich gibt es im Durchschnitt deutlich weniger zu erben als im Westen.[24] Anhand repräsentativer Forschungs- und Umfrageergebnisse aus einer Feldstudie zur Kleinstadt Prettin an der Elbe lassen sich diese Faktoren lokal dechiffrieren. Dabei tritt ein anderes Bild des Ostens zutage, das bisher in die Medien weniger Eingang gefunden hat. Nicht der Jammerossi, nicht der selbstaufgegebene Langzeitarbeitslose, nicht der alkoholisierte ›Hartzer‹ und auch nicht der Rechtsradikale bestimmen den Alltag in der ländlichen Kommune. Resilienz, strukturierte Selbstbeschäftigung vom Heimatforscher bis zum Hundeverein (wohlgemerkt ohne Hunde) und das Engagement für die Gemeinde prägen das Innenleben der Ortschaft. Nicht Sachsen-Anhalt und nicht der Osten, sondern eine neue Form eines bürgerlichen Heimatbewusstseins ersetzt das weggebrochene Alte und das nicht erreichte Neue.

2. Was ist der Osten?

Nach der eingangs genannten Wittenberge-Studie von Heinz Bude brachte zum Jahrestag 2019 vor allem Steffen Mau erneut das ungleiche Sein im deutschen Osten in den Diskursraum.[25] Und obwohl die politischen Exportschlager Angela Merkel und Joachim Gauck als ›Zonenkinder‹ gleichsam eine Erzählweise um »[d]as Ende des Ossis« einleiteten, bleibt die Integration der 17 Millionen ehemaligen DDR-Bürger*innen ein herausforderndes Unterfangen.[26]

---

23 Vgl. Roland Kirbach: Der Soli muss weg. In: *DIE ZEIT*, 8. März 2012. Abgerufen unter URL: https://www.zeit.de/2012/11/DOS-Solidaritaetszuschlag?utm_referrer=https%3A%2F%2Fwww.google.com%2F, letzter Zugriff: 16.04.2023; Tobias Kaiser: Deutschland boomt, aber seine Städte versinken im Schuldensumpf. In: *Die Welt*, 15. November 2017. Abgerufen unter URL: https://www.welt.de/wirtschaft/article170648396/Deutschland-boomt-aber-seine-Staedte-versinken-im-Schuldensumpf.html, letzter Zugriff: 16.04.2023.

24 Vgl. Rainer Braun: Erben in Deutschland. In: *Wirtschaftsdienst* 91 (2011), 10, S. 724–726. Abgerufen unter URL: https://www.wirtschaftsdienst.eu/inhalt/jahr/2011/heft/10/beitrag/erben-in-deutschland.html, letzter Zugriff: 09.09.2022.

25 Bude/Medicus/Willisch: ÜberLeben (wie Anm. 1); Mau: Lütten Klein (wie Anm. 2). Im öffentlichen Gedächtnis blieb Rostock vor allem durch die fremdenfeindlichen Ausschreitungen im Lütten Kleiner Nachbarbezirk Lichtenhagen von 1992 verhaftet. Vgl. u. a. Jochen Schmidt: Politische Brandstiftung. Warum 1992 in Rostock das Ausländerwohnheim in Flammen aufging. Berlin 2002.

26 Alexander Cammann: Das Ende des Ossis. In: *DIE ZEIT*, 23. Februar 2012, S. 43. – Die Prägung des Begriffes »Zonenkinder« erfolgte durch die 1976 in Leipzig geborene Autorin

Irgendwo dazwischen legten Journalist*innen wie Jana Hensel und Christian Bangel ihre mahnende Feder auf die noch immer unterschiedliche Erlebenswelt von Ost und West – gekrönt vom Kabarettisten Rainald Grebe, der die ostdeutschen Bundesländer mit komödiantischen, aber eben auch tiefschwarz treffenden Beschreibungen schmückte. Ob Einkommen, Berufschancen, Qualität am Wohnort – regionale Unterschiede, Sozialisation und Lebensentwürfe werden noch immer anhand dieser Grenze zwischen Ost und West gemessen und von den Betroffenen wahrgenommen.[27] Letztlich variierten dadurch nicht nur Lebensentwürfe und Alltag, sondern auch tägliche Freuden und Sorge jenseits einer Reflexion über Ost und West.

Anders gefragt: *Wer* ist denn eigentlich der Osten? Besonders auffällig zieht sich gerade das südöstliche Sachsen-Anhalt durch die Erhebungen – mit seiner Arbeitslosigkeit, Überalterung, Abwanderung und Arbeitsmigration. Die eingangs erwähnte Kleinstadt Prettin liegt in jenem – so scheint es – frakturierten Länderdreieck zum südlichen Brandenburg und nördlichen Sachsen. Geografisch zwar in der Mitte des Ostens lokalisiert, könnte die Lage infrastrukturell kaum peripherer sein. Und trotz dieser Randlage war Prettin offenbar seit der frühen Neuzeit ein begünstigter Ort, der agrarisch vom östlichen Urstromtal der Elbe genauso profitieren konnte wie aus seinem monumentalen Wahrzeichen, dem Renaissanceschloss und der Domäne Lichtenburg. Aufschwung und Wachstum folgten abermals im Nationalsozialismus (Prettin war bis 1945 Standort einer der größten Seifenfabriken Deutschlands) und in der DDR (bis 1989 Ansiedlung einer rentablen LPG, eines Stanz- und Emaillierwerkes sowie eines Kieswerkes).[28] In der Öffentlichkeit ist Prettin mit Schlagworten wie Martin Luther, Konzentrationslager Lichtenburg oder ›Jahrhundertflut‹ von 2002 verbunden. Abgesehen von solch exponierten historischen Schlaglichtern ist die Kleinstadt ein Ort wie viele andere im Osten Deutschlands. Der ehemalige Stolz der Gemeinde – das DDR-Neubauviertel samt eigener Oberschule – wurde seit 2000 um mehrere Blöcke rückgebaut, die Schule beherbergt nunmehr nur noch eine örtliche Grundschule.

Jana Hensel, die ebendort ein Porträt ihrer ostdeutschen Umbruchsgeneration entwirft. Jana Hensel: Zonenkinder. Reinbek 2002.

27 Beispielsweise laut Peter Krause/Jan Goebel: Angleichung der Einkommen zwischen Ost- und Westdeutschland. In: Datenreport 2021, 10. März 2021. Abgerufen unter URL: https://www.bpb.de/kurz-knapp/zahlen-und-fakten/datenreport-2021/private-haushalte-einkommen-und-konsum/329948/angleichung-der-einkommen-zwischen-ost-und-westdeutschland/, letzter Zugriff: 09.08.2022.

28 Vgl. Stefan Hördler/Sigrid Jacobeit (Hrsg.): Lichtenburg. Ein deutsches Konzentrationslager. Berlin 2009; Dies. (Hrsg.): Dokumentations- und Gedenkort Lichtenburg. Konzeption einer neuen Dauerausstellung. Berlin/Münster 2009.

Von den rund 3.500 Einwohnern im Jahr 1990 leben mittlerweile noch knapp 1.600 Menschen vor Ort, das ist ein Bevölkerungsrückgang von weit mehr als 50 Prozent. Es war augenscheinlich ein Abstieg auf Raten von einer florierenden zur abgehängten Provinz in Ostdeutschland, welcher Identitätskonstruktionen und Selbstbild tiefgreifend transformierte. Am Ende folgte 2011 noch die Eingemeindung der bislang eigenständigen Kleinstadt Prettin zur Stadt Annaburg.

3. Jahrzehnte nach der Einheit – Was bleibt?

In Bezug auf (Selbst-)Bilder, artikulierte Zugehörigkeiten und Identitäten im Osten stellt sich unweigerlich die Frage, ob sich diese fundamental vom Westen unterscheiden – und wenn ja, inwiefern und warum. Erhebungen in den westdeutschen Bundesländern zufolge bejahten 1991 knapp 72 Prozent der Befragten ihre Verbundenheit mit der alten Bundesrepublik, die in den Jahrzehnten danach auf 62 Prozent 2016 sank. Im Osten hingegen lag die Verbundenheit mit der DDR 1991 bei nur 43 Prozent und damit deutlich niedriger, stieg allerdings bis 2016 auf über 63 Prozent an. Damit äußerte ein nahezu identischer Anteil der Befragten aus Ost und West ein Vierteljahrhundert später eine Affinität zur DDR bzw. Bonner Republik. Hinsichtlich einer Verbundenheit mit Gesamtdeutschland stieg der Anteil gleichermaßen in Ost und West auf rund 81 bzw. 79 Prozent. Während im Westen anscheinend eine Erinnerung an den Westen nachlässt bzw. durch die Generationen überformt und zugleich durch einen gesamtdeutschen Kontext sukzessive ersetzt wird, spielt im Osten die Herkunft eine (wenngleich seit 2000 wieder sinkende) erkennbare Rolle. Dabei gehe es weniger, so Steffen Mau, um eine starke Identität oder gar Kontinuität einer DDR-Konformität, sondern mehr um ein diffuses Ostdeutsch-Sein. Das Besinnen auf eine ostdeutsche Herkunft ist vor allem »ein erinnerungsgemeinschaftlicher Zusammenhang«, eine Reflexion der eigenen Wurzeln, der alten und neuen Region.[29] Es ist letztlich ein Konflikt zwischen einem Geschichtsverlust durch Beseitigung aller DDR-Semantik auf der einen Seite und einem Geschichtsbewusstsein von familiäreren Identitäten, Alltagserfahrungen, Prägungen und schlichtweg der Würdigung der eigenen Lebenszeit bzw. derjenigen der Eltern und Großeltern andererseits. Eine gesamtdeutsche Identität äußert sich öffentlich und privat nicht selten in Rückbezügen zur bundesrepublikanischen Geschichte und Alltagserfahrung, bei denen Bezüge zum Alltag in der DDR – jenseits der medialen Darbietungen im

29 Vgl. Mau: Lütten Klein (wie Anm. 2), S. 211.

MDR und in der *Super Illu*[30] – häufig fehlen oder unterpräsentiert sind.[31] Die mangelnden Schnittstellen und Möglichkeiten zur Partizipation an einer generationsübergreifenden westdeutschen Erinnerungskultur evozieren Reflexionen über die eigene Herkunft.

So verwundert es denn kaum, dass im südöstlichen Sachsen-Anhalt die ›Heimat‹ im Zentrum des Bezugskanons steht. Nach über 20 Jahren sehen sich Menschen in Prettin in der Prioritätenreihenfolge zuallererst als Prettiner*innen, dann als Deutsche, dann als Ostdeutsche, Europäer*innen und erst an letzter Stelle als Sachsen-Anhaltiner*innen. Damit zeigen sie zum einen, dass die lokale Identität eine mit zeitlichem Abstand größere Rolle spielt als die Ost-West-Verortung Anfang der 1990er Jahre.[32] Dennoch bleibt der DDR-Bezug ein notwendiges Merkmal der eigenen Herkunft, um mittels gelebter Identität und Konstruktion einer gelungenen Eigengeschichte die Umbruchzeiten zu verarbeiten. Zum anderen – und das ist mit Blick auf die stringente Europapolitik der Bundesrepublik bemerkenswert – ist die ostdeutsche Vergangenheit ein Bestandteil, der präsenter als eine europäische Verortung bleibt. Eine leichte Korrelation zwischen dem Alter und dem Bezug zum Osten und zu Europa ist festzustellen: Während die Älteren eine stärkere Identifikation als DDR-Bürger*innen aufwiesen, fühlten sich Jüngere mit Europa verbunden.

Die niedrigen Verbundenheitswerte zum Bundesland sind ein Sachsen-Anhalt-Phänomen. Historisch stärker tradierte Gebiete – wie beispielsweise der wieder etablierte Freistaat Sachsen – scheinen ein solches föderales ›Identitätsloch‹ nicht zu kennen. Vor dem Hintergrund, dass eine Identifizierung mit dem künstlichen Konstrukt Sachsen-Anhalt – und dessen Ursprüngen in den Teilen der preußischen Provinz Sachsen – höchstens eine historisch interessierte, aber keine mentalitätsstiftende und gelebte war, wirkten sich die Kreis-, aber auch Gemeindevergrößerungen destabilisierend auf die Selbstverortung der Bürger*innen und hierin auf die politische Meinungsbildung aus. Die Erreichbarkeit und Durchschaubarkeit politischer Prozesse blieben für den Einzelnen abstrakt. Auch die Kommunen erfuhren nachhaltig, dass Entscheidungsprozesse wie Eingemeindungen gegen

---

30 So wirbt beispielsweise die *Super Illu* gezielt um Leserschaft in Ostdeutschland mit Slogans wie »Für uns ist Osten mehr als eine Himmelsrichtung«. Siehe https://www.superillu.de/, letzter Zugriff: 08.09.2022.

31 Vgl. Hensel: Zonenkinder (wie Anm. 26), S. 155 ff.

32 Vgl. Thomas Gensicke: Die neuen Bundesbürger. Eine Transformation ohne Integration (Studien zur Sozialwissenschaft, 207). Wiesbaden 1998, S. 200. Hier liegen die Identifikationspunkte (womit sich der Befragte primär identifiziert) im Osten in der Reihenfolge: Ostdeutscher, Deutscher, Bundeslandsmann, Europäer und Weltbürger; im Westen: Deutscher, Europäer, Westdeutscher, Bundeslandsmann, Weltbürger.

ihren Willen und gegen den demokratischen Auftrag ihrer Wähler*innen durchgesetzt wurden.[33] Jedoch unterlag Sachsen-Anhalt dem (verwaltungs-)politischen Mainstream und musste nach anderen Möglichkeiten Ausschau halten, die eine für DDR-Bürger*innen im mitteldeutschen Gebiet ungewohnte Identifikation mit der föderalen Zwischenstufe Bundesland ermöglichte. Eine gute Möglichkeit schien sich in dem Trend von Standortkampagnen aufzutun.[34] Allen gemein ist, kulturelle und landschaftliche Besonderheiten auf neckische, humorvolle Art zu präsentieren. Touristische Attraktionen sollen angepriesen, Investoren an Wirtschaftsstandorte und Bildungseliten ins Land und zum Verbleib gelockt und nicht zuletzt das Selbstbild der Bürger*innen gestärkt werden.

4. War alles schlecht?

Ob 1991, 2000, 2010 oder 2018, Umfragen zufolge stimmten Menschen aus Ostdeutschland immerhin mit schwankenden 70 bis 80 Prozent der Aussage zu, dass der Sozialismus »im Grunde eine gute Idee« gewesen sei, »die nur schlecht ausgeführt wurde.«[35] Während sich die Werte von 1991 und 2018 kaum unterschieden, ist für dieselbe Aussage kurioserweise im Westen eine steigende Zustimmung von knapp unter 40 Prozent auf teilweise über 50 Prozent zu verzeichnen. Bei der Vor- und Nachteilsbewertung der Einheit ist auf beiden Seiten ein wachsender Konsens bei den Vorzügen zu verzeichnen, im Osten allerdings mit deutlich niedrigeren Anfangswerten 1991 und 2018 noch immer leicht unter dem Niveau von Westdeutschland.[36]

Vermissen nun Menschen aus der DDR ›ihre‹ DDR oder gewinnen die kritische Distanz und Abwägung von positiven und negativen Alltagserfahrungen? An dieser Stelle ist es wichtig, in den subjektiven Erinnerungen den totalitären Überwachungsstaat und staatlichen Gewaltapparat von den als erinnerungswürdig erfahrenen Lebenswelten, privaten Erfolgen und sozialen Bindungen zu trennen.

---

33 Wobei auch in anderen Bundesländern der Trend zur Großgemeinde in den 2000er Jahren auf Missbilligung stieß. Renata Holzapfel: Rückzug und Vernetzung. Erneuter Eigensinn 25 Jahre nach der Gebietsreform? In: Heinz Schilling/Beatrice Ploch (Hrsg.): Region. Heimaten der individualisierten Gesellschaft. Frankfurt am Main 1995, S. 441–468.

34 Baden-Württemberg begann mit dem Slogan »Wir können alles außer Hochdeutsch«, Standortkampagnen für die Bundesländer als Werbemaßnahme zu etablieren. Es folgten: Thüringen: »Willkommen in der Denkfabrik« (2001), Mecklenburg-Vorpommern: »MV tut gut« (2004), Hessen: »An Hessen führt kein Weg vorbei« (2007) und viele weitere.

35 Vgl. Mau: Lütten Klein (wie Anm. 2), S. 216.

36 Ebd.

Letztere Aspekte spiegeln vor allem das Besinnen auf Herkunft und die Vielfalt der persönlichen Prägungen wider, die möglicherweise als Trotz oder Abwehr einer Tilgung ostdeutscher Alltagswelten und Narrative verstanden werden können. Vor allem ältere Ostdeutsche haben wesentliche Prägungen und Lebenszeiten in der DDR erfahren und wollen weder diese noch sich selbst verleugnen.

Von Interesse wäre in diesem Kontext vornehmlich ein Spektrum, das sich mit der DDR nicht außerordentlich stark politisch assoziierte oder sich gar für diese engagierte. Im südöstlichen Sachsen-Anhalt formulierten 82,7 Prozent der Prettiner*innen, dass sie sich bereits zu DDR-Zeiten nicht selbst politisch betätigt hätten. Noch mehr Menschen, genau 86 Prozent, sind auch in der Umbruchszeit nicht aktiv für Veränderungen eingetreten. In einem anderen Kontext gefragt gaben immer noch 73,7 Prozent an, dass es nicht wichtig sei, »öffentlich für politische Überzeugungen einzutreten.«[37] Obwohl sich durchaus Reformbewegungen in erreichbaren Zentren wie Magdeburg, Leipzig und Halle formierten und auch in Prettin selbst Kundgebungen stattfanden und sich ein ›Runder Tisch‹ konstituierte, überwog bei den Teilnehmenden deutlich die passive Partizipation. Dass es sich jedoch keineswegs um an Politik generell uninteressierte Bürger*innen handelte, erschließt sich aus den gegebenen Antworten. Ganz offensichtlich deutete sich eine Notwendigkeit für einen Umbruch spätestens im Herbst 1989 an. Die akzeptierteste Vorgabe war mit 81,8 Prozent Zustimmung die Feststellung, dass »ein Wandel geschehen musste«.[38] In den zahlreichen Interviews erklärten Prettiner*innen, dass in den Betrieben eine deutliche Abwärtsentwicklung zu spüren gewesen sei. Der Mangel an Rohstoffen und eine oftmals geringe Arbeitsmoral verursachten ein »ungutes Gefühl«.[39] Dem Befund entspricht die überwiegende Ablehnung des gewohnten Fortganges. Drei Viertel der Menschen verneinten die Aussage »Alles sollte so bleiben.« Im Umkehrschluss sind es jedoch immerhin 25 Prozent, die auch im Herbst vor der Wiedervereinigung einen Wandel nicht befürworten konnten. Einig war sich die weite Mehrheit, dass der Systemumbruch gravierende Auswirkungen auf das persönliche Erleben dieser Zeit hatte. Schlagworte wie Aufregung, Spannung, Erwartung und auch Sorge werden durchweg in den Kontext Transformation gestellt.

Was in jedem Falle besser werden sollte und als negativ mit der DDR assoziiert wurde, war der starke und häufig unerfüllte Wunsch nach individueller Freiheit. In der Vorstellung einer Wiedervereinigung nahmen im Herbst 1989 die politischen Forderungen der DDR-Bürger*innen einen großen Raum ein. Darunter

37 Bevölkerungsumfrage der Verfasserin in Prettin. In: Hördler: Prettin liegt in Deutschland (wie Anm. 19), S. 407.

38 Ebd.

39 Interview der Verfasserin mit Lore Z. vom 19.08.2010. In: ebd., S. 370.

besaß der Wunsch nach Reisefreiheit einen beachtlichen Stellenwert. Selbstbestimmung, freie Wahl des Aufenthaltsortes, Zusammenführung von Familien in Ost und West waren Elemente dieser Freiheitsgedanken.[40] Auch in Prettin sagten 65 Prozent der Bürger*innen, dass der Wunsch nach Reisefreiheit vordringlich war. Jedoch gab nur ein Drittel an, in den letzten 20 Jahren mehr gereist zu sein. Etwas mehr als ein Drittel nutzte die erstrittene Reisefreiheit weniger als vor 1989. Auf der Individualebene lässt sich festhalten, dass ein hoher Anteil die Forderung nach Reisefreiheit zwar für wichtig erachtete, aber im Nachgang nicht nutzte (gut 20 Prozent). Dabei machte es laut dem Antwortverhalten im Fragebogen keinen Unterschied, ob das Urlaubsziel im In- oder Ausland lag. Diesbezügliche Aussagen in den Einzelinterviews kulminierten in verschiedenen Erklärungen, u. a. jetzt fehle das Geld für Fahrten, der Anreiz sei nicht mehr so groß oder man könne jetzt schließlich jederzeit verreisen und werde das auch sicher noch tun.[41]

In der Hierarchisierung des positiv Erlebten dominiert in einer sich sukzessive verklärenden Meistererzählung insbesondere das Narrativ eines starken sozialen Zusammenhaltes im Osten.[42] Dies bezieht gleichermaßen solidarische Kollektivität und soziale Fürsorge ein. In Bezug auf das (vermeintlich) sozial(er)e System in der DDR erinnerten auch in Prettin zahlreiche Befragte die gemeinnützige Obhut durchaus lobend. Knapp 90 Prozent haben zu DDR-Zeiten bereits in Prettin gelebt. Spitzenreiter in der lokalen Beurteilung war die Befürwortung der Aussage »Wenn ich an die DDR-Zeiten zurückdenke, denke ich an die gute Kinder- und Jugendbetreuung«. Wird die Auswertung der Frage auf diejenigen verengt, die selbst Kinder haben, vergrößerte sich die Zustimmung nochmals. Frauen unterschieden sich in ihrem Meinungsbild signifikant von Männern in der höheren Wertbeimessung des Sozialen in der DDR. Nicht alle Befragten werden allerdings aufgrund der wechselnden Lebensphasen und Belastungen die Kinder- und Jugendbetreuung beider Systeme adäquat mit verfolgt haben. Doch durch diverse Presseberichte auf nationaler und regionaler Ebene schien die Thematik des allversorgenden sozialen Netzes der DDR omnipräsent. Im Rückblick hatten sowohl unbefristete Arbeitsverträge gleichauf mit einem im Zusammenhalt geförderten Arbeitsklima als auch das Gemeinschaftsgefühl und funktionierende soziale Netzwerke (von Frauen deutlich stärker betont als von Männern) einen festen Platz im Erinnerungskanon.[43]

---

40 Zur Bedeutung der Reisefreiheitsforderung siehe u. a.: Erhart Neubert: Unsere Revolution. Die Geschichte der Jahre 1989/90. München 2008, S. 112–115.

41 Bevölkerungsumfrage der Verfasserin in Prettin 2010. In: Hördler: Prettin liegt in Deutschland (wie Anm. 19), S. 349 ff.

42 Vgl. Mau: Lütten Klein (wie Anm. 2), S. 218–220.

43 Daten aus der Bevölkerungsumfrage der Verfasserin in Prettin 2010. In: Hördler: Prettin liegt in Deutschland (wie Anm. 19), S. 444 ff.

In summa überrascht es daher kaum, dass besonders eine Kategorie mit 86 Prozent überdurchschnittlich hoch befürwortet wurde: »Wenn ich an die DDR-Zeiten zurückdenke, war nicht alles schlecht.«[44] Der in den Interviews häufige rezitierte Satz trug in der Retrospektive vor allem der persönlichen Lebenszeit in diesem sozialistischen Staat Rechnung. Damit korrespondierte nach 20 Jahren zugleich die Ansicht, dass »man mehr nach der Vereinigung aus der DDR [hätte] beibehalten sollen«. Gleichzeitig gaben aber immerhin 80 Prozent an, den Sozialismus als System nicht zu vermissen; sogar 96,7 Prozent distanzierten sich weit von der SED oder einer Blockparteizugehörigkeit. Vor diesem Hintergrund ist der Grundtenor »es war nicht alles schlecht« deutlich differenzierter zu bewerten. Das Plenum in Prettin möchte nämlich keine Wiederkehr der DDR-Zeiten, jedoch müssten Erinnerung und Rückbesinnung eine Berechtigung haben. So verneinten knapp zwei Drittel die Aussage »Ich vermisse nichts.« Die gleiche Anzahl in Prettin sagte auch, dass sie keine Wehmut beim Gedanken an die DDR empfände. Das ist kein Widerspruch, sondern der Hinweis auf die Vermischung zweier Lebenswelten, die sich aufgrund der autobiografischen Konsistenz nicht ausschließen dürfen. Thomas Ahbe überschreibt diese Form der Erinnerung mit der Formel »Wir lassen uns unsere Biografie nicht nehmen – es war nicht alles schlecht!« und nennt sie mit Martin Sabrow das »Arrangementgedächtnis«.[45]

Offenbar war – auch im Angesicht der biografischen Selbstbehauptung – in der DDR zwar »nicht alles schlecht«, allerdings verneinten drei Viertel der Menschen nachdrücklich eine Aussage: »Alles sollte so bleiben.«[46]

5. Wird alles besser?

An dieser Stelle schließt unweigerlich eine zentrale Frage an, nämlich nach den Auswirkungen des Transformationsprozesses auf die einzelnen Bürger*innen. In der Wahrnehmung scheinen eher negative Erscheinungen zu dominieren, etwa eine hohe Arbeitslosigkeit, unerfüllte Erwartungen, soziale Sorgen und Abstiegsängste, Abwanderung und Überalterung, geringe Karrierechancen u. v. m. Die Bestands-

44 Vgl. hier und nachfolgend ebd.

45 Vgl. Thomas Ahbe/Rainer Gries: Die Generationen der DDR und Ostdeutschlands. Ein Überblick. In: *Berliner Debatte Initial* 17 (2006), 4, S. 90–108; sowie Thomas Ahbe: Ostalgie. Zum Umgang mit der DDR-Vergangenheit in den 1990er Jahren. Erfurt 2005, S. 36. Außerdem: Martin Sabrow (Hrsg.): Wohin treibt die DDR-Erinnerung? Dokumentation einer Debatte. Göttingen 2007.

46 Bevölkerungsumfrage der Verfasserin in Prettin 2010. In: HÖRDLER: Prettin liegt in Deutschland (wie Anm. 19), S. 444 ff.

aufnahme am Anfang des Beitrages zeigte das breite Spektrum der Erfahrungen auf, die vom Schock tiefgreifender wirtschaftlicher und sozialer Veränderungen bis zur Belastungsgrenze im Umgang mit einprasselnden Zäsuren reichten. Aufbruchsstimmung und Einheitstrauma lagen oft eng beieinander; die meisten Ostdeutschen kamen mit geringem Wohlstand in die deutsche Einheit und blieben bis dato vergleichsweise unvermögend. Das Erben spielt im Osten eine untergeordnete Rolle, ein Generationenausgleich – etwa in einer ökonomischen Krise bei steigender Inflation und sinkenden Reallöhnen – findet daher kaum statt, das durchschnittliche Vermögen im Osten beträgt etwa ein Drittel des Westdurchschnittes. Im Gegenzug sorgte der anhaltende und übergenerationelle Elitentransfer seit 1990 für Deklassierungserlebnisse, die Steffen Mau als Überschichtung West und Unterschichtung Ost beschreibt.[47]

Umso weniger erstaunt es, dass auch im südöstlichen Sachsen-Anhalt die wirtschaftlichen Umgestaltungen keine Erfolgsstellung im öffentlichen Gedächtnis einnehmen. Prettin als wichtigen ostdeutschen Wirtschaftsstandort zu bezeichnen, fand als letzte thematische Aussage den Zuspruch. Die verschiedenen Betriebe (LPG, Seifenwerk, Kieswerk, Stanzwerk) boten eine große Identifikationsfläche für den Ort. Deren Schließungen oder drastische Verkleinerungen brachten die Menschen in Prettin nicht nur um ihre Arbeitsplätze (nur noch zehn Prozent hatten weiterhin ein Beschäftigungsverhältnis), sondern verringerten das Ansehen des Ortes im Landkreis. Nun war nicht mehr Prettin der Ort, wohin die Arbeitsnehmer*innen morgens pendelten, sondern die Einwohner*innen Prettins verließen zum Arbeiten die Stadtgrenzen. Diese Brüche nehmen nicht nur diejenigen, die ihren Arbeitsplatz eingebüßt haben, zur Kenntnis, sondern alle Einheimischen der Stadt.[48]

Unter den fünf ersten Statements stehen drei positive und zwei negative Konsequenzen der ostdeutschen Transformation. Das schönere Stadtbild wird als Errungenschaft von 91,2 Prozent der befragten Frauen besonders hervorhoben. Unterlassene Instandsetzungen und Modernisierungen aufgrund knapper finanzieller und materieller Ressourcen führten in der DDR besonders bei kleinen und mittleren Städten, die im Schatten Berlins und anderer Zentren standen, zum Verfall erhaltenswerter Bausubstanz.

Es folgte mit beachtlichem Abstand der Aspekt der gewonnenen Freiheit. Die Erfahrungen mit der sozialistischen Diktatur werten diesen an sich unpolitischen Begriff sehr auf. Bei der Nachfrage nach weiteren demokratischen Werten, die

47 Vgl. Mau: Lütten Klein (wie Anm. 2), S. 166–185.

48 Interviewreihe der Verfasserin in Prettin 2010 sowie auch für nachfolgende Absätze: Daten aus der Bevölkerungsumfrage der Verfasserin in Prettin 2010. In: Hördler: Prettin liegt in Deutschland (wie Anm. 19), S. 240 ff.

im Zuge der ›Wende‹ etabliert wurden, bleibt mehrheitlich eine befürwortende Resonanz aus. So verneinten 54 Prozent, dass es heute mehr Demokratie gäbe, für 58 Prozent der Befragten hätten sich auch keine neuen politischen Werte durchgesetzt. Noch weniger Proband*innen sahen ihre Mitspracherechte auf lokaler Ebene vergrößert. Dabei urteilten die Männer ablehnender als die Frauen.

Als dritte Errungenschaft seit 1990 wurde eine erhöhte Lebensqualität konstatiert. Dabei resultiere der höhere Lebensstandard nicht aus einem besseren Job, nicht aus einem höheren Einkommen oder aus einer besseren Gesundheitsversorgung oder gar aus der Reisefreiheit. All diese Kategorien wiesen keine Aufwertung durch die Wiedervereinigung auf. Das Kausalgerüst muss hier als diffus und mindestens heterogen beschrieben werden. In Bezug auf Erfolg im Beruf und Verdienst scheinen sich die Angaben zur erhöhten Lebensqualität einerseits und die Analysen auf Individualebene zu den Verlusten andererseits sogar zu widersprechen.

Bei den negativ antizipierten Folgen rangierte mit 70 Prozent die Angst vor dem Verlust der Arbeit auf höchstem Niveau. Die Unsicherheit bezüglich der Arbeitsplatzsituation korreliert eng mit den tatsächlichen Erfahrungen ungewollter Erwerbslosigkeit. Dabei konnte erhoben werden, dass höhere Bildungsabschlüsse nicht vor Arbeitslosigkeit geschützt haben.

Trotz der anhaltend hohen Arbeitslosigkeit befürworteten 93 Prozent die Bedeutung eines stabilen Arbeitsplatzes, 91 Prozent den Stellenwert von Zufriedenheit im Beruf und noch 81 Prozent wünschten sich Erfolg im Job. Arbeit als eine Aufgabe zur Schaffung einer eigenen Identität ist somit ein zentraler Punkt. Dabei – und das ist vor allem für vollerwerbstätige Frauen in der DDR kennzeichnend – urteilten Männer und Frauen auf demselben Niveau. Auch die Erfahrung mit der zum Teil jahrelangen Arbeitslosigkeit wirkte sich nicht, wie vielleicht zu erwarten war, negativ auf den Wert von Berufstätigkeit aus. Diese blieb ein gesellschaftlich anzustrebendes Ziel.

Die zweite als bedrohlich eingeschätzte Konsequenz der deutsch-deutschen Zusammenführung ist der Zuzug vieler Ausländer*innen. Obwohl Prettin mit einem Anteil von nahezu null Prozent in keiner Weise von einem Trend der Zuwanderung betroffen war und auch in der Region keine nennenswerten Migrationsquoten zu konstatieren sind, äußerte fast die Hälfte, dass sie nach 1990 Angst vor einer Überfremdung durch Ausländer empfänden. Diese Sorge scheint mehr auf Berichten durch Medien, Panikmache und auf Hörensagen denn auf konkretem Lebensbezug zu beruhen. Die xenophobe Einstellung korreliert stark mit dem allgemeinen ostdeutschen Trend, der fremdenfeindliche Einstellungen stärker als im Westen verortet.[49]

49 Vgl. zu den »Bruchzonen« auch Mau: Lütten Klein (wie Anm. 2), S. 221 ff.

Andere Vorurteile und Stereotype zu Ost- und Westdeutschen bestätigten sich in der Mehrheit allerdings nicht. Relativ abweisend mit gut 72 Prozent Ablehnung wurde in Prettin dem Gedanken eines neuen ostdeutschen Gemeinschaftsgefühls entgegnet. Jedoch äußerten zwei Drittel in einem anderen Zusammenhang, dass sie sich mit dem ehemaligen Osten sehr verbunden fühlen. Die Identifikation als ostdeutsch ist, anders als im Fragebogen unterstellt, keine Folge der Wiedervereinigung, sondern ihre Ursache ist in der Spaltung beider deutscher Staaten zu suchen. Dementsprechend folgte nicht zwangsläufig ein neues Gemeinschaftsgefühl als Ostdeutsche, eher bewahrte sich diese historisch gewachsene Identität auch über zwei Jahrzehnte gemeinsame bundesdeutsche Vergangenheit. Sie wird vor allem als Merkmal der Herkunft und nicht als neue Klasse verstanden.

Von Interesse ist bei aller Beurteilung, dass sich die Bewertung der Transformationsprozesse unter Umständen nicht nur nach Geschlecht, sondern auch nach Generation unterschied. Die erste Generation, die teilweise bereits als Kinder im NS-Regime aufgewachsen war, erlebte die Gründung, den Bestand und den Untergang der DDR. Dabei wird vor dem Hintergrund verschiedener Systemerfahrungen auch kritisch Stellung bezogen. Neues sei nicht gleich besser, Umdenken dauert, besonders, wenn der eine oder die andere auch politisch engagiert war. Insbesondere diese ältere Generation sah sich in Prettin klar als ›Kind des Ostens‹. »Ost und West – das wird für mich immer bleiben, mein ganzes Leben lang«, sagt ein 1949 geborener Prettiner.[50] Die zweite Generation wurde in der DDR geboren, hat alle Ausbildungs- und Karrierewege dort beschritten. Allerdings musste sie im Gegensatz zur ersten Generation ihren Lebensweg 1990 im Arbeitsleben an das neue System anpassen. Das geschah mal mit, mal ohne Erfolg. Im Nachhinein wurden diesbezüglich auch eigene Schwächen für den Einzelnen fassbar, etwa eine mangelnde Bereitschaft zur beruflichen Umorientierung bzw. Weiterbildung.[51] Auch für die dritte und eigentlich nicht direkt DDR-geprägte Generation ist ein ›Ostdeutsch-Gefühl‹ zu konstatieren: »[I]ch bin zur Ostdeutschen geworden. Im Westen«, formuliert eine junge Frau im *ZEITmagazin* am 4. September 2014 als Auftakt einer Reihe zur Frage, ob es ein Ostdeutschsein unter den nach 1975 Geborenen noch gibt.[52] In Prettin durchlebte besonders diese Generation

50 Interview der Autorin mit Wolfgang P. vom 09. 06. 2010. In: Hördler: Prettin liegt in Deutschland (wie Anm. 19), S. 436 ff.

51 Interviews der Autorin mit Maren Tr. vom 26. 08. 2010, mit Johanna V. vom 11. 05. 2010 und mit Julian H. vom 26. 08. 2010. In: ebd., S. 418 f.

52 Bettina Malter: Tut doch nicht so, als sei alles in Ordnung. In: *ZEITmagazin*, 4. September 2014. Online abrufbar unter URL: https://www.zeit.de/zeit-magazin/2014-09/ostdeutsche-manifest-mauerfall, letzter Zugriff: 15. 08. 2024.

die Folgen der Wiedervereinigung: wirtschaftliche Nöte, leere ländliche Räume, Scheitern ihrer Elterngeneration im Berufsleben. – All dies forderte zu eigener Entscheidung auf: Mit dem Mainstream ›in den Westen‹ gehen oder bewusst bleiben und die Situation aushalten und im besten Falle mitgestalten. Der Schock der Einheit und das missglückte Ankommen der Elterngeneration wurden zum Trauma für die Kindergeneration, welche die Bewältigung nachhaltig erschwerte.

»Zwar existiert Ostdeutschland nicht mehr, doch das Ostdeutschsein ist eine emotionale und politische Realität, die schichtenübergreifend aufrufbar ist«, fasst der Soziologe Heinz Bude im Nachgang an die Transformationsforschungen im brandenburgischen Wittenberge zusammen. Ich möchte das Resultat zuspitzen und konstatieren, dass Ostdeutschsein nicht nur schicht-, sondern auch generationsübergreifend abrufbar ist. Wie die Abschlussfrage der Umfrage im sachsen-anhaltinischen Prettin zeigt, bedeutet eine ostdeutsche Verortung jedoch keine Ablehnung des neuen Systems. »Ich persönlich und auch viele, die ich kenne, die haben keine Illusionen gehabt, dass das Neue nun nur aus Apfelsinen und Bananen besteht«, formuliert ein Prettiner.[53] Ein anderer resümiert:

> Wir haben Vor- und Nachteile. Der riesengroße Vorteil ist, wir können hinreisen, wohin wir wollen, wir haben vernünftiges Geld in der Tasche. Wir können unseren Glauben öffentlich bekennen, ohne dass wir irgendwelche Probleme damit bekommen. Wir können auch einfach sagen, die Bundeskanzlerin taugt nichts.[54]

Eine dritte Stimme äußert: »Natürlich hat die Wende was Positives gebracht. Aber es hat natürlich auch bittere Seiten. Für viele Menschen in wirtschaftlicher Hinsicht.«[55] Trotz aller Verluste, Ängste und empfundener Entmündigungen empfand mehr als die Hälfte das Leben im vereinten Deutschland als Verbesserung.

6. Ist der Westen im Osten angekommen?

Es ist egal, wann man in Sachsen-Anhalt aufsteht, denn es gibt für viele Menschen wenig zu tun. Fehlende Wirtschaft und überbordende Arbeitslosigkeit waren die immer wieder benannten Problemherde, die ursächlich für Abwanderung besonders der dritten Generation sind. Aber von diesen bekannten Bildern über

53 Interview der Autorin mit Paul Qu. vom 07. 12. 2010. In: Hördler: Prettin liegt in Deutschland (wie Anm. 19), S. 436.

54 Interview der Autorin mit Heinrich N. vom 11. 08. 2010. In: ebd., S. 436 ff.

55 Interview der Autorin mit Friedrich Wu. vom 29. 5. 2011. In: ebd.

Abb. 1 Brutto-Einkommen im Deutschlandvergleich 2023.

den Osten können keine Identitäten hergeleitet werden. Identität empfinden die Bürger*innen über das Etablieren einer alten und neuen Heimat.

Das südöstliche Sachsen-Anhalt und Prettin fremdeln nicht mit dem neuen System, sondern sind auf der Suche nach einer Kontextualisierung ihrer eigenen Lebenserfahrungen. Erfolg oder Misserfolg, Integration und Außenseiterdasein hingen in Ostdeutschland nach 1990 nicht nur von guter familiärer Herkunft, Bildung und Motivation ab, sondern auch von einer Gemengelage rund um Anpassungsfähigkeit und Wandelbarkeit eigener Überzeugungen und lokaler Bezugspunkte. Diejenigen, die sich für ihre Region und den dortigen Verbleib entschieden, begaben sich schnell in Erklärungszwänge. Denn wer etwas auf sich und den Wandel hielt, der ging. Wer jünger war, ging noch eher. Der gesellschaftliche Rückzug der Gebliebenen findet als Rückbesinnung auf eine reizvolle

Landschaft, ein agiles Miteinander, einen geliebten Ort statt und formt damit eine eigene generationsübergreifende neue Identität. Doch auch dieser Bezugspunkt schwand 2011 mit der Eingemeindung in den Nachbarort. Mikrostudien in der Provinz bergen also mindestens die Gefahr, dass der Untersuchungsgegenstand sich auflöst.[56]

In einer Sache ist der Westen trotz aller wichtigen Diskurse zur Kotransformation im Osten noch nicht angekommen: beim Geld. Die Schere zwischen Ost und West ist anhaltend groß, wie jüngst ein Gehaltsvergleich in der *ZEIT* dokumentierte:[57] Anhand der Unterschiede ließe sich nahezu nahtlos die alte Grenze zur DDR nachzeichnen. Trotz steigender Mieten in Leipzig und anderen attraktiven und prosperierenden Städten im Osten sind die Gehälter deutlich niedriger. In der ehemaligen Kulturhauptstadt Europas, in Weimar, eilen die Mieten von einem Rekordhoch zum anderen. Zugleich sind die Gehälter in 3.069 Gemeinden Deutschlands höher als in Weimar und lediglich in 1.168 geringer.[58]

Derartige Erhebungen zum Lohn wie auch die eindrücklichen Statistiken vom MDR und der Universität Leipzig zu den Karrierechancen in Ost und West[59] offenbaren die empfundene Kluft zwischen Ost- und Westdeutschland und regen zur weiteren kritischen Reflexion über Ursachen und Folgen an. Es sind jene von Steffen Mau beschriebenen »Deklassierungs- und Entmündigungserfahrungen«[60] im Osten, welche sich durch diese jahrzehntelangen Gefälle von Gehalt und Erfolg nicht nur verfestigen, sondern über Generationen tradieren. Selbst nach über 30 Jahren Berliner Republik scheint »das Narrativ der immerwährenden, aber stets unerreichten Angleichung« für den Osten gesetzt zu sein.[61]

56 Vgl. HÖRDLER: Prettin liegt in Deutschland (wie Anm. 19), S. 169 ff.

57 Was man in Deutschland wo verdient. In: *Zeit Online*, 22. August 2024. Abgerufen unter URL: https://www.zeit.de/arbeit/gemeinde-gehalt-deutschland-vergleich-daten-entwicklung, letzter Zugriff: 26.08.2024.

58 Ebd.

59 Vgl. HOFERICHTER & JACOBS/MDR: Der lange Weg (wie Anm. 5), S. 19.

60 MAU: Lütten Klein (wie Anm. 2), S. 15.

61 Vgl. CLAUDIA GATZKA: Geschichten wider den Osten. In: *Merkur* 893 (2023), S. 5–18, zur Sache: S. 16.

Uta Bretschneider

Nach dem ›Arbeiter-und-Bauern-Staat‹

Berufsbiografien und Transformationserfahrungen auf dem Land

Zusammenbruch und Aufbruch lagen in unserer jüngeren Vergangenheit wohl nie so eng beieinander wie 1989/90: Das Ende der DDR eröffnete neue Möglichkeitsräume, zugleich wandelten sich Lebens- und Arbeitswelten grundlegend, während biografische Verläufe tiefe Zäsuren erfuhren. Die Umbrüche erfassten das gesamte Gebiet der DDR. Der Fokus aber soll im Folgenden auf den ländlichen Räumen liegen. Der Text führt die Leser*innen also in die sogenannte Provinz und damit auf in vielerlei Hinsicht unerforschtes Terrain. Denn mediale Wahrnehmung und Geschichtsschreibung fokussieren sich meist auf urbane Räume. Nicht erstaunlich, wenn man bedenkt, dass 2020 rund 77,5 Prozent der Deutschen in Städten lebten.[1] Dennoch erstaunlich, wenn man bedenkt, welche Bedeutung ländliche Räume auch und gerade für die DDR hatten. Im Folgenden sollen einige Schlaglichter auf die spezifischen Transformationserfahrungen in den ländlichen Gebieten im Osten Deutschlands geworfen und Desiderate aufgezeigt werden. Wie sah das Leben und Arbeiten in den Dörfern der DDR aus und was passierte nach dem Ende des SED-Regimes? Und warum lohnt sich heute ein Blick in diese ländlichen Räume?

1. Ländliche Räume – Landwirtschaft – Leerstellen

Mit dem Ende des selbsternannten ›Arbeiter-und-Bauern-Staates‹ fiel ein Großteil der Arbeitsplätze in der Land- und Forstwirtschaft weg. Hatten die Landwirtschaftlichen Produktionsgenossenschaften (LPG) im Jahr 1989 noch 921.488 Beschäftigte, waren es kurz darauf gut 700.000 weniger.[2] Bäuerinnen und Bauern

1 Urbanisierungsgrad in Deutschland von 2000 bis 2022 (Anteil der Stadtbewohner an der Gesamtbevölkerung). Online abrufbar unter URL: https://de.statista.com/statistik/daten/studie/662560/umfrage/urbanisierung-in-deutschland/, letzter Zugriff: 24.05.2022.

2 Statistisches Jahrbuch der Deutschen Demokratischen Republik 1990, hrsg. von Statistisches Amt der DDR. Berlin 1990, S. 213; Christel Panzig: Die »Wende« auf dem Lande. In:

waren mehrheitlich abhängige Lohnempfänger*innen, die in den landwirtschaftlichen Großbetrieben – teils hoch spezialisiert – im Schichtsystem arbeiteten.[3] Zu diesem Arbeitsmodell gehörte, was noch eine Generation zuvor komplett undenkbar gewesen wäre: eine Fünftagewoche, bezahlter Urlaub, Kinderbetreuung, Lohnfortzahlung im Krankheitsfall. Der Zeithistoriker Jens Schöne schätzt ein, dass damit die »Ruhe im Land« teuer erkauft und von der Substanz finanziert worden sei.[4] Am Ende der DDR habe sich zunehmend »Lethargie wie Mehltau über die Dörfer«[5] gelegt.

Nach dem Ende der SED-Diktatur verschwand der »Mehltau« vielerorts, mal allmählich, mal schneller. Aber was darunter zum Vorschein kam, stellte die Akteur*innen jener Zeit vor enorme Herausforderungen. Die Umbrüche ließen Probleme von langer Dauer wie die Abwanderung von Menschen in die Städte, aber auch neue Defizite, etwa durch das Wegbrechen elementarer Versorgungsangebote aus dem Kontext der LPG, offenbar werden. Denn die LPG waren nicht nur die wichtigsten Arbeitgeber in den ländlichen Räumen der DDR, sondern auch Träger eines Großteils der sozialen und kulturellen Infrastrukturen der Dörfer.

Um diese Dimensionen zu erfassen, sei der Blick zunächst kurz auf die Anfänge geweitet, denn auch das Zustandekommen der Genossenschaften wirkt bis in die Gegenwart ostdeutscher Dörfer nach. Die Kollektivierung der Landwirtschaft der DDR begann im Jahr 1952, die erste LPG entstand im thüringischen Merxleben. Am 8. Juni 1952 gründeten 18 Bäuerinnen und Bauern die Produktionsgenossenschaft ›Walter Ulbricht‹.[6] 1.814 Gründungen sollten bis Ende des Jahres folgen. Die LPG hatten etwa 37.000 Mitglieder und bewirtschafteten 218.063 Hektar Land.[7] Die LPG-Mitglieder brachten je nach Grad der Vergenossenschaftlichung (LPG Typ I bis III) Land, Vieh und Maschinen in die Genossenschaft ein. Sie blieben, rechtlich gesehen, im Besitz des Eingebrachten, aber sie verloren die Verfügungsgewalt darüber. Was unter dem Label von Freiwilligkeit seinen Anfang

Hanna Behrend (Hrsg.): Die Abwicklung der DDR. Wende und deutsche Vereinigung von innen gesehen. Köln 1996, S. 159–189, hier S. 173.

3 Vgl. Jens Schöne: Das sozialistische Dorf. Bodenreform und Kollektivierung in der Sowjetzone und DDR (Schriftenreihe des Sächsischen Landesbeauftragten für die Stasi-Unterlagen 8). Leipzig 2008, S. 160.

4 Ebd.

5 Ebd., S. 161.

6 Barbara Schier: Alltagsleben im »sozialistischen Dorf«. Merxleben und seine LPG im Spannungsfeld der SED-Agrarpolitik 1945–1990 (Münchner Beiträge zur Volkskunde 30). Münster u. a. 2001, S. 119.

7 Josef Sommer: Die Entwicklung der landwirtschaftlichen Produktionsgenossenschaften von 1952–1960. In: *Wissenschaftliche Zeitschrift der Hochschule für Landwirtschaftliche Produktionsgenossenschaften* 5 (1962), S. 229–267, hier S. 239–244.

nahm, wurde zunehmend mit Druck umgesetzt und gewann bald an Dynamik: Als Lockmittel wie die Aussicht auf ein geregeltes Einkommen, Steuerermäßigungen und ein Teilerlass der Bodenreformschulden ihre Funktion nicht (mehr) erfüllten, traten Sanktionen und Zwangsmaßnahmen an ihre Stelle. Sogenannte Agitationstrupps, SED-Mitglieder mit und ohne landwirtschaftliche Kenntnisse, wurden in die Dörfer entsandt, um die Bäuerinnen und Bauern zu ›überzeugen‹. Daneben dienten zum Beispiel Karriereerschwernisse für die Kinder der Widerständigen, systematische Benachteiligungen, denunzierende Aushänge und Flugblätter bis hin zu Enteignungen und Inhaftierungen als Druckmittel. Die Maßnahmen gipfelten in einer Kampagne, die unter der euphemistischen Bezeichnung ›Sozialistischer Frühling‹ in die DDR-Geschichtsschreibung eingehen sollten. Und so waren am 25. April 1960 alle Dörfer der DDR ›vollgenossenschaftlich‹. Im Ergebnis der mehr oder weniger brutalen Zwangsmaßnahmen bestanden nun über 19.000 LPG, die mit mehr als 945.000 Mitgliedern etwa 85 Prozent der landwirtschaftlichen Nutzfläche der DDR bearbeiteten.[8]

Die Zeitschrift *Der Genossenschaftsbauer* formulierte zu den Entwicklungen Anfang des Jahres 1960 in bewusster Negierung der Realität: »Ein Frühling, so verheißungsvoll wie keiner zuvor in der deutschen Bauerngeschichte.«[9] Allein im Jahr der ›Vollgenossenschaftlichkeit‹ verließen über 10.000 in der Landwirtschaft Tätige die DDR in Richtung Bundesrepublik.[10] Scherzhaft hieß es in jener Zeit: »LPG Typ IV, die Bauern weg, der Boden hier.«[11] Erst der Bau der Berliner Mauer 1961 stoppte die Abwanderung. Die ›Republikflüchtlinge‹ wählten die neben dem Freitod wohl drastischste Handlungsoption, die sich jenseits des Eintritts in die LPG oder des Wechsels in ein nicht-landwirtschaftliches Arbeitsfeld im enger werdenden Möglichkeitsraum noch bot: Sie ließen ihre Höfe zurück und versuchten, im Westen ein neues Leben in Freiheit zu beginnen. In der Hoch-Phase der Zwangskollektivierung verließen allein zwischen Mitte April und Mitte Mai 1960 3.023 in der Landwirtschaft Beschäftigte bzw. Bäuerinnen und Bauern

---

8 Den ›Rest‹ bildeten Volkseigene Güter, Forschungseinrichtungen, Kirchenbesitz etc. Vgl. ARND BAUERKÄMPER: Von der Bodenreform zur Kollektivierung. Zum Wandel der ländlichen Gesellschaft in der Sowjetischen Besatzungszone Deutschlands und DDR 1945–1952. In: HARTMUT KAELBLE/JÜRGEN KOCKA/HARTMUT ZWAHR (Hrsg.): Sozialgeschichte der DDR. Stuttgart 1994, S. 119–143, hier S. 136; ANTONIA MARIA HUMM: Auf dem Weg zum sozialistischen Dorf? Zum Wandel der dörflichen Lebenswelt in der DDR von 1952 bis 1969 mit vergleichenden Aspekten zur Bundesrepublik Deutschland. Göttingen 1999, S. 116.

9 *Der Genossenschaftsbauer* 17, 6. Jg., 23. April 1960, S. 2.

10 JENS SCHÖNE: Frühling auf dem Lande? Die Kollektivierung der DDR-Landwirtschaft. Berlin 2005, S. 231.

11 DERS.: Die Landwirtschaft der DDR 1945–1990. Erfurt 2005, S. 28.

mit ihren Familien die DDR gen Bundesrepublik.[12] Viele derer, die in den LPG arbeiteten, fanden sich allmählich mit dem System ab und loteten Freiräume aus, konzentrierten sich etwa auf ihre eigene kleine Land- und Gartenwirtschaft.

In den 1960er Jahren wurden die LPG immer stärker an industriellen Produktionsmethoden ausgerichtet und in den 1970er Jahren folgte die Trennung der Tier- und Pflanzenproduktion, die für die Umwelt gravierende und lange nachwirkende Folgen haben sollte.

Bei der Schaffung der LPG wurde die Dimension des Sozialen von Anfang an mitgedacht – untermalt wurde dies mit dem Slogan der Kollektivierung: ›Vom Ich zum Wir‹[13]. Denn auch in den Dörfern sollten die Einwohner*innen zu »neuen sozialistischen Menschen« erzogen werden, die ihre »ganze Kraft und Fähigkeit für die Verteidigung der Arbeiter- und Bauernmacht« einsetzen und »stets nach Verbesserung [ihrer] Leistung streben«.[14] Die Arbeit in den LPG war in Brigaden organisiert. Die Grundidee der Brigadebewegung zeigt das folgende Zitat aus dem Jahr 1967:

> Gruppen von Bäuerinnen und Bauern wirken in Viehwirtschafts- und Feldbaubrigaden, zeitweiligen Arbeitsgruppen und anderen. Statt Einzelarbeit wird jetzt Gemeinschaftsarbeit geleistet. In diesen Produktionsgemeinschaften vertiefen sich die menschlichen Kontakte und Beziehungen, der geistige Austausch zwischen den Genossenschaftsmitgliedern wird gefördert, Erfahrungen und Kenntnisse des einzelnen können zum Gemeingut aller gemacht werden.[15]

Das individuelle Arbeiten wurde durch Kollektivstrukturen abgelöst. Neben Stall- und Feld- sowie Verwaltungsbrigaden gab es in der Regel Baubrigaden, die bald auch außerhalb der LPG zum Einsatz kamen, unter anderem beim Erhalt oder Aufbau der dörflichen Infrastruktur. Sie waren am Bau von Straßen, Kindergärten, Landambulatorien und Kantinen beteiligt. Auch Bibliotheken, Kulturhäuser

---

12 Daniela Münkel: Staatssicherheit im »sozialistischen Frühling« 1960. Der Abschluss der Kollektivierung der Landwirtschaft im Spiegel der MfS-Berichte an die SED-Führung. In: *Deutschland Archiv* 43 (2010), S. 470–478, hier S. 476.

13 Zum Prozess der Kollektivierung siehe auch: Uta Bretschneider: »Vom Ich zum Wir«? Flüchtlinge und Vertriebene als Neubauern in der LPG (Schriften zur sächsischen Geschichte und Volkskunde 53). Leipzig 2016.

14 10 Gebote für den neuen sozialistischen Menschen. Berlin 1958. Bundesarchiv Bild 183–57163–0001. Abgerufen unter der URL: https://de.wikipedia.org/wiki/Zehn_Gebote_der_sozialistischen_Moral_und_Ethik#/media/Datei:Bundesarchiv_Bild_183-57163-0001,_V._SED-Parteitag,_Rede_Ulbricht.jpg, letzter Zugriff: 22. 03. 2022.

15 Helmut Hanke: Kultur und Lebensweise im sozialistischen Dorf. Über kulturelle Prozesse bei der Gestaltung des entwickelten Systems des Sozialismus in der Deutschen Demokratischen Republik. Berlin 1967, S. 31.

und Klubräume entstanden unter dem Mitwirken der Genossenschaften. Erklärtes Staatsziel war es, die Lebensbedingungen auf dem Land an die in den Städten anzugleichen. Oder wie es im Film *Schlösser und Katen* aus dem Jahr 1957 heißt: »Die Genossenschaft wird reich sein und sauber. Keine Fliegen mehr im Stall und auch keine in der Stube. Und die Menschen alle wie Ärzte und Ingenieure. Und abends will ich ins Theater gehen, oder ins Kino oder ins Konzert.«[16] Theater, Kino und Konzert fanden ihren Raum in den republikweit geschaffenen ländlichen Kulturhäusern. Sofort kommen die überdimensionierten Kulturhäuser in der ostdeutschen Provinz zwischen Unterwellenborn (Thüringen) und Mestlin (Mecklenburg-Vorpommern) in den Sinn, deren Zukunft nach Zwischennutzungen als Diskotheken und ähnliches heute vielfach ungewiss ist. Möglich sollte eine derartige Freizeitgestaltung durch die neue Strukturierung von Arbeit und die Umsetzung der 5-Tage-Woche werden – zuvor waren Urlaub und Freizeit eher Fremdworte für Landwirt*innen gewesen.

Mit dem Beitritt zur LPG endete die unternehmerische Tätigkeit der Bäuerinnen und Bauern, sie waren fortan in ein großes Ganzes eingebunden, in das ›Wir‹ des Kollektivs und der Brigade. Ein LPG-Mitglied verrichtete – statt der Vielzahl von Arbeiten auf dem eigenen Hof – seine spezifischen Aufgaben, ähnlich einem/einer Fabrikarbeiter*in. Arnd Bauerkämper spricht von einer »Entbäuerlichung der ländlichen Gemeinden«.[17] Denn die Genossenschaft brachte auch die Auflösung der tradierten Einheit von Arbeiten und Wohnen, Familie und Wirtschaft mit sich. Die (Alt-)Bäuerinnen und Bauern in der LPG erlebten mit den jungen, gut ausgebildeten Fachkräften, die in die Genossenschaften kamen, drastisch formuliert, eine weitere Enteignung: Nach ihrem zum Teil erzwungenen LPG-Beitritt wurde ihnen auch noch die landwirtschaftliche Kompetenz abgesprochen und ihre Handlungsspielräume empfindlich beschnitten. Die jungen, nicht selten ortsfremden Agronom*innen erstellten die Anbaupläne, neue Methoden wurden (oft nach sowjetischem Vorbild) eingeführt, etwa die Offenstallhaltung

---

16 Zukunftsvision einer LPG im DEFA-Film: Kurt Maetzig: *Schlösser und Katen*, Teil II: »Annegrets Heimkehr«. DDR 1957. (Romanvorlage: Kurt Barthel).

17 Arnd Bauerkämper: Das Ende des Agrarmodernismus. Die Folgen der Politik landwirtschaftlicher Industrialisierung für die natürliche Umwelt im deutsch-deutschen Vergleich. In: Andreas Dix/Ernst Langthaler (Hrsg.): Grüne Revolutionen. Agrarsysteme und Umwelt im 19. und 20. Jahrhundert (Jahrbuch für Geschichte des ländlichen Raumes 2006). Innsbruck 2006, S. 151–172, hier S. 151. Das Konzept der »Entagrarisierung« griff Josef Mooser bereits im Jahr 2000 auf: Josef Mooser: Das Verschwinden der Bauern. Überlegungen zur Sozialgeschichte der »Entagrarisierung« und Modernisierung der Landwirtschaft im 20. Jahrhundert. In: Daniela Münkel (Hrsg.): Der lange Abschied vom Agrarland. Agrarpolitik, Landwirtschaft und ländliche Gesellschaft zwischen Weimar und Bonn. Göttingen 2000, S. 23–35.

von Rindern. Der Produktionsplan diktierte die Wirtschaftsweise – zum Teil entgegen dem tradierten bäuerlichen Wissen.

Daher verwundert es kaum, dass bei Weitem nicht alle Mitglieder sich nach dem formal vollzogenen Schritt ›Vom Ich zum Wir‹ mit den LPG identifizierten. Falco Werkentin formuliert treffend: »Die Kollektivierung der Menschen war mit der Kollektivierung des Bodens noch längst nicht vollzogen.«[18] Nachlässiges Arbeiten, Konzentration auf die sogenannte persönliche Hauswirtschaft sowie LPG-Austritte waren häufig ergriffene Handlungsoptionen. All dies trug zur eingangs erwähnten »Lethargie« bei, die sich »wie Mehltau über die Dörfer«[19] legte.

2. Berufe – Biografien – Brüche

Der Zustand der DDR-Landwirtschaft war 1989 mit dem anderer Bereiche der Zentralverwaltungswirtschaft vergleichbar: Es fehlte an Nachwuchskräften, (zeitgemäßer) technischer Ausstattung und vor allem an Investitionen. Die Bedingungen förderten die Motivation der Beschäftigten vielerorts nicht gerade, die Produktivität war oft gering, die Umweltbelastungen waren jedoch enorm.

Das Landwirtschaftsanpassungsgesetz vom 29. Juni 1990 sollte zu ebenso kurzfristigen wie tiefgreifenden Veränderungen auf dem Land führen.[20] Allerdings erwies sich der von der Bundesregierung in Bonn verfolgte Ansatz, die Landwirtschaft im Osten rasch an die bundesdeutschen Agrarstrukturen anzugleichen und die genossenschaftlichen in überwiegend familiengeführte Kleinbetriebe umzuwandeln, in der Praxis als nicht umsetzbar.[21] Eine umfassende Übertragung bundesdeutscher Modelle fand also im Agrarsektor nicht statt. Vielmehr wurde

18 Falco Werkentin: »Unser Land habt ihr – aber uns habt ihr noch lange nicht«. Widerstand im ländlichen Milieu der SBZ/DDR. In: Klaus-Dietmar Henke/Peter Steinbach/Johannes Tuchel (Hrsg.): Widerstand und Opposition in der DDR. Köln u. a. 1999, S. 137–148, hier S. 144.

19 Schöne: Das sozialistische Dorf (wie Anm. 3), S. 161.

20 Landwirtschaftsanpassungsgesetz in der Fassung der Bekanntmachung vom 3. Juli 1991 (BGBl. I S. 1418), das zuletzt durch Artikel 136 des Gesetzes vom 10. August 2021 (BGBl. I S. 3436) geändert worden ist. Abgerufen unter URL: https://www.gesetze-im-internet.de/lanpg/DDNR006420990.html, letzter Zugriff: 22.03.2022.

21 Eva Barlösius/Claudia Neu: Scheitern als Vorbedingung zum Erfolg – der Wandel der ostdeutschen Landwirtschaft nach 1989. Eine Bilanz der Transformationsforschung über den Agrarsektor. In: *Zeitschrift für Agrargeschichte und Agrarsoziologie* 2 (2003), S. 56–77, hier S. 57; Arnd Bauerkämper: Bodenreform und Kollektivierung. In: Stephan Beetz/Kai Brauer/Claudia Neu (Hrsg.): Handwörterbuch zur ländlichen Gesellschaft in Deutschland. Wiesbaden 2005, S. 16–25, hier S. 23.

ein eigener ostdeutscher Weg eingeschlagen, der bis heute nachwirkt. Innerhalb der ökonomischen Transformation wiederum nahm der Agrarsektor eine Sonderrolle ein, denn die Treuhand blieb aufgrund der Eigentumsstrukturen weitgehend außen vor: Zwar wurden die Volkseigenen Güter (VEG) durch die Treuhandanstalt bzw. ihre Bodenverwertungs- und -verwaltungs GmbH umgewandelt, aber die Umstrukturierung der LPG ging ohne Beteiligung der Treuhand vonstatten. Auf Basis der gesetzlichen Fristsetzung erfolgten die Umwandlungen in nur 18 Monaten.[22] Dass ein so verdichteter Prozess zu Fehlern führen musste, ist evident. Ein Jenaer Forschungsprojekt fand heraus, dass bis zu 95 Prozent der Umwandlungen fehlerhaft gewesen seien. In den meisten Fällen sei etwa die Zustimmung der Landeinbringenden nicht eingeholt worden.[23] Längst sind die Vorgänge verjährt. Veranstaltungen der politisch-historischen Bildung zum Thema LPG-Umwandlungen zeigen jedoch, dass diese Phase bei Weitem noch nicht hinreichend be- und aufgearbeitet ist. Noch immer erhitzen die Debatten um das Ende und das Erbe der DDR-Landwirtschaft die Gemüter: Bis heute fühlen sich ehemalige LPG-Mitglieder ungerecht behandelt und sprechen von einer Übervorteilung der LPG-Vorsitzenden und landwirtschaftlichen Entscheidungsträger*innen jener Jahre.[24]

Die LPG wurden nach dem Ende der DDR also Genossenschaften oder GmbH etc., aber die Mehrzahl derer, die zuvor in der Landwirtschaft tätig gewesen waren, musste ein anderes Auskommen finden. Fortgeführte Betriebe reduzierten die Anzahl ihrer Arbeitskräfte erheblich, setzten auf Rationalisierung und Technisierung. 31 Prozent der etwa 700.000 Personen, die ihre Arbeit in der Landwirtschaft

22 Ralf Clasen: Die Transformation der Landwirtschaft in Ostdeutschland und ihre Folgen für die Agrarpolitik und die berufsständige Interessenvertretung. In: *PROKLA. Zeitschrift für kritische Sozialwissenschaft* 108 (1997), S. 407–432, hier S. 414.

23 Jörg Gerke: Die Auswirkungen der DDR-Agrarstrukturen auf Landwirtschaft und ländliche Regionen in Ostdeutschland nach 1990. In: Michael Beleites/Friedrich Wilhelm Graefe zu Baringsdorf/Robert Grünbaum (Hrsg.): Klassenkampf gegen die Bauern. Die Zwangskollektivierung der ostdeutschen Landwirtschaft und ihre Folgen bis heute. Berlin 2010, S. 87–107, hier S. 94 f.; Walter Bayer (Hrsg.): Rechtsprobleme der Restrukturierung landwirtschaftlicher Unternehmen in den neuen Bundesländern nach 1989. Abschlussbericht des DFG-Forschungsprojekts. Berlin 2003.

24 Dazu siehe etwa: Arnd Bauerkämper: Der Kampf um den Boden in den neuen Bundesländern. Die Debatte über die Restitution des Bodenreformlandes und die Privatisierung der Agrarwirtschaft 1989/90. In: *Revue d'Allemagne* 31/1 (1999), S. 57–73; Bayer (Hrsg.): Rechtsprobleme der Restrukturierung landwirtschaftlicher Unternehmen (wie Anm. 23); Lutz Laschewski: Von der LPG zur Agrargenossenschaft. Untersuchungen zur Transformation genossenschaftlich organisierter Agrarunternehmen in Ostdeutschland (Berliner Schriften zur Kooperationsforschung 2). Berlin 1998; Tanja Busse: Melken und gemolken werden. Die ostdeutsche Landwirtschaft nach der Wende. Berlin 2001.

verloren, gingen in Rente oder in den Vorruhestand.[25] Und im Jahr 1995 waren nur noch 20 Prozent der Genossenschaftsmitglieder des Jahres 1989 in der Landwirtschaft tätig.[26] Die Übrigen waren in andere Wirtschaftssektoren oder die alten Bundesländer abgewandert.

Nur wenige Personen, Claudia Neu geht von gut 7.000 im Haupterwerb aus, nahmen das betriebswirtschaftliche Risiko tatsächlich auf sich:[27] Sie wagten den Schritt ›Vom Wir zum Ich‹ – in die Selbstständigkeit.[28] Hier zeichnen sich unter anderem Folgen der oben erwähnten langfristigen »Entbäuerlichung«[29] ab. Hofnachfolgen und bäuerliche Familientraditionen waren unterbrochen, schon während des Bestehens der DDR hatte sich ein akuter Nachwuchskräftemangel in der Landwirtschaft abgezeichnet. Die LPG-Mitglieder waren in Folge der Industrialisierung Spezialist*innen und nicht mehr auf das große Ganze des bäuerlichen Betriebes ausgerichtet: Das Wissen, das für das Führen eines Hofes vonnöten war, fehlte meist. Auch der Wille, aus geregelten Arbeitsstrukturen der Genossenschaft den Schritt in die Selbstständigkeit zu wagen, war eher selten vorhanden. So erschien es nach 1989/90 nur für wenige überhaupt denkbar, selbstständig einen landwirtschaftlichen Betrieb zu führen. Vielmehr fanden mit den Agrargenossenschaften im weitesten Sinne kollektive Formate im Ostteil Deutschlands ihre Fortführung, wenngleich sich die Genossenschaften von damals deutlich von den aktuellen Genossenschaften unterscheiden.[30]

---

25 Panzig: Die »Wende« auf dem Lande (wie Anm. 2), S. 173.

26 Statistisches Bundesamt: Tabellensammlung zur wirtschaftlichen und sozialen Lage in den neuen Bundesländern 2 (1996), S. 14, 58, zitiert nach Hans Luft: Agrargenossenschaften gestern, heute und morgen. Zur Geschichte der Landwirtschaft der DDR und ihre Perspektive im vereinten Deutschland. Berlin 1998, S. 7.

27 Vgl. Claudia Neu: Die Transformation der ostdeutschen Landwirtschaft. Chancen und Risiken für Genossenschaften und ihre Mitglieder. In: Wilhelm Hinrichs/Eckehard Priller (Hrsg.): Handeln im Wandel. Akteurskonstellationen in der Transformation. Berlin 2002, S. 143–169, hier S. 157.

28 Insgesamt bestanden im Jahr 1991 auf dem früheren Gebiet der DDR gut 18.500 landwirtschaftliche Betriebe (zum Vergleich: auf dem früheren Bundesgebiet waren es fast 600.000). Vgl. Statistisches Bundesamt (Hrsg.): Jahrbuch 1993 für die Bundesrepublik Deutschland. Wiesbaden 1993, S. 158. Drei Jahre später existierten u. a. 2.821 LPG-Nachfolgebetriebe als GmbH oder Aktiengesellschaft, die durchschnittlich über 1.143 Hektar Land verfügten. Weiterhin bestanden 2.379 Betriebe, die GbR oder KG als Rechtsform gewählt hatten (Nutzfläche im Durchschnitt 469 Hektar). Die Gesamtzahl der bäuerlichen Privatbetriebe (Haupt- und Nebenerwerb) lag bei 22.505 mit einer durchschnittlichen Betriebsfläche von 48 Hektar. Siehe Panzig: Die »Wende« auf dem Lande (wie Anm. 2), S. 170 f.

29 Bauerkämper: Das Ende des Agrarmodernismus (wie Anm. 17), S. 151.

30 Dazu siehe auch: Uta Bretschneider: Gescheiterte Erfolgsgeschichten? Die ostdeutsche Landwirtschaft und ihre Akteure im Prozess der Transformation. In: Dierk Hoffmann/

Auch und gerade die weiblichen Arbeitswelten auf dem Land wandelten sich in jenen Jahren fundamental: Während 1989 in der Land- und Forstwirtschaft der Bundesrepublik drei Viertel der 458.000 Frauen im Status der ›mithelfenden Familienangehörigen‹ beschäftigt waren, also ohne eigenen Anspruch auf Rente oder Sozialversicherung, gab es in der DDR 345.000 Frauen mit sozialversicherungspflichtiger Beschäftigung in diesem Sektor. Damit arbeitete jede zwölfte erwerbstätige Frau der DDR in der Land- oder Forstwirtschaft.[31] Das änderte sich innerhalb kürzester Zeit. Insgesamt war die Arbeitsmarktsituation ostdeutscher Frauen bis Ende der 1990er Jahre im Vergleich zu den Männern problematischer. In den Dörfern und Kleinstädten jedoch standen arbeitslose Frauen vor besonders großen Herausforderungen und immer wieder vor der Frage: Gehen oder bleiben?[32] Insbesondere gut qualifizierte Frauen im Alter von 18 bis 29 entschieden sich zum Weggehen. Eine Folge war, dass es nun Regionen mit einem Männerüberschuss von bisweilen über 25 Prozent gab.[33]

Insgesamt verloren die ländlich geprägten Regionen im Osten Deutschlands ab 1990 im Zuge der Binnen-Migration bis zu einem Viertel ihrer Bevölkerung.[34] Und zumindest bis zur neuen Wiederkehr der Land-Lust in Folge der Corona-Pandemie setzte sich dieser Trend fort: So verloren Landgemeinden im Osten Deutschlands zwischen 2012 und 2017 2,7 Prozent ihrer Bevölkerung und kleine Kleinstädte 1,7 Prozent.[35] Zum Inbegriff der Schrumpfung nach dem Ende der

---

Ulf Brunnbauer (Hrsg.): Transformation als soziale Praxis. Mitteleuropa seit den 1970er Jahren (Zeitgeschichte im Gespräch, 32). Berlin 2020, S. 154–165.

31 Christel Panzig: Frauen auf die Traktoren oder in den Kälberstall? Chancen und Defizite beruflicher Entwicklung von Frauen in der LPG. In: Ilona Buchsteiner/Siegfried Kuntsche (Hrsg.): Agrargenossenschaften in Vergangenheit und Gegenwart. 50 Jahre nach der Bildung von landwirtschaftlichen Produktionsgenossenschaften in der DDR. Rostock 2004, S. 123–133, hier S. 123.

32 Vgl. Silke Röbenack: Der lange Weg zur Einheit. Die Entwicklung der Arbeitslosigkeit in Ost- und Westdeutschland. Abgerufen unter der URL: https://www.bpb.de/geschichte/deutsche-einheit/lange-wege-der-deutschen-einheit/47242/arbeitslosigkeit, letzter Zugriff: 22.03.2022.

33 https://www.bpb.de/politik/hintergrund-aktuell/69950/demografie-ostdeutschland-31-05-2007, letzter Zugriff: 18.10.2021.

34 Claus-Christian Wiegandt/Christian Krajewski: Einblicke in ländliche Räume in Deutschland – zwischen Prosperität und Peripherisierung. In: Christian Krajewski/Claus-Christian Wiegandt (Hrsg.): Land in Sicht. Ländliche Räume in Deutschland zwischen Prosperität und Peripherisierung (Schriftenreihe der Bundeszentrale für politische Bildung, 10362). Bonn 2020, S. 12–31, hier S. 19–23.

35 Landgemeinde = »Gemeindeverband oder Einheitsgemeinde mit weniger als 5.000 Einwohnerinnen und Einwohnern bzw. Ort, der nicht mindestens grundzentrale Funktion hat.«; Kleinstadt = »Gemeinde eines Gemeindeverbandes oder Einheitsgemeinde mit 5.000 bis

DDR avancierte Wittenberge. Die brandenburgische Kleinstadt verlor ab 1989 43 Prozent ihrer Bevölkerung, schrumpfte von über 30.000 Einwohner*innen auf unter 17.000 im Jahr 2019. »Wittenberge ist überall« konstatiert der Titel einer ethnologisch-sozialwissenschaftlichen Studie zu den Veränderungen der Industriestadt in der ostdeutschen Provinz. Und so ist es offenbar: Die Befunde lassen sich durchaus auf Dörfer und ländliche Gebiete übertragen.[36] Phänomene wie die »soziale[...] Fragmentierung« und »wechselseitige[...] Vergleichgültigung«[37] sowie die Neuorientierung und das Neujustieren nach dem Wegfall (auf dem Land dann: dem Wandel) der prägenden Wirtschaftsform finden sich auch in den Dörfern im Ostteil Deutschlands. In der Studie heißt es:

> Mit dem Ende der Industrie [für das Dorf dann: DDR-Agrarindustrie, Anm. d. Verf.] war für viele Leute nicht nur die Zeit der Berufsförmigkeit des Lebens vorbei, sondern mussten auch die Vorstellungen von Gemeinschaft, die an die Betriebsförmigkeit des Großbetriebs gekoppelt waren, aufgegeben werden.[38]

Und das hatte – unabhängig von der Siedlungsform – auch Einfluss auf die Familien. Die schon seit Jahrzehnten wahrnehmbare Landflucht wurde durch das Ende der DDR, die neuen Möglichkeiten, aber auch durch die neuen Zwänge bedeutend beschleunigt. In Wittenberge und überall sonst auf dem Gebiet der vormaligen DDR stand dabei immer auch die Frage von Weggehen oder Bleiben im Raum. »Das Gefühl, die Heimat für ein erfolgreiches Leben verlassen zu müssen, führt zu einem regelrechten Mobilitätsimperativ.«[39]

Ein Unterschied zur (klein-)städtischen Deindustrialisierung findet sich dennoch: Mit dem Ende der DDR wurden viele LPG zwar – anders als der Großteil der Fabriken – in neuer Form fortgeführt, einige sogar mit ökonomischem Erfolg. Doch nur in den seltensten Fällen wurde dabei an die sozialen und kulturellen

---

unter 20.000 Einwohnern oder mindestens grundzentraler Funktion«. https://www.inkar.de/documents/Erlaeuterungen%20Raumbezuege19.pdf, letzter Zugriff: 23.08.2021; Annett Steinführer: Dörfer und Kleinstädte im Wandel. In: *Informationen zur politischen Bildung* 343/2020, S. 8–15, hier S. 15.

36 Andreas Willisch (Hrsg.): Wittenberge ist überall. Überleben in schrumpfenden Regionen. Berlin 2012.

37 Heinz Bude: Wittenberge in Europa. Orte auf einem Kontinent der Ungleichzeitigkeit. In: Willisch (Hrsg.): Wittenberge ist überall (wie Anm. 36), S. 13–23, hier S. 14f.

38 Andreas Willisch: Dimensionen des Umbruchs. Der lange Weg zum schnellen Absturz und die Suche nach neuen Überlebensformen. In: Ders. (Hrsg.): Wittenberge ist überall (wie Anm. 36), S, 25–45, hier S. 34.

39 Susanne Lantermann: Tradierung trotz Umbruch. Familie in der Überlebensgesellschaft. In: Willisch (Hrsg.): Wittenberge ist überall (wie Anm. 36), S. 113–149, hier S. 118.

Aufgaben im Dorf angeknüpft. Die Nachfolgebetriebe konzentrierten sich vielmehr auf ihre wirtschaftlichen Aufgaben und hielten sich aus der örtlichen Daseinsvorsorge heraus.[40] So büßten die ostdeutschen Dörfer nicht nur durch den Wegfall von Arbeitsplätzen, sondern auch durch Verfall und Rückbau von Infrastrukturen ihre Lebenschancen und Beheimatungsqualitäten ein. Es folgte der Rückzug von medizinischer Versorgung und Einzelhandel aus der Fläche, Schulschließungen und Bäckereiensterben etc. Der Gewinn an Freiheiten war so in den ländlichen Räumen Ostdeutschlands für viele Menschen mit der ambivalenten Erfahrung des Verlustes von bekannten Strukturen verbunden.

Vielerorts zeugen leerstehende Gebäude – von landwirtschaftlichen Funktionsarchitekturen mit seriellem Charme über Landambulatorien und Kantinen bis hin zu Wohnblocks, in denen früher LPG-Mitarbeitende lebten – von diesen Umbrüchen. Als ›Lost Places‹ sind sie »Vergessmale« einer vergangenen Zeit. Der Kulturwissenschaftler Utz Jeggle kreierte den Begriff Anfang der 1980er Jahre als Gegenstück zum Denkmal.[41] »Vergessmale« sind also Orte, die nicht erinnern, sondern Orte, mit deren Umgang das Vergessen befördert wird.

Ihnen widmet sich das sogenannte Urban Exploring und rückt diese ›Lost Places‹ (wieder) ins Bewusstsein. Was für viele ein illegales und abenteuerliches Hobby darstellt, das oft fotografisch dokumentiert wird, hat der französische Historiker Nicolas Offenstadt zur Methode für geschichtswissenschaftliche Studien erklärt. So erkundet er die verbliebenen »Spuren« seit Jahren und untersucht die »präsente Abwesenheit der Vergangenheit der DDR«.[42] Er definiert dies wie folgt:

> Im Zusammenhang mit Ostdeutschland möchte ich daher die Spur im Sinne einer Hinterlassenschaft verstehen, welche die Akteure der Vergangenheit – und der Gegenwart – aufgrund ihrer Bedeutungslosigkeit, ihres geringen materiellen und gesellschaftlichen Werts achtlos zurückgelassen haben.

---

40 Vgl. Bernd Martens: Landwirtschaft in Ostdeutschland. Der späte Erfolg der DDR. Abgerufen unter URL: https://www.bpb.de/geschichte/deutsche-einheit/lange-wege-der-deutschen-einheit/47157/landwirtschaft, letzter Zugriff: 22.03.2022.

41 Utz Jeggle: Vom Umgang mit Sachen. In: Konrad Köstlin/Hermann Bausinger (Hrsg.): Umgang mit Sachen. Zur Kulturgeschichte des Dinggebrauchs. Regensburg 1983, S. 11–25, hier S. 17.

42 Nicolas Offenstadt: Eine Suche nach den verschollenen Spuren der DDR. In: Deutschland Archiv, 02.10.2020. Abgerufen unter URL: https://www.bpb.de/geschichte/zeitgeschichte/deutschlandarchiv/316561/eine-suche-nach-den-verschollenen-spuren-der-ddr, letzter Zugriff: 06.05.2022; Ders.: Une exploration urbaine (urbex) à Plauen. Sur les traces de la dentelle et de la RDA, 13 janvier 2020. Abgerufen unter URL: https://metropolitiques.eu/Une-exploration-urbaine-urbex-a-Plauen.html, letzter Zugriff: 03.12.2020; Ders.: Le pays disparu. Sur les traces de la RDA. Paris 2018.

Und weiter erklärt Offenstadt:

> Diese Spuren waren zunächst das, was noch übrig geblieben ist, ein Rest oder Relikt, das aber andererseits auch verschwunden ist, obschon es den zuvor eingenommenen Raum erkennbar leer hinterlässt und somit auch eine Erinnerung, eine Art Abdruck, der seine Abwesenheit bezeugt – wie der Umriss einer Gedenktafel auf einer Mauer und die Löcher, die einst zu ihrer Befestigung dienten.[43]

Im Sinne des Urban Explorings findet Offenstadt im Ostteil Deutschlands Räume und Orte, die von anderen nicht (mehr) wahrgenommen werden, (wieder) und erfindet sie ein Stück weit neu, indem er sie zu historischen Quellen werden lässt.[44] Sie sind für ihn »architektonische Spuren (funktionale Spuren)«.[45]

Gerade in der sogenannten Provinz harren viele Objekte einer solchen (Wieder-)Entdeckung. An ihnen lassen sich mit genauem Blick Brüche und verschiedene Zeitschichten ablesen, sie dokumentieren Arbeits- und Lebenswelten einer (noch nicht so lange) vergangenen Zeit und sind doch in ihrer morbiden Tristesse vielfach ungesehene bzw. unsichtbar gemachte Zeitzeug*innen. Die ›Lost Places‹ sind Leer- oder Fehlstellen, sie sind raum-zeitliche Anomalien. Als solche können die Akteur*innen des Urban Explorings sie sichtbar machen und im Sinne eines Albums des Verschwindens dokumentieren. Aber zugleich gefährdet diese Form der Raumerkundung die Orte selbst: Sie kann zum Beispiel Vandalismus befördern und (Rohstoff-)Dieb*innen anlocken. Entsprechend ernstgenommen aber könnte der Ansatz in Kombination mit anderen Quellen und Methoden zu einer Vermessung der Provinz mit Blick auf die Zeit der Transformation einen anregenden Beitrag leisten.

3. Erfahrungen – Erzählungen – Erinnerungen

Die Transformationserfahrungen in der ostdeutschen Provinz waren und sind ebenso ambivalent wie multidimensional. Arbeitswelten, Selbstbilder, Lebenswege, soziales Miteinander, dörfliche Infrastrukturen, Traditionen und Mobilitätsverhalten wandelten sich – und tun es bis heute, wenn wir die Transformationszeit

---

43 Offenstadt: Eine Suche nach den verschollenen Spuren der DDR (wie Anm. 42).

44 Vgl. dazu Uta Bretschneider: »Lost Places«-Fotografie. Industriekultur zwischen »Authentizität« und Inszenierung. In: Michael Farrenkopf/Torsten Meyer (Hrsg.): Authentizität und industriekulturelles Erbe. Zugänge und Beispiele. Berlin 2020, S. 83–104.

45 Offenstadt: Eine Suche nach den verschollenen Spuren der DDR (wie Anm. 42).

in der langen Dauer in den Blick nehmen. Bislang aber fanden diese Erfahrungen wenig wissenschaftliche Beachtung. Dabei sind jene Erfahrungsberichte vom Land ein besonderer Quellenschatz, den es zu (er)heben gilt.

Mit den vielschichtigen Umbruchserfahrungen um 1989/90 gingen auch ganz persönliche Erfahrungsumbrüche einher, die Erzählen und Erinnern bis heute prägen. Erinnern und Erzählen sind unterschiedliche und doch eng miteinander verwobene Vorgänge:

> Denn die Erzählung stellt nur einen winzigen Ausschnitt aus dem Strom der abrufbaren Erinnerungen dar, und häufig dient sie gerade dazu, über die zentralen, bedeutsamen Erinnerungen hinweg zu sprechen. Diese Erinnerungen wiederum stellen den für den Erzähler zugänglichen Teil seiner Erfahrungsaufschichtung dar, so wie in diese Erfahrungen vor allem diejenigen Erlebnisse eingehen, die aneinander anschlussfähig waren. Diese Erlebnisse schließlich bilden nur einen Ausschnitt aus den Ereignissen, bei denen der Zeitzeuge überhaupt anwesend war.[46]

Das jeweilige »Gegenwarts-Ich« erzählt, bewertet, ordnet ein, während das »Vergangenheits-Ich«, das die Erlebnisse und Erfahrungen machte, in der Situation des Erzählens vergegenwärtigt wird.[47] Lange waren die Grenzen des Sagbaren bezogen auf die diversen Veränderungen der Transformationszeit eng gezogen, spielten Emotionen wie Neid und Scham eine wichtige Rolle. DDR-spezifische Wissens-, Erfahrungs- und Erinnerungsbestände, über Jahrzehnte erprobte Handlungsmuster und ideologische Grundierungen wurden mit dem Ende des SED-Staates in den meisten Fällen wertlos, zumindest aber infrage gestellt.[48]

Das Hervorzuhebende ist mit Blick auf die ländlichen Räume der verschwindenden bzw. verschwundenen DDR die Gleichzeitigkeit der Prozesse: Gescheitert war das Staatssystem und mit ihm die Idee der Zentralverwaltungswirtschaft, gescheitert waren die Berufswege, Beziehungen, Selbstverständlichkeiten,

---

46 Dorothee Wierling: Zeitgeschichte ohne Zeitzeugen. Vom kommunikativen zum kulturellen Gedächtnis – drei Geschichten und zwölf Thesen. In: *BIOS: Zeitschrift für Biographieforschung, oral history und Lebensverlaufsanalysen* 21 (2008), S. 28–36, hier S. 32.

47 Michael von Engelhardt: Biographie und Identität. Die Rekonstruktion und Präsentation von Identität im mündlichen autobiographischen Erzählen. In: Walter Sparn (Hrsg.): Wer schreibt meine Lebensgeschichte? Biographie, Autobiographie, Hagiographie und ihre Entstehungszusammenhänge. Gütersloh 1990, S. 197–247, hier S. 197 und S. 217.

48 Uta Bretschneider/Lena Panzer-Selz: LPG-Dinge. Erinnerungen an die Landwirtschaft der DDR, mit Fotografien von Karen Weinert und Thomas Bachler (Sonderveröffentlichung des Hennebergisch-Fränkischen Geschichtsvereins, 36). Dresden 2019, S. 11.

Erfahrungsschätze etc.[49] Zunächst vollzog sich der Wandel mit großem Tempo und wahnsinniger Dynamik, später verlangsamten und verlagerten sich die Veränderungen. Und sie dauern bis heute fort. So soll etwa die Privatisierung der Flächen der Volkseigenen Güter erst im Jahr 2030 abgeschlossen sein.[50] Auch hier gilt also: Transformationszeit ist keine Phase, die 1998 oder 2005 zu Ende ging. Wir sind noch mittendrin!

Die Transformationszeit ist gerade erst im Begriff ein – freilich ambivalenter – »Erinnerungsort« im Sinne Pierre Noras zu werden:

> Das Interesse an jenen Orten, an die sich das Gedächtnis lagert oder in die es sich zurückzieht, rührt von diesem besonderen Augenblick unserer Geschichte her. Wir erleben einen Augenblick des Übergangs, da das Bewußtsein eines Bruchs mit der Vergangenheit einhergeht mit dem Gefühl eines Abreißens des Gedächtnisses, zugleich aber ein Augenblick, da dies Abreißen noch so viel Gedächtnis freisetzt, daß sich die Frage nach dessen Verkörperung stellen läßt. Es gibt *lieux de mémoire*, weil es keine *milieux de mémoire* mehr gibt.[51]

Es ist an allen historisch Arbeitenden und an den Gedächtnisinstitutionen, diesen Erinnerungsort zu gestalten!

Politisch hoch angebunden ist die Entwicklung ländlicher Regionen im Sinne der Schaffung gleichwertiger Lebensverhältnisse in Stadt und Land. Sie ist seit 1994 im Artikel 72 des Grundgesetzes verankert. Detaillierter erfasst das Raumordnungsgesetz aus dem Jahr 2008 dieses Ziel im Artikel 2:

> Im Gesamtraum der Bundesrepublik Deutschland und in seinen Teilräumen sind ausgeglichene soziale, infrastrukturelle, wirtschaftliche, ökologische und kulturelle Verhältnisse anzustreben. Dabei ist die nachhaltige Daseinsvorsorge zu sichern, nachhaltiges Wirtschaftswachstum und Innovation sind zu unterstützen, Entwicklungspotenziale sind zu sichern und Ressourcen nachhaltig zu schützen. Diese Aufgaben sind gleichermaßen in Ballungsräumen wie in ländlichen Räumen, in strukturschwachen wie in strukturstarken Regionen zu erfüllen. Demografischen, wirtschaftlichen, sozialen sowie anderen strukturverändernden Herausforderungen ist Rechnung zu tragen, auch im Hinblick auf den Rückgang und den Zuwachs von Bevölkerung

49 Dazu siehe auch: Bretschneider: Gescheiterte Erfolgsgeschichten? (wie Anm. 30).

50 Jahresbericht der Bundesregierung zum Stand der Deutschen Einheit, hrsg. vom Bundesministerium für Wirtschaft und Energie (BMWi). Berlin 2021, S. 81. Abgerufen unter URL: https://www.bmwi.de/Redaktion/DE/Publikationen/Neue-Laender/2021-jahresbericht-der-bundesregierung-zum-stand-der-deutschen-einheit-jbde.pdf?__blob=publicationFile&v=10, letzter Zugriff: 22.03.2022.

51 Pierre Nora: Zwischen Geschichte und Gedächtnis. Berlin 1990, S. 11 [Hervorhebung im Original].

und Arbeitsplätzen; regionale Entwicklungskonzepte und Bedarfsprognosen der Landes- und Regionalplanung sind einzubeziehen. Auf einen Ausgleich räumlicher und struktureller Ungleichgewichte zwischen den Regionen ist hinzuwirken. Die Gestaltungsmöglichkeiten der Raumnutzung sind langfristig offenzuhalten.[52]

Ausgleich, Nachhaltigkeit, Potenziale und Ressourcen – die Schlagworte von 2008 sind immer noch aktuell – mehr noch, sie sind heute aktueller denn je.[53]

Neben diesen politischen Bemühungen um die »Gleichwertigkeit der Lebensverhältnisse« sind es eher Soft-Facts, die es zu wertschätzen gilt. Dazu gehört einerseits die Anerkennung einer besonderen Transformationserfahrung der Menschen in ostdeutschen Dörfern in der langen Dauer. Allein für die Zeit seit dem Ende des Zweiten Weltkriegs sind hier zu nennen: der Zustrom der Flüchtlinge und Vertriebenen, die Bodenreform, die Kollektivierung, Industrialisierung und Spezialisierung sowie die Umbrüche seit 1989/90. Und andererseits bedarf es einer Erinnerungskultur zu den letzten gut 30 Jahren, die auch die ländlich geprägten Regionen mit bedenkt und nicht – wie sonst so oft – auf Stadträume und ihre Akteur*innen fokussiert bleibt.

Fehlstellen, die die Transformationsprozesse gerade und besonders in den ländlich geprägten Regionen im Ostteil Deutschlands hinterlassen haben, sind vielerorts schmerzlich sicht- und spürbar. Nicht selten versuchten in den letzten Jahren Rechtsextreme eben diese Fehlstellen zu schließen. Sie erwerben Immobilien, engagieren sich in der Lokalpolitik, beleben geschlossene Dorfgasthöfe, setzen sich für lokale Vereine ein und festigen ihre Netzwerke. Jamel, ein Dorf mit 35 Einwohner*innen im Nordwesten von Mecklenburg-Vorpommern, oder Kloster Veßra, das 300-Seelen-Dorf im Süden Thüringens, sind vielen Menschen längst ein Begriff. Beide Orte haben infolge der rechtsextremen Besetzung der Dorfräume traurige Bekanntheit erlangt.[54] Sie stehen exemplarisch für eine Vielzahl von Orten in ländlich geprägten Regionen, in denen sich Neonazis und/oder völkische Siedler*innen bewusst ansässig machen, um dort – meist generationsübergreifend –

52 Raumordnungsgesetz vom 22. Dezember 2008 (BGBl. I S. 2986), das zuletzt durch Artikel 1 des Gesetzes vom 22. März 2023 (BGBl. 2023 I Nr. 88) geändert worden ist. Abgerufen unter URL: https://www.gesetze-im-internet.de/rog_2008/ROG.pdf, letzter Zugriff: 06.05.2022.

53 Dazu siehe: Uta Bretschneider: Möglichkeitsraum Dorf: Gleichwertige Lebensverhältnisse in Stadt und Land? In: Andreas H. Apelt/Vincent Regente (Hrsg.): Gleichwertige Lebensverhältnisse in Deutschland!? Erfolge, Defizite und Weichenstellungen für die Zukunft. Berlin 2021, S. 13–21.

54 Dazu siehe: Uta Bretschneider: Neonazis erobern ein Dorf. Ein Freilichtmuseum in problematischer Nachbarschaft. In: *Thüringer Museumshefte* 1 (2019), S. 25–28.

den modernen urbanen Lebensentwürfen etwas entgegenzusetzen und ihre Netzwerke auszubauen.[55]

> In ländlichen Regionen suchen die Neuen eine persönliche Akzeptanz, die zu einer politischen Zustimmung führen soll. Sie ziehen in Gebiete, wo viele Menschen abwandern. Dort hoffen sie, sich ohne starken Widerstand festsetzen zu können und die politische Atmosphäre zu ändern. Diese Strategie, durch Landnahme im vorpolitischen Raum eine kulturelle Hegemonie zu gewinnen, hat eine weitere politische Intention: Sie wollen mit ihren Familien auch ihre völkisch-nationalistische Weltanschauung praktisch leben, ihre Kinder in der Natur und in ihrem Geiste erziehen, Brauch- und Volkstum wiedererwecken und oft Naturreligiosität ausleben.[56]

Dass diese Entwicklungen viel mit den Umbrüchen der letzten Jahrzehnte zu tun haben, ist ebenso evident wie lange ignoriert. Es ist daher an der Zeit, ein gesamtgesellschaftliches Bewusstsein für die Verluste und Chancen, für die Wunden und den Mut der gut drei Dezennien seit dem Ende der DDR zu entwickeln. Dabei sollte keine nationale Meistererzählung einer gelungenen Wiedervereinigung im Fokus stehen, sondern vielmehr eine vielstimmige Erinnerungslandschaft ›Deutschland 1989plus‹. Darin müssen Erwartungen, Hoffnungen und Erfolge ebenso Platz finden wie Ängste, Enttäuschungen und das Scheitern.

Es braucht interdisziplinäre Forschungsprojekte, die die Erfahrungsdimension in den Fokus rücken, und einen intergenerationellen Dialog zur Transformationszeit in der langen Dauer, denn auch Erfahrungen aus zweiter Hand und die Familiengedächtnisse prägen das Bild jener Phase. Gerade für ländliche Regionen ist es zudem zentral, die Akteur*innen vor Ort ernst zu nehmen. Warum nicht auch im Rahmen von Citizen Science-Projekten, beispielsweise zu Heimatmuseen, die ihrer Entstehung nach meist Zeitkapseln der Transformationszeit par excellence darstellen?

Es ist an den Akteur*innen der politisch-historischen Bildung und an zeithistorisch Arbeitenden, Sichtbarkeit zu erzeugen, Dialoge anzustoßen und Begegnungen zu stiften. Es sind noch so viele Geschichten zu erzählen: auch und besonders solche aus der sogenannten Provinz.

---

55 Vgl. etwa: Andrea Röpke/Andreas Speit: Völkische Landnahme. Alte Sippen, junge Siedler, rechte Ökos. Berlin ^{3}2021.

56 Ebd., S. 7.

Juliane Stückrad

Ohnmacht als Transformationserfahrung im ländlichen Raum

Die Folgen der Gemeindegebietsreformen für die politische Kultur in ostdeutschen Dörfern und Kleinstädten

Verwaltungsstrukturreformen stellen einen wichtigen Aspekt der Transformationsgeschichte dar. Der folgende Beitrag handelt von der Auseinandersetzung mit den kulturellen Folgen von Gebietsreformen. Verwaltungsentscheidungen wie die Zusammenlegungen von Dörfern zu großen Gemeinden oder die Eingemeindung von Dörfern in Städte sind aus ethnologischer Perspektive bislang noch nicht betrachtet worden. Das hier verwendete Material stammt aus einer Reihe von Feldforschungen, die eigentlich andere Fragestellungen verfolgten und zwischen 2003 und 2019 durchgeführt worden sind: Erstens im Zusammenhang eines ethnografischen Forschungsprojektes zur Kultur des Unmuts im Elbe-Elster-Kreis in den 2000er Jahren;[1] zweitens im Rahmen zweier ethnografischer Studien im Leipziger Land und im Vogtland zur Bedeutung von Kirche in ländlichen Räumen;[2] drittens im Kontext einer Datenerhebung zur Stimmungslage in Gößnitz;[3] schließlich viertens bei Erkundungen zu den zivilgesellschaftlichen Potenzialen von ehrenamtlichen Ausstellungsinitiativen, sogenannten Heimatstuben, in Vorpommern.[4] Gemeinsam war all diesen Feldstudien, dass überall ein bemerkenswerter Ärger über die jeweiligen Gebietsreformen geäußert wurde.

---

1 Juliane Stückrad: Ich schimpfe nicht, ich sage nur die Wahrheit. Eine Ethnografie des Unmuts am Beispiel der Bewohner des Elbe-Elster-Kreises/ Brandenburg. Kiel 2010, S. 127–162.

2 Dies.: Verantwortung, Tradition, Entfremdung – Zur Bedeutung von Kirche im ländlichen Raum. Eine ethnographische Studie in drei Dörfern des Regionalkirchenamtes Leipzig (Kohrener-Schriften, 2). Großpösna 2017; Dies.: Vertrauen, Krise, Glauben – Bedeutung von Kirche in ländlichen Räumen. Der Kirchenbezirk Vogtland (Kohrener Schriften, 4). Leipzig 2021.

3 Siehe dazu: Dies.: Die Perspektive der Stadt ist ja eigentlich die Perspektive der Menschen. Eine ethnografische Studie zur Stimmungslage in Gößnitz, hrsg. von: Friedrich-Ebert-Stiftung, Landesbüro Thüringen. Erfurt 2020.

4 Siehe dazu: Dies.: Heimatstuben in der Region Uecker-Randow. Kommunale Aufgaben und zivilgesellschaftliche Potentiale. Eine ethnographische Studie zu sieben Fallbeispielen, hrsg. von: Modem. Mobiles Demokratisches Empowerment. Ein Projekt des Bundesarbeitskreises Arbeit und Leben. Wuppertal, Rothenklempenow 2020.

Zwar werden Eingemeindungen auch in Westdeutschland seit den späten 1960er Jahren kontrovers diskutiert[5], aber in Ostdeutschland werden sie im Zusammenhang mit der Transformation nach 1989 wahrgenommen. Kritikerinnen und Kritiker betrachten sie im Zusammenhang mit vorhergehenden Strukturanpassungen auf Länder- und auf Kreisebene.

1. Fallbeispiele

Im Folgenden soll deshalb der Einfluss von Verwaltungsstrukturen auf Identitätsdiskurse und alltägliches, kollektives Handeln untersucht werden, indem die Folgen von Gebietsreformen in Ostdeutschland für die Vorstellungen von lokalen und regionalen Identitäten betrachtet und deren Bedeutung angesichts des gesellschaftlichen Wandels aufgezeigt werden.

Ignorieren historischer Beziehungen

Der Elbe-Elster-Kreis liegt im Süden Brandenburgs, grenzt an die Bundesländer Sachsen und Sachsen-Anhalt und ist durch den Zusammenschluss der Kreise Herzberg, Liebenwerda und Finsterwalde gebildet worden. Vor allem im damaligen Kreis Liebenwerda gab es bei der Gründung der Bundesländer im Jahr 1990 Proteste gegen den Anschluss an Brandenburg. In einer Bürgerbefragung stimmte eine knappe Mehrheit von 53,15 Prozent für eine Zugehörigkeit zu Sachsen, 25,5 Prozent stimmten für Brandenburg und 21,35 Prozent für Sachsen-Anhalt. Und dennoch entschied sich der Kreistag für eine Zugehörigkeit zu Brandenburg, denn die Kreistagsabgeordneten beriefen sich auf die in der DDR entstandenen Verbindungen innerhalb des Bezirks Cottbus. Damit ignorierten sie die Argumente der Befürworter einer Zugehörigkeit zu Sachsen, die an die Tradition des Sächsischen Kurkreises anknüpfen wollten und den älteren territorialhistorischen Prägungen mehr identifikatorische Kraft zusprachen als den zu DDR-Zeiten entstandenen Bindungen. Vor der entscheidenden Kreistagssitzung hatte eine Demonstration stattgefunden, zu der der Landrat in einem Brief an die Volkskammer vom 10. August 1990 schrieb: »Persönliche Angriffe und lautstarke unsachliche Äußerungen führten zu keinem Meinungsaustausch und endeten mit Drohungen, den Kreis

5 Gerhard Henkel: Das Dorf. Landleben in Deutschland – gestern und heute. 4. korr. u. erw. Aufl. Bonn 2020 (erste Ausgabe 2011), S. 327–332.

zu zerstückeln und Straßen abzusperren.«[6] Es blieb bei diesen Androhungen, denn so weit gingen die Protestierenden dann doch nicht, und ihr Einspruch blieb letztlich folgenlos.

Zu hitzigen Diskussionen führte 1993 die Zusammenlegung der drei sogenannten Altkreise Herzberg, Finsterwalde und Liebenwerda zum Elbe-Elster-Kreis. Geschichtlich interessierte Bürgerinnen und Bürger verwiesen darauf, dass zwei historisch unterschiedlich geprägte Territorien zusammengefügt worden seien. Während der westliche Teil zum sächsischen Kurkreis gehört hatte, zählte der Altkreis Finsterwalde schon zur Lausitz. Damit seien mit der Kreisgebietsreform historisch gewachsene Zugehörigkeitsgefühle vollkommen übergangen worden. Vor allem die Entscheidung für den Kreissitz in Herzberg/Elster sorgte für heftige Auseinandersetzungen zwischen den Städten, die bis heute nachhallen. In einem Zeitungsbericht scheute der damalige Kreistagspräsident den Vergleich mit einem Bürgerkrieg nicht, nachdem er sich über vermeintlich unsachliche Äußerungen aus Finsterwalde geärgert hatte: »Diese ungeheure Überheblichkeit läßt mich erahnen, wie z. B. im ehemaligen Jugoslawien unter Menschen der gleichen Region Haß und gegenseitige Verachtung entstehen können.«[7]

Waren durch die Ländergründung und die Kreisgebietsreformen die regionalen Identitäten bereits herausgefordert worden, so strapazierte die Gemeindestrukturreform zu Beginn der 2000er Jahre die lokalen Identitäten. Das war auch in Kleinrössen spürbar, einem 45 Einwohner und Einwohnerinnen zählenden Dorf, das zum ›bewohnten Ortsteil‹ des Nachbardorfes Großrössen und mit Großrössen zusammen zum Ortsteil von Falkenberg/Elster geworden war. Nachdem in Kleinrössen die alte Schule, ein kommunales Gebäude, in dem sich ein Treffpunkt der Dorfbewohner und -bewohnerinnen befunden hatte, zum Verkauf angeboten worden war, äußerte ein Anwohner seine Meinung: »Uns wollen die da auch raushaben. Dann haben wir hier gar nichts mehr. Dann geht alles den Bach runter. Dann haben sie es geschafft. Die wollten uns schon immer zu Großrössen haben. […] Diesmal schaffen sie's.«[8] Die Aussage verdeutlicht, wie machtlos der Mann die Bewohnerinnen und Bewohner von Kleinrössen hinsichtlich ihrer lokalen Selbstbestimmung und Handlungsfähigkeit einschätzte.

---

6 Brief des Landrats an die Volkskammer vom 10. August 1990. Kreisarchiv des Landkreises Elbe Elster: VA LK EE 108; STÜCKRAD: Ich schimpfe nicht (wie Anm. 1), S. 137 f.

7 Kreistagspräsident Klaus Zimmermann. Stellungnahme zu »Herzberg als Kreisstadt«. In: *Wochenspiegel*, 03. 02. 1993, Kreisverwaltung Herzberg/Elster, Dokumentation, VK LK EE 103.

8 STÜCKRAD: Ich schimpfe nicht (wie Anm. 1), S. 156.

Ob auf der Ebene des Bundeslandes, auf Kreis- oder auf Gemeindeebene – für die Akteurinnen und Akteure stellten die neu geschaffenen Strukturen offenbar keine ansprechenden Identifikationsangebote dar.[9]

Unmut über Bürokratie

Einige Jahre nach der Eingemeindung seines Ortes nach Wurzen äußerte der Vorsitzende eines Heimatvereins seinen Unmut über die Bürokratie bei der Organisation des hiesigen Dorffestes. Diese sei, so erklärte er, in den letzten Jahren immer aufwendiger geworden, da es schwieriger geworden sei, mit der Verwaltung in Kontakt zu treten. Früher habe er die Sperrung der Dorfstraße für den Festumzug mit dem Bürgermeister am Stammtisch beim Bier geklärt. Dann war das Dorf mit dem Nachbarort zusammengelegt worden, und er musste dorthin mit dem Fahrrad ins Bürgermeisterbüro fahren. Seit der Eingemeindung nach Wurzen müsse er einen schriftlichen Antrag bei der Stadtverwaltung stellen, der Geld koste. Einmal war er gleich nach dem Dorffest in den Urlaub gefahren und hatte die Zahlungsfrist verpasst, weshalb er auch noch Mahngebühren aufbringen musste. Im Gespräch resümiert er: »Das macht alles keinen Spaß mehr«. Diese Schilderungen zeugen von der Erfahrung, dass mit der Eingemeindung neue bürokratische Herausforderungen entstanden, die ehrenamtliches Engagement erschwerten.

Verlust eines ›Dritten Ortes‹

Im Rahmen eines Interviews über die Vorstellungen von Kirche und Gemeindeleben berichtete ein älteres Ehepaar im sächsischen Vogtland 2018 von seiner Jugend und von unvergesslichen Tanzveranstaltungen im Schloss des Nachbardorfes. Heute, so ergänzten sie, sei dort alles kaputt. Im besagten Ort konnte ein Anwohner vom Verfall berichten: »Das Drama begann mit der Eingemeindung«, bemerkte er und erklärte weiter: Sein Dorf sei mit der größeren Nachbargemeinde zusammengelegt worden. Die Verwaltung, die bis dahin im Schloss untergebracht war, wurde in den Nachbarort verlegt. Das Schloss sei daraufhin verkauft

9 Juliane Stückrad: Region als Streitfall – Unmut im Süden Brandenburgs. In: Anita Bagus (Hrsg.): Erfahrungen kultureller Räume im Wandel. Transformationsprozesse in ostdeutschen und osteuropäischen Regionen. SFB 580 Mitteilungen. Jena 2012, S. 88–98, hier S. 94.

worden. Aber der neue Besitzer, der aus den alten Bundesländern stammte und nicht vor Ort lebte, sei mit der Immobilie bald überfordert gewesen und habe sich immer weniger um deren Erhalt gekümmert. Ein Rückkauf durch engagierte Dorfbewohner sei erwogen worden, aber an dem hohen Preis gescheitert, den der Schlossbesitzer verlangte. »Alles war drinne«, erinnerte er sich, »die Gemeindeverwaltung, der Frisör, ein Kino, der Jugendclub, die Gemeindeschwester, eine Bibliothek.« Dann stellte er resigniert fest: »Früher, zu DDR-Zeiten, war mehr los im Dorf und da lagen wir im Grenzgebiet.« Dieses Beispiel veranschaulicht eindringlich, wie ein sogenannter Dritter Ort dem Dorf infolge der Eingemeindung verloren gegangen war.

Ringen um politische Einflussnahme

Gößnitz und Schmölln liegen nur sieben Kilometer voneinander entfernt. Bestrebungen, beide Städte zusammenzulegen, bestanden seit den späten 1990er Jahren. Doch die Umsetzung scheiterte 2001, 2008 und 2017. Beim dritten Versuch einer Eingemeindung überzeugten die Argumente der Gegnerinnen und Gegner, und der Zusammenschluss der Städte wurde mit 1.352 Gegenstimmen und 740 Fürstimmen abgelehnt.[10] Ein Argument gegen die Zusammenlegung war in einem Protestschreiben formuliert worden:

> Heute kennen Sie zum Teil viele Stadträte noch persönlich, aber mit der Eingemeindung wird sich die Politik immer weiter von Gößnitz entfernen. Das Gößnitzer Freibad möchten alle Stadträte und viele Bürger erhalten. Glauben Sie wirklich, dass dies im Schmöllner Stadtrat dann noch so ein wichtiges Thema wäre?[11]

Das Freibad steht exemplarisch für Verlustängste, die mit der Gemeindegebietsreform einhergehen. Herr F., der Hauptinitiator des Bürgerbegehrens, erinnerte sich im Herbst 2018, wie Zweifel darüber entstanden waren, ob von der versprochenen Eingemeindungsprämie etwas bei der Bevölkerung ankomme. Dass es Geld für Zusammenschlüsse gebe, zeige seiner Meinung nach, dass eigentlich genügend finanzielle Mittel zur Unterstützung der Kommunen zur Verfügung stünden. »Das ist keine Politik, das ist eine Frechheit«, lautete Herrn F.s Fazit.[12]

---

10 Jürgen Apel: Chronik der 300-jährigen Stadt Gößnitz. Gößnitz 2018, S. 34.

11 Flugblatt, das 2017 in Gößnitz verteilt worden war.

12 Stückrad: Die Perspektive der Stadt (wie Anm. 3), S. 44 f.

Wohin mit der Heimatstube?

Eine Ortschaft in der Region Uecker-Randow in Vorpommern, die heute 65 Einwohnerinnen und Einwohner zählt, war im 17. Jahrhundert um eine Glashütte herum entstanden. Schon seit dem Ende der 1920er Jahre existiert diese Glashütte nicht mehr. Dennoch ist sie noch immer prägend für die lokale Identitätsarbeit. In zwei Räumen eines Verwaltungsgebäudes ist die Heimatstube untergebracht, die an den Ursprung des Ortes und seine damaligen Bewohnerinnen und Bewohner erinnert und eine qualitätvolle Sammlung von Glasobjekten präsentiert. Vor einigen Jahren war der kleine Ort in die Nachbargemeinde übergegangen. Die Verwaltungsräume wurden nicht mehr gebraucht. Um Kosten zu sparen, hatte der Gemeinderat den Verkauf beschlossen. Für die Glassammlung sollte ein anderer Raum gesucht werden. Die Präsentation im Festsaal des Dorfes wurde diskutiert, obwohl sich die Betreiber der Heimatstube nicht sicher waren, ob die zerbrechlichen Exponate dort wirklich sicher untergebracht werden könnten. Sie befürchteten, mit der Schließung des kleinen Glasmuseums einen wichtigen Ort ihrer lokalhistorischen Forschung und Selbstverortung zu verlieren.[13] Mit dem Verlust der Glasausstellung gehe dem Dorf ein Diskursraum verloren, in dem Einheimische und Fremde zu Themen der Regional- und Industrialisierungsgeschichte in Austausch treten könnten. Die Inszenierung des lokalen Eigensinns in Form einer Ausstellung würde mit dem Verschwinden der Heimatstube erschwert werden.

Mangel an Wertschätzung

Auch in Thüringen führen Gemeindezusammenschlüsse und damit verbundene Verkäufe überzählig gewordener Gemeindeimmobilien zu ähnlichen Problemen wie in der vorpommerschen Glashüttensiedlung. So fühlen sich Ehrenamtliche häufig in ihrem Engagement von Eingemeindungen beeinträchtig. Mit dem Verlust von Gemeindegebäuden droht die Auflösung ihrer Heimatstuben. Oder Vereine müssen nach der Eingemeindung für Gemeinderäume, die sie bisher kostenfrei nutzen konnten, Miete an die Stadtverwaltung zahlen. Andernorts ärgern sich die Mitglieder eines Heimatvereins darüber, dass mit dem Gemeindezusammenschluss der lokale Bauhof aufgelöst und in die Kernstadt verlegt wird, wodurch das ehrenamtliche Engagement zur Pflege von Wanderwegen und öffentlichen Plätzen im Dorf massiv erschwert werde.

13 STÜCKRAD: Heimatstuben (wie Anm. 4), S. 26–29.

Derartige Eingriffe in die lokale Selbstorganisation werden schnell als Mangel an Wertschätzung engagierter Bürgerinnen und Bürger wahrgenommen und führen nicht selten zum Rückzug einzelner Akteurinnen und Akteure aus der ehrenamtlichen Arbeit. Das befördert wiederum das Misstrauen gegenüber den Initianten der Gemeindezusammenschlüsse und belastet die dörflichen Gemeinschaften und neu gebildeten Gemeinden.

In Gößnitz befürchtete ein Gegner der Eingemeindung nach Schmölln beispielsweise die bewusste Abwertung der Errungenschaften der Bewohnerinnen und Bewohner seiner Stadt, um seitens des Landes Thüringen Einsparungen vornehmen zu können: »Alles, was den Leuten vor Ort wichtig ist, wird klein geredet, damit es nicht mehr finanziert werden muss ...«[14]

2. Gebietsreformen als Teil der Transformationserfahrungen

Sicherlich haben in den meisten Fällen Gemeinderäte für die Eingemeindungen gestimmt. Vernünftige Gründe liegen dafür durchaus vor. Viele Dörfer sind viel zu klein, um den Verwaltungsaufwand, infrastrukturelle Planungen oder auch die Beantragung von Fördermitteln alleine zu stemmen. Zudem locken Prämien pro Einwohnerin und Einwohner, wenn Ortschaften sich entscheiden, größere Verwaltungsgemeinschaften zu bilden.

Dagegen stehen die Befürchtungen, dass die lokale Handlungsfähigkeit eingeschränkt wird und das eigene Dorf im Verbund mit anderen Dörfern nicht genügend berücksichtigt wird. Gegner und Gegnerinnen von Eingemeindungen berufen sich leidenschaftlich auf die Geschichte ihrer Dörfer, wie im Falle des brandenburgischen Schmerkendorf, das sich gegen den Anschluss an Falkenberg/Elster wehrte. Im Vorfeld der Abstimmung zur Eingemeindung wurde in einem Flugblatt vom Januar 2001 gewarnt:

> Am Sonntag haben sie [sic!] darüber zu entscheiden, ob die Geschichte der Gemeinde Schmerkendorf über das 750-jährige Bestehen hinaus weiter geschrieben werden kann. [...] Was unsere Vorfahren mühevoll aufgebaut und behütet haben, liegt nicht mehr im Zuständigkeitsbereich der Vertreter der Gemeinde, sondern wird von einem Stadtparlament vertreten, [...].[15]

14 Stückrad: Die Perspektive der Stadt (wie Anm. 3), S. 92.

15 Flugblatt der Gemeindevertreter Schmenkersdorf, zitiert nach: Stückrad: Ich schimpfe nicht (wie Anm. 1), S. 157.

Die hier offensichtlich wirksam werdende »Überhöhung der historischen Eigenwelt« kann »als Reaktion auf eine drohende ökonomische Benachteiligung« angesehen werden.[16] Den Verweis auf die Tradition der Selbstverwaltung versuchen Befürworterinnen und Befürworter der Gemeindezusammenschlüsse zu entkräften. In einer Broschüre des Brandenburger Innenministeriums zur Gemeindestrukturreform ist zu lesen:

> In Brandenburg gibt es Gemeinden mit Anfängen der modernen Selbstverwaltung erst seit der preußischen Städteordnung von 1808, für die Landgemeinden sogar erst seit der Preußischen Kreisordnung von 1872, der Landgemeindeordnung von 1891 sowie der Weimarer Reichsverfassung von 1919.[17]

Die Kritik an Eingemeindungen wird oft als emotional und damit unbegründet zurückgewiesen. Vielmehr werden die Bürgerinnen und Bürger aufgefordert, der wirtschaftlichen Vernunft zu folgen. Doch vernebelt die vermeintliche Emotionalität der Kritiker wirklich deren Blick auf die Realitäten? Was passiert, wenn die Bewohnerinnen und Bewohner der kleineren eingemeindeten Dörfer keine überzeugenden wirtschaftlichen Erfolge erkennen können, sondern vielmehr mit zunehmender Bürokratie, dem Verlust ›Dritter Orte‹ oder höheren Kosten für ihre Vereinsarbeit konfrontiert sind? Dass die Bedenken nicht nur als rein emotional abgewertet werden sollten, sondern auf ernst zu nehmenden Erfahrungen beruhen, bestätigen auch Studien der Wirtschafts- und Verwaltungswissenschaften. Felix Rösel schreibt in seinem Fazit zu einer Untersuchung des Dresdner ifo-Institutes:

> Bisherige Evaluationen von Gemeinde- und Kreis-Gebietsreformen [...] konnten die vorab erhofften Einspareffekte weitgehend nicht bestätigen. [...] Neuere empirische Studien zeigen indes, dass Gebietsreformen mit substanziellen politischen Kosten einhergehen. Beispielsweise konnte nachgewiesen werden, dass Gebietsreformen zu einem Rückgang in der Zufriedenheit mit der Gemeindeverwaltung sowie zu einem Rückgang der Wahlbeteiligung bei Gemeinderatswahlen führen. Als Ursache für die Unzufriedenheit in fusionierten Gemeinden gelten insbesondere die zunehmende Distanz zu den politischen Entscheidungsträgern sowie die

16 Rolf Lindner: Region als Forschungsgegenstand der Europäischen Ethnologie. In: Gerhard Brunn (Hrsg.): Region und Regionsbildung in Europa. Konzeptionen der Forschung und empirische Befunde. Baden-Baden 1996, S. 94–99, hier S. 97.

17 Starke Gemeinden für Brandenburg. Argumente – Fakten – Erfahrungen, hrsg. von Ministerium des Inneren des Landes Brandenburg. Potsdam 2000, S. 7.

weniger genaue Bedienung unterschiedlicher lokaler Präferenzen im Bereich der Gemeindesteuern und -abgaben sowie der öffentlichen Leistungen.[18]

In der Bundesrepublik wurden seit den 1960er Jahren Gebietsreformen durchgesetzt und zwei Drittel aller westdeutschen Dörfer verloren damit ihre politische Selbstständigkeit. In der DDR war die kommunale Selbstverwaltung durch zentralistische Strukturen bereits destabilisiert worden. Mit der Wiedervereinigung 1990 erhielten die Gemeinden ihre Eigenverantwortung und damit die Hoffnung auf Selbstbestimmung zurück. Doch im Laufe der Transformation wuchs der ›Eingemeindungsdruck‹ auch in den fünf neuen Bundesländern. Gerhard Henkel verdeutlicht die Dimension dieser Entwicklung in Zahlen:

> Deutschlandweit haben bis heute etwa 20.000 Dörfer und Kleinstädte ihre gemeindliche Selbstverantwortung mit Bürgermeister und Gemeinderat verloren und sind in Großgemeinden aufgegangen. Damit wurden rund 300.000 ehrenamtlich tätige Kommunalpolitiker aus ihren Ämtern entlassen.[19]

Der Autor schlussfolgert, dass mit dem Verlust lokalpolitischer Repräsentation auch die »demokratische Basis« in vielen Dörfern verloren gegangen sei, und stellt einen »gewaltigen Demokratieverlust« durch Gebietsreformen fest.[20]

Der Unmut über Gebietsreformen, wie er in Brandenburg, Sachsen, Thüringen und Mecklenburg-Vorpommern dokumentiert werden konnte, ähnelt den Konflikten, die Gerhard Henkel in seinen kritischen Ausführungen zu Gebietsreformen in Westdeutschland beschreibt. Doch in Ostdeutschland wurden sie im Zuge des Vereinigungsprozesses der beiden deutschen Staaten umgesetzt, nachdem die Gemeinden für kurze Zeit ihre Selbstständigkeit zurückerhalten hatten. Sie werden von den Kritikerinnen und Kritikern der Gemeindegebietsreformen dem Anpassungsprozess an das westdeutsche System zugeordnet und gelten ihnen als Beleg für die Bevormundung der Bürgerinnen und Bürger durch den Gesetzgeber. Der Ärger darüber erschwert es ihnen, die Neustrukturierung kommunaler Verwaltungen zu akzeptieren. Die Bewertung des gesamtdeutschen Staates erfolgt ausgehend von den lokalen Erfahrungen. Entfremdungsprozesse, die aufgrund der Gebietsreformen auf kommunaler Ebene stattgefunden haben,

18 Felix Rösel: Sparen Gebietsreformen Geld? – Ein Überblick über aktuelle Studien. In: *ifo Dresden berichtet* 4/2016, S. 45–49, hier S. 48; online abrufbar unter URL: https://www.cesifo-group.de/DocDL/ifoDD_16-04_45-49_Roesel.pdf, letzter Zugriff: 04.09.2022.

19 Henkel: Das Dorf (wie Anm. 5), S. 330.

20 Ebd., S. 328–330.

prägen wiederum die Wahrnehmung politischer Entscheidungsprozesse in den Ländern und im Bund. Der Unmut über Eingemeindungen zeigt, dass bei der Bewertung politischer Stimmungslagen in Ostdeutschland die Erfahrungen mit der lokalen Machtlosigkeit bei der Mitgestaltung der Transformationsprozesse eine wichtige Rolle spielen sollten.

Verstärkt wurde der Ärger über Gebietsreformen durch die große Bedeutung, die lokalen und regionalen Identitäten im Zuge des gesellschaftlichen Wandels in Ostdeutschland zugesprochen worden war. Der überschaubare Raum des direkten Lebensumfeldes bot inmitten der Zusammenbrüche, Umbrüche und Aufbrüche einen Orientierungsrahmen. Auf lokaler Ebene machten seit dem Herbst 1989 viele engagierte Bürgerinnen und Bürger erste Erfahrungen der Selbstwirksamkeit, wenn sie sich in Gemeinderäte wählen ließen, Vereine oder Interessengemeinschaften gründeten. Hier konnten die Menschen ihre neu gewonnene Handlungsfähigkeit erproben und ausleben. Viele waren und blieben erfolgreich, aber viele erlebten auch, wie ihr anfängliches Engagement keine Früchte trug und Bemühungen, die Lebensqualität in den Dörfern und Kleinstädten zu entwickeln, keine Fortführung fanden. Zahlreiche Aktivitäten der frühen Transformationsjahre verloren auch bedingt durch den Unmut über Gebietsreformen und deren Folgen im Laufe der Jahre ihren gestalterischen Schwung. Zusätzlich wirkten sich der demografische Wandel, neue Arbeitsbedingungen mit zumeist längeren Anfahrtswegen, das Auseinanderbrechen von Arbeits- und Lebenszusammenhängen oder auch der Verlust von Infrastruktur negativ auf die lokale Selbstständigkeit aus. Für diese Form der Transformationserfahrung steht der Satz: »Wer weiß, wie lange es das noch gibt«, der im Rahmen der oben genannten Feldforschungen in ländlichen Räumen Ostdeutschlands häufig zu hören war. Die Akteurinnen und Akteure brachten darin die Sorge vor weiteren Verlusten identitätsstiftender Orte oder Aktivitäten zum Ausdruck. Die Verbalisierung ihrer Verlusterfahrungen enthält den Wunsch nach Kontinuität. Angehörige dieser Gründergeneration, die die Transformation der letzten 30 Jahre aktiv begleitet hat, reagieren zurückhaltend auf erneute Forderungen nach gesellschaftlichem Wandel, denn nichts anderes haben sie in den letzten 30 Jahren bewältigt.

3. Fazit

Durch die Bildung von Großgemeinden verschwand das politisch autonome Dorf weitestgehend. Und infolge sich wandelnder Lebensweisen beziehen sich die alltäglichen Aktionsräume kaum noch auf den eigenen Ort, sondern auf die

Region.[21] Dennoch beförderte diese Entwicklung nach Einschätzung der Befragten nicht die regionalen Zusammengehörigkeitsgefühle, obwohl nach der Wiedervereinigung der politische Wunsch bestand, durch eine Stärkung der regionalen Identitäten die wirtschaftlichen Herausforderungen des Transformationsprozesses in Ostdeutschland besser abzufedern[22] und im besten Falle endogene Potenziale zu aktivieren, die sich als weiche Standortfaktoren positiv auf die Entwicklung der ländlichen Räume Ostdeutschlands auswirken sollten. Doch diese Zielstellung vernachlässigt die Bedeutung des Lokalen und übersieht die auf das direkte Lebensumfeld bezogene »Lust an der Eigenart«[23], die eine starke Triebkraft für gemeinschaftliches, lokales Handeln ist. Die Abgrenzung zum Nachbardorf wirkt identitätsstiftend und kann den produktiven Wettstreit zwischen den Bewohnerinnen und Bewohnern befördern. Doch Eingemeindungen verwischen diese zumeist über Generationen eingeübten Grenzziehungen und Grenzüberschreitungen. Wenn Ortsnamen zu Straßennamen und Dörfer zu Ortsteilen werden, verschwindet die Sichtbarkeit der lokalen Identitäten, die über die Eigennamen transportiert werden. Die Konkurrenz zwischen den Dörfern wird nicht automatisch verschwinden, wenn man mit Vertreterinnen und Vertretern des Nachbardorfes in einem Gemeinderat sitzt. Zudem bleibt zum Aushandeln der Problemlagen in den einzelnen Gemeinde- oder Ortsteilen faktisch weniger Zeit in den Ratssitzungen. Damit wird es auch schwieriger, unterschiedliche Standpunkte auskömmlich zu diskutieren.

Folglich muss also davon ausgegangen werden, dass Eingemeindungen lokale Identitätskrisen befördern, deren Bearbeitung viel Energie und Zeit in Anspruch nimmt. Vor allem bei der Vermengung dörflicher und städtischer Strukturen können unterschiedliche Organisationsweisen die Zusammenarbeit erschweren. Eine formale Kommunikation, wie sie in eher anonymen, städtischen Beziehungen als effizient angesehen wird, verkompliziert das Handeln im dörflichen Kontext, der auf Bekanntheit und Mündlichkeit aufbaut, erheblich.

Trotz der bestehenden Kritik gelten Eingemeindungen noch immer als bevorzugter Weg, Kommunen effizienter zu verwalten. Doch ist zu befürchten, dass sie den Unmut über fehlende finanzielle Spielräume in den Kommunen, die Konkurrenz zwischen den Dörfern beziehungsweise zwischen Stadt und Land und

---

21 Florian Dünckmann: Das Dorf als politischer Ort. In: Werner Nell/Marc Weiland (Hrsg.): Dorf. Ein interdisziplinäres Handbuch. Berlin 2019, S. 144–151, hier S. 147.

22 Detlev Ipsen: Regionale Identität. Überlegungen zum politischen Charakter einer psychosozialen Raumkategorie. In: Rolf Lindner (Hrsg.): Die Wiederkehr des Regionalen. Frankfurt am Main/New York 1994, S. 232–254, hier S. 233.

23 Bernhard Streck: Fröhliche Wissenschaft Ethnologie. Eine Führung. Wuppertal 1997, S. 13.

die Unzufriedenheit mit Politik und Verwaltung verstärken. Gerhard Henkel schreibt:

> Im Rückblick ist die kommunale Gebietsreform ein Produkt der 30er und frühen 40er sowie der 60er und 70er Jahre des 20. Jahrhunderts, als man in Wissenschaft und hoher Politik glaubte, mit zentralen Modellen die ganze Gesellschaft von oben nach unten steuern und verbessern zu können.[24]

Es ist aber an der Zeit, ernsthaft zu prüfen, ob diese Modelle noch immer zu den gegenwärtigen Herausforderungen passen, mit denen sich Bewohnerinnen und Bewohner ländlicher Räume auseinandersetzen müssen. Der Unmut in Ostdeutschland über Gebietsreformen sollte daher nicht als rein emotionales, irrationales Gemecker abgetan, sondern als wichtiger Hinweis auf die darin enthaltenen Transformationserfahrungen ernst genommen werden. Viele Gesprächspartnerinnen und -partner, die im Rahmen der Feldforschungen zu Wort kamen, wünschten sich eine größere Wertschätzung der Bedingungen vor Ort, das heißt eine Stärkung der Kommunen in den ländlichen Räumen, Mut zur Kleinteiligkeit und Überschaubarkeit und damit eine Verbesserung der Handlungsfähigkeit der gesellschaftlich aktiven Bürgerinnen und Bürger.

---

24 Henkel: Das Dorf (wie Anm. 5), S. 331.

Franka Maubach

»Lichtenhagen ist überall«

Antivietnamesische Gewalt und Rassismuserfahrungen im ostdeutschen Umbruch[1]

Im kollektiven Gedächtnis waren es lange Zeit vier Städtenamen, die rassistische Gewalt in der ersten Hälfte der 1990er Jahre symbolisierten: Hoyerswerda, Rostock-Lichtenhagen, Mölln, Solingen. Fast zu einem Begriff zusammengewachsen, standen und stehen sie pars pro toto für die zeitliche Verdichtung wie für die radikale Dynamik rassistischer Gewalt in der Transformation. Nicht einmal zwei Jahre lagen zwischen dem Pogrom in Hoyerswerda im September 1991 und dem Brandanschlag auf das Wohnhaus einer türkeistämmigen Familie in Solingen, bei dem im Mai 1993 fünf Mädchen und junge Frauen starben. Die stereotype Reihung der zeitlich nah beieinander liegenden Ereignisse suggerierte deren Ähnlichkeit wie ihre kausale Beziehung: ganz so, als handle es sich um austauschbare Ereignisse oder als stellten die zeitlich nachgeordneten Brandanschläge in Westdeutschland Trittbretttaten der Gewalt im ›braunen Osten‹ dar.

In der ritualisierten Aufzählung drohten zudem der Schmerz und Verlust – das individuelle wie das Familienleid – verlorenzugehen. Die vier Städtenamen seien, so kritisierte der Künstler und Publizist Dan Thy Nguyen noch 2016, zu »fast leeren Worthülsen« verkommen.[2] Nguyen hatte im Kontext des 20. Jahrestages des Pogroms in Lichtenhagen 2012 ein Hörspiel vorgelegt, das aus den

---

1 Im Gedenken an Alexander Thumfart, der im August 2022 zu früh starb. Ohne ihn gut zu kennen, habe ich ihn als einen besonders begeisterungsfähigen Wissenschaftler erlebt; als ich in Weimar den Vortrag hielt, auf dem dieser Aufsatz beruht, hörte er aufmerksam zu. Im Publikum saßen wir nebeneinander und wechselten gelegentlich das eine oder andere Wort. Diese kleine Nachbarschaft im wissenschaftlichen Konferenzalltag halte ich in dankbarer Erinnerung.

2 Dan Thy Nguyen: Rechte Gewalt, die DDR und die Wiedervereinigung. In: Bengü Kocatürk-Schuster u. a. (Hrsg.): UnSichtbar. Vietnamesisch-deutsche Wirklichkeiten. Köln 2017, S. 146–163, hier S. 158. Die Schreibung vietnamesischer Namen folgt in diesem Aufsatz keiner einheitlichen Regel. Bevorzugt wird – zum Beispiel bei Autorennamen – die Schreibung, die eine Person selbst verwendet. Im Vietnamesischen steht der Nachname (bspw. Nguyen) vorne, in der DDR wurde diese Schreibung in der Regel beibehalten (Nguyen Do Thin). In der Bundesrepublik wurde die Namenschreibung den geltenden Regeln angepasst (Dan Thy Nguyen). Manchmal werden die Namen mit den korrekten diakritischen Zeichen geschrieben (Nguyễn Ngọc Châu).

Stimmen der vietnamesischen Überlebenden gewoben ist, denen, wie er damals meinte, im öffentlichen Diskurs zu wenig Aufmerksamkeit beigemessen werde.[3] Tatsächlich lag der Fokus öffentlicher Berichterstattung (wie der Forschung) lange Zeit vor allem auf den rechten Täter*innen und auf der Motivation der vielen tausend Bystander, die in Lichtenhagen das Sonnenblumenhaus umstanden und die Steinewerfer mit rassistischen Parolen anfeuerten. Die Opfer dagegen bekamen, jenseits bekannter Sprecher*innen wie etwa Nguyen Do Thin und Mai Phuong Kollath, kaum Gesicht und Stimme. Ihre Herkunfts- und Migrationserfahrungen, ihre Lebens- und Arbeitswelten wurden ebenso selten thematisiert – und voneinander unterschieden – wie ihre Rassismuserfahrungen, aber auch die verschiedenen Formen der Reaktion auf und Verarbeitung von rassistischer Gewalt.

Das scheint sich derzeit zu ändern. Es ist ein ebenso paradoxer wie positiver Umstand, dass die beschränkte Perspektive sich just im Kontext der 30. Jahrestage aufzulösen schien, die 2021 bis 2023 in ebenso dichter Folge begangen wurden, wie die Gewaltereignisse zeitgenössisch aufeinander folgten. Es bedarf des zeitlichen Abstandes, um das ›Doing Memory‹ im Kontext der 30. Jahrestage genauer erfassen und Veränderungen ermessen zu können.[4] Deutlich wird aber schon jetzt dreierlei: Erstens wird die Kontinuitätsgeschichte rassistischer Gewalt, die in beide deutsche Staaten zurückführt, immer profilierter herausgearbeitet. Daneben treten, zweitens, die Perspektiven der Betroffenen von rassistischer Gewalt, allgemein migrantische Erfahrungen, ins Zentrum der Debatte. Schließlich hat sich seit einigen Jahren der von Christian Bangel geprägte Begriff der »Baseballschlägerjahre« etabliert.[5] Er fasst die Veralltäglichung rassistischer Gewalt, ihre hohe Präsenz im öffentlichen Raum, auch jenseits der großen Gewaltereignisse, und weist anhand einer Metapher auf die Tatsache hin, dass es sich oftmals um rohe Straßengewalt handelte, ausgeübt mit einfachen Waffen und mit Körperkraft.[6] Auch wenn er das Phänomen von den Tätern (und seltener: Täterinnen) und ihren Waffen her

3 Zugleich entstand, in Zusammenarbeit mit Iraklis Panagiotopoulos, ein Theaterstück; das Hörspiel kann hier abgerufen werden: https://www.rosalux.de/news/id/43068/das-sonnenblumenhaus, letzter Zugriff: 31.03.2023.

4 Zum ›Doing Memory‹ vgl. Fabian Virchow/Tanja Thomas: Doing Memory an rechte Gewalt in Medienkulturen. Grundzüge eines interdisziplinären Forschungsprogramms. In: Matthias N. Lorenz u.a. (Hrsg.): Rechte Gewalt erzählen. Doing Memory in Literatur, Theater und Film. Berlin 2022, S. 29–50 sowie die Homepage: https://doing-memory.de, letzter Zugriff: 31.03.2023.

5 Vgl. #Baseballschlägerjahre sowie Christian Bangel: #Baseballschlägerjahre. Ein Hashtag und seine Geschichten. In: *APuZ* 49–50 (2022), S. 4–9.

6 Ein Vergleich mit der omnipräsenten Straßengewalt am Ende der Weimarer Republik läge möglicherweise nahe. Vgl. Dirk Schumann: Politische Gewalt in der Weimarer Republik 1918–1933. Kampf um die Straße und Furcht vor dem Bürgerkrieg. Essen 2001.

definiert, betont er doch, was der Soziologe Heinrich Popitz so unvergleichlich treffend ausgedrückt hat: dass nämlich Gewalt eine »Jedermann«-Ressource sei; »eine Option menschlichen Handelns, die ständig präsent ist«.[7] Dem entspricht auf der Seite derjenigen, die verletzt – oder getötet – werden, eine existenzielle »Verletzungsoffenheit«, auf der die grundlegende Erfahrung vieler Betroffener beruhte, dass Angriffe jederzeit möglich waren.

An diese neueren Überlegungen in der Forschung wie im öffentlichen Diskurs anschließend stehen in diesem Aufsatz Gewaltpraktiken und Rassismuserfahrungen im Zentrum. Ein Ausgangspunkt der Überlegungen ist, dass die Perspektive derjenigen, die über die Erfahrung rassistischer Diskriminierung und Gewalt verfügen, ein heuristisches Potenzial hat. Sie führt zu Fragen nach der Genese, nach den Formen und Erfahrungen rassistischer Gewalt in der ersten Hälfte der 1990er Jahre. Was waren typische Konstellationen und Praktiken dieser Gewalt? Wie wurde sie wahrgenommen und erfahren, aber auch – jenseits und nach der Tat – erinnert und verarbeitet?

Geleitet von diesen Fragen wird argumentiert, dass migrantische Perspektiven für die zeitliche Kontinuität und räumliche Omnipräsenz rassistischer Gewalt sensibilisieren – jenseits von ›Vorfällen‹ (1.). Der Kontinuität individueller Erfahrung entspricht dabei eine historische Kontinuitätslinie, die in beide deutsche Staaten zurückführt (2.). Dabei ist Rassismus nicht gleich Rassismus: Gewaltformen und -praktiken unterscheiden sich je nach Ort und Zeit, aber auch nach involvierten Personengruppen. Sie müssen historisch kontextualisiert, dicht beschrieben und praxeologisch aufgeschlüsselt werden. Um sie zu identifizieren, erweist sich die zeitgenössische Presseberichterstattung als hilfreich (3.). Schließlich und vor allem müssen die Wahrnehmungsweisen, Erfahrungsräume und Handlungsmöglichkeiten der von rassistischer Gewalt Betroffenen untersucht werden (4.). Sie werden nicht selten als Lernerfahrung, ja als Erwerb einer Expertise im Umgang mit Gewalt erzählt. Schon die Artikulation solcher Erlebnisse, die längst nicht allen Betroffenen möglich war und ist, kann als ein Akt der Selbstbehauptung verstanden werden.[8]

Dieses Argument in vier Punkten wird im Folgenden an einem konkreten Beispiel entfaltet: jenen Diskriminierungs- und Gewaltpraktiken, mit denen

---

7 Heinrich Popitz: Gewalt. In: Ders.: Phänomene der Macht. Tübingen ²1992 (Nachdr. 2004), S. 43–78, hier S. 57. Sein Buch ist in der zweiten, stark erweiterten Auflage just 1992 erschienen.

8 Um Handlungsräume und Agency besonders zu betonen, wird hier nicht von ›Opfern‹, sondern von Betroffenen oder Überlebenden gesprochen; vgl. Teresa Koloma Beck: »I am a victor, not a victim!« Verweigerung und Selbstbehauptung in Opfererzählungen. In: *Mittelweg 36*, 30 (2021), 2, S. 84–104.

Vietnames*innen im ostdeutschen Umbruch konfrontiert waren. Im Zentrum stehen alltägliche Überfälle auf Wohnheime oder Übergriffe auf von vietnamesischen Selbstständigen betriebene Markt- oder Straßenverkaufsstände, die bislang nicht eigens untersucht wurden.

1. Rassismus als Erfahrungskontinuität. Perspektive und Methode

Die zeitliche Verdichtung der Gewaltereignisse wie ihre Omnipräsenz bedeuteten für diejenigen, die potenziell betroffen waren, dass die Gefahr immer und überall lauern konnte, das eigene Leben also bis in die Nischen des Alltags hinein bestimmte. Für sie war nicht zuletzt das die dominante Erfahrung: der ungeheure Druck, die ständige Angst, die aus der schieren Tagtäglichkeit der Bedrohung resultierten. Die Lernerfahrung dieser Zeit für Menschen mit Migrationsgeschichte war, dass sie immer und überall und gerade in alltäglichen, eigentlich harmlosen Situationen angepöbelt oder tätlich angegriffen werden konnten: in der Schule oder bei der Arbeit, in der Straßenbahn oder auf öffentlichen Plätzen. Rassistische Diskriminierung konnte Männer wie Frauen, junge wie alte Menschen und auch Kinder treffen. Diese Allgegenwart der Bedrohung prägt bis heute migrantische Erinnerungen an die ›Baseballschlägerjahre‹, etwa daran, wie man sich im öffentlichen Raum bewegte: vorsichtig und überaufmerksam, mit einem ständigen Blick über die Schulter, auf der Suche nach Fluchtmöglichkeiten.

In solchen Konjunkturphasen einer omnipräsenten Gewalt offenbart sich, wie Thomas Lindenberger und Alf Lüdtke argumentieren, dass Gewalt »Teil unserer unbefragten Alltagskonventionen« ist – wie sehr, zeigen die Autoren am Beispiel der Ohrfeige als »kleiner Gewalt«, die an den größeren Herrschaftszusammenhang und an die »Möglichkeit [erinnert], stärker auszuholen«.[9] Auch Heinrich Popitz betont mit seinem Begriffspaar »Verletzungsmacht« und »Verletzungsoffenheit«, dass der anthropologische Wesenskern von Gewalt die Möglichkeit der Entgrenzung sei, eine Einsicht, die aus geschichtswissenschaftlicher Perspektive historisiert werden muss. Gewalt entgrenzte gerade in Umbruch- und Krisenzeiten, in denen sie pandemisch wurde, sich brenzlige Situationen häuften, Gefahrenzonen

9 Thomas Lindenberger/Alf Lüdtke: Einleitung. Physische Gewalt – eine Kontinuität der Moderne. In: Dies. (Hrsg.): Physische Gewalt. Studien zur Geschichte der Neuzeit. Frankfurt am Main 1995, S. 7–27; hier: S. 22–27, Zitat: S. 22; siehe auch Alf Lüdtke: Akteure: Täter, Opfer, Zuschauer. In: Christian Gudehus/Michaela Christ (Hrsg.): Gewalt. Ein interdisziplinäres Handbuch. Stuttgart/Weimar 2013, S. 177–183; zur kleinen Gewalt: S. 183.

ausweiteten und jene ›Kippmomente‹ zunahmen, in denen Alltag in Gewalt umschlug.[10] Wird die Geschichte rassistischer Gewalt »von unten« perspektiviert, also konsequent aus Sicht der Betroffenen, dann lässt sich eine solche Konjunktur von ›Kippmomenten‹ für die erste Hälfte der 1990er Jahre leicht ausmachen.

Gleichwohl waren in dieser Zeit verschiedene Gruppen auf je besondere Weise betroffen, rassistische Gewaltpraktiken unterschieden sich je nach historischem Kontext und je nachdem, welche Vorurteilskomplexe über bestimmte Gruppen kursierten. In diesem Sinne ist die Analyse von rassistischen Praktiken und Rassismuserfahrungen im Kern wissenschaftliche Unterscheidungsarbeit.[11] Diese stößt jedoch an die Grenze einer spärlichen Quellenüberlieferung. Wolle man Gewalt jenseits der »›Kommandohöhen‹« beschreiben, und damit auch jenseits der Täter*innen untersuchen, so Alf Lüdtke, dann sei »die Materiallage freilich häufig dürftig«.[12] Gerade in den ›Baseballschlägerjahren‹ blieben viele Gewaltakte gänzlich undokumentiert (und ungeahndet); wegen der Sperrfristen kann erst gegenwärtig damit begonnen werden, Ermittlungs- und Verfahrensakten systematisch auszuwerten – wenn sie denn freigegeben werden.

Angesichts dieser Lücken in der Quellenüberlieferung ist die Identifikation typischer Gewaltformen hilfreich, die sich so oder ähnlich immer wieder ereigneten und über teilweise ritualisierte Ablaufformen verfügen. Eine solche Gewaltform stellen beispielsweise die Proteste vor Wohnheimen dar, die sich bereits zu DDR-

10 Die Existenz von ›Kippmomenten‹ ist vor allem für Besatzungsgesellschaften im Zweiten Weltkrieg untersucht worden. Vgl. Tatjana Tönsmeyer: Besatzungsgesellschaften. Begriffliche und konzeptionelle Überlegungen zur Erfahrungsgeschichte des Alltags unter deutscher Besatzung, Version: 1.0. In: *Docupedia-Zeitgeschichte,* 18.12.2015. Abgerufen unter URL: http://docupedia.de/zg/toensmeyer_besatzungsgesellschaften_v1_de_2015, letzter Zugriff: 31.03.2023. – Ich danke dem studentischen Team am Lehrbereich Neuere und Neueste Geschichte an der Bergischen Universität Wuppertal, vor allem Lennart Hein, der im Sommersemester 2022 eine Hausarbeit zum Thema *Kippmomente im Alltag von Vietnames*innen in der Bundesrepublik der frühen 1990er Jahre* geschrieben hat, für den Austausch über ›Kippmomente‹ und für das gemeinsame Nachdenken über Möglichkeiten des Transfers auf migrantische Erfahrungen in den ›Baseballschlägerjahren‹.

11 Als eines der wenigen Beispiele für eine solche dichte Beschreibung rassistischer Gewalt vgl. Michaela Christ: Parallele Welten. Über die Macht der Gewalt und den Tod Farid Guendouls in Guben am 13. Februar 1999. In: Maren Büttner/Christine Hartig/Tilmann Siebeneichner (Hrsg.): Montagen zur Herrschaftspraxis in der Klassischen Moderne. Alltagshistorische Perspektiven und Reflexionen. Essen 2013, S. 97–124; vgl. auch meinen Aufsatz zu einem der ersten Morde nach der Vereinigung: Franka Maubach: Liminale Räume. Straßengewalt im ostdeutschen Umbruch und der Mord an Amadeu Antonio. In: Hannah Ahlheim/Franziska Rehlinghaus (Hrsg.): Abgrenzen, Entgrenzen, Begrenzen. Zur Geschichte des Liminalen in der Moderne. Bielefeld 2024, S. 93–108.

12 Lüdtke: Akteure (wie Anm. 9), S. 177.

Zeiten ausprägten. Im vereinigten Deutschland verbreiteten sich diese Proteste und eskalierten im Kontext der Gewaltwelle zu kleineren Überfällen, größeren Ausschreitungen und regelrechten Pogromen vor den Wohnheimen der nun als »Vertragsarbeiter« bezeichneten Arbeitsmigrant*innen und von Asylsuchenden. Dasselbe gilt für die Mordanschläge per Brandstiftung in Mölln oder Solingen, die ihrerseits eine spezifische Genese aufweisen, die sich bis in die späte Bundesrepublik zurückverfolgen lässt. Die Wohnhausbrände mit vielen Toten lassen sich als extremste und dabei hochsymbolische Form eines Einwanderungsrassismus begreifen, der sich gegen die dauerhafte Niederlassung der »Gastarbeiter«-Familien richtete.[13] Auch wenn die Bilder der brennenden Häuser und Heime einander ähneln und die Gewaltwelle Anfang der 1990er Jahre eine eigene Dynamik auslöste, sind doch die je spezifischen Kontexte in West und Ost genau auszuleuchten. Wie sehr Gewaltformen an ihre zeitlichen Kontexte gebunden und in gesellschaftliche Konstellationen eingewoben waren, zeigen besonders deutlich die Angriffe auf die Marktstände vietnamesischer Kleinstgewerbetreibender. Diese sahen sich im Umbruch in vielerlei Hinsicht einer besonders prekären Lage gegenüber.

2. Kontexte. Privilegierte »Boatpeople«, prekäre »Vertragsarbeiter«

Die Straßengewalt gegen vietnamstämmige Menschen im ostdeutschen Umbruch entwickelte sich um 1990 zu einer Routine unter Rechten und basierte auf älteren Ressentiments gegenüber den vietnamesischen Werktätigen, die seit 1980 auf der Basis eines zwischenstaatlichen Regierungsabkommens in die DDR gekommen waren. Wie spezifisch diese Konstellation war, erweist der zum Vergleich kurz parallel geführte Blick auf die Situation der insgesamt ungefähr 40.000 westdeutschen »Boatpeople«, die um 1979 als privilegierte »Vietnam-Flüchtlinge« in die Bundesrepublik kamen. Obwohl es sich um nicht-christliche, außereuropäische People of Color handelte, erfuhren sie eine, so Marcel Berlinghoff, »unlikely reception«, wofür es im Kontext des Kalten Krieges verschiedene, komplexe Gründe gab.[14] Die »Boatpeople« mussten keinen Antrag auf Asyl nach Artikel

13 Vgl. dazu meine Überlegungen in Franka Maubach: Mölln, Solingen und die lange Geschichte des Rassismus in der Bundesrepublik. In: *APuZ* 49–50 (2022), S. 33–38.

14 Marcel Berlinghoff: Réfugié-Surprise. The Unlikely Reception of Indochinese Boat People in Germany. In: Becky Taylor u. a. (Hrsg.): When Boat People were Resettled, 1975–1983. A Comparative History of European and Israeli Responses to the South-East Asian Refugee Crisis. Cham 2021, S. 79–108; vgl. auch Frank Bösch: Zeitenwende 1979. Als die Welt von morgen begann. München 2020, S. 187–228.

16 des Grundgesetzes stellen und wurden auch nicht nach der Genfer Flüchtlingskonvention aufgenommen, sondern erhielten als privilegierte »Kontingentflüchtlinge« sofortige Niederlassungs- und Arbeitserlaubnis.[15] Auch wenn die Presse, wie Lisa-Katharina Weimar jüngst eindrücklich nachvollzogen hat, im Gestus »paternalistischer Subordination« wie in passivierender Weise über die Asylsuchenden berichtete: Die Willkommenskultur *avant la lettre* im vermeintlichen Nicht-Einwanderungsland Bundesrepublik war ein erstaunliches, wenn auch im Kontext des Kalten Krieges historisch erklärliches, Phänomen.[16]

Dennoch lagen »humanitäre Öffnung und Abschottung«, wie Frank Bösch betont, zeitgenössisch nahe beieinander.[17] Dass die Aufnahmebereitschaft schnell umschlagen konnte und umschlug, zeigt besonders drastisch der Anschlag der ›Deutschen Aktionsgruppen‹ um Manfred Roeder auf ein Hamburger Heim für Asylsuchende im Gewaltjahr 1980, bei dem zwei junge vietnamesische »Boatpeople« starben, die über eine große Rettungsaktion der *ZEIT* nach Hamburg gekommen waren: Nguyễn Ngọc Châu und Đỗ Anh Lân.[18] Sie waren die ersten Opfer rassistischer Gewalt nach Kriegsende, und auch jenseits dessen begegnete den »Vietnam-Flüchtlingen« ein virulenter Alltagsrassismus. Die gleichwohl erheblichen Unterschiede zwischen Ost und West schrieben sich nach 1989/90 als Spaltung der Community sowohl nach süd- und nordvietnamesischen Herkunftskontexten wie nach west- und ostdeutschen Erfahrungskontexten fort. Es handelte sich in vielerlei Hinsicht, wie Dan Thy Nguyen betont, um eine »geteilte Community«.[19]

---

15 Das entsprechende ›Gesetz über Maßnahmen für im Rahmen humanitärer Hilfsaktionen aufgenommene Flüchtlinge‹ wurde erst nach der Entscheidung zu ihrer Aufnahme 1980 erlassen; vgl. PATRICE POUTRUS: Umkämpftes Asyl. Vom Nachkriegsdeutschland bis in die Gegenwart. Berlin 2019, S. 88. Nach 1990 wurde es auf die jüdischen »Kontingentflüchtlinge« erneut angewendet.

16 LISA-KATHARINA WEIMAR: Bundesdeutsche Presseberichterstattung um Flucht und Asyl. Selbstverständnis und visuelle Inszenierung von den späten 1950er bis zu den frühen 1990er Jahren. Wiesbaden 2021, S. 99.

17 BÖSCH: Zeitenwende 1979 (wie Anm. 14), S. 190.

18 Empirische Arbeiten zu dem Anschlag fehlen. Vgl. den fundierten Podcast zum 40. Jahrestag des Anschlags von MINH TU TRAN/VANESSA VU: Hamburg 1980: Als der rechte Terror wieder aufflammte. In: *Rice and Shine,* 28. 12. 2021. Abrufbar unter URL: https://www.ardaudiothek.de/episode/rice-and-shine/hamburg-1980-als-der-rechte-terror-wieder-aufflammte-archiv/cosmo/12973247/, letzter Zugriff: 10. 12. 2024. Kritisch zur Rettungsaktion der *ZEIT* KIEN NGHI HA: Die Ankunft der vietnamesischen Boat People. Konjunkturen und Anomalien einer exzeptionellen Flüchtlings- und Integrationspolitik. In: DERS. (Hrsg.): Asiatische Deutsche extended. Vietnamesische Diaspora and Beyond. Hamburg [2]2021, S. 132–139.

19 Vgl. DAN THY NGUYEN: Eine geteilte Community. Kalter Krieg, Mauerfall und die vietnamesische Migrationsgeschichte. In: LYDIA LIERKE/MASSIMO PERINELLI (Hrsg.): Erinnern stören. Der Mauerfall aus migrantischer und jüdischer Perspektive. Berlin 2020, S. 405–422,

In die späte DDR kamen Vietnames*innen als, wie sie in der offiziellen Parteipresse analog zu den deutschen Arbeiter*innen bezeichnet wurden, »ausländische Werktätige« – eine Funktionsbezeichnung, die in enger Verbindung mit der normativen Leitsemantik der »internationalen Solidarität« stand.[20] Zugleich durchzog die Presseberichterstattung – ähnlich wie in der Bundesrepublik, aber gänzlich anders in der Form – ebenfalls ein paternalistischer Ton, und die den Artikeln beigegebenen Bilder visualisierten die »ausländischen Werktätigen« gerade nicht als gleichrangige Genossen am Arbeitsplatz, sondern als Lehrlinge im vermeintlich fortgeschrittenen Sozialismus, den sie nach der Rückkehr in ihren Herkunftsländern implementieren sollten.

In der Realität von Arbeitseinsatz und Alltag verlief das Leben der vietnamesischen Arbeitsmigrant*innen in tendenziell abgeschotteten Bahnen, auch wenn, worauf die Forschung mittlerweile hinweist, die Isolation am Arbeitsplatz und in den Heimen niemals vollständig war.[21] Gerade mit der vietnamesischen Community verband die ostdeutsche Bevölkerung – neben gelegentlichen, wenn auch eher seltenen persönlichen Kontakten oder Freundschaftsbeziehungen – ein dichtes Netz von Handelsbeziehungen. In der Wirtschaftskrise der späten DDR mit ihrer auf Eigeninitiative beruhenden Schattenwirtschaft ließen sich viele Männer und Frauen in den Schneidereien der Wohnheime Blue Jeans oder andere westliche Kleidung nähen. Viele Ostdeutsche profitierten also von den privatwirtschaftlichen Tätigkeiten der vietnamesischen Community. Gleichzeitig entwickelten sich, angesichts des teilweise eingeschränkten Warenangebotes, Ressourcenkämpfe, auch weil die meisten vietnamesischen Werktätigen das aus Anstellung und Nebentätigkeit erwirtschaftete Geld in den Kauf von Waren umsetzten, die sie an ihre Familien in Vietnam schickten. Daraus entwickelten sich zahlreiche, in der MfS-Berichterstattung dokumentierte Gerüchte: Die vietnamesischen Genoss*innen wurden als Konkurrenz um rare Güter wahrgenommen, zunehmend auch als Händler*innen oder, so lautete der Quellenbegriff, als »Schieber«, die Waren in den Wohnheimen horten und handeln würden. Für die Entwicklung rassistischer Stereotype waren diese Gerüchte

hier besonders S. 405–409; vgl. Frank Bösch/Phi Hong Su: Competing Contexts of Reception in Refugee and Immigrant Incorporation. Vietnamese in East and West Germany. In: *Journal of Ethnic and Migration Studies* 47 (2021), 21, S. 4853–4871.

20 Vgl. dazu Ann-Judith Rabenschlag: Völkerfreundschaft nach Bedarf. Ausländische Arbeitskräfte in der Wahrnehmung von Staat und Bevölkerung der DDR. Stockholm 2014, die Völkerfreundschaft und internationale Solidarität als »public transcript« beschreibt.

21 Vgl. Maria Klessmann: »Wohnen – Arbeiten«. Zu den Wohnbedingungen vietnamesischer Vertragsarbeiter in Ost-Berlin. In: Kim-Christian Priemel (Hrsg.): Transit – Transfer. Politik und Praxis der Einwanderung in die DDR 1945–1990. Berlin 2011, S. 188–210.

höchst wirkmächtig. Denn nach der Vereinigung knüpfte die Wahrnehmung der im öffentlichen Raum sichtbaren Kleinstgewerbetreibenden, die ihre Stände auf öffentlichen Plätzen, an Straßen oder U-Bahn-Stationen aufschlugen, an diese Stereotype an.

Warum wurden die nach dem Umbruch im Land gebliebenen Vietnamesen und Vietnamesinnen fast ohne Ausnahme Gewerbetreibende? Obwohl ihre Zahl schon 1990 drastisch sank, hat das kollektive Gedächtnis plastische Bilder vom vietnamesischen Straßenhandel etwa in Ost-Berlin gespeichert, die zum kanonischen Album der ostdeutschen Umbruchgesellschaft gehören. Die wichtigsten Ursachen dafür, dass die ehemaligen vietnamesischen Werktätigen nun in einer äußerst prekären Selbstständigkeit landeten, waren die geschilderten Vorerfahrungen ebenso wie der Entrechtungsprozess auf allen Ebenen. Während die Sozialistische Republik Vietnam sich gelegentlich weigerte, ihre Arbeitskräfte wieder aufzunehmen, war sowohl der letzten DDR-Regierung als auch der ersten gesamtdeutschen Regierung daran gelegen, der Gruppe keinen langfristigen Aufenthaltsstatus zu gewähren und ihre Tätigkeit vor allem nicht der »Gastarbeit« im Westen gleichzustellen.

Die fundamentale Deprivation nahm mit einer Politik der Massenentlassungen von Ausländer*innen im letzten Jahr der DDR ihren Ausgang, deren Legalisierung die damalige erste ›Ausländerbeauftragte‹ Almuth Berger mit verhandelte und verantwortete. Sie hatte die juristische Aushebelung der (oft noch laufenden) Verträge qua Regierungsabkommen zum Kern. Während deren Geltungsdauer aufgehoben wurde, winkten Rückkehrwilligen zugleich Prämien.[22] Damit orientierten sich die verantwortlichen Politiker*innen, bewusst oder nicht, an der Politik der Rückführung von »Gastarbeiter«-Familien, mit der in den 1980er Jahren die Kohl-Regierung versucht hatte, vor allem die türkische Community qua Prämienzahlung außer Landes zu werben.[23] Während zu diesem Zeitpunkt laut Gesetz jeder rückreisenden Familie 10.500 DM gewinkt hatten (plus 1.500 DM pro Kind), wurden nun nur 3.000 DM ausgezahlt – manchmal erst am Flughafen, um sicherzugehen, dass die Menschen das Land auch wirklich verließen.[24] In der fundamental krisenhaften Situation um 1990 sank die Zahl der Vietnames*innen

22 Vgl. Raphael Bergmann: »Die Öffnung der DDR zu einem Einwanderungsland«? Die umkämpfte Ausländerpolitik im letzten Jahr der DDR. Unveröffentlichte Masterarbeit, Jena 2021, S. 50–54.

23 Dazu die Dissertation von Sakine Yildiz: Erkaufte Rückkehr? Die Abwanderung türkischer »Gastarbeiter/innen« aus Westdeutschland von 1973 bis 1984. Unveröffentlichte Dissertation, Osnabrück 2017.

24 Vgl. die Szenen in Angelika Nguyen: *Bruderland ist abgebrannt*. D 1991. TC 20:50–25:17.

in Ostdeutschland tatsächlich drastisch: von rund 60.000 im Jahr 1989 auf nur noch ungefähr 20.000.[25]

In die Arbeitslosigkeit entlassen und angesichts der rasant steigenden Arbeitslosenzahlen unter Ostdeutschen ohne jede Aussicht auf Neuanstellung, waren sie auf eine prekäre Existenz zurückgeworfen; da eine Gewerbeerlaubnis erteilt wurde, war Selbstständigkeit eine naheliegende Option. Zudem wurden die ehemaligen »ausländischen Werktätigen« nach der Vereinigung als »Vertragsarbeitnehmer« gelabelt, also als befristet eingestellte Werkvertragskräfte definiert und behandelt – gerade um Analogien zur bundesdeutschen »Gastarbeit« zu vermeiden und daraus resultierende Bleibeansprüche abzuweisen. Den heute gebräuchlichen Begriff »Vertragsarbeiter« gab es zu DDR-Zeiten gar nicht; er impliziert die politische, wirtschaftliche und soziale Entsicherung einer ganzen Gruppe um 1990. In der Summe war die fundamentale Prekarisierung der Vietnames*innen, könnte man sagen, ein Joint Venture von letzter DDR-Regierung und bundesdeutscher Politik.

Aus der Tätigkeit nach dem Regierungsabkommen resultierte also kein entfristeter aufenthaltsrechtlicher Status; das Bleiberecht wurde erst 1997, vor allem durch den Einsatz zivilgesellschaftlicher und migrationspolitischer Initiativen, erkämpft. Die meisten »Vertragsarbeiter« lebten mit unsicherem Aufenthaltsstatus in randständigen Nischen der ostdeutschen Umbruchgesellschaft und verkauften Waren des täglichen Bedarfs.

3. Wohnheime, Verkehrsmittel, Marktplätze. Alltagsräume rassistischer Gewalt in der Umbruchgesellschaft

Die Räume in der ostdeutschen Umbruchgesellschaft, in denen die Vietnames*innen lebten und arbeiteten, spiegeln diese fundamentale Entsicherung auf allen Ebenen wider. Wohnheime wie Marktplätze oder U-Bahn-Stationen, wo vietnamesische Kleinstgewerbetreibende ihre Waren legal oder illegal verkauften, wurden ebenso zu Gefahrenzonen wie die kleinen Imbisse oder Blumenläden, die sie (oft erst im Laufe der 1990er Jahre) eröffneten. Bedrohliche Situationen, ›Kippmomente‹, nahmen zu, und die eigene ›Verletzungsoffenheit‹ wurde immer spürbarer. Zugleich zeugen die Lebens- und Arbeitswelten ostdeutscher Vietnames*innen von kleinen, aber existenten Handlungsräumen. Da es an staatlicher Unterstützung

25 Insgesamt lebten ca. ein Prozent Ausländer*innen in der DDR, in der Bundesrepublik zum gleichen Zeitpunkt bereits über zehn Prozent der Gesamtbevölkerung. Um es an einem lokalen Beispiel zu illustrieren: In Rostock befanden sich von ursprünglich 3.500 Vietnames*innen (Stand: 1989) zum Zeitpunkt des Pogroms im August 1992 nur noch ca. 350 in der Stadt.

vonseiten der Bundesrepublik ebenso wie vonseiten Vietnams mangelte, politische Interessengruppen erst im Entstehen waren und es eine gesellschaftliche Repräsentation höchstens in Ansätzen gab, basierte das Kleinunternehmertum auf Eigenengagement bis hin zur Selbstausbeutung, auf der Beteiligung von Verwandten und Bekannten und allgemein darauf, jene (auch transnationalen) Netzwerke innerhalb der Community zu aktivieren, die sich teilweise schon vor 1989 ausgebildet hatten und die Gertrud Hüwelmeier als »global socialist networks« bezeichnet hat.[26] So rückte die Community in selbstgestalteten Schutzräumen näher zusammen; die, die sich ihr zugehörig fühlten, sicherten sich gegenseitig ab.

In der gesellschaftlichen Topografie der Transformation liegen diese migrantischen Räume ganz am Rand; periphere Orte einer prekären Existenzsicherung mit hohem Risiko. Immer wieder wurden die auf Decken ausgelegten Waren, die Marktstände oder kleinen Läden, samt denjenigen, die sie betrieben, zum Ziel von Angriffen. Diese blieben oft ungeahndet und unbestraft; längst nicht immer wurden Ermittlungen eingeleitet. An einen besonders krassen, auch nicht zu belegenden Fall erinnert sich der Marzahner Rapper Joe Rilla in einer Dokumentation: Über Wochen hinweg habe in den Büschen eines Marzahner Parkplatzes die Leiche eines vermutlich vietnamstämmigen Mannes gelegen. Irgendwann sei sie »einfach weg« gewesen.[27] Marzahn im äußersten Osten Berlins gehörte damals zu den Vierteln, in denen rassistische, gerade auch antivietnamesische Gewalt in besonderer Weise grassierte; noch heute wohnen dort viele Ostberliner Vietnames*innen. Es war also kein Zufall, dass gerade hier im April 1992 Nguyen Van Tu von einem Sympathisanten der DVU erstochen wurde. Er hatte, wie so viele, in den 1980er Jahren als »ausländischer Werktätiger« in der DDR gearbeitet.[28]

Daraus, dass viele Verbrechen nicht nur ungeahndet, sondern auch unbeachtet blieben, folgt, dass es an Quellen mangelt, die die ›kleine Gewalt‹ alltäglicher Diskriminierung, aber auch größere Delikte und rassistische Gewaltverbrechen dokumentieren. Um solche ›Vorfälle‹ zu identifizieren, aber auch um das Ausmaß

26 Das riesige Areal des Dong Xuan Centers in Berlin-Lichtenberg ist bis heute ein topografisches Zeugnis. Vgl. dazu und zu vietnamesischen Märkten im postsozialistischen Europa allgemein: Gertrud Hüwelmeier: Postsocialist Bazaars. Diversity, Solidarity, and Conflict in the Marketplace. In: *Laboratorium. Zhurnal sotsial'nykh issledovaniĭ* 5 (2013), 1, S. 52–72; zur Bedeutung der »global socialist networks« S. 59.

27 Max Cameo/Joe Rilla: *Berlin-Marzahn. Nazis, Tote, Plattenbau. Zeiten der Gewalt.* 05.01.2020. Abgerufen unter URL: https://www.youtube.com/watch?v=2tET0xujnR0, letzter Zugriff: 31.03.2023, die gesamte Sequenz TC 09:04–11:10, das Zitat: TC 10:45.

28 Siehe dazu unten. Auch das verarbeitete Joe Rilla in einem seiner Songs über Marzahn: *Meer aus Beton* (»Skinheads stechen Vietnamesen ab/Danach ist Marzahn in der Presse/Kurz danach hab' ich 'nen Base in der Fresse«). Rap über die ›Baseballschlägerjahre‹ ist eine interessante, wiewohl nur mit einigen Schwierigkeiten und mit Vorsicht zu verwendende Quelle.

dieser Gewaltform im postsozialistischen Alltag zu ermessen, erweist sich die zeitgenössische Presseberichterstattung als hilfreich. Zwar hat die sozial- und politikwissenschaftliche Begleitforschung der 1990er Jahre – mit guten Gründen – vor allem auf die Funktion der Presse als Verstärker von Rassismus, also als medialer »Brandbeschleuniger« oder sogar »Brandstifter« verwiesen.[29] Die zeitgenössischen Medien lassen sich jedoch auch pragmatischer zu Recherchezwecken nutzen. Denn dem Gebot, Berichtenswertes zu berichten, kamen viele Journalist*innen in den ›Baseballschlägerjahren‹ doch nach und informierten – wenn auch nur in kleinen Meldungen am Rand – über kleinere wie größere rassistische Überfälle oder rechtsmotivierte Verbrechen. In diesem Sinne können Zeitungen wie Fernsehen und Radio als mediale Findbücher fungieren, um Ereignisse zu identifizieren, Konstellationen zu rekonstruieren und, in einem zweiten Schritt, nach Ermittlungsakten oder ergänzenden Quellenüberlieferungen zu fahnden, um dichter überlieferte Fälle detaillierter untersuchen zu können.[30] Das wäre auch darum wichtig, um von der bis heute dominierenden chronikartigen Auflistung von Gewaltverbrechen zu deren ›dichter Beschreibung‹ und zur Typisierung verschiedener Gewaltpraktiken zu gelangen. Bereits willkürliche Stichprobensuchen ergeben, dass die Recherche in der Tagespresse – systematischer betrieben – einen umfassenderen Eindruck vom Ausmaß wie von der Alltäglichkeit der Gewalt in den ›Baseballschlägerjahren‹ geben kann.[31]

Schlagwortsuchen im DDR-Zeitungsarchiv ZEFYS lassen beispielsweise erkennen, dass und wie sehr die ehemaligen Wohnheime für »ausländische Werktätige« nun zu Gefahren- und Angstzonen wurden. Schon zu DDR-Zeiten hatten diese Orte Stoff für Gerüchte geboten, waren Thema von Eingaben und das Ziel von Protesten der Bevölkerung gewesen: weil die Ressource Wohnraum generell umkämpft war, aber auch weil die Heime, wie oben erwähnt, als Warenlager galten. Während sie zu DDR-Zeiten geschützt und kontrolliert wurden, gewährten sie nun kaum noch Schutz oder ein sicheres Zuhause, geschweige denn Privatsphäre, sondern wurden von den Bewohner*innen als entsicherte Orte erlebt.

---

29 Vgl. z. B. Siegfried Jäger (Hrsg.): Die vierte Gewalt. Rassismus und die Medien. Duisburg 1993.

30 Vgl. etwa die Dokumentation von Carolin Kock und Jette Studier zu Rechtsextremismus in Mecklenburg-Vorpommern vor Rostock-Lichtenhagen, die die zeitgenössische Berichterstattung durchforstet haben: Carolin Kock/Jette Studier: *Verharmlost und vergessen. Rechte Gewalt vor Rostock-Lichtenhagen*. 24.08.2022. Abgerufen unter URL: https://www.ndr.de/geschichte/chronologie/Verharmlost-und-vergessen-Rechte-Gewalt-vor-Lichtenhagen,lichtenhagen368.html, letzter Zugriff: 10.12.2024. Paul Räuber forscht derzeit für seine Doktorarbeit über »Vorfälle« rechtsmotivierter und rassistischer Gewalt im Bundesland.

31 Für die Hilfe bei der Recherche danke ich Emilia Henkel.

Nicht nur wurden die Zimmer in der einziehenden Privatwirtschaft zu horrenden Preisen vermietet – auch darüber berichteten die Medien gelegentlich in kleinen Reportagen –, die Heime konnten auch nicht mehr ausreichend oder überhaupt geschützt werden, sodass sie regelmäßig Ziel von Übergriffen Rechtsradikaler, aber auch Austragungsort innervietnamesischer Auseinandersetzungen wurden.[32] So war in der *Neuen Zeit* in einer kleinen Meldung der Rubrik ›Polizeireport‹ von einem Überfall auf ein Wohnheim in Halle zu lesen, bei dem im Oktober 1991 eine Gruppe »Kinder und Jugendlicher« Waren im Wert von 70.000 DM erbeutet habe.[33] Die *Berliner Zeitung* berichtete im Februar 1993 über einen Prozess gegen sieben Männer und eine Frau aus dem rechtsradikalen Spektrum, die ein von Vietnames*innen bewohntes Heim in Marzahn zwei Mal angegriffen und außerdem in einem türkischen Imbiss Feuer gelegt hätten. Als Motiv gaben sie »Ausländerfeindlichkeit« und Neid auf die Einnahmen an, die die Vietnames*innen mit ihren Geschäften erwirtschaften würden – Aussagen, die mit deren prekärer Lebensrealität kaum zu vereinbaren waren, sondern eine stereotype Wahrnehmung aufgriffen, die sich bereits in der späten DDR entwickelt hatte.[34]

Auch von Überfällen auf Marktstände wurde immer wieder berichtet: So wurde etwa in Jena ein vietnamesischer Mann »im Marktbereich« zusammengeschlagen und mit einem Messerstich am Kopf verletzt, was der *Thüringer Landeszeitung* eine kleine Meldung wert war.[35] Für die Stadt in Thüringen hielt zeitgenössisch

---

32 Zu den steigenden Mieten vgl. z. B. den engagierten Text von Heide Schlebeck: 675 DM Miete für ein Zimmer. Manche Betriebe zahlen Ausländern keine Zuschüsse mehr für das Wohnheim. In: *Berliner Zeitung (BZ)*, 28. September 1990, S. 15. Siehe auch das Interview eines vietnamesischen Mannes in einem Berliner Heim, der ausführlich von einem Überfall durch rechte Jugendliche berichtet, in: Nguyen: *Bruderland ist abgebrannt* (wie Anm. 24), TC 03:05–06:05. Ein Beispiel für die Auseinandersetzungen zwischen »[r]ivalisierenden Gruppen von Zigarettenhändlern«, bei denen ein Mann zu Tode kam, gibt Eckhard Pohl: Vietnamese verstorben. Hinter Bluttat rivalisierende Gruppen vermutet. In: *Neue Zeit (NZ)*, 8. Dezember 1992, S. 18.

33 Polizeireport über Überfall auf ein Wohnheim von Vietnamesen in Halle. In: *NZ*, 12. Oktober 1991, S. 23/B.

34 Sigrid Averesch: Anklage wegen Anschlägen auf Wohnheim. In: *BZ*, 9. Februar 1993, S. 18. Heime in Marzahn waren schon zuvor angegriffen worden, siehe dazu: Skinheads randalierten vor Ausländerwohnheim. In: *BZ*, 5. Oktober 1991, S. 17/B sowie Monika Unger: Trügerische Sicherheit im Vietnamesen-Heim. Brandanschlag in Marzahn ging glimpflich aus. In: *NZ*, 24. September 1992, S. 17. Türkische Imbisse expandierten nach 1989/90 nach Ostdeutschland; sie waren notorisches Ziel von Angriffen, wie Eberhard Seidel herausarbeitet: Eberhard Seidel: Döner. Eine türkisch-deutsche Kulturgeschichte, S. 119–157, hier besonders S. 142–156.

35 Schläge und Stiche. Vietnamese beraubt, Hinweise erbeten. In: *Thüringer Landeszeitung* (*TLZ*), 15. März 1991. Nach den Täter*innen wurde gefahndet; dass es sich um einen Akt rechter Gewalt handelte, ist plausibel, aber nicht zu beweisen.

die migrationspolitisch vielfältig aktive, zu DDR-Zeiten schon in der Nicaragua-Solidarität engagierte Franziska Rohner in einem Lagebericht vom Frühjahr 1992 fest, dass das Stehen auf dem Markt »durch große Vorsicht vor Razzien und Anpöbeleien bestimmt« sei.[36] Die Anekdote, dass Beate Zschäpe vietnamesischen Verkäufern Zigaretten geklaut habe, ist also alles andere als unplausibel und sicherlich kein Einzelfall. Auch der Auslöser für das Pogrom in Hoyerswerda war ein Streit auf dem Markt gewesen: Neonazis hatten vietnamesischen Händlern Zigaretten geklaut, in der Folge war es zu tätlichen Auseinandersetzungen und dann zu einer Verfolgungsjagd gekommen, die bis vor das Wohnheim der ehemaligen »ausländischen Werktätigen« führte.[37]

In Hoyerswerda wie in Rostock, aber auch in Marzahn handelte es sich in besonderem Maße um Gefahrenzonen, weil sich Wohnheime und, im Wortsinn, Arbeits-Plätze mitten in jenen Neubauvierteln befanden, die zu DDR-Zeiten als Modellprojekte der Honecker'schen Wohnungspolitik gegolten hatten, nun aber in einem rapiden Veränderungs-, ja Verfallsprozess begriffen waren. Bald galten sie als ›soziale Brennpunkte‹ Ostdeutschlands, die sich durch eine hohe (Jugend-)Arbeitslosigkeit, soziale Deklassierung und Kriminalität auszeichneten.[38] Der Ost-Berliner Bezirk Marzahn, zu DDR-Zeiten als Neubauviertel mit Vorzeigecharakter geplant, war ein Hotspot rechter Gewalt.[39] Das dortige Wohnheim in der Havemannstraße, in dem vor allem Vietnames*innen lebten, wurde immer wieder Ziel von Angriffen und nach dem Pogrom in Rostock-Lichtenhagen im August 1992 rund um die Uhr von einem betriebsseitig beauftragten Wachdienst geschützt. Ganz in der Nähe befand sich mit der ›Wurzel‹ außerdem einer jener

36 Vgl. Franziska Rohner: Lagebericht vom Frühjahr 1992. In: Privatsammlung Rohner. Wir danken Franziska Rohner dafür, dass sie uns dieses Material für die Entwicklung eines Stadtrundgangs in Jena zur Verfügung gestellt hat. Vgl. Angstzonen und Schutzräume. Rechte Gewalt, antirassistisches Engagement und die Jenaer Stadtgesellschaft um 1990. URL: https://www.angstzonenundschutzraeume.de, letzter Zugriff: 31. 03. 2023.

37 Erst später verlagerten sich die Proteste vor das Wohnheim für Asylsuchende. Vgl. die aus den Polizeiakten gearbeitete Chronik bei Christoph Wowtscherk: Was wird, wenn die Zeitbombe hochgeht? Eine sozialgeschichtliche Analyse der fremdenfeindlichen Ausschreitungen in Hoyerswerda im September 1991. Göttingen 2014, S. 161–168.

38 Wie die Neubauviertel in der Umbruchzeit zur ›Platte‹ wurden, könnte sozial- wie alltagsgeschichtlich noch genauer untersucht werden. Ein Verfallsnarrativ hatte sich für die westdeutschen Pendants schon früher etabliert. Vgl. für das Märkische Viertel Christiane Reinecke: Am Rande der Gesellschaft? Das Märkische Viertel – eine West-Berliner Großsiedlung und ihre Darstellung als urbane Problemzone. In: *Zeithistorische Forschungen* 11 (2014), S. 212–234. Im Märkischen Viertel wurde im Mai 1989 Ufuk Şahin von einem Anhänger der Republikaner ermordet, die in diesem Jahr ins West-Berliner Abgeordnetenhaus einzogen.

39 Vgl. zu Marzahn Eli Rubin: Concrete Utopia. Everyday Life and Socialism in Berlin-Marzahn. In: *Bulletin of the German Historical Institute*, Supplement 7 (2011), S. 29–45.

Jugendclubs, die unter dem Motto einer ›akzeptierenden Jugendarbeit‹, wie es immer wieder hieß: »Glatzenpflege auf Staatskosten« betrieben und von rechten Jugendlichen dominiert wurden; auch die ›Wurzel‹ galt als »Skin-Klub«.[40] Der Blick in die Presseberichterstattung macht deutlich, dass und wie die Feier des ›Hitlergeburtstags‹ am 20. April 1992 in der ›Wurzel‹ – mit über der Tür gehisster Reichskriegsflagge – ein Klima der Angst beförderte und eine Spirale der Gewalt in Gang setzte.[41] Die dadurch ausgelöste Eskalation äußerte sich in einer sprunghaften Potenzierung von kleineren und größeren Vorfallsberichten in der *Berliner Zeitung*. Das Spektrum reichte von der antisemitischen Schändung von Gedenkorten bis hin zu rassistischen Angriffen auf ›Ausländer‹ und endete in der Tötung von Nguyen Van Tu durch eine Messerattacke.

Das ganze Ausmaß der Gewalt müsste genauer untersucht werden, als es hier geschehen kann. Allein die Lektüre der kompletten Ausgabe der *Berliner Zeitung* vom 21. April, also einen Tag nach dem ›Hitlergeburtstag‹ und vier Tage vor dem Mord an Nguyen Van Tu, reicht aus, um einen Eindruck zu gewinnen. Der 20. April fiel in diesem Jahr auf den Ostermontag, und trotz des kühlen Wetters kulminierte an dem langen Feiertagswochenende die Gewalt – nicht nur in Berlin.[42] Dabei handelte es sich um ganz unterschiedliche Delikte. Beispielsweise wurden Gräber auf dem jüdischen Friedhof in Weißensee »umgestoßen und beschädigt«, außerdem das Deportationsmahnmal an der Putlitzbrücke in Moabit – wie bereits mehrfach vorher, einmal durch die Ablage eines Schweinekopfes – geschändet.[43] Auch rassistische Übergriffe in den öffentlichen Verkehrsmitteln oder in Haltestellenbereichen und Bahnhöfen nahmen zu. An der S-Bahn-Haltestelle in Pankow wurden drei Vietnamesen von einer Gruppe

---

40 Zit. Holger Stark: Rechtsaußen im Blick. Neue Arbeitsgruppe zur Betreuung rechter Jugendlicher. In: *BZ*, 30. April 1992, S. 10. Hier wurde zudem beklagt, dass bei den Planungen für einen neuen Jugendklub in der Rummelsburger Straße »der bekannte Weddinger Neonazi Arnulf Priem mit am Tisch gesessen« habe. Zuständiger Senator für Familie und Jugend in Berlin war damals der heutige Chef der Bundeszentrale für Politische Bildung Thomas Krüger, der für mehr Kontrolle plädierte; es sei »indiskutabel, mit einem verfassungsfeindlich eingestellten Menschen zu verhandeln«. Vgl. allgemein Lucia Bruns: Jung, männlich, ostdeutsch, gewalttätig? Die Debatte um Jugendarbeit und rechte Gewalt seit den 1990er Jahren. In: *APuZ* 49–50 (2022), S. 39–45.

41 Vgl. zu der Geburtstagsfeier: Berlin-Marzahn: Nguyễn Van Tu erstochen. In: *Antifaschistisches Infoblatt* 18 (1992), 2, 24.7.1992. Abgerufen unter URL: https://www.antifainfoblatt.de/artikel/berlin-marzahn-nguy%E1%BB%85n-van-tu-erstochen, letzter Zugriff: 31.03.2023.

42 Siehe für Brandenburg: Wittstock: Mit der Panzerfaust in die Disko. In: *BZ*, 21. April 1992, S. 16, über Schlägereien von Skinheadgruppen in Wittstock und anderen Orten.

43 Denkmalschändung, Rubrik kurz & knapp. In: *BZ*, 21. April 1992, S. 9; Friedhofsschändung, Rubrik kurz & knapp. In: *BZ*, 27. April 1992, S. 9. Siehe auch: Jüdische Gedenkstätte in Halberstadt geschändet. In: *BZ*, 21. April 1992, S. 4.

Skinheads »brutal zusammengeschlagen«. Dieser Vorfall sei aber nur »einer von mehreren Angriffen auf Ausländer am vergangenen Wochenende« gewesen, wie es in einer Meldung hieß. Daneben hätten Skinheads versucht, einen 22-jährigen Libanesen aus der Bahn zu stoßen, ein mosambikanischer Mann wurde zusammengeschlagen und ausgeraubt.[44]

Einige Tage später dann, am 27. April, berichtete die *Berliner Zeitung* über den Tod von Nguyen Van Tu, der vor einem Supermarkt auf dem belebten Brodowiner Ring in Marzahn erstochen worden war. Nguyen war erst 1987 als Arbeiter aus Vietnam in die DDR gekommen und hatte bis zur notorischen Arbeitslosigkeit im Jahr 1990 in einem Thüringischen Gummikombinat gearbeitet. In Marzahn hielt er sich besuchsweise auf, stand am Brodowiner Ring mit Freuden zusammen, die dort als mobile Händler Waren verkauften. Der Täter, Mike Lillge ein regelmäßiger Besucher der ›Wurzel‹, hatte Warenkartons vietnamesischer Händler umgestoßen, die Situation war eskaliert, Lillge hatte zugestochen, Nguyen Van Tu starb im Krankenhaus an seinen Verletzungen. Nur wenige Seiten nach dem kurzen Artikel über das Ereignis findet sich in der Ausgabe eine fröhlich-ironische Reportage über ein Stadtteilfest in Marzahn, das, eine Woche nach dem Osterwochenende, »die Skins und das Bezirksamt Berlin-Marzahn« gemeinsam veranstaltet hätten.[45] Autor Holger Stark nutzte den bizarren Stoff, gänzlich unreflektiert, als Einladung zur Glosse: Fast genüsslich beschrieb er das Gruppenbild von Skinheads und Stadtpolitikern, neben dem Bezirksbürgermeister Andreas Röhl war Bausenator Wolfgang Nagel (beide SPD) anwesend, und malte die Szene einer Baumpflanzaktion plastisch aus, bei der sich »die Armee-Stiefel der Skinheads in den feuchten Humus« gegraben hätten. Nachdenklichere Töne finden sich zwar eingesprengt – die Rechtsradikalen hatten »ausländisch[e] Kinder« vom Fest ausschließen wollen, Eltern waren irritiert, als die Skins mit ihren Kindern spielten –, alles in allem aber begriff der Autor das Fest als eine Art neuer Normalität.[46]

Der Tod von Nguyen Van Tu und der Umgang mit dem Ereignis auf kommunaler Ebene würden sich aus verschiedenen Gründen für eine detaillierte, ›dichte

---

44 Vietnamesen brutal zusammengeschlagen. In: *BZ*, 21. April 1992, S. 10.

45 Holger Stark: Marzahn, Skins und ein Senator. Das Stadtteilfest am Geraer Ring sollte die Bewohner miteinander verbinden. In: *BZ*, 27. April 1992, S. 12.

46 Ein Leserbriefschreiber nahm das zum Anlass für Kritik; sein Brief fand allerdings erst Wochen später zum Abdruck. Ihm sei, so formulierte Claus-Dieter Sauren pointiert, beim Lesen der Zeitung das Frühstück im Halse steckengeblieben. Während auf Seite 10 vom Mord an Nguyen Van Tu berichtet werde, werde nur zwei Seiten weiter im Bericht über das Stadtteilfest »der Eindruck erweckt, daß Rechtsradikale ganz harmlos seien«. Vgl. Claus-Dieter Sauren: Politiker auf dem rechten Auge blind?, Leserbrief. In: *BZ*, 9/10. Mai 1992, S. 37.

Beschreibung‹ rassistischer Gewalt in den Umbruchzonen der frühen 1990er Jahre eignen. Gerade der Blick auf Marzahn im Frühjahr 1992, wo die Koinzidenz von ›Hitlergeburtstag‹ und der bundesweiten Gewaltwelle zur sprunghaften Eskalation führte, macht deutlich, dass es in der ostdeutschen Transformationsgesellschaft Räume gab, die von rechten Gewalttätern dominiert zu werden drohten, und dass in diesen Räumen ›Kippmomente‹ potenziell in pandemischer Weise zunahmen und in Gewalt umschlugen. Dabei wurden Orte des Alltags wie Wohnheime, Straßen oder Marktplätze zu Gefahren- und Gewaltzonen. Wie aber erfuhren diejenigen die Gewalt, gegen die sie sich richtete?

4. Rassismuserfahrungen und migrantische Agency

Wer rassistische Gewalterfahrung nachvollziehen möchte, steht vor dem Problem, dass die Stimmen der Betroffenen in der öffentlichen Auseinandersetzung oft nur eine untergeordnete Rolle spielten. Auch im Umfeld des Mordes an Nguyen Van Tu waren kaum vietnamesische Stimmen zu hören, stattdessen standen der Täter und seine Clique, deren Motive und Fragen nach den Ursachen von Rechtsradikalismus und rassistischer Gewalt im Zentrum. Gelegentlich wurde gar eine seltsame Faszination für Taten und Täter*innen spürbar, denen allgemein zahlreiche Forschungsbeiträge, aber auch Reportagen und Dokumentationen gewidmet wurden, man denke nur an Thomas Heises Film *Stau*.[47] Auf diese Weise kamen die Täter*innen wiederholt zu Wort und vermochten ihre Taten vor den Kameras oder in der Presse sogar zu rationalisieren und zu legitimieren, wie auch Lillge, der vor Gericht, von den Medien kolportiert, erklärte, zwar Sympathisant der DVU, aber kein Rechtsradikaler zu sein. Zudem habe er, gewissermaßen als Ersatz- oder Hilfspolizist, nur dem illegalen Zigarettenhandel beikommen wollen.

Zwar wurden zeitgenössisch – vereinzelt, aber doch immer wieder – auch die Stimmen der Betroffenen rassistischer Gewalt dokumentiert. Doch diese kursierten, wie Carsta Langner und Julia Stegmann pointieren, nur »in internen Rezeptionsschleifen«, also »ohne Eingang in größere gesellschaftliche Debatten zu finden«.[48] Gelegentlich wurden sie auch für Reportagen in der Presse, in Radio oder Fernsehen interviewt, übrigens auffällig häufig von Frauen (während

47 Vgl. zu Heises Dokumentation Carsta Langner/Julia Stegmann: Stau. Eine zeitgenössische Dokumentation über die Baseballschlägerjahre. In: *Zeitgeschichte-online*, Mai 2021. Abgerufen unter URL: https://zeitgeschichte-online.de/film/stau, letzter Zugriff: 31.03.2023.

48 Ebd.

die Berichterstattung über die Täter meist Männer übernahmen). Die in jeder Hinsicht asymmetrische Repräsentation der Perspektiven von Tätern und Betroffenen muss deutlich herausgestellt werden. Diejenigen aber, die sich dem Thema wirklich näherten und gründlich recherchierten, erfassten in der Regel jenen Mix von politisch induzierter Statusunsicherheit, wirtschaftlichen Existenzängsten, sozialer Deklassierung und rassistischer Diskriminierung. Daraus entstanden Gefühle von Ohnmacht und Hilflosigkeit, aber auch eigensinnige und aktive Reaktionsformen und Verarbeitungsweisen, zu denen Selbstverteidigung bis hin zur eigenen Gewaltanwendung gehörte. Auch die innervietnamesischen Auseinandersetzungen und die kriminellen Strukturen der (in der Presse stark überrepräsentierten) ›Zigarettenmafia‹ sind Teil einer solch komplexen Gewaltgeschichte des Umbruchs. Die Gewalterfahrungskomplexe in dieser Zeitphase lassen sich mithin nicht auf dichotome Kategorien wie ›Opfer/Täter‹ reduzieren und so vereindeutigen.

Eine ebenso vielschichtige wie singuläre Momentaufnahme vietnamesischen Lebens in Ostdeutschland Anfang der 1990er Jahre ist Angelika Nguyen zu verdanken, die in ihrem kaum halbstündigen Dokumentarfilm *Bruderland ist abgebrannt* die Lebens- und Arbeitswelten, aber auch die Rassismuserfahrungen von Vietnames*innen in Ostdeutschland, genauer: in Ost-Berlin, in verdichteter Weise ausleuchtete. Der Film von 1991 zeugt von einer kenntnisreichen Vertrautheit mit vietnamesischem Leben und Arbeiten, Leiden und Handeln in dieser Zeit, wie im ersten Teil die Erzählerinnenstimme aus dem Off deutlich macht. Sie erklärt, dass sich seit dem Herbst 1989, also direkt nach dem Mauerfall, »neue Alltagsregeln« etabliert hätten:

> Besuche bei Freunden werden rechtzeitig abgebrochen, abendliche Verabredungen oft gar nicht erst getroffen. Nach Einbruch der Dunkelheit werden öffentliche Verkehrsmittel gemieden. Wer ein Auto hat, holt Leute ab und bringt sie wieder zurück. Die Allerweltsfrage: »Bringst du mich? Holst du mich ab?« ist nicht mehr harmlos. Sie beinhaltet ein gemeinsames Schutzdenken. Nächtliche S-Bahn-Fahrten widersprechen jeglicher Vernunft. Ein Betrieb östlich Berlins erlaubt seinen vietnamesischen Mitarbeitern, nach der Nachtschicht gegen 2 Uhr bis zum Morgen dazubleiben; ungeschriebene Ausgangssperren.[49]

Die Betroffenen selbst brachten – sprachlich häufig sehr präzise, mal auf Deutsch, mal auf Vietnamesisch – auf den Punkt, was die ständige Gefahrenlage für ihr Leben bedeutete. So vollzog ein Mann bis ins Detail die Szene nach, als jugendliche Skinheads in sein Wohnheim in Marzahn eingebrochen waren, seinen Bruder

49 Nguyen: *Bruderland ist abgebrannt* (wie Anm. 24), TC 06:12–06:55.

zusammengeschlagen und auch ihn mit einem Messer am Auge verletzt hatten.[50] Die Täter hatten geklingelt und den Bruder – der hatte geöffnet, weil er deutsche Kollegen erwartete – sofort angegriffen. »Mein Bruder war so überrascht«, erzählt der Mann, »dass er sich nicht wehrte. Ich musste verhindern, dass mein Bruder von ihnen erstochen wird.« Das gelang, »indem ich zurückgeschlagen habe«. Schließlich konnten die Angreifer abgewehrt werden, der Mann verfolgte die Flüchtenden barfuß nach draußen bis zur nächsten Haltestelle, die anderen wurden »von unseren Leuten festgehalten, bis die Polizei kam«. Später wurde der Mann weder über den Stand der Ermittlungen informiert, noch scheint es zu einer Verurteilung der Täter gekommen zu sein. Der kurz nach den Ereignissen wie aus nächster Nähe erinnerte Tathergang macht plastisch deutlich, dass die Wohnheime keine Schutzräume mehr waren, sondern man sich auch zuhause auf Überfälle und Übergriffe einstellen musste. Verteidigung – auch qua Gewalt – wurde überlebenswichtig. Die Erzählung schwankt in einer Weise zwischen Ohnmacht und Ermächtigung durch Verteidigung, die viel aussagt über die Gewalterfahrungen in den ersten Jahren des Umbruchs.

Solche eindrücklichen Zeugnisse, die durch ihre Zeitnähe subjektive Gewalterfahrungen noch einmal anders perspektivieren als später entstandene Erinnerungen, finden sich nur vereinzelt. In der Summe ermöglichen sie aber doch, ein detailliertes Bild von Rassismuserfahrungen, Reaktionsweisen und Verarbeitungsformen zu zeichnen. Weil migrantische Erzählungen im Umfeld der größeren rassistischen Gewaltereignisse besonders intensiv dokumentiert und rekonstruiert wurden – entweder zu Forschungszwecken oder im Rahmen öffentlicher Aufarbeitung –, verdichtet sich hier die Quellenüberlieferung. Für das Pogrom in Rostock liegt eine Vielfalt von zur Gänze noch kaum erschlossenen, im Kontext von Forschungsarbeiten wie der medialen Aufarbeitung entstandenen Interviews vor, die auf die Situation der vietnamstämmigen Community vor und nach Lichtenhagen schließen lassen. Solche Umfeldanalysen, die die Geschichte rassistischer Gewalt stadt- und regionalgeschichtlich oder auch für das gesamte Bundesland fokussieren, sind wichtig, um der Vorstellung isolierter Einzelereignisse die Kenntnis der an manchen Orten wie pandemischen Gewaltkonstellationen entgegenzusetzen, die die ›Baseballschlägerjahre‹ gerade ausmachten.

Auch im Kontext des Pogroms in Rostock-Lichtenhagen sind zahlreiche Stimmen von Angehörigen der vietnamstämmigen Community überliefert, die teilweise im ›Sonnenblumenhaus‹ wohnten und dort das Pogrom überlebten. Die oben identifizierten Alltagsräume lassen sich also auch für Rostock beschreiben – vor und nach dem Pogrom. So erinnert sich eine Vietnamesin aus Rostock,

50 Siehe die gesamte Szene in ebd., TC 02:55–06:06.

interviewt für eine studentische Abschlussarbeit, dass ihr Imbissstand noch lange nach dem August 1992 mehrmals die Woche angegriffen worden sei. Erst als sie »eine Alarmanlage installiert und einen professionellen Sicherheitsdienst [...] engagiert« habe, sei die Situation erträglicher geworden.[51] Und auch lange vor dem Pogrom waren Überfälle auf Kleinstgewerbetreibende in Rostock notorisch und der Markt ein potenzieller Gewaltraum, wie die Geschichte von Nguyen Dinh Khoi deutlich macht. Die Angriffe auf seinen Marktstand bereits im Dezember 1990 sind darum dokumentiert, weil Nguyen Anzeige erstattete und der Presse Auskunft gab, also in die Offensive und an die Öffentlichkeit ging und sich zudem zur Selbstverteidigung entschloss.[52]

Für die *Ostseezeitung* berichtete die Lokalredakteurin Rosemarie Düwel in einer engagierten Reportage über das Ereignis, führte dabei auch die Biografie Nguyens ein, gab ihm selbst das Wort und rückte das Ereignis in einem wenige Tage später prominent auf Seite 2 statt auf den Lokalseiten abgedruckten Kommentar zudem in den Kontext rassistischer Gewalt im Bundesland insgesamt ein. Sie informierte ebenso über einen »Wohnheimsturm« in Schwerin, nach dem »elf Vietnamesen ins Krankenhaus gebracht« werden mussten, weil sie »brutal zusammengeschlagen« worden seien, wie darüber, dass auf dem Wismarer Markt immer wieder Verkaufsstände geplündert wurden.[53] Zugleich nannte sie das Phänomen nicht beim Namen, sondern griff auf den zu DDR-Zeiten als euphemistisches Deckwort verbreiteten Begriff der ›Rowdys‹ zurück, sprach von »auffällig gekleidete[n] Jugendliche[n]« und zitierte den Besitzer eines benachbarten Verkaufsstandes, den die »Parolen« entsetzt hatten, »mit denen die Horden grölend über den Markt gezogen« seien.[54] Das schloss durchaus an den Umgang der SED mit Rechtsradikalen im Land an, die die längste Zeit der DDR eben als ›Rowdys‹ und Importe aus dem Westen verharmlost worden waren; das änderte sich erst kurz vor dem Mauerfall. Zugleich relativierte Düwel die Gewalt in zeitgenössisch geläufiger Weise und im Heitmeyer'schen Sinne als Ausdruck

51 Die Aussagen von Nguyen T. B. T. entstammen einem Gruppeninterview, das Micha Rehder im Verein Dien Hong für seine Magisterarbeit führte. Vgl. MICHA REHDER: Zwischen zwei Welten. Vietnamesische VertragsarbeiterInnen in Rostock. Magisterarbeit. Tübingen 2013, S. 81. Ich danke dem Autor (heute: Micha Hempel) für weitere Informationen, die er mir gesprächsweise gegeben hat.

52 Diesen Fall thematisiere ich auch in: FRANKA MAUBACH: Hoyerswerda, Rostock-Lichtenhagen, Mölln, Solingen. Plädoyer für eine Lokalgeschichte rassistischer Gewalt in Ost und West. In: GUDRUN HEINRICH u. a. (Hrsg.): Kulturen des Verdrängens und Erinnerns. Perspektiven auf die rassistische Gewalt in Rostock-Lichtenhagen 1992. Berlin 2024, S. 25–37.

53 ROSEMARIE DÜWEL: Toleranz! Wo?, in: *Ostseezeitung (OZ)*, 17. Dezember 1990, S. 2.

54 Ebd.

einer verlorenen Jugend. Dass hier, wie so oft, nicht explizit benannt wurde, dass es sich um Rassismus handelte – diese Unklarheit in der Benennung war eine der vielen, höchst komplexen Ursachen für die rasante Verbreitung rechtsmotivierter Gewalt in den ersten Jahren des ostdeutschen Umbruchs.

Zugleich rekonstruierte Düwel in ihrer Reportage, stellvertretend an der Biografie von Nguyen Dinh Khoi, die prekären Lebensumstände und die entsicherte Existenz der ganzen Gruppe.[55] Nguyen hatte zu DDR-Zeiten als ausländischer Werktätiger in einem Blechformwerk in Karl-Marx-Stadt gearbeitet und kam erst nach der ›Wende‹ nach Rostock. Er lebte nicht im ›Sonnenblumenhaus‹, sondern bei seinem Bruder in einem Wohnheim der ehemaligen Reichsbahn in Rostock-Toitenwinkel (dem Stadtteil, in dem später der ›Nationalsozialistische Untergrund‹ Mehmet Turgut erschoss), und verkaufte Waren auf dem Rostocker Marktplatz. In Chemnitz arbeitslos geworden, hatte er auch in Rostock keine Anstellung gefunden, sodass Düwel ihn mit einem unvollendet gebliebenen Satz zitierte: »›Ich muß den Handel betreiben, sonst…‹«[56] Im Wohnheim zahlte er, wie alle anderen auch, eine horrende Miete (zehn Mark pro Tag) und lebte zu acht in einer Zwei-Raum-Wohnung. Dass sein Stand bereits im Dezember 1990 mehrfach angegriffen wurde, zeigt, dass und wie sehr die rassistische Gewalt Begleitumstand von Mauerfall und Vereinigung war und eben nicht erst die Folge der »Vereinigungskrise«.[57]

Zwar sei, so Düwel, ein Ermittlungsverfahren eingeleitet worden und gingen mehr Polizisten Streife im Marktbereich, aber der Gewalt wurde doch kaum entschieden Einhalt geboten. Das war ein Grund dafür, dass Nguyen Dinh Khoi sich bewaffnete und selbst schützte. Im seitlichen Vordergrund des Fotos, das dem Artikel beigegeben war, prangte die Eisenstange, mit der Nguyen sich ausgerüstet hatte, um im Fall der Fälle verteidigungsbereit zu sein. Die Bildunterschrift erklärte: »Dieser drohende Stab (rechts im Bild) paßt ganz und gar nicht zu einem Händler. Doch weil diese Verkaufsstände schon mehrfach überfallen und zerstört wurden,

---

55 Allerdings gelang es ihr, wie den meisten Presseleuten, nicht, den Vor- und Nachnamen richtig zu bestimmen: Im Titel nennt sie mit Dinh Khoi den Vornamen Nguyens, der im Vietnamesischen nachgestellt ist. In ähnlicher Weise wurde im Fall von Nguyen Van Tu der Name »van Tu« als Nachname genutzt, als würde das »van«, wie im Niederländischen, die Herkunft bezeichnen.

56 Düwel: Toleranz! Wo? (wie Anm. 53), S. 2.

57 Der Begriff der ›Vereinigungskrise‹ wurde zeitgenössisch geprägt von Jürgen Kocka: Vereinigungskrise. Zur Geschichte der Gegenwart. Frankfurt am Main 1995, der Verweis auf die Gewaltwelle auf S. 134: »Die rechtsradikale Gewalt gegen Fremde ist nur das schrillste Zeichen der Krise, in der wir uns befinden.« Zu Rassismus als Begleitumstand von Mauerfall und Vereinigung vgl. den Band von Lydia Lierke/Massimo Perinelli (Hrsg.): Erinnern stören (wie Anm. 19).

brauchen ihn die hier in Rostock lebenden Vietnamesen zum Selbstschutz.« Im textlichen Zusammenhang und mit der beigegebenen Bildunterschrift wurde die Entscheidung zur potenziellen Gewaltanwendung, legte Düwel nahe, angesichts des Machtvakuums zu einer legitimen Selbstverteidigung und Notwehr erklärt. Dies war auch eine Reaktion darauf, dass Nguyen Dinh Khoi sich weder von den Ermittlungsbehörden noch von der Rostocker Stadtbevölkerung nennenswerte Unterstützung oder Hilfe erhoffen durfte.

30 Jahre später widmete Christian Bangel der Geschichte von Nguyen Dinh Khoi eine Folge seiner sechsteiligen Dokumentation zu den ›Baseballschlägerjahren‹. Darin erinnerte Nguyen aus der Rückschau die Gefahr als eine immerwährende, von allen Seiten kommende Bedrohung, die alle Sinne gleichermaßen gefangen hielt. Das Gebrüll aus allen Richtungen hatte er ebenso noch in den Ohren wie den Hass in den Augen der Täter. Wie gegenwärtig diese Eindrücke noch drei Jahrzehnte später waren, zeigt allein die Verwendung des Präsens in seiner Erzählung und das Echo der rassistischen Slogans in seiner Erinnerung:

> Man hört sie schon 100 Meter entfernt, immer, überall, sehr laut. »Ausländer raus! Ausländer raus!« Die haben irgendwie Ausländerhass. Die kamen immer, mehr und mehr, und immer schlimmer. Zuerst laufen sie nur einfach vorbei und beschimpfen uns. Und irgendwann kamen sie direkt zu uns. Die meisten mit Glatzkopf und mit Bomberjacke. Dann sehe ich ein Messer oder diese Baseballschläger. Die Augen: nur Hass drin! Mehr nicht: nur [der] Hass! So![58]

Als konkretes Ereignis ist ihm ein Übergriff in Erinnerung geblieben, bei dem die Skinheads erst flohen, als er zusammengeschlagen am Boden lag. Danach entschied er sich, den Kampf aufzunehmen und zurückzuschlagen. Im Interview wirkt diese Sequenz wie eine Selbstermutigung noch in der Gegenwart, ein performativer Akt, mit dem die ertragene Gewalt übernommen und zurückgegeben wurde und wird:

> Wir müssen keine Angst haben. Wir müssen einfach kämpfen. Wir müssen uns verteidigen. Wir schlagen zurück – mit was wir in den Händen haben: Schirmständer, Eisenstangen von unserem Geschäft. Ja, zurückschlagen! Langsam, langsam denken sie: Ach so, die Vietnamesen auf dem Markt, die sind nicht so schwach […].[59]

---

58 Rbb/ZEIT ONLINE: Ich bleibe. In: *Baseballschlägerjahre, Folge 6*: 02.12.2020. TC: 03:46–04:44. Abrufbar unter URL: https://www.zeit.de/video/2020-12/rechte-gewalt-ostdeutschland-neonazis-baseballschlaegerjahre, letzter Zugriff: 10.12.2024.

59 Ebd., TC 08:49–09:44.

Nach und nach hätten die Übergriffe abgenommen. Die gewalttätige Selbsthilfe, zu der er sich entschlossen hatte, zeigte Wirkung.

5. Schluss

Rassismus in Rostock ist heute gleichbedeutend mit dem Pogrom 1992 am ›Sonnenblumenhaus‹. Aber es gab dort eben noch viele weitere und andere rassistische Gewaltpraktiken und -erfahrungen, vorgängige wie nachmalige. In diesem Sinne ermöglicht der zugleich geweitete und lokalgeschichtlich konzentrierte Blick auf Praktiken rassistischer Gewalt wie auf individuelle Erfahrungen, Reaktions- und Umgangsweisen eine Ebene der Kontextualisierung, die verhindert, dass rassistische Gewalt als ›Vorfall‹ oder isoliertes Ereignis wahrgenommen werden kann. Stattdessen wird sie systematisch in die höchst gewaltvolle Geschichte einer Gesellschaft im Umbruch eingeordnet.

Dafür ist es nötig – auch in Umkehr des lange Zeit täterzentrierten Diskurses –, die Perspektiven der Betroffenen und Überlebenden rassistischer Gewalt in ihrer Vielfalt wie in ihrer herausfordernden Ambivalenz zu rekonstruieren. Schaut man konsequent aus dieser Perspektive auf die Gewalt der ›Baseballschlägerjahre‹, dann wird deutlich, wie unpassend, ja unangebracht das moralische Plädoyer ist, ›den Opfern eine Stimme‹ geben zu wollen, bricht es sich doch an der Angst, dass mit dem Gehört-Werden eine Sichtbarkeit der eigenen Person einhergeht, die diese erneut zur Zielscheibe von Angriffen machen könnte. Wie risikoreich, aber auch belastend es sein kann, an die Öffentlichkeit zu treten, wissen Repräsentant*innen und Sprecher*innen wie Nguyen Do Thin oder Mai Phuong Kollath. Sie haben über Jahre hinweg und in zahlreichen Kontexten im Sinne einer Interessenvertretung die ganze ostdeutsche Community repräsentiert, und es wäre interessant, ihre öffentlichen, sich über die Jahrzehnte verändernden Überlebendenbiografien zu rekonstruieren.

Es gälte also, Erfahrungen mit und die Verarbeitung von rassistischer Gewalt jenseits normativer Überlegungen in ihrer ambivalenten Komplexität zu rekonstruieren. Wenn die Überlebenden nicht als Opfer passiviert, also nicht nochmals sekundär viktimisiert werden sollen, müssen ihre Biografien und Handlungsräume zur Gänze erforscht und ausgeleuchtet werden. Reaktionsweisen und Verarbeitungsformen waren vielfältig: Sie reichten von der Artikulation und Skandalisierung rassistischer Gewalt über Anzeigen bei der Polizei und migrantische Selbstorganisation bis hin zu gewalttätiger Selbstverteidigung. Gerade in einer entgrenzten, gewaltvollen Umbruchgesellschaft sollte so auch die Gewalt nachvollzogen werden, die die Betroffenen selbst anwenden mussten und anwendeten.

Erst sie macht deutlich, was ein Spezifikum dieser Zeitphase im Ganzen ist: wie groß das Machtvakuum und die Gefahrenzonen und wie klein die Schutzräume waren, wie sehr die ›Kippmomente‹ sich häuften und ›Verletzungsoffenheit‹ zunahm; wie sehr die Menschen aus all diesen Gründen auf sich selbst angewiesen waren. Eine solche Geschichte, die systematisch migrantisch perspektiviert ist, deren Wahrnehmungen wie Erfahrungen differenziert entfaltet und systematisch mit der Geschichte einer Gesellschaft im Umbruch verwebt werden, die also eine in jeder Hinsicht integrierte, migrantische Gesellschaftsgeschichte ist, ist gerade erst im Entstehen.

Deutungen und Repräsentationen der Transformation

Agnès Arp/Élisa Goudin-Steinmann

Die DDR als Vergangenheit

Umbruchserfahrungen im Familiengedächtnis

»Solange die Hasen keine Historiker haben, wird die Geschichte von den Jägern erzählt«, schreibt Howard Zinn in seiner 1980 erschienenen *Geschichte des amerikanischen Volkes*.[1] Darin geht es um die Rolle von Sklav*innen, Arbeiter*innen, Gewerkschafter*innen und Eingewanderten in der amerikanischen Geschichte von 1492 bis in die 1970er Jahre – all jener also, die historisch kaum wahrgenommen wurden, obwohl sie die Geschichte der USA mitgeschrieben haben. Ein solch neuer Blick trifft gegenwärtig auch die DDR: Die Wissenschaft interessiert sich für die Mehrheit ihrer Bürger*innen, die ›normalen‹ Menschen fern der Macht. Der Trend, der sich seit den Nullerjahren durchsetzt, alltagsgeschichtliche Perspektiven in der Forschung über die DDR stärker zu berücksichtigen, ist bekannt.[2] Die Lebensberichte von Ostdeutschen gelangen in den öffentlichen Raum, sind dennoch immer noch nicht in ein kollektives und gemeinsames Gedächtnis integriert.[3]

Im 2022 erschienenen Buch *Die DDR nach der DDR. Ostdeutsche Lebenserzählungen* ließen die Autorinnen dieses Beitrags Menschen zu Wort kommen, die die DDR selbst ›erlebt‹ hatten, und zeigten deren vielseitige Biografien auf.[4] Dabei wurde das Ineinandergreifen von beruflicher und familiärer Entwicklung

---

1 Howard Zinn entwickelte diese Idee in seinem Buch *A People's History of the United States*: Howard Zinn: A People's History of the United States, 1492 – Present. San Francisco 2007. Das Zitat in dieser Form stammt von einem Plakat zum Film: Daniel Mermet/ Olivier Azam: *Howard Zinn: Une histoire populaire américaine,* F 2015.

2 Diesen Forschungstrend in der Alltagsgeschichte begründete in den 1980er Jahren Dorothee Wierling mit ihrem Buch über Dienstmädchen, die sie als eine soziale Gruppe betrachtet, der die Stimme entzogen wurde. Wierlings Ziel ist es, ihre Welt zu rekonstruieren, dabei aber die Außenperspektive zu vermeiden. Dorothee Wierling: Mädchen für alles, Arbeitsalltag und Lebensgeschichte städtischer Dienstmädchen um die Jahrhundertwende. Bonn 1987. Siehe dazu weiterhin die Übersicht im letzten Kapitel bei Agnès Arp/Élisa Goudin-Steinmann: Die DDR nach der DDR. Ostdeutsche Lebenserzählungen. Gießen 2022, S. 211 – 243.

3 Siehe Agnès Arp/Annette Leo: Mein Land verschwand so schnell ... 16 Lebensgeschichten und die Wende 1989/1990. Weimar 2009.

4 Dieser Text basiert auf der Publikation: Arp/Goudin-Steinmann: Die DDR nach der DDR (wie Anm. 2).

beobachtet. Ein zentraler Befund der Studie war, dass diese Erzählungen sehr nuanciert und vielseitig ausfielen, im Gegensatz zu den oft pauschalen Urteilen über ›das Leben in der Diktatur‹.[5]

Wie werden die DDR und die Transformationszeit fast 30 Jahre danach erzählt? Wie lässt sich eine lebendige Geschichte der DDR anders darstellen, als es in Medien, Museen[6] und Geschichtsbüchern geschieht? Mehrere Themen durchziehen die Interviewstudie, wie Erziehung, Pflege, berufliche Entwicklung, Antifaschismus, Freiheit, Konsum, Erbe, Vertrauen, Vaterland, Individualismus, der Aufstieg der extremen Rechten oder die Stellung der Frau, ohne das zentrale Thema der Arbeitslosigkeit außer Acht zu lassen. Arbeitslosigkeit als völlig neue Massenerfahrung, als Ursache für ein Gefühl des allgemeinen Orientierungsverlustes, aber auch als Eröffnung vieler neuer Möglichkeiten. Obwohl sich die Anhänger*innen politischer Veränderung in den 1980er Jahren größere Freiräume erkämpft hatten, schien der sozialistische deutsche Staat für seine Bewohner*innen bis zum Ende nahezu unerschütterlich. Viele ehemalige DDR-Bürger*innen beschreiben das Gefühl eines Abgrundes, der sich unter ihren Füßen auftat, sprechen von Erstaunen und Angst angesichts der plötzlichen Unvorhersehbarkeit, die den starren politischen und sozialen Strukturen der DDR folgte. Heute, mehr als 30 Jahre nach dem Ende der DDR, hat die Mehrheit der ostdeutschen Bürger*innen wieder Fuß gefasst und ein enormes Anpassungs- und Resilienzvermögen bewiesen.[7]

Wir betrachten eine Entwicklung, die mit der kollektiven Erfahrung von massiven biografischen Entwertungen begann, und die heute, nach einer Phase der gemeinsamen und individuellen, meist schüchternen und lautlosen Wiederaneignung, zu einer Aufwertung der Vergangenheit und der gemachten Erfahrungen führt. Dabei ist zu betonen, dass die erste Entwertung der DDR auf die Entscheidung der Bürger*innen zurückgeht, ihr Land vor dem Mauerfall zu verlassen und fernab ihrer sozialen Bindungen ein neues Leben anzufangen. Die Ausreisebewegung hat ganz wesentlich dazu beigetragen, dass sich die

---

5 Siehe dazu ARP/GOUDIN-STEINMANN: Die DDR nach der DDR (wie Anm. 2), S. 211–243.

6 In ihrem 2016 erschienenen Roman *Familie der geflügelten Tiger* beschreibt Paula Fürstenberg ihren Besuch im DDR-Museum in Berlin und ihre Fassungslosigkeit: »[U]nd bei nichts von alldem kam Erinnerung auf, Erinnerung an eine Erzählung meiner Mutter oder an ein Foto von damals. [...] Hier werden künstliche Erinnerungen fabriziert. Für Menschen, die nicht dabei waren«. PAULA FÜRSTENBERG: Familie der geflügelten Tiger. Köln 2016, S. 106 f.

7 Siehe z. B. die Biografien und Aussagen von Karin Günther, Arno Wellenborn, Markus und Franz Creutzer, Sylke Jahn, Melanie Pohl, Anna und Johann Meier, Ricarda Schönherr, Erika Horn, Hannelore Rotbusch, Ruth Hahnemann, Hans Buche, Ilse und Volker Leander in ARP/GOUDIN-STEINMANN: Die DDR nach der DDR (wie Anm. 2).

SED nicht an der Macht halten konnte. Die Mehrheit der DDR-Bürger*innen wünschte sich den politischen Wandel, weshalb die Formulierung ›Zusammenbruch der DDR‹ nicht der aktiven und mutigen Rolle gerecht wird, die die Bürger*innen während der Revolution spielten. Diese Formulierung war und bleibt sehr beliebt, vor allem in den westdeutschen Medien und bei allen, die nicht an dieser Revolution teilgenommen hatten, die sie nur von außen verfolgten, beobachteten und stärker den Zusammenbruch eines Staates wahrnahmen als den Kampf eines Teiles der Bürger*innen gegen das SED-Regime und die Staatssicherheit, gegen Unterdrückung und Willkür. Im Juni 1989, nur wenige Monate zuvor, hatte man in einem anderen kommunistischen Land Panzer eingesetzt, um die Demonstrationen auf dem Tian'anmen-Platz in Peking blutig zu beenden. Und dieses Ereignis war allen, die im Herbst 1989 auf die Straße gingen, in frischer Erinnerung.

Es ist immer schwierig, die Dynamik einer Revolution im Nachhinein zu rekonstruieren. In der DDR spielten mehrere Faktoren eine Rolle, darunter die Situation in der Sowjetunion, der 40. Jahrestag der Gründung der DDR und der Besuch Michail Gorbatschows in Berlin zu diesem Anlass. Es steht aber fest, dass die Friedensbewegung unter dem Dach der evangelischen Kirche und das Engagement der Bürgerrechtler*innen, die ihr Land reformieren wollten, die Montagsdemonstrationen und die Provokationen gegen die Staatsmacht eine entscheidende Rolle gespielt haben. Dabei sollen die Ausreiseströme der Menschen, die ihre Zukunft in anderen Ländern sahen, nicht unterschlagen werden. Die DDR war zwar wirtschaftlich am Ende, aber sie fiel nicht zusammen wie ein Kartenhaus. Eine zweite Entwertung, unmittelbar vor den negativen Erfahrungen, die die Umformung der Gesellschaft mit sich brachte, fand am 18. März 1990 statt, als die Mehrheit der Bürger*innen sich für einen schnellen Beitritt zur Bundesrepublik entschied.

Im folgenden Beitrag sollen die Handlungsspielräume und Möglichkeiten einzelner Personen betrachtet werden. Eine Opferperspektive wird dabei bewusst umgangen, indem die Handlungsmacht und das verantwortungsvolle Vorgehen der Menschen in den Mittelpunkt gerückt werden. Aus diesem Grund wird das konkrete Beispiel zweier Brüder, Markus und Franz Creutzer[8], vorgestellt, deren Familie die verschiedenen oben skizzierten Nuancen verkörpert: Anpassungsvermögen, Distanz bzw. Nähe zur Macht, die Schwierigkeit, im Nachhinein das Handeln des Vaters und eines Sohnes nachzuvollziehen, und ein differenzierter Umgang mit dem neuen System.

8 Die Namen der Interviewpartner wurden für den Beitrag pseudonymisiert.

1. Familiäre Aufarbeitung einer Stasi-Vergangenheit

Markus (geb. 1962) und Franz (geb. 1967) Creutzer stammen aus einer Familie mit vier Söhnen, der Vater war Oberarzt, die Mutter Apothekerin. Franz Creutzer bezeichnet seine Familie als »durch und durch unpolitisch« (was Markus bestreitet) und mit einer starken christlichen Prägung: katholisch durch die Mutter, evangelisch durch den Vater. Der Vater, ein angesehener Arzt, war ein Patriarch. Die Eltern sorgten sich ständig darum, dass ihre Kinder kein Abitur machen dürften, weil Arbeiterkinder in ihrer schulischen Ausbildung bevorzugt wurden, sie selbst aber aus einem intellektuellen Haushalt kamen. »Sie lebten noch in ihrem politischen Bewusstsein wie in den 60er Jahren.«[9] Franz erinnert sich an eine Plastiktüte des KaDeWe, die er nicht mit in die Schule nehmen durfte. Seine Eltern dachten, man würde ihn sofort verhaften. Heute schmunzeln sie darüber. Zuhause stand das Telefon direkt neben der Wohnungstür, deswegen mussten alle leise sprechen. »Die Eltern waren geradezu paranoid«, sagt Markus.[10] Der Vater wird als eine höchst moralische Person beschrieben, die hohe Anforderungen an seine Söhne stellte und das politische System zu Hause stark kritisierte.[11] Etwa 20 Jahre nach dem Mauerfall traf die Nachricht, dass der Vater jahrelang als Inoffizieller Mitarbeiter (IM) für die Staatssicherheit gearbeitet hatte, die vier Brüder wie ein Schlag. Wie verlief das Leben dieser Familie zu DDR-Zeiten?

Franz Creutzer erinnert die große Vertrautheit zwischen den Bewohner*innen des Viertels, in dem er als Kind wohnte, und eine enorme Freiheit beim Spiel mit den Nachbarkindern aus unterschiedlichen sozialen Schichten. Bergleute wohnten neben Ärzt*innen, es gab keine großen Einkommensunterschiede. Er spricht von »sozialer Nivellierung«[12]. Der Plattenbau funktionierte wie »ein Dorf in der Stadt«[13], die Eltern halfen sich gegenseitig, passten auf die Kinder der anderen auf. »Jeder kannte jeden.«[14] Sein Vater verdiente nicht sehr viel mehr als die Arbeiter oder Handwerker im Haus. Für die Kinder war es gut, »es

9 Interview von Agnès Arp mit Markus und Franz Creutzer am 28. November 2018, Datei 1, TC 00:17:07. Das Interview wurde teiltranskribiert, jedoch bislang nicht veröffentlicht bzw. zur Nutzung bereitgestellt.

10 Ebd., TC 01:48:10.

11 Ebd., Sequenz TC 01:42:51–01:45:40.

12 Ebd., TC 00:06:02.

13 Ebd., TC 00:05:32.

14 Ebd., TC 00:05:22.

gab keine sonderliche Distinktion«[15], »wir waren alle gleich«, »sozial war es nicht schlecht«.[16]

Dennoch bestand der Freundeskreis seiner Eltern zu 90 Prozent aus Arztfamilien, und sein Vater legte Wert darauf, dass seine vier Söhne Medizin studierten. Zwei folgten letztlich seinem Wunsch. An dieser Stelle werden die Grenzen der Durchmischung sozialer Schichten deutlich. Die Wohnungspolitik der DDR hat nicht verschwinden lassen, was der französische Soziologe Pierre Bourdieu als »Reproduktion« bezeichnet.[17] Markus wuchs drei Jahre, bis 1965, bei seinen Großeltern auf, weil seine noch sehr jungen Eltern studierten und in einer zu kleinen Wohnung lebten. Das war damals üblich. Die Großeltern zogen weiter weg, und er sah seine Eltern monatelang nicht. Markus weiß, dass man eine solche Entscheidung heute vielleicht nicht mehr treffen würde, weil man mehr über die Bindung der Kinder an ihre Eltern weiß. Rückblickend glaubt er aber, dass es wahrscheinlich keine Alternative gab. Später kam er zu seiner Familie zurück, die Trennung von den Großeltern war schmerzhaft. Als 1969 der jüngste der vier Söhne geboren wurde, zog die Familie in eine Wohnung in einem neu errichteten Viertel, näher am Arbeitsort des Vaters. Markus hatte nie das Gefühl, während seiner Kindheit etwas vermisst zu haben, er fühlte sich »sehr behütet«[18].

Das Sozialsystem der DDR zu loben und zugleich mit Ironie und kritischer Distanz über dieses System zu sprechen, ist durchaus miteinander vereinbar. Viele ehemalige DDR-Bürger*innen teilen diese kollektiven Erfahrungen, die in der Schule sowie bei den Pionieren anfingen, und bewahren in ihren Erinnerungen die schönen, lustigen, leichten Aspekte. Franz Creutzer war mit seinen Brüdern in den Jugendorganisationen aktiv. Die vier Kinder haben »das ganze DDR-Paket mitgenommen«[19], von den Pionieren bis zur FDJ. Franz hatte anfangs Ämter bei den Jung- bzw. Thälmannpionieren[20], in der fünften Klasse bekleidete er das höchste Pionieramt der Schule als Freundschaftsratsvorsitzender. Er gab die Kommandos beim Schulappell und ließ jeden Morgen die Fahne hissen. Er erinnert sich mit einem leichten Grinsen: »400 Schüler machen, was du

15 Interview mit Markus und Franz Creutzer (wie Anm. 9), Datei 1, TC 00:07:34.

16 In einigen osteuropäischen Städten besteht diese soziale Vielfalt in den Plattenbauten fort. In der bulgarischen Hauptstadt Sofia z. B. gibt es ganze Stadtviertel, die noch die alten Namen tragen: »Jugend 1«, »Jugend 2« usw.

17 Pierre Bourdieu/Jean-Claude Passerson: La reproduction. Éléments d'une théorie du système d'enseignement. Paris 1970.

18 Interview mit Markus und Franz Creutzer (wie Anm. 9), Datei 1, TC 00:05:03 und 00:09:36.

19 Ebd., TC 00:11:36.

20 Nach drei Jahren als »Jungpionier« wurde man im Alter von zehn bis dreizehn Jahren »Thälmannpionier«, benannt nach dem kommunistischen ›Widerstandshelden‹ Ernst Thälmann.

befiehlst.«[21] Und er weiß heute noch nicht, wie er sich für dieses Amt qualifiziert hatte. Er war ein guter Schüler, Klassenbester, aber er glaubt, dass es auch mit seiner Familie zu tun hatte. Er erwähnt den Opportunismus seiner Eltern, ihre Anpassung als ›Bürgerliche‹, als Angehörige der sogenannten Intelligenz, an ein System, das sich als ›Arbeiter- und Bauernstaat‹ verstand. Dahinter stand die Sorge um die eigene Sicherheit, die vor allem für seinen Vater sehr wichtig war, der Karriere machen und weder sich noch seine Familie gefährden wollte. 1979, zum 30. Jahrestag der DDR, war Franz mit einer Gruppe von Pionieren aus der ganzen Republik bei der Eröffnung des Pionierpalastes ›Ernst Thälmann‹ in Berlin. Er stand neben Sigmund Jähn, ein unglaubliches Ereignis für den Jungen, der den ersten deutschen Kosmonauten, der 1978 in den Weltraum geflogen war, als Helden ansah. Jähn war eine allgegenwärtige Identifikationsfigur.[22] Bei all diesen Erfahrungen, sowohl der Reise als auch dem Alltag in der Schule und bei den Pionieren, spielte das Kollektiv eine entscheidende Rolle.

Markus und Franz Creutzer haben in ihrer beruflichen Entwicklung von den Veränderungen in den 1990er Jahren sehr profitiert. Markus hatte Ende der 1970er Jahre Abitur gemacht und wollte Journalist werden, aber ein Bekannter seines Vaters – selbst Redakteur des *Neuen Deutschland* – riet ihm entschieden davon ab. Er war der Abteilungsleiter Landwirtschaft und musste ständig neue Rekordernten melden. Markus vermutet, dass sein autoritärer und paternalistischer Vater das Gespräch herbeigeführt hatte, um ihn zu desillusionieren und ihn zugleich auf den vorgezeichneten Weg zur Medizin zu bringen. Das aber wollte Markus auf keinen Fall. Er entschied sich für ein Jurastudium. In der DDR brauchte man dafür »Lebenserfahrung«[23], die weiblichen Bewerberinnen mussten zunächst einmal in der Produktion oder in der Landwirtschaft arbeiten, ehe sie mit dem Studium beginnen durften. Seine erste Frau hat so beispielsweise zwei Jahre Butter abgepackt. Markus musste sich der Bedingung für männliche Jurabewerber in der DDR beugen: dem dreijährigen Militärdienst anstelle der 18 Monate Grundwehrdienst. Wie viele junge Männer seiner Generation hat er während dieser drei Jahre schwierige und schmerzhafte Erfahrungen gemacht, es sei wie

21 Interview mit Markus und Franz Creutzer (wie Anm. 9), Datei 1, TC 01:37:44.

22 Siehe Christina Heiduck: Kosmos und Kommunismus. Die Kosmonauten Mirosław Hermaszewski und Sigmund Jähn als sozialistische Helden in der Volksrepublik Polen und der DDR (Europäische Diktaturen und ihre Überwindung, 32). Köln/Weimar/Wien 2024.

23 Aus marxistischer Sicht war es notwendig, sich als junger Mensch mit dem realen Leben auseinanderzusetzen, d. h. Arbeitserfahrung in einem VEB oder in einer LPG zu sammeln, bevor ein Studium begonnen wurde, insbesondere wenn man nicht aus der Arbeiterklasse stammte. Ziel war es, dass die Studierenden nicht außerhalb der realen Welt stehen. Interview mit Markus und Franz Creutzer (wie Anm. 9), Datei 1, TC 00:56:02.

ein großes schwarzes Loch gewesen.[24] Das war Anfang der 1980er Jahre, als eine neue ›Eiszeit‹ im Kalten Krieg[25] begann. Am Ende der Dienstzeit arbeitete er im Kulturhaus seiner Kaserne. Das heiß ersehnte Jurastudium gefiel ihm, obwohl es sehr parteinah und politisch war, und die Teilnahme an den Vorlesungen obligatorisch. Markus wollte aber weder Notar noch Richter werden, das eine war zu »staubig«, das andere zu »staatsnah«.[26] Der Wunsch, Anwalt zu werden, war jedoch aussichtslos. In den 1980er Jahren gab es in der ganzen DDR nur 600 Rechtsanwältinnen und Rechtsanwälte (zum Vergleich: In München waren es im selben Zeitraum achtmal so viele), und »man brauchte eigentlich keine Anwälte in der DDR«.[27] Er bewarb sich also um eine Doktorandenstelle, die er erhielt, obwohl er kein Parteimitglied war. Nach einem Jahr durchkreuzte die deutsche Einheit jedoch seine Pläne. Die Furcht, die DDR-Jurist*innen würden nach der Vereinigung nicht mehr benötigt, und die bevorstehende Geburt seines Sohnes brachten Markus dazu, die Richtung zu ändern (»Ein Plan B war immer wichtig.«[28]) und seinem ursprünglichen Berufswunsch, Journalist zu werden, nachzugehen. Das Ende der DDR befreite ihn, er schrieb begeistert Reportagen. Dennoch fasste er als junger Jurist schnell Fuß, denn »ein Diebstahl ist ein Diebstahl, das ist im Westen nicht anders als im Osten«[29]. Markus bekam ein Angebot von einem Forschungsinstitut in Bayern, das er trotz der damit verbundenen Trennung von seiner Familie annahm. Er blieb nicht lange dort, sondern begann in Ostdeutschland eine Laufbahn als Staatsanwalt. Zwischenzeitlich wechselte er

24 Interview mit Markus und Franz Creutzer (wie Anm. 9), Datei 2, TC 02:36:30–02:36:45 und TC 02:41:39–02:41:56. Siehe auch den autobiografischen Roman: Jens Bisky: Geboren am 13. August. Der Sozialismus und ich. Hamburg 2004.

25 Ende der 1970er Jahre und Anfang der 1980er Jahre zeichnete sich eine neue Eiszeit im Kalten Krieg ab. Der Westen fühlte sich durch die Stationierung neuer sowjetischer Mittelstreckenraketen (SS-20) in Osteuropa bedroht. Das ›Gleichgewicht des Schreckens‹ geriet ins Wanken, es kam zum NATO-Doppelbeschluss am 12. Dezember 1979. Kurz danach marschierten sowjetische Truppen in Afghanistan ein. Im Weißen Haus kam es im Januar 1981 zu einem Präsidentenwechsel: Der Demokrat Jimmy Carter wurde von Ronald Reagan abgelöst. Reagan trat seine Präsidentschaft mit der klaren Ansage an, den Kalten Krieg zu gewinnen. Zwischen 1981 und 1986 führten die USA ein gigantisches Aufrüstungsprogramm durch.

26 Interview mit Markus und Franz Creutzer (wie Anm. 9), Datei 1, TC 00:42:12 und TC 00:35:14.

27 Ebd., TC 00:44:03; siehe auch Christian Booss: Im goldenen Käfig. Zwischen SED, Staatssicherheit, Justizministerium und Mandant – die DDR-Anwälte im politischen Prozess. Göttingen 2017 sowie Christian Booß im Interview mit dem MDR: Anwälte in der DDR: Dem Staat treu, nicht dem Mandanten, 9. März 2018. Online abrufbar unter URL:https://www.mdr.de/geschichte/ddr/politik-gesellschaft/stasi/christian-booss-anwaelte-justiz-100.html, letzter Zugriff: 29.07.2024.

28 Interview mit Markus und Franz Creutzer (wie Anm. 9), Datei 1, TC 00:48:42.

29 Ebd., TC 00:37:21.

zu einem Ministerium und arbeitete später als juristischer Berater in einer ehemaligen Sowjetrepublik.

Seine erste Frau hatte größere Schwierigkeiten, ihren Platz zu finden. Sie war SED-Mitglied und wollte Richterin werden, wurde aber 1988 wegen ihrer Unterstützung für Glasnost und Perestroika nicht ins Amt gewählt. Vor den Sommerferien 1989 kapitulierte und kündigte sie. Ihr Traum zerbrach. Vier Jahre später wurde sie wegen dieser Kündigung rehabilitiert und 1993 zur Richterin ernannt. Doch nun hatte sie ein kleines Kind und schaffte es nicht, die für einen erfolgreichen Wechsel ins nun gesamtdeutsche Recht nötigen Weiterbildungen zu absolvieren. Wegen all dieser Faktoren musste sie in der Probezeit aufgeben. Trotz allen Eifers, die neuen Gesetze zu erlernen, war der Rückstand zu groß. Die Schmach war gewaltig. Später bot ihr eine Kölner Kanzlei eine Stelle an, ein Anwalt der Kanzlei verliebte sich in sie. »Außerdem war er aus dem Westen und sah auch noch aus wie Kennedy junior!«[30] 1993 verließ sie Markus.

Franz, Markus' jüngerer Bruder, wollte in den 1980er Jahren Nahost-Wissenschaften studieren, er interessierte sich für die religiösen Konflikte der Region, scheiterte jedoch an der Voreignungsprüfung. Anders als sein Bruder hatte er keinen Plan B. Schließlich schlug ihm sein Vater vor, Informatik zu studieren, und vermittelte ihm einen Besuch an der Akademie der Wissenschaften in Adlershof, um sich zu informieren. Das war damals für ihn eine »andere Galaxie«[31]. Eltern und Lehrer redeten ihm zu, drei Jahre zur Armee zu gehen, als FDJ-Sekretär seiner Klasse sollte er Vorbild sein. Er weigerte sich und musste sich vor der Schuldirektorin rechtfertigen. Die Aussicht, von seiner damaligen Freundin getrennt zu werden, gab ihm den Mut, nein zu sagen. Er leistete nur den Grundwehrdienst von 18 Monaten. Rückblickend bezeichnet er diese als »relativ verschenkte Zeit«[32].

Als er 1988 sein Informatikstudium begann, war Glasnost im Fachbereich spürbar, »es passierte ganz viel«[33]. Auch an der Universität bewegte sich etwas, er lernte den Theologen Heinrich Fink kennen, der 1990 zum Rektor ernannt wurde (»eine verrückte Sache«[34]), und die Studierenden bekamen ein Mitspracherecht. Der Mauerfall war für ihn ein magischer Moment. Am Abend des 9. November 1989, dem Vortag seines 22. Geburtstages, saß Franz im Zug und hörte im Radio live die Pressekonferenz von Günter Schabowski. Er dachte, er habe falsch verstanden. Mit der Familie feierte er fern der jubelnden Menge in Berlin seinen Geburtstag.

30 Interview mit Markus und Franz Creutzer (wie Anm. 9), Datei 1, TC 01:06:19.
31 Ebd., TC 01:56:40.
32 Ebd., TC 01:58:48.
33 Ebd., TC 02:01:10.
34 Ebd., TC 02:05:39.

»Dann riefen meine Kommilitonen an und sagten, dass sie im Westen wären.«[35] Als er am Montag wieder in die Uni kam, saßen Studierende in der Vorlesung und lasen die *BILD*-Zeitung, das konnte er kaum fassen. Auch er beschreibt eine Erstarrung und zugleich das Gefühl einer rasenden Beschleunigung.

Anfang 1990 ging er auf Wohnungssuche. Die Situation war günstig, viele Ausgereiste hatten leere Wohnungen zurückgelassen. Auf der Straße traf er eine Studentin, die er an ihrem forschenden Blick als Wohnungssuchende erkannte. »Ich sehe mich noch die Straße langgehen, nach Wohnungen gucken, wo kein Licht brennt.«[36] Im Scheunenviertel, einem alten Viertel in Ostberlin (heute im Bezirk Mitte), betraten sie eine dieser Wohnungen ohne Licht, deren Bewohner*innen einige Wochen zuvor in den Westen gegangen waren. Er öffnete die Wohnung mit einem Dietrich, sie gefiel ihm nicht, aber die Studentin zog dort ein und erhielt später eine offizielle Genehmigung. »Das war verrückt.«[37] Franz fand mit seinem Freund eine andere Wohnung im Hinterhaus, die Wohnung eines Polizisten, der ausgereist war. Damals reichte es, zur Wohnungsbaugesellschaft zu gehen, um zum offiziellen Mieter zu werden. »Man bekam Schlüssel und einen Mietvertrag. Alles!«[38] Danach veränderte sich die Stadt Berlin sehr schnell und radikal. Insgesamt hatte Franz Glück, dass er sein Studium beenden und sich beruflich ohne Schwierigkeiten anpassen konnte. Das Studium finanzierte er als Taxifahrer im wiedervereinigten Berlin, dabei hatte er bald mehr Schwierigkeiten, sich in Ostberlin zurechtzufinden als in Westberlin. Mit dem Diplom in der Tasche begann er ein Pharmaziestudium. Franz sagt, dass er im Zuge des politischen Umbruchs »nur gewonnen, nichts verloren«[39] habe. Er erlebte die 1990er Jahre in einer sehr positiven Dynamik ständiger Entdeckungen. Nie fühlte er sich als Bürger zweiter Klasse, immer privilegiert, und er gibt zu, dass er viel Glück hatte, und fragt sogar: »Wer hatte schon so viele Chancen wie ich?«

Oft beeinflusst der westdeutsche Blick auf die DDR nach 1989 die Sichtweise der früheren DDR-Bürger*innen, sie ärgern sich, weil das meist sehr negative Bild der DDR nicht mit ihrer Vorstellung von dem Land übereinstimmt, in dem sie gelebt haben. Doch das Gefühl, man habe ungestört vom Staat ein ›normales‹ Leben geführt, ist zuweilen trügerisch. Die Creutzer-Brüder erzählen sehr aufgewühlt, welche emotionalen Spuren der Eingriff der Staatssicherheit in die Familienbiografie hinterließ. Die Spannung zwischen Mitmachen und öffentlicher

35 Interview mit Markus und Franz Creutzer (wie Anm. 9), Datei 1, TC 02:08:38.

36 Ebd., TC 02:02:31.

37 Ebd., TC 02:05:39.

38 Ebd., TC 02:05:35.

39 Ebd., Datei 2, TC 02:39:01.

Kritik ging mitten durch ihre Familie: Als sie damals erfuhren, dass ihr Vater in die SED eingetreten war, wurde in der Familie kaum darüber gesprochen, obwohl die Söhne die Parteimitgliedschaft als Ausdruck des Opportunismus verstanden hatten. Die abendlichen Familiengespräche über das politische Leben in der DDR und erst recht über die SED blieben immer sehr kritisch. Umso größer war dann die Überraschung, als sie etwa 25 Jahren nach dem Mauerfall von der IM-Tätigkeit des Vaters erfuhren. Die Entdeckung führte auch zwischen den vier Brüdern zu einem Riss.

Was war passiert? Nach dem Tod des Vaters äußerte Markus, der das Familienbuch von Marion Brasch[40] gerade gelesen hatte, den Verdacht, der Vater sei IM gewesen, und öffnete damit »die Büchse der Pandora«[41]. Er wollte diesem Verdacht dennoch nicht nachgehen. Als Udo, der Jüngste, einen Antrag auf Akteneinsicht stellen wollte, waren auch die anderen beiden Brüder dagegen, mit der Begründung, der Vater habe es zu seinen Lebzeiten immer abgelehnt, über gewisse Sachen, darunter seine politischen Entscheidungen, zu sprechen. Sie fürchteten sich vor der Auseinandersetzung mit diesem tabuisierten Teil seines Lebens. Doch Udo blieb hartnäckig und folgte seinem Bedürfnis nach Wahrheit. Er erfuhr, dass es zwar eine Akte gab, aber die Berichte über die IM-Tätigkeit des Vaters verschwunden waren. Lediglich das Datum seiner Verpflichtung war bekannt, erstaunlich früh, gleich nach dem Ende seines Studiums. Im Familienalltag, in den Worten ihres Vaters war die Stasi ein verachtenswerter Verein. Die Söhne empfinden es als »schizophren«[42], dass ihr Vater ihnen die Verachtung für Stasi-Zuträger vermittelte und den Kommunismus für eine »Utopie« hielt, weil es dafür, so meinte er, nicht die richtigen Menschen gebe, er aber gleichzeitig als Inoffizieller Mitarbeiter des Ministeriums für Staatssicherheit (MfS) tätig war. Als die Mauer fiel, war der Vater zunächst euphorisch, doch bald kam die Ernüchterung, weil es zu schnell ging. Als Arzt sorgte er sich nun um viele seiner Patient*innen, die wegen der Abwicklung ihrer Betriebe arbeitslos geworden waren.

Die Stasiakten konnten den Brüdern nicht helfen, das Puzzle zusammenzusetzen. Sie haben bis heute nur Mutmaßungen zu den Entscheidungen ihres Vaters. Die Geschichte ereilte sie in einem Moment, als sie dachten, mit diesem Lebensabschnitt ihren Frieden gemacht zu haben. Für Markus, den Ältesten, stört das Wissen, dass sein Vater IM war, die Erinnerungen und Bilder, die

40 Marion Brasch: Ab jetzt ist Ruhe. Roman meiner fabelhaften Familie. Frankfurt am Main 2012.

41 Interview mit Markus und Franz Creutzer (wie Anm. 9), Datei 2, TC 00:11:50. Siehe auch ebd., TC 01:02:50–01:03:41.

42 Ebd., TC 00:20:01.

er von ihm bewahrt hat. Er bedauert, dass er nicht mehr mit ihm reden kann. Nach der Vereinigung hatte der Vater die Meinungsfreiheit in der Bundesrepublik infrage gestellt. Vielleicht erklärt sich mit den neu erlangten Erkenntnissen die Unfähigkeit, sich den neuen Sitten anzupassen. Er war »immer in der Defensive«[43]. Hier sollte erwähnt werden, dass der Vater als Zwölfjähriger von seiner Mutter verlassen worden war. Sie war nach Westdeutschland gegangen und hatte Mann und Kinder zurückgelassen. Der Vater hat seinen Söhnen nie verraten, wo sie beigesetzt ist. Es gab in der Familie also viele Tabus, viel Unausgesprochenes, das mit der Spaltung Deutschlands und nicht nur mit der DDR-Diktatur zu tun hatte.

Zweifellos gibt es in einer Familie, die durch die Mitarbeit einzelner Mitglieder bei der Staatssicherheit gespalten ist, viele Missverständnisse. Die Trennlinien zwischen privat und öffentlich sind durchlässig, und für den Prozess der Aufwertung, der für eine unbefangenere Beziehung zur DDR-Vergangenheit nötig wäre, ist ein Bewusstsein dieser Durchlässigkeit notwendig: Die Gesellschaft war nicht dichotom in Opfer und Täter gespalten. Die Verhältnisse waren komplex; Kritik üben und Mitmachen bildeten nicht zwangsläufig Gegensätze. Die von Franz aufgeworfene Frage der politischen Reife seines Vaters ist interessant. Wie lässt sich erklären, dass er sich privat so kritisch gegen die SED äußerte und zugleich als IM das System stützte? Für die Psychologin Annette Simon liegt ein Grund für die zunehmende Radikalität im Osten in der schwach entwickelten politischen Reife unter anderem durch die paternalistische Rolle, die der Staat in der DDR spielte: Wenn sich die DDR-Jugendlichen vom Elternhaus emanzipieren wollten, trafen sie »auf eine Kultur, die sie erneut einbinden und auf sich kritiklos verpflichten wollte«. Die DDR

> schrieb sich als eine Art Elterninstanz in die Seelen ein, die man dann auch jederzeit [...] für sein eigenes Schicksal verantwortlich machen konnte. [...] Besonders beliebt, ja ein geradezu weitverbreiteter Volkssport war es, die Gesetze des Staates mit klammheimlicher Freude hintenherum außer Kraft zu setzen [...][44],

– ebenso wie ein Kind oder ein Teenager bei den Eltern, nur dass eine Emanzipation nicht möglich war. 1989 änderte sich das auf kollektiver Ebene, die DDR-

---

43 Interview mit Markus und Franz Creutzer (wie Anm. 9), Datei 2, TC 00:22:16.

44 Annette Simon: »Ostdeutschland. Wenn Familie zu sehr wärmt«. In: *Zeit Online,* 3. Juli 2019. Abgerufen unter URL: https://www.zeit.de/2019/28/ostdeutschland-rechtsruck-ddr-antifaschismus-kulturwandel?utm_referrer=https%3A%2F%2Fwww.google.com%2F, letzter Zugriff: 27.06.2023.

Bürger*innen wagten den frontalen Konflikt. Dieser politische Mut wird in der westdeutschen Gesellschaft oft nicht anerkannt. Die Utopie der Demonstrant*innen des Jahres 1989 in der DDR hieß: »Wir sind das Volk« und lag in der Hoffnung, dass endlich das Volk die Geschichte weiterschreiben und das kollektive Schicksal verändern werde. Aber dazu ist es nicht gekommen, die Handlungsfähigkeit wurde ihnen sehr schnell genommen. Die Träger*innen der Utopie waren leider immer eine Minderheit. Nach so vielen Jahren in einem Land, in dem offene Auflehnung schwerwiegende Konsequenzen hatte, in dem man seine Meinung nie allzu offen sagen durfte, wo der stumme Widerstand zum gesellschaftlichen Repertoire gehörte, versuchten die Ostdeutschen, so vermutet Simon, nach 1990 ein weiteres Mal sich anzupassen:

> Sie versuchten nicht, sich in sie [die Bundesrepublik] einzubringen und durch Mitwirken zu verändern, beziehungsweise sich gegen einige der neuen Zumutungen zu wehren. Sondern sie versuchten erneut, sie mit passivem Widerstand zu umgehen.[45]

In Bezug auf den Verlust der Utopie von 1989 schlussfolgert sie:

> Die gerade mühsam erworbene Mündigkeit im politischen Handeln ging bei manchen wieder verloren in dem Gefühl, sich in der gemeinsamen Bundesrepublik eher wieder ohnmächtig neuen Strukturen und Zwängen ausgeliefert zu sehen.[46]

Einige haben dennoch versucht, der Revolution von 1989 eine andere Fortsetzung zu geben, um die Vereinigung zu verhindern. Unter ihnen war die Mutter von Annette Simon, Christa Wolf. Um sie scharrten sich jedoch vor allem Intellektuelle und Künstler*innen, ihr Versuch stieß in der ostdeutschen Bevölkerung zu jenem Zeitpunkt auf wenig Echo.[47] Sie waren zu lange in einer Ethik des Schweigens und der Loyalität gefangen, obwohl sie in der DDR-Gesellschaft Einfluss hatten. Ihre Wortmeldung kam zu spät.[48] Sie wurde vom Wahlkampfgetöse um Kanzler Helmut Kohl hinweggeschwemmt, der den Menschen »blühende Landschaften« versprach, wenn sie in der DDR ein Parlament wählen würden, das seiner Vorstellung einer schnellen Vereinigung der beiden deutschen Staaten teilte.

---

45 Simon: »Ostdeutschland. Wenn Familie zu sehr wärmt« (wie Anm. 44).

46 Ebd.

47 Siehe den Appell »Für unser Land«: Christa Wolf u. a.: Aufruf »Für unser Land«. In: *Neues Deutschland*, 26. November 1989, S. 2.

48 Siehe Sonia Combe: Loyal um jeden Preis. ›Linientreue Dissidenten‹ im Sozialismus. Berlin 2022 (franz. Erstausgabe 2019).

2. Die DDR in Familienerinnerungen – ein Interviewprojekt aus Sondershausen

Die Frage der Familienerinnerungen in ostdeutschen Familien wird heute immer intensiver erforscht. Ein Geschichtslehrer[49] aus Sondershausen in Thüringen hat 2019 die Schüler*innen einer elften Klasse mit Familieninterviews betraut: Sie sollten Personen aus ihrem Umfeld (den Vater, eine Tante, eine Großmutter usw.) bitten, ihre Erinnerungen über die DDR zu erzählen, und die Ergebnisse zusammenfassen.[50] Beim Lesen der Berichte fällt auf, dass der Begriff der ›Geborgenheit‹ mit all seiner Zwiespältigkeit – der rückblickenden Wahrnehmung der DDR als geschützter Raum – häufig in den Aussagen auftaucht. So erklärte die Großmutter eines Schülers, sie habe sich in ihrer Kindheit »behütet und beschützt« gefühlt, aber dieses Gefühl habe sich in der Jugend geändert. Dann habe sie sich eingeengt gefühlt; sie habe Lust gehabt zu reisen, sei immer »auf der Suche nach Nischen von Freiheit« gewesen. Deshalb erlebte sie den Mauerfall als großartiges Ereignis: »Die Luft duftete nach Freiheit, die Ketten waren gesprengt und alles im Leben schien nun möglich zu sein.« Die Enttäuschung sei umso größer gewesen: Während sie in der DDR als alleinstehende Mutter mit zwei Kindern gut zurechtkam, sei das Leben in der Bundesrepublik deutlich schwieriger geworden: »Ein Nachteil der Wende war, dass die Frau ihren gesellschaftlichen Stellenwert und somit auch all ihre Errungenschaften verloren hat. Dieser Rückschritt war ein Gefühl, als hätte man Arme und Beine verloren.«

Der Vertrauensverlust wird hier von Existenzangst begleitet. »In den Augen meiner Mama kann ich sehen, wie gern sie sich an die DDR-Zeit erinnert, und ich weiß, dass sie diese Erinnerungen immer im Herzen tragen wird«, erzählt eine andere Schülerin. Ihre Mutter berichtet von einem Lebensweg in der DDR ohne jede Schwierigkeit. In der Schule war sie in einem Rezitationszirkel und gewann eine Reise nach Moskau, »die schönste Reise meines Lebens«. Sie sagt, sie habe in der DDR nichts vermisst: »Man kann nichts vermissen, was man nicht wirklich kennt.« Und wie andere betont sie die Schwierigkeiten nach der Vereinigung: »Das Leben in der DDR hatte eine Leichtigkeit, die heute einfach verlorengegangen ist.«

Ein Schüler fragte seinen Vater: »Warst du damals glücklich in der DDR?« Die Antwort war eindeutig: »Nein.« Seine Erinnerungen sind sehr ambivalent:

49 Wir möchten uns bei ihm für die Überlassung der Ergebnisse sehr herzlich bedanken.

50 Die folgenden Aussagen und Zitate stammen allesamt aus den unveröffentlichten Berichten der Schüler*innen.

> Sehr ungern erinnere ich mich an ein zweiwöchiges Lager, in welchem ich in Uniform zu Sport und Schießtraining antreten musste. Es gab eine Vielzahl von Freizeitangeboten. Dafür war ich sehr dankbar. Ich probierte mich in den Sportarten Boxen, Fußball und Tischtennis.

Und trotz der Tatsache, dass er »nie in der Bundesrepublik hätte wohnen wollen«, antwortet er seinem Sohn, der ihn bittet, sein Leben in der DDR in einem Wort zu beschreiben, mit »ärmlich«. Als wäre sein Leben trotz der positiven Seiten, die er hervorhebt, trist, armselig, hinter seinen Erwartungen zurückgeblieben. Der Mauerfall sei für ihn hingegen unbeschreiblich gewesen.

> Als ich nach der Wende das erste Mal in die BRD reiste, konnte ich meine Emotionen kaum in Worte fassen. Ich lief staunend, mit offenem Mund umher und mir kam es vor, als sei das Gras dort grüner. Endlich fühlte ich mich komplett frei.

Eine Schülerin interviewte eine Person ihrer Umgebung, die erklärte, es habe in der DDR einen stärkeren Zusammenhalt gegeben, da viel miteinander unternommen worden sei, wie z. B. die Kartoffel- oder Rübenernte. Veranstaltungen im Ort seien von fast allen Einwohner*innen besucht worden. Man habe bedenkenlos draußen spielen können, z. B. auf der Straße Schlitten fahren, weil es viel weniger Autos gegeben habe als heute. Deshalb habe man sich auch besser gekannt. Ihrer Meinung nach sei es »kaum möglich [gewesen], einen Schritt zu machen oder ein Wort zu sagen, ohne dass die Staatssicherheit davon wusste«, doch für sie schien dieses Gefühl nicht besonders problematisch gewesen zu sein. »Für jeden war das Leben in gewisser Weise vorbestimmt, wodurch es einem leichter fiel, Entscheidungen zu treffen.« Diese Feststellung muss natürlich relativiert werden, viele mussten in der DDR sehr schwierige und schmerzhafte Entscheidungen treffen. Außerdem war die Staatssicherheit nicht so allgegenwärtig, sonst wäre die Gesellschaft wahrhaftig atomisiert und unfähig zu der kollektiven Mobilisierung gewesen, die Ende der 1980er Jahre stattgefunden hat. Auch in diesem Interview werden Vertrauen und Leichtigkeit als typisch für das Leben in der DDR dargestellt.

Eine weitere interviewte Person erklärt zunächst, sie könne nichts Negatives über ihr Leben in der DDR sagen: »Wir sind [...] jedes Jahr in den Urlaub gefahren, und wir konnten es uns leisten. Das ist heute mitunter nicht mehr so. Was nützt mir die Reisefreiheit, wenn ich nicht genug Geld habe?« Wenn die Kaufkraft deutlich sinkt, wird auch die Richtigkeit der demokratischen Veränderungen infrage gestellt: Wie solle man dem neuen Staat vertrauen, in dem es unmöglich wird, zu verreisen?

Bei den Interviews der Schüler*innen fällt auch auf, wie deutlich die Unterschiede zwischen den Generationen sind. Eine Schülerin hatte eine 1953 geborene

Frau befragt, die trotz ihres christlichen Glaubens und der Treue zur evangelischen Kirche ihr Abitur machen und studieren durfte, was in den 1960er Jahren durchaus möglich war. Sie glaubt, dass dies anders gewesen wäre, wenn sie etwas später geboren wäre.[51] Diese Frau hat ihren Glauben und die sozialistische Erziehung, die Konfirmation und deren sozialistisches Äquivalent, die Jugendweihe, miteinander vereint. Ende der 1970er Jahre entfernte sie sich immer mehr von der Kirche, um ihre Karriere nicht zu gefährden, und besuchte seltener den Gottesdienst, ohne jedoch – trotz ihrer SED-Mitgliedschaft – ganz mit der Kirche zu brechen.

Hier zeigt sich der Unterschied zwischen den Generationen: Als die Frau jung war, war es verboten, Jeans zu tragen, da diese als westlich und dekadent galten, oder als Junge lange Haare zu haben, die »sozialistischen Schülern nicht würdig«[52] seien. Auch das änderte sich später. Die Frau erinnert sich deutlich an das Gefühl einer inneren Spaltung: »[Wir] wussten genau, was in der Öffentlichkeit gesagt werden durfte und was nicht«, und das ist bis zum Mauerfall so geblieben. Jüngere Zeitzeug*innen beschreiben dasselbe Gefühl. Das erinnert an einen Witz, den man sich in der DDR erzählte: »Zwei Grenzsoldaten bewachen bei Sonnenuntergang die Mauer; fragt der eine den anderen: ›Woran denkst du?‹ – ›An dasselbe wie du.‹ – ›Du bist verhaftet!‹« Mit den vielen Witzen, die in der DDR erzählt wurden, konnten Willkür, Zwang und der manchmal harte und schwierige Alltag auf Distanz gehalten werden.[53] Das Lachen hatte in der DDR eine soziale Funktion, wie überhaupt in jeder Gesellschaft, ob es ein autoritäres Regime ist oder nicht – wie Henri Bergson sagt: »Unser Lachen ist immer das Lachen einer Gruppe.«[54]

---

51 Sie machte ihr Abitur wahrscheinlich 1971. Grundsätzlich besuchten alle Schüler die zehnklassige Polytechnische Oberschule (POS). Die Erweiterte Oberschule (EOS) führte in vier Jahren (Klasse 9 bis 12) zum Abitur. Im Durchschnitt kamen nur zwei bis drei Schüler*innen aus jeder achten Klasse an die EOS. Bevorzugt wurden neben den Schüler*innen mit den besten Leistungen auch jene, die sich in der FDJ engagierten oder deren Eltern Privilegien genossen, die sich zu einer Offizierskarriere in der NVA oder für eine dreijährige Dienstzeit verpflichteten oder Pädagogik studieren wollten. Christliche Schüler*innen, Kinder von Pazifist*innen, »Asozialen« oder Eltern, die einen Ausreiseantrag gestellt hatten, durften nicht auf die EOS. Offiziell wurden auch Arbeiter*innenkinder bevorzugt, das aber wurde zumindest ab den 1970ern nur noch halbherzig praktiziert. Siehe Peter Maser: Die Kirchen in der DDR. Bonn 2000.

52 Unveröffentlichte Schülerarbeit (wie Anm. 50).

53 Siehe Élisa Goudin: Rezension zu: Gerd Dietrich. Kulturgeschichte der DDR. In: *Revue de l'IFHA*, Juni 2019. Abgerufen unter URL: http://journals.openedition.org/ifha/10128, letzter Zugriff: 19.04.2023.

54 Henri Bergson: Das Lachen. Ein Essay über die Bedeutung des Komischen. Hamburg 2011, S. 16 (franz. Erstausgabe 1900), S. 9.

Im Hinblick auf diesen inneren Zwiespalt wird das Westfernsehen von einer der Befragten als aufschlussreich beschrieben:

> Letztlich war der größte Teil der DDR-Bürger überzeugt, dass die Berichterstattung der BRD-Medien über die DDR der Wahrheit wesentlich näherkam als die immer mehr zur Propaganda verkommene Berichterstattung in den DDR-Medien.

Sie habe eine »Antenne« dafür gehabt, wem sie vertrauen konnte, und glaubt, dass es vielen Bürger*innen ähnlich gegangen sei. Sie habe nicht persönlich unter der Stasi gelitten und sagt, sie habe trotz der Freiheitsbeschränkungen »ein erfülltes Leben« in der DDR geführt. Die Entschlossenheit, sich dieses »erfüllte Leben« wieder anzueignen, ist typisch für das Gefühl der Zusammengehörigkeit, eines ›Wir‹, das aus der Entwertung von Millionen Biografien und dem Wunsch resultiert, dieser Entwertung eine andere, nuanciertere Erinnerung entgegenzusetzen.

Heute mache es die Befragte traurig, dass sie ohnmächtig dem Wachsen der AfD zusehen müsse. Sie denkt, man hätte »das Schulsystem der DDR nach der Befreiung von der Ideologieüberfrachtung in vielen Bereichen übernehmen müssen«, da es nach ihrer Meinung qualitativ viel anspruchsvoller gewesen sei. Sie spricht von einer »Rasenmäher-Methode«, mit der auch in vielen anderen Bereichen bewährte Dinge abgeschafft worden seien. Das Schulsystem der DDR gehört vor allem für die um 1950 geborene Babyboomer-Generation zu den Dingen, die man hätte bewahren sollen, anstatt das Kind mit dem Bade auszuschütten. Andere erinnern sich an die Solidarität, das Gesundheitswesen, die Tatsache, dass man »eine Familie gründen konnte und sicher war, sie ohne Probleme ernähren zu können«, wie es der Großvater eines anderen Schülers zusammenfasst. Es habe Subventionen für Kinderkleidung gegeben, Lebensmittel seien billig gewesen, es habe fast keine Arbeitslosigkeit gegeben. All das nährt ein Zusammengehörigkeitsgefühl: Wir haben etwas erlebt, was die anderen nicht verstehen, weil sie sich nicht dafür interessieren.

Dabei wird der Fokus der in den Medien, in der Gesellschaft und bis Mitte der 2000er Jahren in der Forschung vorherrschenden DDR-Darstellung verschoben, der sich allzu sehr auf die Staatssicherheit richtet und die DDR hauptsächlich darauf reduziert.[55] Der Einfluss der Stasi sei geringer gewesen, als man glauben könnte, betonen manche Personen, die von den Schüler*innen in Sondershausen interviewt wurden. Ein befragter Vater verkündete, seine Jugend sei »ruhig

55 Siehe Pamela Hess: Geschichte als Politikum. Öffentliche und private Kontroversen um die Deutung der DDR-Vergangenheit. Baden-Baden 2014.

und wohlbehütet« gewesen, vom Polizei- und Kontrollapparat habe er nichts gemerkt. Seine Familie habe problemlos eine Neubauwohnung erhalten. »Wir konnten uns ein gutes Leben leisten und waren mit der Situation zufrieden. [...] Oft vermisse ich die ›alte Zeit‹. Ich gehöre nicht zu den Tätern oder Opfern, sondern schlichtweg zum zufriedenen Volk.« Der Großvater eines anderen Schülers erklärte, dass es »Schaufenstergenossen« gegeben habe, SED-Mitglieder, die unter Druck in die Partei eingetreten waren, aber »auch wenn das Leben in der DDR heute schlechter geredet wird, als es eigentlich war, hätte es mir nichts ausgemacht, dort bis an mein Lebensende zu leben.«

Dieses Phänomen der Anpassung ist typisch für ein Leben in einer Zwangsgesellschaft, d. h. einer Gesellschaft, in der die Menschen Zwängen unterworfen sind. In ihrem Buch *La stratégie de l'émotion* beginnt Anne-Cécile Robert mit einer aufschlussreichen Geschichte:

> Mit der Demokratie ist es wie mit den Fröschen. Wird ein Frosch in kochendes Wasser geworfen, springt er mit einem Satz heraus; setzt man ihn in einen Topf mit kaltem Wasser, das man langsam erwärmt, lässt er sich widerstandslos kochen. [...] Die meisten Brennstoffe, die das Feuer unter dem Topf nähren, wurden hinreichend beschrieben: Einschränkung der öffentlichen Freiheiten im Kampf gegen den Terrorismus, Gesellschaft des Spektakels, Explosion der Ungleichheit und so weiter.[56]

Anne-Cécile Robert spricht nicht von einer Diktatur, sondern von unseren westlichen Demokratien, in denen wir viele Einschränkungen der öffentlichen Freiheiten akzeptieren. Notgedrungen passten sich die DDR-Bürger*innen den Zwängen der Diktatur an und entwickelten Umgehungsstrategien. Von diesen Erinnerungen an ein vergangenes Leben bleibt das ›Wir-Gefühl‹, das auf anderen Formen des Zusammenseins beruhte, auf einer Gesellschaft, in der alle mehr oder weniger in einem Boot saßen, und wo es, wie viele Personen bestätigen, im Vergleich zur heutigen Gesellschaft mehr interpersonelle Solidarität gab.

Auch Familienerinnerungen dienen dazu, sich gegen die brutale Entwertung der DDR-Lebensgeschichten zu verteidigen. In der Erinnerung, die in der Familie weitergetragen wird, ist der historische Hintergrund weder geradlinig noch lückenlos dargestellt. Oft werden Nebensächlichkeiten betont, die den Alltag geprägt haben. So haben Harald Welzer, Sabine Moller und Karoline Tschuggnall gezeigt, dass die Erzählung Freiräume lassen muss, damit die nachfolgenden Generationen sie sich aneignen können:

---

56 Anne-Cécile Robert: La stratégie de l'émotion. Montréal 2018.

> Sie muss Lücken und Leerräume beinhalten, die der Hörer mit Elementen aus seiner eigenen Vorstellungswelt und mit Fragmenten seines Wissens auffüllen kann. Erst dann kann er sich die erzählte Geschichte zu eigen machen.[57]

Die Autor*innen sprechen von »kommunikativer Tradierung«. Bei der Anerkennung der Vergangenheit gebe es eine tiefe Spaltung zwischen öffentlicher und privater Sphäre, also zwischen dem, was man »historisches Wissen« nennen könnte, und der persönlichen Überzeugung, die von emotionalen Prozessen der Geschichtsaufarbeitung geprägt wird.

Ihre Analyse beruht auf einem Kategoriensystem von Jan Assmann, der zwischen »kulturellem Gedächtnis« und »kommunikativem Gedächtnis« unterscheidet.[58] Daraus ergibt sich eine weitere Unterscheidung, auf der die Hauptthese ihres Buches beruht: die Unterscheidung zwischen dem erlernten Wissen über kollektive Geschichte und der Gewissheit hinsichtlich der Familienvergangenheit, auf die der Titel des Buches von Welzer, Moller und Tschuggnall *»Opa war kein Nazi«. Nationalsozialismus und Holocaust im Familiengedächtnis*[59] verweist – eine Überzeugung, die trotz aller Beweise oft unerschütterlich bleibt. Ihre Studie entdeckt, isoliert und analysiert verschiedene Arten der Neuschreibung der Geschichte, durch die man sich vom akademischen historischen Wissen entfernt, um an familiären Gewissheiten festzuhalten, die manchmal im Widerspruch zum übermittelten Wissen stehen. Obwohl die Geschichte in der Schule gelehrt, in Museen und Filmen dargestellt wird, klammern sich die Menschen an Illusionen, sobald es um ihre Eltern geht, und distanzieren sich von der offiziellen, kollektiven Geschichte, um sich eine andere, oft dissonante zu erzählen.

Man kann – *mutatis mutandis* – davon ausgehen, dass ein ähnlicher Mechanismus auch bei der Erinnerungskonstruktion vieler Ostdeutscher am Werk ist, allerdings in einem ganz anderen Kontext. Angesichts der brutalen Entwertung ihrer Vergangenheit erzählen sie eine DDR-Geschichte jenseits des Unterdrückungsapparates. Sie leugnen die Tatsachen nicht, sondern stellen die Realität ihrer Erfahrung in den Mittelpunkt, gegen einen Diskurs, der diese Erfahrung oft nur unter dem Blickwinkel einer reduzierenden und monolithischen Interpretation wiedergibt. Die Familienerinnerung neigt dazu, die Geschichte umzuschreiben, um die Einheit der Familie zu bewahren – auch das ist ein Phänomen

---

57 Harald Welzer/Sabine Moller/Karoline Tschuggnall: »Opa war kein Nazi«. Nationalsozialismus und Holocaust im Familiengedächtnis. Frankfurt am Main [8]2012 (Erstauflage 2002), S. 199.

58 Siehe Jan Assmann/Tonio Hölscher: Kultur und Gedächtnis. Frankfurt am Main 1988.

59 Welzer/Moller/Tschuggnall: »Opa war kein Nazi« (wie Anm. 57).

in Familien, die in der DDR sozialisiert wurden. Die Erinnerungskonstruktion der Ostdeutschen beruht zusätzlich auf dem Gefühl einer Besonderheit, einer anderen Beziehung zu den Mitmenschen, zur Gesellschaft, zum Frausein, zum Konsum oder zur Arbeit. Dieses Gefühl schafft eine gemeinsame Zugehörigkeit, die das ›Wir‹ festigt. Das gilt vor allem für die Generation der heute 40- bis 50-Jährigen, die beim Mauerfall Kinder oder Jugendliche waren. Sie neigen dazu, das Bild ihrer Eltern und Großeltern zu schützen, deren Biografien stark entwertet wurden. Als Zeugen ihrer vorübergehenden oder anhaltenden Bedrängnis in der Zeit des gesellschaftlichen Überganges sprechen sie oft vom Schweigen ihrer Eltern, die in einer gewissen Scham, in Unverständnis oder einer noch offenen Wunde gefangen waren und teilweise immer noch sind. Ihr Reflex, sie vor dem äußeren Urteil zu schützen, geht mit einer Selbstsicherheit einher, anders von der DDR zu sprechen, einer Sicherheit, die ihren Eltern fehlte.[60]

3. Schlussfolgerung

Heute ist seit der Vereinigung bald ebenso viel Zeit vergangen, wie die DDR existiert hat. Obwohl die Vergangenheit fern, teilweise ausgelöscht ist, geht die Bewegung der Aufwertung auf verschiedensten Gebieten weiter: alternatives Gesellschaftsmodell, Bildung, Rolle des Staates für die Kultur, Feminismus und Gleichberechtigung der Geschlechter, Sexualität usw. Aus all dem ist eine andere Beziehung zur ›Heimat‹ und zur DDR als kollektive Erfahrung entstanden. Die ›Ostdeutschen‹ wollen nicht mehr Gefangene einer einzigen Geschichte, einer einseitigen Erzählung sein, die nicht dem entspricht, was sie erlebt haben.

Eine kurze Bemerkung hierzu: Der Begriff ›Ostdeutsche‹ sagt nicht viel aus und bezeichnet mehr eine Relation als eine Identität. Er schließt auch diejenigen ein, die in der DDR großgeworden und in den Westen geflüchtet sind, oder die zwischen 1949 und 1989 den umgekehrten Weg eingeschlagen haben, aber auch jene, die nach der Vereinigung geboren worden sind, aber im Osten in einer Familie leben, die ihnen von der DDR erzählt. Vielleicht sollte diese Bezeichnung nicht verwendet werden, denn sie birgt die Gefahr, eine Identität zuzuschreiben und Klischees zu verfestigen, die eine Tendenz verstärken, die Deutschen zwischen Ost

60 Siehe Johannes Nichelmann: Nachwendekinder. Die DDR, unsere Eltern und das große Schweigen. Berlin 2019; darüber hinaus zur »dritten Generation Ost«: Adriana Lettrari/Christian Nestler/Nadja Troi-Boeck: Die Generation der Wendekinder. Elaboration eines Forschungsfeldes. Berlin 2016 sowie Volker Benkert: Glückskinder der Einheit. Lebenswege der um 1970 in der DDR Geborenen (Forschungen zur DDR-Gesellschaft). Berlin 2017.

und West, zwischen >neuen< und >alten< Bundesländern zu >klassifizieren<. Der Begriff >ostdeutsch< ist ohnehin ein Konstrukt, das ausschließlich mit der DDR verbunden ist. Goethe hat in Leipzig studiert und in Weimar gelebt, aber soweit wir wissen, hat niemand Goethe je als >Ostdeutschen< bezeichnet! Trotzdem erfüllt der Begriff einen Sinn, denn die ostdeutsche Gesellschaft unterscheidet sich bis heute vom Rest der deutschen Gesellschaft: Die Kinder werden häufiger in Gemeinschaftseinrichtungen betreut, Männer und Frauen sind gleichberechtigter in den Arbeitsmarkt integriert, die Wohlstandsunterschiede zwischen den Privathaushalten sind deutlich geringer. Es gibt auch überraschende Unterschiede: Die Mädchen im Osten weisen z. B. bessere Leistungen in Mathematik auf.[61] Diese Unterschiede sind erstaunlich hartnäckig. Was von der DDR heute bleibt, was die Erfahrung ausmacht, heute ostdeutsch zu sein, ist nicht nur das, was man in der DDR erlebt hat.

Zahlreiche geförderte Projekte greifen auf narrative Interviews zurück, manche auch auf eine Oral-History-Forschung. Da die Rechtsextremen im Osten an Macht gewinnen, ist die Einbeziehung der Forschung unverzichtbar, um Erklärungen für diese Entwicklung zu finden.[62] Können wir noch neue Erkenntnisse aus den Lebenserzählungen der Menschen, die in der DDR gelebt haben, ziehen? Lässt sich dadurch das weit verbreitete Bild von der DDR und den >neuen< Ländern verändern?[63] Wir sind fest davon überzeugt, dass die Antwort ja ist. Das Wort zu ergreifen, ist nicht neutral.

Fest steht: Die eine große Erzählung über die DDR gibt es nicht. Wenn über den Ort der DDR im Alltag und in den Erinnerungen der Ostdeutschen geschrieben wird, muss man sich auf Nuancen einlassen, graduelle Unterschiede und

---

61 Siehe Quentin Lippmann/Claudia Senik: Maths, girls and socialism. In: IZA. Institute of Labor Economics (Hrsg.): Discussion Paper 11532 (Mai 2018).

62 Siehe dazu auch Raj Kollmorgen: Radikale Rechte als ostdeutsches Problem? Zur langen Kultur- und Gesellschaftsgeschichte des Rechtspopulismus in Ostdeutschland. In: *Aus Politik und Zeitgeschichte (ApuZ)* 49–50 (2022), S. 33–38. Abgerufen unter URL: https://www.bpb.de/shop/zeitschriften/apuz/rechte-gewalt-in-den-1990er-jahren-2022/515774/radikale-rechte-als-ostdeutsches-problem/, letzter Zugriff: 23.06.2023 oder Ders.: Rechtspopulismus in Ostdeutschland. Sieben Thesen zu seiner Formierung, Attraktivität und Ausprägung aus historisch-soziologischer Perspektive. In: Johannes Schütz/Steven Schäller/Raj Kollmorgen (Hrsg.): Die neue Mitte? Ideologie und Praxis der populistischen und extremen Rechten (Schriften des Deutschen Hygiene-Museums, 14). Weimar u. a. 2021, S. 159–188; Steffen Mau: Lütten Klein. Leben in der ostdeutschen Transformationsgesellschaft, Berlin 2019; siehe dazu auch den Beitrag von Franka Maubach über Rostock-Lichtenhagen in diesem Band.

63 An der Universität Erfurt wird am Lehrstuhl Neuere und Zeitgeschichte und Geschichtsdidaktik unter diesem Postulat seit Oktober 2021 eine Oral-History-Forschungsstelle zur ostdeutschen Erfahrung aufgebaut: tinyurl.com/5dbzxfpc, letzter Zugriff: 23.06.2023.

Abstufungen jeder Art und alle Gruppen der Gesellschaft in Betracht ziehen und darstellen. Deshalb kann unmöglich auf die zahlreichen – und manchmal gegensätzlichen – Geschichten darüber verzichtet werden, wie der biografische Bruch erlebt wurde, den es durch das Verschwinden der DDR in allen ostdeutschen Biografien gab. Während manche das Gefühl hatten, ihnen wüchsen neue Flügel, fühlten sich andere wie amputiert.

Marcus Böick

Vom politischen Blitzableiter zur erinnerungskulturellen ›Bad Bank‹ und (pop)kulturellen Neuaneignung

Konjunkturen und Funktionen der Treuhandanstalt in der deutschen Geschichtskultur seit den 1990er Jahren

Die Treuhand war in den frühen 1990er Jahren nicht nur eine hochumstrittene Privatisierungsagentur und Ziel massiver Kritik, Adressatin hitziger Proteste sowie Ort zahlreicher (realer oder zugeschriebener) Skandale, sondern verwandelte sich schon früh in einen regelrechten Mythos, wie etwa ihr Chronist, der Journalist Michael Jürgs, 1996 treffend urteilte.[1] Dass dieser Mythos in den 2000er und frühen 2010er Jahren scheinbar verblasste,[2] die Treuhand jedoch als (negatives) Symbol vor allem seit 2015 in einer ungeahnten Intensität die Bühnen, Podien wie Chatrooms der Republik eroberte – das ist Gegenstand dieses Beitrages. Die Treuhandanstalt als materieller wie symbolischer Knotenpunkt für den postsozialistischen Wirtschafts- und Gesellschaftsumbau erscheint dabei, so die hier zu diskutierende These, als eine zentrale und in aller Regel innerdeutsche Referenz verschiedener materieller wie ideeller Konfliktlagen in Ost und West, die gerade unter dem Eindruck generationellen Wandels sowie weiterer gesellschaftlicher, politischer wie wirtschaftlicher Dynamiken in verschiedenen Feldern umfassend neu konfiguriert wurden und werden.[3]

Im Folgenden sollen – anknüpfend an neuere Forschungen zu Ent- bzw. Deindustrialisierung und Erinnerungskultur[4] – drei Felder im Fokus stehen:

1 Michael Jürgs: Die Treuhändler. Wie Helden und Halunken die DDR verkauften. München 1997.

2 Als Ausnahme von der Regel hier das investigativ-journalistisch gestaltete Buch von Dirk Laabs: Der deutsche Goldrausch. Die wahre Geschichte der Treuhand. München 2012.

3 Sehr prominent: Steffen Mau: Lütten Klein. Leben in der ostdeutschen Transformationsgesellschaft. Berlin 2019; hierfür können insbesondere auch die vielfältigen Beiträge stehen in: Ilko-Sascha Kowalczuk/Frank Ebert/Holger Kulick (Hrsg.): (Ost)Deutschlands Weg 1989 bis 2021. 80 Studien und Essays zur Lage des Landes. Bonn 2021.

4 Vgl. hierzu Stefan Berger (Hrsg.): Constructing Industrial Pasts. Heritage, Historical Culture and Identity in Regions Undergoing Structural Economic Transformation. Oxford/New York 2019.

Zunächst geht es um die kurzfristigen Schockerfahrungen der Umbruchs- und Transformationszeit sowie um die langfristigen erinnerungskulturellen Formationen bzw. gesellschaftlichen Aneignungen des vielzitierten »Treuhand-Mythos«[5]. Dieser wird hier in erster Linie als eine ostdeutsche individuelle und/oder kollektive Kompensations- und Verlusterzählung einer oft als dramatisch erlebten Entindustrialisierung beschrieben. Dann sollen die seit 2014/15 erfolgten neuen Zugriffe und Deutungskonflikte in Politik, Wissenschaft und Medien umrissen werden, die einerseits altbekannte Streitmuster der frühen 1990er Jahre (Erfolg oder Scheitern?) reaktualisierten, aber andererseits auch zu einigen bemerkenswerten Neubestimmungen führten. Schließlich werden kulturelle wie gesellschaftliche Neu-Aneignungen behandelt, die insbesondere auf intergenerationelle Kommunikations- und Verständigungsprozesse zurückzuführen sind, die sich zum Teil quer zu altbekannten Ost-West-Konfigurationen entfalten, diesen aber auch bisweilen neue Dynamiken verleihen können.

1. Ost versus West – ein unerwartetes Comeback?

Um die Jahrtausendwende herum hatte sich in den zuvor hart geführten Ost-West-Debatten in Deutschland eine deutlich spürbare Ermattung breitgemacht. Die zahlreichen, oft journalistisch-polemisch gestalteten ›Bilanzen‹ aus dieser Zeit sprechen wortwörtlich Bände: Im Westen wandte man sich, frustriert über die trotz massiver Transfers ausbleibenden Erfolge beim ›Aufbau Ost‹, mehr und mehr desinteressiert ab;[6] über den Osten hingegen schien sich eine resignativ-trotzige Ermüdung zu legen.[7] Die sehr eruptiven Enttäuschungen der frühen 1990er Jahre – als die 1989/90 gehegten Hoffnungen auf eine schnelle Angleichung im Alltag der ›Nachwendezeit‹ zerstoben – begannen sich in einen dumpfen Dauerzustand eines oft eher untergründigen Grummelns und Meckerns zu verwandeln: eine westlicherseits orchestrierte Deindustrialisierung durch Abwicklung, Arbeitslosigkeit und Abwanderung statt »blühender Landschaften« – dieses Schicksal schien im Blick ›von unten‹ in weiten Teilen der ostdeutschen Teilgesellschaft oft unvermeidlich, während die staatlich-offizielle Erinnerungskultur – allen voran der bis 1998 amtierenden konservativ-liberalen

5 Vgl. etwa Olaf Jacobs (Hrsg.): Die Treuhand – ein deutsches Drama. Leipzig 2020.

6 Vgl. etwa Wolfgang Herles: Wir sind kein Volk. Eine Polemik. München 2005 sowie als Gegenposition: Olaf Baale: Abbau Ost. Lügen, Vorurteile und sozialistische Schulden. München 2008; Klaus Schroeder: Der Preis der Einheit. Eine Bilanz. München 2000.

7 Siehe dazu die Beiträge in Hannes Bahrmann/Christoph Links (Hrsg.): Am Ziel vorbei. Die deutsche Einheit – Eine Zwischenbilanz. Berlin 2005.

Bundesregierung unter Helmut Kohl – die deutsche Einigung sowie die staatlichen Bemühungen zur Herstellung und ›Vollendung‹ der ›Inneren Einheit‹ fortwährend als bemerkenswerte Erfolgsgeschichte feierte.[8]

Als dann die Terroranschläge vom 11. September 2001 und die folgende Kette an Kriegen und Anschlägen die öffentliche Aufmerksamkeit bannten, rückten auch die hartleibigen mentalen Verwicklungen wie materiellen Probleme des ostdeutschen Postsozialismus weiter in den Hintergrund. Die Agenda-Reformen der rot-grünen Bundesregierung unter Gerhard Schröder sorgten im Sommer 2003 vor allem im Osten für heftige Reaktionen und emotionale Proteste; die nun vorgenommenen Kürzungen an den ›sozialen Sicherungssystemen‹ betrafen hier besonders viele ärmere und ältere Menschen. Aber auch jenseits der medial stärker beachteten ›Hartz-IV‹-Demos wurden Symptome einer latenten wie dauerhaften Unzufriedenheit immer wieder greifbar: sei es in den seinerzeit noch oftmals strohfeuerartigen Wahlerfolgen rechtspopulistischer Parteien (etwa der DVU in Sachsen-Anhalt im Jahr 1998) oder bei ausländerfeindlichen Gewaltexzessen (besonders drastisch die Mordserie des NSU, die erst 2011 enthüllt wurde);[9] auch die fortbestehende Stärke und Stabilität der PDS und späteren Linkspartei als primäre ›Verteidigerin‹ ostdeutscher Identitäten und Interessen schien eine fortbestehende Ost-West-Differenz zu bestätigen.[10]

Allerdings schien sich auch ›der‹ Osten mittlerweile selbst immer stärker zu differenzieren: florierende, jugendlich-dynamische Universitätsstädte wie Leipzig, Jena oder Dresden standen mehr und mehr in scharfem Kontrast zu ›abgehängten‹ wie zunehmend überalterten Regionen der ländlichen Peripherie. Mögliche Zukunftsszenarien fielen allerdings in den Augen der meisten Beobachterinnen, der Weltfinanzkrise von 2007/08 zum Trotz, insgesamt verhalten positiv aus: Nach langen Jahren von dramatischen Bevölkerungsverlusten und hoher Arbeitslosigkeit hatten sich auch die wirtschaftliche Situation sowie die ostdeutschen Arbeitsmärkte inzwischen merklich stabilisiert. Die schon in den

8 Vgl. exemplarisch Karl-Heinz Paqué: Die Bilanz. Eine wirtschaftliche Analyse der Deutschen Einheit. München 2009 sowie Otto Depenheuer/Karl-Heinz Paqué (Hrsg.): Einheit – Eigentum – Effizienz. Bilanz der Treuhandanstalt. Berlin 2012; Richard Schröder: Die wichtigsten Irrtümer über die deutsche Einheit. Freiburg 2007.

9 Dazu nun auch die verschiedenen Beträge in Alexander Leistner/Monika Wohlrab-Sahr (Hrsg.): Das umstrittene Erbe von 1989. Zur Gegenwart eines Gesellschaftszusammenbruchs. Köln u. a. 2022; Thomas Grossbölting: Wiedervereinigungsgesellschaft. Aufbruch und Entgrenzung in Deutschland seit 1989/90. Bonn 2021; Detlev Brunner/Günther Heydemann: Die Einheit und die Folgen. Eine Geschichte Deutschlands seit 1990. Bonn 2021.

10 Vgl. Thorsten Holthauser: Die »Nachfolgepartei«: Die Integration der PDS in das politische System der Bundesrepublik Deutschland 1990–2005. Göttingen 2019.

1990er Jahren von Politiker*innen und Wissenschaftler*innen gehegten Hoffnungen auf eine langfristige »Angleichung« von Ost an West schienen sich derweil – gerade bei den nachwachsenden, kurz vor oder nach 1990 geborenen »Post-DDR«-Generationen – womöglich doch noch zu bestätigen. Jahr für Jahr wurden die offiziellen Gedenk- und Festveranstaltungen zwischen 3. Oktober und 9. November in den späten 2000er und frühen 2010er Jahren eher betont routiniert-ritualisiert wie unspektakulär abgearbeitet. Die Grundstimmung blieb dabei bestimmt durch verhaltenes Desinteresse im Westen, während sich hingegen im Osten kaum noch lautstarker Widerspruch zu regen schien. Also: Ende gut, alles gut?

Mitte der 2010er Jahre sollte sich das ändern. Die durch den brutalen Krieg in Syrien ausgelösten Fluchtbewegungen durch Europa sowie die seinerzeit überraschende Entscheidung von Bundeskanzlerin Angela Merkel, die deutschen Grenzen nicht zu schließen, mobilisierten vor allem in Teilen der ostdeutschen Gesellschaft ein erhebliches Protest- und Konfliktpotenzial – sei es in Form von Pegida und wenig später in einer Kette von Wahlerfolgen für die rechtspopulistische Partei Alternative für Deutschland (AfD). Die Differenzgeschichte des Ostens schien somit gerade nicht auserzählt zu sein, im Gegenteil: lange kaum beachtete Ost-West-Differenzen traten nun scharf wie grell in den Vordergrund und wurden in einer bislang kaum beachteten Heftigkeit und Intensität verhandelt.[11] Neben bereits seit Längerem diskutierten Streitfragen wie etwa der mangelnden Repräsentation Ostdeutscher in Elitenpositionen[12] war es dabei besonders ein inzwischen fast vergessenes Gebilde, das nun wieder erhebliche Aufmerksamkeit auf sich zog: die Ende 1994 aufgelöste Treuhandanstalt. Diese in vielerlei Hinsicht extreme Organisation – ein Geschöpf des Umbruchsjahres 1990, faktisch eine Behörde, praktisch ein Unternehmen – war ab dem Spätsommer unter der Führung westdeutscher Managerinnen und Experten maßgeblich für die beschleunigten wie hart umkämpften Massenprivatisierungen der frühen 1990er Jahre zuständig, durch die die Planwirtschaft in kürzester Zeit in eine Marktwirtschaft überführt wurde. Diese ›Schocktherapie‹ hatte nicht nur zu erheblichen Massenentlassungen und zahlreichen Betriebsschließungen, sondern auch zu einem umfassenden Eigentumstransfer geführt – die neuen Privatinvestoren, die die Treuhand-Manager oft in großer Hektik und

11 Dazu die einzelnen Beiträge in: Marcus Böick/Kerstin Brückweh (Hrsg.): Weder Ost noch West. Ein Themenschwerpunkt über die schwierige Geschichte der Transformation Ostdeutschlands. In: *Zeitgeschichte-online*, März 2019. Abgerufen unter URL: https://zeitgeschichte-online.de/themen/weder-ost-noch-west, letzter Zugriff: 01.05.2022.

12 Vgl. hierzu die Studie von Raj Kollmorgen: Ostdeutschland: Beobachtungen einer Übergangs- und Teilgesellschaft. Wiesbaden 2005.

unter heftigem Druck als Eigentümer auswählten, kamen zu weit mehr als zwei Dritteln aus der Bundesrepublik.[13]

2. Entindustrialisierung: Kurzfristige ›Schocks‹

Auf das sich ab 1991 in erheblicher Dramatik vollziehende Krisen- und Zusammenbruchszenario in der ostdeutschen Industrielandschaft war letztlich kaum jemand vorbereitet gewesen: Viele Ostdeutsche hatten den vielfältigen Versprechungen auf raschen Wohlstand auf ›Westniveau‹ in den hitzigen Wahlkämpfen des Jahres 1990 Glauben geschenkt; viele Westdeutsche wollten nur zu gerne an die Möglichkeit einer raschen Einheit zum ›Nulltarif‹ glauben. Kritikerinnen in linker Opposition und akademischer Ökonomie, die bereits frühzeitig vor Arbeitslosigkeit und Deindustrialisierung warnten, fanden dagegen gerade im Jahr 1990 kaum Gehör: Euphorie und Optimismus prägten diese Umbruchphase, in der vor allem konservative und liberale Politiker*innen, Beamt*innen und Manager*innen in Bonn, Frankfurt und anderswo – einem staatsskeptischen wie marktoptimistischen Zeitgeist folgend[14] – ganz auf die heilsame Kraft von raschen ›Schocks‹ und möglichst freien Marktdynamiken von Privateigentum und Wettbewerb setzen wollten. Die von Bundeskanzler Helmut Kohl unmittelbar zu Beginn der Wirtschafts-, Währungs- und Sozialunion im Juli 1990 versprochenen und seitdem ebenfalls immer wieder bemühten »blühenden Landschaften« waren das Emblem dieses politischen Doppel-Versprechens auf eine schnelle Ankunft im goldenen Westen (an die Ostdeutschen), der zugleich (für die Westdeutschen) nichts von seinem Glanz verlieren sollte.[15]

Doch die kurzfristige ›Schocktherapie‹ einer sofortigen Währungsumstellung auf die D-Mark im Verhältnis von eins zu eins – die sich so viele Ostdeutsche herbeigesehnt hatten – sollte sich sehr schnell als regelrechtes Danaergeschenk erweisen. Es war dabei vor allem die noch kaum arbeitsfähige und wenig

13 Dazu: Marc Kemmler: Die Entstehung der Treuhandanstalt. Von der Wahrung zur Privatisierung des DDR-Volkseigentums. Frankfurt am Main 1994; Wolfgang Seibel: Verwaltete Illusionen. Die Privatisierung der DDR-Wirtschaft durch die Treuhandanstalt und ihre Nachfolger 1990–2000. Frankfurt am Main 2005.

14 Dazu maßgeblich: Philipp Ther: Die neue Ordnung auf dem alten Kontinent. Eine Geschichte des neoliberalen Europa. Berlin 2014 sowie als ersten Überblick der jüngeren Forschung: Thomas Grossbölting/Christoph Lorke (Hrsg.): Deutschland seit 1990. Wege in die Vereinigungsgesellschaft. Stuttgart 2017.

15 Vgl. zur Organisationsgeschichte auch im Folgenden: Marcus Böick: Die Treuhand: Idee – Praxis – Erfahrung. Göttingen 2018.

bekannte Treuhandanstalt, die noch im Juni 1990 im Treuhandgesetz ihre neue Aufgabe einer möglichst raschen Privatisierung der Ostwirtschaft erhalten hatte, bei der nun die Alarmzeichen einer akuten Finanznot in nahezu allen Bereichen und Branchen der von ihr verwalteten Betriebe grell aufleuchteten. Nach langen Jahren einer zentral gelenkten wie weitgehend abgeschotteten Planwirtschaft mit all ihren strukturellen Problemen und erheblichen Defiziten[16] waren die mehr als achttausend Treuhand-Betriebe buchstäblich über Nacht auf die Weltmärkte gestoßen worden, auf denen sie nun in harter D-Mark konkurrieren sollten. Doch diesem scharfen Wettbewerb waren sie – oft nach Jahren fehlender Investitionen, durch Technologie-Embargos abgeschottet und mit massiven ökologischen Problemen belastet sowie einer erheblichen personellen Überbesetzung kämpfend – letztlich kaum gewachsen.[17]

Dass sich die von der Bundesregierung voller Zweckoptimismus erhofften, heilsamen ›Schocks‹ bald als geradezu tödliche Bedrohung für die ostdeutsche Ökonomie erweisen würden – es war nicht ohne Ironie, dass es gerade die hektisch rekrutierten westdeutschen Manager*innen, Unternehmer*innen und Expert*innen in den Führungsetagen der expandierenden Treuhandanstalt waren, die dies nun sehr rasch registrierten. Diese pragmatisch-selbstbewussten ›Praktiker*innen‹ des Wirtschaftsumbaus, allen voran Treuhand-Präsident Detlev Karsten Rohwedder, realisierten letztlich als erste, dass die immensen Hoffnungen und Erwartungen in Ost und West mit der trüben Realität des kommenden Wirtschaftsumbaus kaum würde mithalten können: Die Kombination aus langfristig-strukturellen Defiziten aus der DDR-Zeit sowie kurzfristig-disruptiven ›Schocks‹ einer sofortigen Wirtschafts- und Währungsunion sollte sich als toxischer Cocktail für das noch gar nicht begonnene Massenprivatisierungsprogramm erweisen, aus dessen erhofften Milliarden-Erlösen in dreistelliger Höhe ja eigentlich der weitere Umbau der ostdeutschen Wirtschaft quasi eigenfinanziert werden sollte.[18]

Doch es ging dabei nicht nur um finanzielle oder makroökonomische Fragen, sondern die Folgen strahlten erheblich aus: Die einsetzenden Prozesse der postsozialistischen Entindustrialisierung einer stark planwirtschaftlich-überindustrialisierten Gesellschaft wurden in ihrer ganzen Tragweite zu Beginn des Jahres 1991 letztlich vollends sichtbar: Es waren nun die Manager einer

16 Generell vgl. André Steiner: Von Plan zu Plan. Eine Wirtschaftsgeschichte der DDR. Berlin 2007.

17 Vgl. dazu auch: Seibel: Verwaltete Illusionen (wie Anm. 13) sowie Kemmler: Die Entstehung der Treuhandanstalt (wie Anm. 13).

18 Böick: Die Treuhand (wie Anm. 15).

unter Rohwedders Regie umfassend aus- und umgebauten Treuhandanstalt, die drastische Entlassungs- und Schließungsbeschlüsse verkündeten und damit erheblichen Widerstand und Gegenwehr auslösen sollten: Im Februar und März nahm die Intensität von Protesten und Demonstrationen in ganz Ostdeutschland erheblich zu und sollte schließlich Ende März, kurz vor dem tödlichen Attentat auf Rohwedder am 1. April 1991, ihren vorläufigen Höhepunkt erreichen. Doch auch in der Folgezeit unter Präsidentin Birgit Breuel war es in aller Regel die Treuhandanstalt, die eine nicht abebben wollende Welle an politischer Kritik, medialen Enthüllungen und gesellschaftlichen Unmutsäußerungen vor allem im Osten auf sich ziehen sollte.[19]

Die Treuhand war damit ab dem Frühjahr 1991 endgültig im Zentrum verbitterter Ost-West-Konflikte sowie erheblicher Frustrationen über die ausgebliebenen Versprechungen der Revolutions- und Umbruchzeit 1989/90 angelangt.[20] In den Augen vieler betroffener Ostdeutscher waren es die westdeutschen Treuhand-Manager, die den angeschlagenen Betrieben – aus westlicher ›Arroganz‹ oder aufgrund marktradikaler ›Ideologie‹ – im Grunde keine Chance auf Anpassung ließen und stattdessen ein radikales Privatisierungsprogramm in kürzester Zeit vor allem zugunsten westdeutscher Investoren und gegen alle Widerstände durchzogen. Mit dem Zerfall der Sowjetunion und dem weitgehenden Wegbrechen der zuvor angestammten ›Ost-Märkte‹ verschärfte sich die Situation in der ostdeutschen Industrie derweil weiter. Als die Zahl nichtverkäuflicher und unmittelbar von der ›Abwicklung‹ bedrohter Unternehmen immer weiter anstieg, kippte zum Jahreswechsel 1991/92 auch in weiten Teilen der gesamtdeutschen Politik und Öffentlichkeit die Stimmung: Eine drohende Deindustrialisierung vor Augen, forderten mehr und mehr Ländervertreter*innen, Politiker*innen, Gewerkschaftsvertreter*innen und andere Expert*innen nun lautstark einen langfristigen Erhalt »industrieller Kerne«, also regional prägender Großbetriebe, auch wenn die Treuhand für diese keine kurzfristigen Investoren auftreiben konnte.[21]

Die öffentlichen wie politischen Diskussionen über die ›Deindustrialisierung‹ und den Erhalt von »industriellen Kernen« war dabei der deutlichste

19 Dazu im Detail: Ders.: Aufstand im Osten? Sozialer und betrieblicher Protest gegen die Treuhandanstalt und Wirtschaftsumbau in den frühen 1990er-Jahren. In: Dieter Bingen u. a. (Hrsg.): Legitimation und Protest. Gesellschaftliche Unruhe in Polen, Ostdeutschland und anderen Transformationsländern nach 1989. Wiesbaden 2011, S. 167–185.

20 Weiterführend: Marcus Böick: Im »Säurebad der Einheit«. Die Treuhandanstalt in den medienöffentlichen Debatten der frühen 1990er-Jahre. In: *Deutschland Archiv* 3/2010, S. 425–432.

21 Vgl. Böick: Die Treuhand (wie Anm. 15), S. 493 ff.

Ausdruck einer tatsächlich in atemberaubender Geschwindigkeit ablaufenden Entindustrialisierung nicht nur weiter Teile der ostdeutschen Unternehmens- und Wirtschaftslandschaft, sondern der gesamten Umbruchsgesellschaft. Die soziale Schlüsselstellung der nun vom Untergang bedrohten Kombinate und Großbetriebe in der DDR, die in ihren Regionen oft umfangreiche kulturelle und soziale Aufgaben übernommen hatten, erklärt zumindest teilweise die massive Unzufriedenheit und auch erbitterte Gegenwehr. Es war dabei letztlich nicht nur das individuell bedrohliche Schicksal von Arbeitslosigkeit, sondern auch der kollektive Verlust sozial-kultureller Infrastrukturen sowie identitärer Bezüge, die die eruptive Unzufriedenheit in Ostdeutschland weiter befeuern sollte. Zwar versuchten Treuhand-Management sowie Bundes- und Länderregierungen, die materiellen Härten dieses Verlustes durch umfassende sozialstaatliche Transfermaßnahmen und arbeitsmarktpolitische Instrumente in den jeweiligen Einzelfällen abzupuffern;[22] doch waren es – wie noch näher zu zeigen sein wird – vor allem die kulturellen wie kollektiv geteilten Verlusterfahrungen, die sich auch langfristig tief in die kommunikativen Gedächtnisse der ostdeutschen Teilgesellschaft eingraben sollten.[23]

Der plötzliche Zusammenbruch bzw. das umfassende Verschwinden der sozialistischen Arbeits- und Lebenswelten erwiesen sich für die meisten Menschen also durchaus als ganz erhebliche individuelle wie alltägliche Zäsur. Doch wie gingen die Zeitgenoss*innen mit diesen umfassenden individuellen wie kollektiven Erfahrungen einer rapiden Entindustrialisierung selbst um? Massive Proteste waren eine Variante, Abwanderung und Selbstständigkeit eher aktive, Rückzug und Resignation eher passive Antworten auf derlei erlebte Umbrüche. Der kollektiv geäußerte Widerstand richtete sich dabei in aller Regel gegen die Treuhandanstalt als weithin sicht- wie (an-)greifbarer Akteurin selbst. Der Verwaltungswissenschaftler und Treuhand-Forscher Wolfgang Seibel brachte eben diese ›Funktionalität‹ der Organisation mit deren Charakterisierung als institutionellen »Blitzableiter« markant auf den Punkt.[24] Dies entsprach zugleich den Selbstbildern zahlreicher Treuhand-Mitarbeiter*innen, die sich selbst oft als »Sündenböcke« und »Prügelknaben« beschrieben, die für die Folgen ökonomischer Belastungen (des SED-Regimes und der Planwirtschaft) sowie politische Entscheidungen

22 Vgl. Gerhard A. Ritter: Der Preis der deutschen Einheit. Die Wiedervereinigung und die Krise des Sozialstaats. München 2006.

23 Dazu weiterführend: Kerstin Brückweh/Clemens Villinger/Kathrin Zöller (Hrsg.): Die lange Geschichte der »Wende«: Geschichtswissenschaft im Dialog. Berlin 2020.

24 Wolfgang Seibel: Strategische Fehler oder erfolgreiches Scheitern? Zur Entwicklungslogik der Treuhandanstalt 1990–1993. In: *Politische Vierteljahresschrift* 35 (1994), S. 3–39; Ders.: Verwaltete Illusionen (wie Anm. 13), S. 10.

(der ostdeutschen Wähler oder der Bundesregierung) über Gebühr zur Rechenschaft gezogen wurden.[25]

Seibels Diagnose einer letztlich konstruktiven »Blitzableiter-Funktion« sollte die sozial- und politikwissenschaftlichen Perspektiven auf die umkämpfte Geschichte der Treuhand für längere Zeit bestimmen: allen Protesten, Defiziten und Fehlschlägen zum Trotz habe die umstrittene Organisation letztlich die massiven Frustrationen über Wirtschaftsumbau, Unternehmensschließungen und Arbeitslosigkeit innerhalb der ostdeutschen Gesellschaft fast vollständig ›absorbieren‹ und damit möglichen Schaden vom politischen System der erweiterten Bundesrepublik ablenken können.[26] Dieses »erfolgreiche Scheitern« der Treuhand-Organisation – das jüngst auch weiteren zeithistorischen Veröffentlichungen von Andreas Malycha als erzählerisches Leitmotiv diente[27] – sollte auch die langfristigen Erwartungshaltungen prägen: Nach den kurzfristigen Schocks und Enttäuschungen würden sich – auf lange Sicht – auch im Osten neue wirtschaftliche wie gesellschaftliche Perspektiven eröffnen und damit auch die einschneidenden Erfahrungen der Entindustrialisierung mit ihren massiven Ost-West-Konflikten verblassen. Die mit erheblichem medialem Aufwand inszenierte ›Selbstauflösung‹ der Treuhandanstalt am 31. Dezember 1994 in Berlin war letztlich auch ein symbolpolitischer Versuch, dieses schmerzhafte Kapitel endgültig abzuschließen.[28]

3. Erinnerungskultur: Langfristige Gräben?

Doch ging eben diese Kalkulation langfristig nicht auf. Zunächst schien jedoch alles für eine solche optimistische Deutung zu sprechen, in der die kurzfristigen ›Schocks‹ von kollektiven und individuellen Umbrüchen im Osten mit der Zeit gut ›verarbeitet‹ werden könnten: Während das zuvor hitzig diskutierte Treuhand-Thema um die Jahrtausendwende, wie schon beschrieben, merklich zu verblassen schien und auch die heftigen Ost-West-Konflikte der 1990er Jahre allmählich an ihrer früheren Schärfe verloren,[29] mochte eine gesamtdeutsche ›Normalität‹, ja die politisch vielbeschworene »Vollendung« der »Inneren Einheit« vielleicht doch bald in greifbare Nähe rücken. Rot-grüne Reformpolitiken und

25 Vgl. Böick: Die Treuhand (wie Anm. 15), S. 587 ff.

26 Seibel: Strategische Fehler (wie Anm. 24).

27 Andreas Malycha: Vom Hoffnungsträger zum Prügelknaben: Die Treuhandanstalt zwischen wirtschaftlichen Erwartungen und politischen Zwängen 1989–1994. Berlin 2022.

28 Böick: Die Treuhand (wie Anm. 15), S. 531 ff.

29 Vgl. hierzu die Beiträge in: Thomas Ahbe/Rainer Gries/Wolfgang Schmale (Hrsg.): Die Ostdeutschen in den Medien. Das Bild von den Anderen nach 1990. Leipzig 2009.

umfassende Antiterrormaßnahmen nach 9/11 bestimmten in den frühen 2000er Jahren einstweilen die medienöffentlichen, politischen sowie wissenschaftlichen Agenden, während die eben noch verbissen diskutierten Ost-West-Differenzen gemeinhin kaum noch interessant erschienen. Doch flackerten untergründige Spannungslinien auch in dieser Zeit immer wieder auf: sei es in Form von wütenden Sozialprotesten oder rechtsradikalen Gewaltexzessen.[30] Doch davon abgesehen schien diese Debatte weitgehend eingehegt und letztlich auf jährliche Diskussionen um den regierungsamtlichen Bericht zum »Stand der Deutschen Einheit« konzentriert und weitgehend ritualisiert zu sein.[31]

Die europäischen Migrationsbewegungen 2014/15 und die heftigen Gegenreaktionen vor allem in Ostdeutschland erwiesen sich in dieser Hinsicht als Zäsur vor allem in der Wahrnehmung: Der Osten tickte scheinbar, so rieb sich nun eine verwunderte nationale Öffentlichkeit die Augen, doch noch anders[32] – und die spektakulären Wahlerfolge einer zunehmend offen rechtsradikal-völkisch auftretenden AfD dort vergrößerten den allgemeinen Orientierungsbedarf erheblich. Die Kluft zwischen Ost und West schien sich nicht nur nicht geschlossen zu haben, sondern drohte sich, im Gegenteil, gerade noch weiter zu öffnen – und dies womöglich mit dramatischen Folgen für die bundesdeutsche Demokratie. Anstatt erinnerungskulturell bislang dominanter Helden- (einer ›Friedlichen Revolution‹) oder Erfolgsgeschichten (eines gelungen ›Aufbau Ost‹)[33] traten in diesem Kontext vermehrt ostdeutsche Opfer- und Verlustgeschichten in den Fokus der Auseinandersetzungen, wie etwa der überhitzte Streit um das Buch *Integriert doch erstmal uns!* der damaligen sächsischen SPD-Integrationsministerin Petra Köpping im September 2018 plastisch demonstrierte.[34]

Es waren vor allem (aber nicht nur) ältere westdeutsche Vertreter*innen der Generation der Zeitzeug*innen und ›Gestalter*innen‹ der Einheit, die der ost-

30 Vgl. dazu auch: Leistner/Wohlrab-Sahr (Hrsg.): Das umstrittene Erbe von 1989 (wie Anm. 9).

31 Vgl. etwa den Bericht aus dem Jahr 2021 sowie die anderen online verfügbaren Jahrgänge: Jahresbericht der Bundesregierung zum Stand der Deutschen Einheit. Abgerufen unter der URL: https://www.bmwk.de/Redaktion/DE/Publikationen/Neue-Laender/2021-jahresbericht-der-bundesregierung-zum-stand-der-deutschen-einheit-jbde.pdf?__blob=publicationFile&v=10, letzter Zugriff: 01.05.2022.

32 Vgl. Christian Gesellmann/Josa Mania Schlegel: Ostdeutschland verstehen: Nun ist die Mauer länger weg, als sie da gewesen ist. Und wieder mal fragen viele: Wann hört der Osten auf, anders zu sein? Dabei ist das die falsche Frage. Berlin 2019.

33 Siehe nun hierzu auch: Marcus Böick/Christoph Lorke: Zwischen Aufschwung und Anpassung. Eine kleine Geschichte des »Aufbau Ost«. Bonn 2022.

34 Petra Köpping: »Integriert doch erstmal uns!« Eine Streitschrift für den Osten. Berlin 2018.

deutschen Ministerin scharf widersprachen. Die altbekannte Dichotomie zwischen ›DDR-Belastungen‹ hier und erlittenen Transformationsschocks dort als widerstreitenden Erklärungsmustern für ostdeutsche Differenzen (etwa in der Akzeptanz von liberaler Demokratie und sozialer Marktwirtschaft) brach erneut auf.[35] Es war insbesondere Köppings Forderung nach einer gesellschaftlichen, politischen sowie wissenschaftliche ›Aufarbeitung‹ und Anerkennung eben dieser ostdeutschen Verlusterfahrungen mit Blick auf die Treuhandanstalt und die von ihr verantwortete Deindustrialisierung, die den massiven Unmut ihrer Kritiker*innen hervorrief.[36]

Doch wieso brachen derlei Konflikte fast drei Jahrzehnte später in dieser unerwarteten Schärfe wieder auf? Die tieferen Ursachen vermutete Köpping in langfristig präsenten und wirksamen erinnerungskulturellen Verwundungen, die sich durch weite Teile der ostdeutschen Gesellschaft zögen.[37] Dass gerade dem einstmals so sprengkräftigen Treuhand-Thema dabei eine Schlüsselrolle zukommen würde, hatte sich schon zuvor abgezeichnet, als das SPD-geführte Bundeswirtschaftsministerium auf Initiative der damaligen Ostbeauftragten Iris Gleicke im Frühjahr 2016 kurzfristig eine wissenschaftliche Studie zur *Wahrnehmung und Bewertung der Arbeit der Treuhandanstalt* ausschreiben ließ. Diese Studie sollte dabei erstmals den gegenwärtigen Stellenwert der Treuhandanstalt in der Erinnerungskultur vermessen – und wurde am Ende von Constantin Goschler, mir selbst und einer Reihe weiterer Mitarbeiterinnen durch die Ruhr-Universität Bochum durchgeführt. Für dieses Vorhaben entschieden wir uns bewusst für eine methodisch eher ungewöhnliche Kombination aus zeithistorischen Diskurs- bzw. Debattenanalysen sowie explorativ-ethnografischen Umfragen und Interviews – es sollte schließlich insbesondere um erinnerungskulturelle Bezüge und geschichtspolitische Perspektiven ›von unten‹ bzw. besser: aus der Mitte der (ost-)deutschen Gesellschaften gehen.[38]

Der Schwerpunkt unserer nicht-repräsentativen wie quantitativen Zufallsbefragungen, die wir gleichzeitig mit entsprechenden qualitativen Experten- und

---

35 Martin Sabrow: Die Historikerdebatte über den Umbruch von 1989. In: Ders./Ralph Jessen/Klaus Grosse Kracht (Hrsg.): Zeitgeschichte als Streitgeschichte. Große Kontroversen seit 1945. München 2003, S. 114–137.

36 Vgl. insbesondere Norbert F. Pötzl: Der Treuhand-Komplex. Legenden. Fakten. Emotionen. Hamburg 2019.

37 Siehe Köpping: »Integriert doch erstmal uns!« (wie Anm. 34); vgl. dazu außerdem Thomas Ahbe: Ostalgie. Zu ostdeutschen Erfahrungen und Reaktionen nach dem Umbruch. Berlin 2016.

38 Vgl. dazu insgesamt: Marcus Böick/Constantin Goschler: Wahrnehmung und Bewertung der Arbeit der Treuhandanstalt. Bochum 2017.

Zeitzeugeninterviews ergänzt hatten, lag dabei im Frühjahr 2017. Doch während die mediale Diskursanalyse sowie die ausführlichen Expertenbefragungen – unter anderem mit Ex-Bundesfinanzminister Theo Waigel, der einstigen Treuhand-Chefin Birgit Breuel, dem vormaligen sächsischen Ministerpräsidenten Kurt Biedenkopf oder dem früheren Wirtschaftsberater Johannes Ludewig – eher altbekannte Erzähl- und Deutungsmuster (einer weitgehenden Erfolgsgeschichte) hervorbrachten,[39] förderten die Massenbefragungen in Leipzig und Eisenach die eigentlich interessanten Befunde zur erinnerungskulturellen Rolle der Treuhand als zentralem ›Symbol‹ einer ›Abwicklung‹ zutage: In mehreren Wellen wurden insgesamt 500 Personen zufällig befragt. Deutliche Kontraste ergaben sich dabei nicht nur zwischen Ost und West, sondern gerade auch zwischen den untersuchten Generationen: Während von den älteren Befragten mit einem Alter über 40 Jahren fast 95 Prozent (Ost) bzw. 85 Prozent (West) die Treuhandanstalt kannten, waren es bei den Jüngeren lediglich 33 Prozent (Ost) bzw. 20 Prozent (West).[40]

Insgesamt waren es vor allem die älteren Ostdeutschen der ›Erlebnisgeneration‹, die die Treuhand auch nach fast drei Jahrzehnten sehr negativ (mit einer Schulnote von 4,2) bewerteten, während die älteren Westdeutschen deren Leistungen etwas besser beurteilten (3,6). Doch insgesamt hellten sich die artikulierten Rückblicke deutlich auf, wenn etwa die Wirtschaftsentwicklung seit 1990 (die fast alle Gruppen mit rund 2,7 als fast ›gut‹ bewerteten) oder gar die persönlichen Entwicklungen und Möglichkeiten nach 1990 angesprochen wurden: Diese beurteilten die älteren Ostdeutschen immerhin mit 2,0 als glatt ›gut‹, während jüngere Westdeutsche sogar noch positiver mit 1,6 werteten. Doch auch jenseits der rein quantitativen Daten wurden die emotionalen Reaktionen auf das Thema Treuhand erfasst, die vor allem bei den über 40-jährigen Ostdeutschen sehr hitzig ausfielen: Ad-hoc um entsprechende Schlag- und Stichworte gebeten, waren es bei der Treuhand vor allem sehr negative Aspekte wie »Abwicklung« (52 Nennungen), »Ausverkauf« (42), »Negatives« (33) oder »Betrug« (24), die den Befragten unmittelbar in den Sinn kamen.[41]

Während geschlechtsspezifische oder regionale Differenzen insgesamt wenig ins Gewicht fielen, war es also eine besondere Überblendung von generationellen Unterschieden und Ost-West-Differenzen, die die subjektiven Rückblicke auf Treuhand und Wirtschaftsumbau auch noch im Jahr 2017 bestimmten: vor allem für

39 Vgl. Johannes Ludewig: Unternehmen Wiedervereinigung. Von Planern, Machern, Visionären. Hamburg 2015.

40 Böick/Goschler: Wahrnehmung und Bewertung (wie Anm. 38), S. 78 ff.

41 Ebd., S. 87 ff.

eine ältere Generation direkt oder oft auch nur indirekt betroffener Ostdeutscher war die Organisation auch noch nach fast drei Jahrzehnten ein zentrales Symbol für eine regelrecht feindliche ›Übernahme‹ des Ostens durch den Westen. In der deutsch-deutschen Erinnerungslandschaft nahm die Treuhand und die mit ihr unmittelbar verknüpfte Entindustrialisierung damit eine eigentümliche Sonderrolle ein: sehr präsent und emotional besetzt bei einigen, hingegen fast vergessen bei vielen anderen – vor allem bei Jüngeren und Westdeutschen. Jedoch fielen auch die Rückblicke der älteren Ostdeutschen selbst ambivalent bzw. differenziert aus. Während sie die Treuhand ausgesprochen negativ beurteilten, hellten sich die Urteile auf, je stärker sie vom allgemeinen ›Kollektiven‹ ins konkret ›Individuelle‹ hinein gefragt wurden: Gerade im Kontrast mit den insgesamt positiven Entwicklungen im Persönlichen nach 1990 schien die Treuhand die Schattenseite dieser Bilanz zu dominieren.[42]

Mit aller Vorsicht haben wir diese besondere Konstellation auf den ökonomisch-koketten Begriff einer erinnerungskulturellen »Bad Bank« der Vereinigung gebracht, also einem symbolischen, mythischen wie negativen, emotionalen Bild einer Organisation, das bei den Betroffenen auch nach Jahrzehnten kaum an emotionaler Sprengkraft eingebüßt hatte – eher im Gegenteil: Die teils sehr heftigen Reaktionen in den Fußgängerzonen von Eisenach und Leipzig boten für uns eher Anlass zu der Vermutung, dass das ›eigentliche‹ Treuhand-Bild jenseits einer wissenschaftlichen Umfragesituation de facto noch negativer und auch drastischer ausfallen würde. Die persönlichen wie kollektiven Rückblicke waren dabei in allererster Linie durch eben diese schockartigen Erfahrungen einer weitgehenden Entindustrialisierung bestimmt, auf die auch viele Befragte sehr deutlich hinwiesen: Es war die von der Treuhand verfügte ›Abwicklung‹ der Betriebe, die nicht nur zu erheblicher Arbeitslosigkeit, sondern auch zum Verlust ganzer regionaler Arbeits- und Lebenswelten und mithin auch entsprechender individueller Identifikationen geführt hatte, die im Zentrum der retrospektiven Unmutsbekundungen stand. Materielle Verluste und symbolische Entwertungen, kollektive Zurücksetzungen und biografische Entwertungen griffen in dieser Wahrnehmungsweise ineinander – und während Politik und Sozialstaat in den 1990er Jahren vor allem materielle Lagen adressiert hatten, waren es letztlich insbesondere die symbolischen Verlust- und Entwertungserfahrungen, die in unseren explorativen Befragungen überdeutlich artikuliert wurden.[43]

42 Böick/Goschler: Wahrnehmung und Bewertung (wie Anm. 38), S. 106 ff.

43 Siehe hierzu insbesondere auch Brückweh/Villinger/Zoller (Hrsg.): Die lange Geschichte der »Wende« (wie Anm. 23).

4. Reaktualisierung und Repolitisierung in Politik, Wissenschaft und Medien

Spätestens nach 2015 sollten sich lange gehegte politische bzw. wissenschaftliche Annahmen über die politische ›Funktion‹ bzw. gesellschaftliche ›Wirkung‹ der Treuhandanstalt als ›Puffer‹ im Kontext des Übergangs von der Plan- zur Marktwirtschaft also als Chimären herausstellen: Zum einen erschienen die individuellen wie gesellschaftlichen Verarbeitungen der in den frühen 1990er Jahren erlebten ›Schocks‹ in der Zeit der postsozialistischen Umbrüche und Transformationen deutlich komplexer, ambivalenter und auch langwieriger; zum anderen sollte sich auch die institutionelle ›Schutzwirkung‹ der Treuhand als »Blitzableiter« für das politische System sowie die ökonomische Ordnung als begrenzt erweisen: Die Privatisierungsagentur hatte zwar kurzfristig durchaus die Eruptionen und Emotionen in der ostdeutschen Gesellschaft auf sich gezogen, war jedoch auch langfristig als negativer Gründungsmythos präsent geblieben – und symbolisierte und verstärkte auf diese Weise auch die relative Distanz und Skepsis, mit der repräsentativer Demokratie und sozialer Marktwirtschaft in Teilen der ostdeutschen Gesellschaft bis in die Gegenwart hinein begegnet wird. Die erlittenen Verluste, negativen Erfahrungen wie massiven Enttäuschungen gerade in der so hoffnungsvoll gestarteten Aufbruchs- und Anfangszeit hatten individuelle wie auch kollektive Spuren hinterlassen, die über die kommunikativen Gedächtnisse in Familien wachgehalten wurden – gerade auch, weil sie lange Zeit keine Repräsentation in übergreifenden politischen, wissenschaftlichen oder medialen Debatten fanden.[44]

Doch dabei blieb es nicht. Die erinnerungskulturellen Echos sowie geschichtspolitischen Auseinandersetzungen seit Mitte der 2010er Jahre sollten deutlich zeigen, dass das Thema Treuhand eben noch keineswegs ›auserzählt‹ gewesen ist. Zum Ende des Jahrzehnts ergoss und ergießt sich eine kaum mehr zu überschauende Flut an politischen Projekten, wissenschaftlichen Publikationen und medialen Produktionen über die verunsicherte Republik, die sich umfassend auf das Vermächtnis von Treuhandanstalt und Wirtschaftsumbau bezogen. In der Sphäre des Politischen diente das Reden über die Treuhand als eine Art altbewährtes Kontrastmittel in Zeiten einer scheinbar endlosen Großen Koalition: Weitgehend verblasste Rechts-Links-Gegensätze wurden in den rückblickenden Urteilen und Bilanzen über die Treuhand-Massenprivatisierungen wieder sichtbar, die von konservativ-liberalen Akteuren als heroische wie einmalige Aufbau-

44 Hierzu auch die verschiedenen, sehr aktuellen Beiträge in: Judith C. Enders/Raj Kollmorgen/Ilko-Sascha Kowalczuk (Hrsg.): Deutschland ist eins: vieles. Bilanz und Perspektiven von Transformation und Vereinigung. Frankfurt am Main 2021.

leistung[45] und von linken wie grünen Kritiker*innen als neoliberale wie marktradikale Exzesse verdammt werden konnten.[46] Insbesondere der bereits genannte Streit um Köppings »Streitschrift« rief etliche noch lebende Vertreter*innen von Bundesregierung und Treuhand öffentlich auf den Plan und befeuerte eine publizistische Kaskade an Gegendarstellungen.[47] Während die sächsische SPD-Politikerin also für die bislang unterbliebene Anerkennung der ›Lebensleistungen‹ der älteren Ostdeutschen ins Feld zog, waren es auf der anderen Seite vorwiegend ältere und westdeutsche Politiker, Experten und Manager, die nun ihr eigenes ›Lebenswerk‹ – die erfolgreiche Ausgestaltung der ›Einheit‹ – mit großer und größter Vehemenz zu verteidigen suchten.[48]

Eine besondere Rolle nahm die Treuhandanstalt hingegen schon immer im politischen Koordinatensystem der einstigen PDS und heutigen Partei Die Linke ein. Bereits seit 1990 war die scharfe Kritik an der Treuhand und ihrer Politik quasi essenzieller Teil der politischen DNA der postsozialistischen Kräfte, für die die Organisation und ihre Politik sinnbildlich für die ›Brutalität‹ eines entfesselten westlichen Kapitalismus standen. Schon Anfang 1991 war es die PDS um ihren damaligen Chef Gregor Gysi gewesen, die neben Gewerkschafts- und weiteren Oppositions- und Kirchenvertreterinnen die ersten Protestwellen gegen das ›Treuhand-Regime‹ mit anführte.[49] Und auch in der Folge waren es PDS-Politiker*innen, die die Kritik an der Agentur und ihren Aktivitäten massiv für die Befestigung des eigenen parteipolitischen Markenkerns als trotziger Sachwalterin des Ostens zu nutzen verstanden: sei es in Form von etlichen Streiks und Protestaktionen, sei es durch scharfe Kritik in ihren Parteimedien sowie in den verschiedenen parlamentarischen Untersuchungsausschüssen auf Bundes- und Länderebene der frühen 1990er Jahre. Die Treuhand als zentrale Gegenspielerin erwies sich damit tatsächlich als eine Art politisches Überlebensmittel für eine Partei, deren Schicksal Anfang der 1990er Jahre noch mehr als ungewiss erschien.[50]

45 Etwa bei LUDEWIG: Unternehmen Wiedervereinigung (wie Anm. 39); KURT BIEDENKOPF: Ein neues Land entsteht: Aus meinem Tagebuch November 1990 – August 1992. Berlin 2015.

46 Etwa bei YANA MILEV: Das Treuhand-Trauma: Die Spätfolgen der Übernahme. Berlin 2020.

47 Vgl. PÖTZL: Der Treuhand-Komplex (wie Anm. 36).

48 Vgl. exemplarisch KARL-HEINZ PAQUÉ/RICHARD SCHRÖDER: Gespaltene Nation? Einspruch! 30 Jahre Deutsche Einheit. Basel 2020.

49 Vgl. hierzu: MARCUS BÖICK/CHRISTIAN RAU: Zwischen Straße, Hinterzimmer und Betrieb: Gewerkschaften und Treuhandanstalt nach 1990 in Praxis und Erinnerung, in: STEFAN BERGER/WOLFGANG JÄGER/ULF TEICHMANN (Hrsg.): Gewerkschaften im Gedächtnis der Demokratie. Welche Rolle spielen soziale Kämpfe in der Erinnerungskultur? Bielefeld 2022, S. 591–615.

50 Vgl. ULLA PLENER (Hrsg.): Die Treuhand – der Widerstand in Betrieben der DDR – die Gewerkschaften (1990–1994). Berlin 2011.

Doch für die mittlerweile westerweiterte Partei, die nun selbst verschärft mit internen Ost-West-Spannungen sowie heftigen politischen Flügelkämpfen zu ringen hatte, schien die Treuhand Mitte der 2010er Jahre eher Bestandteil einer Art althergebrachten Partei-Folklore zu sein, die vor allem in Wahlkampfzeiten immer wieder reaktualisiert werden konnte. Auch hier war es die aggressive Agitation der aufkommenden rechtspopulistischen AfD, die der Linken nicht nur ihren sicher geglaubten Status als ›Ost-Partei‹ zunehmend streitig machte, sondern dies auch ab 2018/19 mit massiven geschichtspolitischen Attacken unterfütterte: So waren es Abgeordnete der AfD, die – neben Vertreter*innen der Linken – einen neuerlichen parlamentarischen Untersuchungsausschuss zur Arbeit der Treuhand forderten.[51] In den hitzigen Landtagswahlkämpfen des Jahres 2019 heizte sich diese Konkurrenz sogar weiter an, als die Partei den Kampf gegen das ›Treuhand-Unrecht‹ zu einem zentralen Wahlkampfthema machen wollte; deren umstrittene Privatisierungs-Politik erschien in dieser populistischen Lesart als sehr plastisches Beispiel eines ›Verrats‹ von ›abgehobenen‹ Eliten am (ost-)deutschen ›Volk‹.[52]

All diese parteipolitischen Kontroversen mündeten jedoch – außer in Thüringen[53] – nicht in neuerliche parlamentarische Untersuchungen, sondern befeuerten viel mehr ein geschichtspolitisches Ausgreifen von Parteien, Stiftungen und Ministerien auf den historischen Wissenschaftssektor selbst. Je stärker die Transformationszeit und ihre Folgen zentral zur Erklärung gegenwärtiger Problemlagen – wie dem scheinbar unaufhaltbaren Aufstieg autoritärer Rechtspopulisten nicht nur in Ostdeutschland, sondern auch in ganz Osteuropa[54] – herangezogen wurden, desto stärker wuchs etwa in Berlin oder Bonn die drängende Bereitschaft, entsprechende Forschungsprojekte zu finanzieren. Das seinerzeit von Wolfgang Schäuble – einem weiteren zentralen Akteur der 1990er Jahre – geführte Bundesfinanzministerium vergab so Ende 2016 relativ überraschend ein großformatiges Forschungsprojekt zur Treuhandanstalt direkt an das Institut für Zeitgeschichte in München und Berlin, während zugleich auch die bislang weitgehend vor sich

51 Dazu vgl. die Dokumentation des Bundestages. Abgerufen unter URL: https://www.bundestag.de/dokumente/textarchiv/2019/kw26-de-treuhandanstalt-646326, letzter Zugriff: 02.09.2022.

52 Vgl. Mathias von Lieben: AfD und die Linke: Wahlkampf mit der Treuhand. In: *Deutschlandfunk*, 28.06.2019. Abgerufen unter der URL: https://www.deutschlandfunk.de/afd-und-die-linke-wahlkampf-mit-der-treuhand-100.html, letzter Zugriff: 02.09.2022.

53 Siehe dazu: Thüringer Landtag: Untersuchungsausschuss 7/2. Abgerufen unter der URL: https://www.thueringer-landtag.de/landtag/ausschuesse-gremien/untersuchungsausschuesse/ua-7/2-treuhand-in-thueringen/, letzter Zugriff: 02.09.2022.

54 Vgl. Ivan Krastev/Stephen Holmes: The Light that Failed. A Reckoning. New York/London 2019.

hinschlummernden und überaus umfangreichen Treuhand-Bestände durch das Bundesarchiv systematisch erschlossen werden sollten.[55]

Schäubles Schachzug kam dabei nicht von ungefähr. Die merkliche Reaktualisierung und auch Politisierung betraf dabei nicht nur die engere Geschichte der Treuhandanstalt selbst, sondern auch die weitere Geschichte der Umbruchs- und Transformationszeit sollte durch weitere Förderprogramme erschlossen werden. Ein Schwerpunkt waren dabei die vom CDU-geführten Bundesbildungsministerium ab 2018 bewilligten Verbundprojekte zum weiten Themenfeld der (Post-) DDR, die bundesweit verschiedenste Forschungsvorhaben unterschiedlicher Fächer förderte – etwa zu Fragen der Stadtwende, der ökologischen Sanierung, Gewalt in Kinderheimen oder der medialen Repräsentation des Ostens. Dass die Stärkung eines scheinbar erodierenden ›Demokratiebewusstseins‹ im Osten ein zentrales Motiv hinter dieser regelrechten Projekt-Bonanza war, wurde ebenso deutlich wie auch deren fehlende Nachhaltigkeit, die ab 2022/23 das weitgehende Verschwinden der rasch aufgebauten Netzwerke und Strukturen zur Folge hatte.[56]

Doch auch jenseits der großformatigen Fördervorhaben waren es etliche mittlere und kleinere Aktivitäten vor allem jüngerer Forscher*innen aus dem akademischen Nachwuchs, die das lange vergessene oder noch nicht erschlossene Themenfeld in Form von Master- oder Doktorarbeiten nun empirisch in den Blick zu nehmen begannen. Diese neue Welle einer nun auch stärker historisch ausgerichteten Transformationsforschung wurde (und wird) nicht zuletzt durch eine eilig vorangetriebene Erschließung und Öffnung von verschiedenen Archivmaterialien unterschiedlicher Form und Güte weiter vorangetrieben. Allerdings waren es dabei nicht nur klassische Akten aus staatlichen Archiven und rein wissenschaftliche Diskussionen auf Workshops und Konferenzen,[57] die im Fokus der

---

55 Siehe auch: Dierk Hoffmann: Im Laboratorium der Marktwirtschaft. Zur Geschichte der Treuhandanstalt 1989/90 bis 1994. In: *Vierteljahrshefte für Zeitgeschichte* 66 (2018), S. 167–185.

56 Siehe dazu die Übersicht auf dem Internetauftritt des BMBF. Abgerufen unter URL: https://www.bmbf.de/bmbf/shareddocs/downloads/files/forschungsverbuende-ddr.html, letzter Zugriff: 02.09.2022; in gewisser Weise scheint sich damit das ›Schicksal‹ der frühen Transformationsforschungen der 1990er Jahre zu wiederholen, deren umfassende Forschungen und Befunde mit dem Auslaufen der verschiedenen Förderprogramme mittlerweile weitgehend in Vergessenheit geraten sind, vgl. dazu die Rückschau von Raj Kollmorgen: Eine ungeahnte Renaissance? Zur jüngsten Geschichte der Transformations- und Vereinigungsforschung. In: Marcus Böick/Constantin Goschler/Ralph Jessen (Hrsg.): Jahrbuch Deutsche Einheit 1. Berlin 2020. S. 46–72.

57 Siehe dazu: Transformation einer Volkswirtschaft. Neue Perspektiven auf die Geschichte der Treuhandanstalt. In: *H-Soz-Kult,* 13.01.2019. Abgerufen unter URL: https://www.hsozkult.de/event/id/event-88865, letzter Zugriff: 02.09.2022 sowie die Sammelbände: Dierk

anlaufenden Forschungen standen, sondern eben auch individuelle Perspektiven sowie subjektive Erzählungen, die durch umfassende Zeitzeug*innenbefragungen bzw. ›Citizen Science‹-Formate maßgeblich weiter vorangetrieben wurden.[58] Gerade in diesen Zusammenhängen zeigte sich die erhebliche geschichtspolitische Aufladung zumindest einiger Projekte im Feld, die durch ein umfassendes Zuhören und Diskutieren letztlich auch der immer wieder konstatierten Abwesenheit ostdeutscher Stimmen und Erfahrungen entgegenwirken sollten.[59]

Während politische (Wahlkampf-)Debatten in aller Regel durch kurze und wissenschaftliche Prozesse zu Transformation, Wirtschaftsumbau und Treuhand eher durch längere Halbwertszeit bestimmt wurden, waren die allermeisten medialen Produktionen und Publikationen irgendwo dazwischen angesiedelt. Und auch hier avancierte die Treuhand, die lange Zeit nur noch an Jahrestagen in altbekannten Skandal-Geschichten und regionalen Medien präsent war, ab 2016/17 zu einem regelrechten Modethema. Neben einer ganzen Reihe populärer Buch-Publikationen, die nun endlich die ›Wahrheit‹ hinter dem »Treuhand-Mythos« aufzuklären versprachen,[60] strahlte die Organisation jedoch medial weiter aus: Es waren dabei – neben einem ZDF-Thriller um den Rohwedder-Mord namens *Der Mordanschlag* im Jahr 2018 – vor allem klassisch gestaltete TV- und Fernsehdokumentationen fast aller größerer öffentlich-rechtlicher Sendeanstalten, die das Thema aus unterschiedlichen Perspektiven beleuchteten. Neben dem MDR, für den die Treuhand ureigenstes Terrain darstellte, wagten sich auch ARD oder ZDF an neue mediale Zugriffs- und Deutungsversuche für ein nationales Publikum. Die diversen Produktionen versammelten hierfür mit teils erheblichen Aufwand Zeitzeug*innen und Expert*innen (darunter auch die lange Zeit strikt medien-abstinente Birgit Breuel) und begaben sich auf die Suche nach neuem Quellen-, Bild- und Filmmaterial aus der Zeit. Daneben widmeten sich aber auch insbesondere Rundfunkanstalten, Magazine und Tageszeitungen in ihren unterschiedlichen Formaten dem Thema mit einigem Aufwand und verschafften der Treuhand damit abermals erhebliche Aufmerksamkeit. In Diskussionsrunden oder Talkshows prallten dabei jedoch nicht nur altbekannte Positionen unversöhnlich

---

HOFFMANN (Hrsg.): Transformation einer Volkswirtschaft. Neue Forschungen zur Geschichte der Treuhandanstalt. Berlin 2020; DERS./ULF BRUNNBAUER (Hrsg.): Transformation als soziale Praxis. Mitteleuropa seit den 1970er Jahren. Berlin 2020.

58 Vgl. dazu auch die Release-Roadshow-Show von BRÜCKWEH/VILLINGER/ZÖLLER (Hrsg.): Die lange Geschichte der »Wende« (wie Anm. 23).

59 Hierfür auch die verschiedenen Ansätze bei LEISTNER/WOHLRAB-SAHR (Hrsg.): Das umstrittene Erbe von 1989 (wie Anm. 9) sowie KOWALCZUK/EBERT/KULICK (Hrsg.): (Ost) Deutschlands Weg (wie Anm. 3).

60 Vgl. etwa JACOBS (Hrsg.): Treuhand (wie Anm. 5).

aufeinander, sondern deuteten sich allmählich auch merkliche Differenzierungen und neue Zwischentöne an.[61]

Als vorläufiger Höhepunkt dieses medialen Treuhand-Trends kann die im Oktober 2019 mit großem Aufwand beworbene und vom finanzkräftigen US-Streamingkonzern Netflix nach allen Regeln der Kunst produzierte True-Crime-Show *Rohwedder – Einigkeit und Mord und Freiheit* gelten.[62] Die zumindest in Deutschland einigermaßen kontrovers diskutierte Show, die verschiedene (Verschwörungs-)Theorien zu den Hintergründen der Ermordung des Treuhand-Präsidenten mit atemberaubenden Originalaufnahmen, dramatisch nachgestellten Szenen und einigermaßen schrillen Zeitzeug*innen spektakulär in Szene zu setzen versuchte, stellte für das an eher klassisch-öffentlich-rechtliche Doku-Formate gewohnte heimische TV-Publikum eine Herausforderung oder gar Provokation dar.[63] Doch zielte *The Perfect Crime*, so der sprechende englische Titel der Show, auch auf einen viel größeren, inter- und transnationalen Markt – und zugleich auch auf ein deutlich jüngeres Publikum jenseits der angestammten Zuschauer*innenschaft in (Ost-)Deutschland. Verjüngung und Internationalisierung lassen sich dabei als weitere Trends beschreiben, die sich auch um das Jahr 2019 deutlich bemerkbar machten, als mit den dreißigjährigen Jubiläen nun auch etliche internationale Presseorgane entsprechende Stücke zu fortwirkenden innerdeutschen Friktionen infolge der wirtschaftlichen Umgestaltungen in ihre Blätter hoben.[64]

Insgesamt lässt sich damit für die Zeit ab Mitte der 2010er Jahre durchaus von einer bemerkenswerten und sicher so in dieser Form und Breite nicht erwartbaren Reaktualisierung des Treuhand-Themas sprechen. Dieses trat damit aus seinem untergründig-grummelnden Schlummern als erinnerungskulturelle ›Bad Bank‹ in der ostdeutschen Teilgesellschaft wieder deutlich heraus. Unter dem Eindruck wieder zunehmend aufbrechender bzw. sichtbarer Ost-West-Gegensätze und insbesondere der Wahlerfolge der AfD wandten sich Politik, Wissenschaft und Medien

---

61 Nur exemplarisch: Oliver de Weert: Thema Treuhand. In: *ARTE-Magazin*, Juli 2019. Abgerufen unter URL: https://www.arte-magazin.de/trauma-treuhand/, letzter Zugriff: 02.09.2022.

62 Jan Peter/Georg Tschurtschenthaler: *Rohwedder – Einigkeit und Mord und Freiheit*. 4 Folgen. D 2020.

63 Kurt Sagatz: Netflix-Doku über Rohwedder-Mord. True-Crime aus Deutschland. In: *Der Tagesspiegel*, 24.09.2020. Abgerufen unter URL: https://www.tagesspiegel.de/gesellschaft/medien/netflix-doku-ueber-rohwedder-mord-true-crime-aus-deutschland/26215618.html, letzter Zugriff: 02.09.2022.

64 German Elections Reveal, and Deepen, a New East-West Divide. In: *The New York Times*, 31.08.2019. Abgerufen unter URL: https://www.nytimes.com/2019/08/31/world/europe/east-germany-afd-elections-saxony-brandenburg-merkel.html, letzter Zugriff: 02.09.2022.

ihren jeweils eigenen Logiken folgend dem Themenkreis wieder verstärkt zu; die Treuhand stand dabei stets auch als zentrales Symbol für die übergeordneten und allgemeinen Prozesse der Einigung insgesamt: In der Politik war eine deutliche Repolitisierung und Repolarisierung zu verzeichnen, die entlang altbekannter Konfliktlinien um die geschichtspolitische Deutung der Treuhand zwischen Erfolgs- und Heldengeschichte des Westens auf der einen (rechts-liberalen) sowie Schurken- und Opfererzählung des Ostens auf der anderen (links-alternativen) Seite oszillierte. Unterdessen wandten sich vielfach jüngere Wissenschaftler*innen verschiedener Disziplinen (neben Historiker*innen auch Soziolog*innen, Ökonom*innen oder Ethnolog*innen) dem Themenkreis verstärkt zu, wobei die umfassende Erschließung neuen Quellenmaterials in dieser jüngsten Welle der Transformationsforschung einer weitgehenden Differenzierung durch intensive Einzelfallforschungen Vorschub leisten wird, die kaum den geschichtspolitisch gehegten Wünschen nach mehr oder weniger eindeutigen ›Urteilen‹ entsprechen dürften. Mediale Reflexionen zur Treuhand bewegten sich letztlich zwischen politischen Polarisierungen und wissenschaftlichen Differenzierungen – doch auch hier schien der drängende Wunsch der Medienmacher*innen nach ›neuen‹ Perspektiven, ›spannenden‹ Geschichten und ›frischen‹ Deutungsangeboten auf ein scheinbar ›auserzähltes‹ Thema eine wesentliche Triebfeder jüngerer medialer Inszenierungen gewesen zu sein.

5. Kunst & Kultur: generationelle Neu-Aneignungen

Nicht nur Netflix nahm sich des Themas auf neuartige wie kontroverse Weise an. Im Oktober 2021 – in einem der spätsommerlichen Wellentäler der seit Anfang 2020 herrschenden weltweiten Corona-Pandemie – war es der um keinen Streit verlegene Entertainer Jan Böhmermann, der sich einen ikonischen Schlüsselmoment in der Treuhand-Geschichte im weiteren Sinne vorknöpfte: Er inszenierte in seiner ZDF-Show den *Eierwurf von Halle* als farbenprächtiges Musical, in dem Prinzen-Sänger Sebastian Krumbiegel einen diabolischen Helmut Kohl auf ›Ostreise‹ gab.[65] Den Hintergrund bildeten die spektakulären Bilder eines völlig außer sich geratenen Bundeskanzlers, der Anfang Mai 1991 in Sachsen-Anhalt mit wütenden Protesten aus den Belegschaften der umliegenden Chemie-Betriebe konfrontiert war. Die drohende Abwicklung der Betriebe durch die Treuhandanstalt bildete den spannungsgeladenen Hintergrund dieser hochemotionalen

65 ZDF Magazin Royale: Der Eierwurf von Halle – Das Musical, 05.11.2021. Abrufbar unter URL: https://www.youtube.com/watch?v=pbyQ6AO1_5o, letzter Zugriff: 02.09.2022.

Proteste, bei denen Kohl schließlich von geworfenen Eiern getroffen wurde; in gewisser Weise markierten diese Aufnahmen damit auch bildlich den scharfen Kontrast zum gefeierten ›Kanzler der Einheit‹ und den von ihm versprochenen »blühenden Landschaften«.[66]

Dass ausgerechnet der Satiriker Böhmermann nun, dreißig Jahre nach den Ereignissen, gerade dieses ikonische Bild für sein vorwiegend jüngeres Publikum in ein mit großem Aufwand inszeniertes wie ironisches ›Musical‹ übersetzte, barg dabei eine zentrale Botschaft: Die ostdeutschen Umbruchserfahrungen wurden mittlerweile nicht mehr de-thematisiert oder als ›unverständig‹, ›unrealistisch‹ oder gar ›undankbar‹ abgetan, wie man es noch zeitgenössisch in Politik und Medien beobachten konnte; sie rückten auf diese Weise vielmehr in den Mittelpunkt einer sehr gegenwärtigen Musical-Erzählung, in der ein schwules Paar, ein westdeutscher Personenschützer und ein ostdeutscher Juso-Aktivist, auf beiden Seiten der Proteste und damit auch zwischen Ost und West standen, wobei Böhmermann am Ende genregemäß die Liebe triumphieren ließ.[67]

Die beschriebene ›Netflixierung‹ und ›Musicalisierung‹ von Treuhand, Wirtschaftsumbau und Ost-West-Friktionen können dabei stellvertretend für einen der neuesten Trends im Umgang mit den ostdeutschen Erfahrungen aus den postsozialistischen Entindustrialisierungsprozessen stehen: nämlich dem bis Mitte der 2010er Jahre noch kaum vorstellbaren Übergang von kommunikativen (Familien-)Gedächtnissen in übergeordnete kulturelle (nationale) Gedächtnisse,[68] der gegenwärtig vor allem von jüngeren Künstler*innen, Autor*innen oder Medienschaffenden maßgeblich mitgetragen und mitgestaltet wird. Spielten diese Erfahrungshintergründe älterer Ostdeutscher eben lange Zeit keine nennenswerte Rolle jenseits der an heimischen Esstischen, auf privaten Familienfeiern oder im Kolleg*innen- und Freundeskreis ausgetauschten Erinnerungen an die ernüchternden Zeiten der ›Abwicklung‹, gelingt diesen nunmehr immer öfter der Sprung in übergreifende, nationale wie auch internationale Foren und Resonanzräume – insbesondere im Bereich von Kunst und Kultur.[69]

---

66 ZDF Magazin Royale: Der Eierwurf von Halle (wie Anm. 65).

67 Vgl. dazu kritisch: Wolfgang Höbel: Böhmermann-Musical »Der Eierwurf von Halle«. Zeitkritik in einer Überdosis ironischer Tunke. In: *Der Spiegel*, 06.11.2021. Abgerufen unter URL: https://www.spiegel.de/kultur/tv/jan-boehmermann-musical-der-eierwurf-von-halle-im-zdf-ein-ei-kann-eine-kruecke-sein-a-6ac65ac9-ff0d-45e3-a3e8-ee27c3ccc505, letzter Zugriff: 02.09.2022.

68 Vgl. Hans Günter Hockerts: Zugänge zur Zeitgeschichte: Primärerfahrung, Erinnerungskultur, Geschichtswissenschaft. In: *Aus Politik und Zeitgeschichte* 28 (2001), S. 15–30.

69 Vgl. dazu programmatisch: Jana Hensel/Wolfgang Engler: Wer wir sind. Die Erfahrung, ostdeutsch zu sein. Berlin 2018.

Dass etwa die oft diskutierte ›Wende-Literatur‹ schon seit den späten 1990er Jahren zum vornehmlichen (und letztlich oft einzigen) übergreifenden Forum für die künstlerische Artikulation und Diskussionen gebrochener ostdeutscher Biografien wurde,[70] deutet hier auf eine längere Traditionslinie hin, die sich auch sehr markant auf den Büchermärkten der Gegenwart ausmachen lässt: an neueren Publikationen jüngerer, oft ostdeutscher Autor*innen wie Lukas Rietzschel, Valerie Schönian oder Johannes Nichelmann, die ihre individuellen Kindheits- und Jugend-Erfahrungen in den 1990er und 2000er Jahren sehr umfassend thematisieren, besteht mittlerweile kaum noch ein Mangel, auch wenn diese die widersprüchlichen Entindustrialisierungserfahrungen ihrer Eltern und Großeltern oft in Gestalt von Arbeits- und Perspektivlosigkeit sowie Extremismus und Gewalt eher generell und weniger Treuhand-spezifisch verarbeiten.[71]

Daneben sind es auch klassische Formate wie ein von der Rosa-Luxemburg-Stiftung umfassend gefördertes Ausstellungsprojekt *Schicksal Treuhand – Treuhand Schicksale*, welches seit dem Sommer 2019 auf seiner Tour durch zahlreiche, vorwiegend ostdeutsche Städte eine Vielzahl an individuellen Erzählungen auf die großformatigen Ausstellungstafeln brachte.[72] Unter der Federführung von Katrin Rohnstock, die sich schon seit Ende der 1990er Jahre mit auto- bzw. gruppenbiografischen Projekten zur DDR-Vergangenheit im Feld einer (damals noch nicht so bezeichneten) ›public history‹ bewegte[73], waren es hier vor allem individuelle ostdeutsche Entindustrialisierungserfahrungen, die mit starken und überwiegend kritischen Treuhand-Bezügen präsentiert wurden. Besonders deutlich wurde dieses Kernanliegen der Ausstellung, übergreifende Entindustrialisierungsprozesse als individuelle Verlust- und Umbruchserfahrungen zu erzählen, in den großformatigen Porträt-Aufnahmen, in denen die teilnehmenden Personen in ihrer vormaligen Arbeitskleidung bzw. ihre einstigen Arbeitswerkzeuge präsentierend überaus eindrücklich inszeniert wurden.[74]

---

70 Insbesondere anfangs bei Ingo Schulze: Simple Storys. Ein Roman aus der ostdeutschen Provinz. München 1999.

71 Valerie Schönian: Ostbewusstsein: Warum Nachwendekinder für den Osten streiten und was das für die Deutsche Einheit bedeutet. München 2020; Johannes Nichelmann: Nachwendekinder: Die DDR, unsere Eltern und das große Schweigen. Berlin 2019; Lukas Rietzschel: Mit der Faust in die Welt schlagen. München 2018.

72 Vgl. die Tourdaten auf der Website der Rosa-Luxemburg-Stiftung: https://www.rosalux.de/dossiers/1989-90-aufbruch-ins-ungewisse/schicksal-treuhand-treuhand-schicksale, letzter Zugriff: 02.09.2022.

73 Katrin Rohnstock: Mein letzter Arbeitstag. Abgewickelt nach 89/90. Ostdeutsche Lebensläufe. Berlin 2014.

74 Vgl. den Katalog der Ausstellung: Rosa-Luxemburg-Stiftung (Hrsg.): Schicksal Treuhand – Treuhand Schicksale. Berlin 2019.

Zielte dieses populäre Ausstellungsprojekt eher auf ein breites und überwiegend Themen-affines Publikum (der betroffenen älteren Ostdeutschen), nahm sich die aus Bautzen stammende Berliner Künstlerin Henrike Naumann seit 2018 der Treuhand auf andere Weise an – indem sie sie über die von starken Gender-Konflikten bestimmte (Reiz-)Figur der Treuhand-Präsidentin Birgit Breuel sowie insbesondere über gebrauchte Möbel und Konsumprodukte der 1990er Jahre thematisierte und in größere Zusammenhänge von tendenziell globalem Konsum-Kapitalismus, Gewalt, Nationalismus und Fremdenfeindlichkeit sowie radikal veränderten Medien- und Konsumpraktiken stellte.[75] Naumanns Ausstellungen mit ihren komplexen Botschaften – insbesondere die paradoxe Verschränkung von westzentrierter Konsumexplosion bei gleichzeitiger Entindustrialisierung im Postsozialismus der 1990er Jahre – erreichten dabei mit Präsentationen in Berlin, Mönchengladbach und Hannover nicht nur ein (west-)deutsches Publikum, sondern entfalteten auch eine beachtliche internationale Ausstrahlung, die die Künstlerin und ihre Werke bis nach New York und Seoul führen sollte.[76]

Auch im Theaterbereich sollte die Treuhand derweil verstärkt Einzug halten – hier beispielsweise mit zwei sehr unterschiedlich ausgerichteten Projekten: Am Theater in Magdeburg feierte im September 2020 das Stück *Tod der Treuhand* Premiere, das von Carolin Millner gestaltet wurde und mithilfe von schrillen Kostümen und aufwendigen Bühnenbildern vor allem die Geschichte der Abwicklung des dortigen SKET-Werks aus der Perspektive der betroffenen Mitarbeiter*innen schilderte. Mit Fischflossen versehen trieben die Schauspieler*innen dort in einem Wartezimmer durch eine maritime Schleusenlandschaft; die Regisseurin wollte damit – auf ein bekanntes Zitat Birgit Breuels anspielend[77] – nicht zuletzt den »Zynismus einer vermeintlich alternativlosen Evolutionsgeschichte« von Treuhand, Privatisierung und Abwicklung ironisch-kritisch wie schrill-maritim in Szene setzen.[78]

Während dieses Stück sich dem Thema avantgardistisch nährte, versuchte sich das vorwiegend studentische Kollektiv des reisenden Berliner Bootstheaters

---

75 Leipziger Volkszeitung u. a. (Hrsg.): Henrike Naumann. 2000. Katalog zur Ausstellung im Museum der Bildenden Künste Leipzig, 2019–2020. Leipzig 2019.

76 Vgl. die Übersicht unter: http://henrikenaumann.com/, letzter Zugriff: 02.09.2022.

77 Marcus Böick: »Das ist nunmal der freie Markt«. Konzeptionen des Marktes beim Wirtschaftsumbau in Ostdeutschland nach 1989. In: *Zeithistorische Forschungen/Studies in Contemporary History* 12 (2015), H. 3, S. 448–473.

78 Uraufführung: »Tod der Treuhand« – Eine Stückentwicklung von Carolin Millner – Theater Magdeburg. In: Theaterkompass. Abgerufen unter der URL: https://www.theaterkompass.de/beitraege/urauffuehrung-tod-der-treuhand-eine-stueckentwicklung-von-carolin-millner-theater-magdeburg-54620, letzter Zugriff: 02.09.2022.

Traumschüff in einer Theaterserie in drei Folgen unter dem Titel *Treue Hände*[79] an einer inner-ostdeutschen Liebes- und gleichermaßen verwickelten Beziehungsgeschichte, die sich im spannungsgeladenen Kontext von Treuhand, Wirtschaftsumbau und Privatisierung der frühen 1990er Jahre abspielte: Während Gitti, die Heldin des Stücks, sich mit großem Engagement dem neuen (Wirtschafts-)System anzupassen versuchte und im Zuge dessen sogar selbst bei der Treuhand anheuerte, wollte ihr Freund Dirk hingegen den Idealen des untergegangenen Sozialismus treu bleiben und auch ihre beste Freundin Sylvia kämpfte unermüdlich um den Erhalt ihres bedrohten Betriebs und Arbeitsplatzes – und damit insbesondere auch gegen Gittis neue Arbeitgeberin. Während das avantgardistische Magdeburger Stück eher auf das klassische, eher bildungsbürgerliche Theaterpublikum zielte, reiste die Traumschüff-Besatzung mit ihren populären Darbietungen hingegen auf dem Wasserweg durch Brandenburg, um dabei vor allem in den Sommermonaten – mit einigem Erfolg – in kleineren und mittleren Städten zu gastieren.[80]

Anfang 2022 brachte auch Thomas Freyer sein *Treuhandkriegspanorama* am Deutschen Nationaltheater in Weimar zur Aufführung. Dieses Stück fokussierte den Hungerstreik von Bischofferode vom Sommer 1993,[81] nutzte dafür aber auch einen intergenerationellen Kniff, indem es den Sohn eines damals streikenden und nun schwer erkrankten Bergarbeiters in die alte Heimat zurückkehren und auf eine eigene familiäre wie historische Spurensuche unter Tage gehen lässt. Verwoben mit Stimmen von ehemaligen Bergleuten, einstigen Treuhand-Mitarbeiter*innen sowie damaligen Spitzenpolitiker*innen erweist Freyer damit nicht zuletzt auch dem berühmten Bauernkriegspanorama von Werner Tübke im nahen Bad Frankenhausen eine markante wie titelgebende Referenz.[82]

In der bildenden bzw. Performance-Kunst wandten sich jüngere Künstlerinnen und Künstler dem Treuhand-Thema an verschiedenen Orten zu: Ebenfalls im Herbst 2020 setzte sich das internationale Chemnitzer Festival Biennale-Pochen mithilfe zahlreicher Multimedia-Installationen, Performances, Lesungen und Diskussionen mit der Treuhand und ihrem Erbe gerade auch vor Ort auseinander; ein Höhepunkt der Veranstaltungen war die Enthüllung eines historischen IG-Metall-Transparentes aus den lokalen Treuhand-Protesten durch die polnische

79 *Treue Hände* auf der Website der Theatergenossenschaft Traumschüff: https://www.traumschueff.de/programm/stuecke/treue-haende/, letzter Zugriff: 02.09.2022.

80 Ebd.

81 Marcus Böick: 1. Juli 1993: Ein Hungerstreik wird zum Symbol. In: Martin Langebach (Hrsg.): Protest. Deutschland 1949–2020. Bonn 2021, S. 322–327.

82 *Treuhandkriegspanorama* auf der Website des Deutschen Nationaltheaters Weimar: https://www.nationaltheater-weimar.de/de/programm/stueck-detail.php?SID=2908, letzter Zugriff: 02.09.2022.

Künstlerin Karolina Freino vor dem weltbekannten Karl-Marx-Monument.[83] Einen noch stärker lokalen bzw. regionalen Bezug wählte demgegenüber das Videokünstler*innen-Kollektiv Werkleitz aus Halle an der Saale, dessen Angehörige über ein Jahr im Mansfelder Land lebten. Verschiedene Künstler*innen thematisierten auf diese Weise die dortigen Umbruchs-Erfahrungen und subjektiven Eindrücke einer nach dem Verschwinden von acht Jahrhunderten Bergbau und metallurgischer Großindustrie nach 1990 weitgehend entindustrialisierten Landschaft rund um die Stadt Hettstedt mit einem eigenen, ebenfalls avantgardistischen Fotografie-, Video- und Ausstellungsfestival *Bildproduktion* im örtlichen Museum bzw. der Stadtkirche.[84]

Neben diesen Aneignungsformen einer aktuellen Gegenwartskunst waren es aber auch hybride bzw. digital-analoge Angebote und Zugriffe, wie etwa das ›künstlerische Forschungsprojekt‹ des Berliner Theaterkollektivs Panzerkreuzer Rotkäppchen, das im Jahr 2021 der Verbindung von ostdeutscher Techno-Szene und betrieblicher Treuhand-Politik in den frühen 1990er Jahren nachging und in entsprechenden Musik- und Installationsformaten in verschiedenen Klubs unter dem Motto »Techno und Treuhand« in Apolda, Jena oder Leipzig gastierte.[85] Kaum zu überblicken sind schließlich mittlerweile die weitverzweigten Online-Aktivitäten verschiedener Initiativen auf X (vormals Twitter) wie etwa Aufbruch Ost, die den Themenkreis Treuhand und Ostdeutschland dort, aber auch in Form von ausgedehnten Podcasts, öffentlichen Diskussionsrunden oder auch spontanen (Protest-)Happenings zumeist sehr kritisch präsentierte.[86]

Insgesamt erscheinen diese neuartigen Aneignungsweisen von ostdeutschen Entindustrialisierungserfahrungen mit der Treuhandanstalt als ihrem zentralen (Negativ-)Symbol als mal avantgardistische, mal spielerische Projekte insbesondere jüngerer Künstler*innen und Aktivist*innen, die selbst jeweils mehr oder weniger stark ausgeprägte Bezüge zu Ostdeutschland aufweisen. Bemerkenswert erscheint dabei der intensive Antrieb zu einem intergenerationellen Austausch,

83 Pochen-Biennale begibt sich auf Spurensuche in Chemnitz. In: *Blick.de,* 24. 10. 2020. Abgerufen unter URL: https://www.blick.de/chemnitz/pochen-biennale-begibt-sich-auf-spurensuche-in-chemnitz-artikel11166908, letzter Zugriff: 02. 09. 2022.

84 Werkleitz Festival 2020: Unter uns – Bildproduktion im Mansfelder Land. Abgerufen unter URL: https://werkleitz.de/unter-uns-bildproduktion-im-mansfelder-land/, letzter Zugriff: 02. 09. 2022; sowie: Werkleitz (Hrsg.): Unter uns. Bildproduktion im Mansfelder Land. Halle/S. 2021.

85 Florian Dobenecker: Die Sehnsucht nach Maschinenwerdung. Techno, Treuhand und Thüringen. In: *TAKT-Magazin*, 08. 11. 2021. Abgerufen unter URL: https://www.takt-magazin.de/musik/die-sehnsucht-nach-maschinenwerdung_308917, letzter Zugriff: 02. 09. 2022.

86 Account abrufbar unter: https://x.com/AufbruchOst, letzter Zugriff: 14. 10. 2024.

der vor allem auf eine kritische Reflexion der westdeutschen Treuhandaktivitäten ›von oben‹ sowie empathische Verarbeitungen und Anerkennungen der ostdeutschen Umbruchserfahrungen der älteren Generationen ›von unten‹ hinausläuft. Künstlerische Treuhand-Kritik ist dabei zugleich auch ein Vehikel für umfassende Auseinandersetzungen mit dem neo-liberalen oder gar ›kolonialen‹ Kapitalismus und dem diesen zugeschriebenen gesellschaftlichen Asymmetrien, globalen Ungleichheiten sowie ökologischen Folgewirkungen im Kontext etwa der Klimakatastrophe. Was die Ostdeutschen nach 1990 in Gestalt von Treuhand und Wirtschaftsumbau binnen kürzester Zeit an betrieblichen Abwicklungen und biografischen Entwertungen erlebt haben, erscheint in dieser jüngeren Deutung als eine überaus düstere Vignette auch für Gegenwart und Zukunft.

6. Schlussbemerkung: Der wiederentdeckte Treuhand-Mythos zwischen Pandemie und Krieg

Noch im Herbst 2019 schienen die Diskussionen mit dem unmittelbar bevorstehenden Reigen an Gedenktagen und Jubiläen sowie nach hitzigen Landtagswahlkämpfen in Ostdeutschland auf weitere Höhepunkte im Jubiläumsjahr 2020 zuzusteuern. Erstaunlicher- bzw. bezeichnenderweise hatte man jedoch die erhebliche politische Dynamik der aktuellen Diskussionen über die ›Nachwendezeit‹ und ihr Vermächtnis in bestimmten Teilen der großkoalitionären Bundesregierung unterschätzt: So hatte das CSU-geführte Bundesinnenministerium unter Horst Seehofer erst unter großer Hektik im Frühjahr 2019 begonnen, die offiziellen Feierlichkeiten zum 30. Jahrestag von Revolution und Einheit zu planen.[87]

Ein unmittelbarer Reflex dieser Bemühungen war die rasche Einsetzung einer gemischt mit überwiegend ostdeutschen Politiker*innen und Wissenschaftler*innen besetzten und vom ehemaligen brandenburgischen Ministerpräsidenten Mathias Platzeck geleiteten Kommission *30 Jahre Friedliche Revolution und Deutsche Einheit*. Dieses Gremium legte dann, nach knapp einem Jahr Diskussionen und zahlreichen Bürgerdialogen, im Herbst 2020 einen ausführlichen Bericht vor, dessen wesentliche Diagnosen und Vorschläge allerdings zunächst unter dem Eindruck einer akuten Pandemie-Politik weitgehend untergingen.[88]

87 Cerstin Gammelin: Jubiläums-Feier: Bundesinnenministerium übersieht 30 Jahre deutsche Einheit. In. *Süddeutsche Zeitung*, 29.04.2019. Abgerufen unter URL: https://www.sueddeutsche.de/politik/seehofer-scholz-deutsche-einheit-1.4426100, letzter Zugriff: 02.09.2022.

88 Der Bericht der Kommission nebst Empfehlungen ist abrufbar unter URL: https://www.bmi.bund.de/SharedDocs/downloads/DE/veroeffentlichungen/2020/abschlussbericht-kommission-30-jahre.html, letzter Zugriff: 02.09.2022.

Zu Beginn des Jahres 2022 schien sich die Debattenlage insgesamt bereits erheblich verändert zu haben. Die globale Pandemie in ihren verschiedenen Wellen und nun auch der russische Angriffskrieg gegen die Ukraine hatten die politischen Landschaften und Agenden inzwischen dramatisch verändert. Vor allem der scheinbar unaufhaltsame Aufstieg von Rechtspopulismus und Autoritarismus in Ostmitteleuropa schien durch die massiven Gewaltexzesse des Putin-Regimes nach dem Überfall zumindest vorläufig gestoppt, der zumindest unmittelbar zu einer in Form und Geschwindigkeit überraschenden wie kollektiven Proklamation westlicher Freiheits-Werte und trotzigen Aufrufen zur gemeinsamen Verteidigung europäischer Freiheiten insbesondere durch EU und NATO führte.

Pandemie und Krieg hatten zugleich auch mittel- und unmittelbare Folgen für die hier untersuchten Debatten: Die seit Mitte der 2010er Jahre aufbrechenden Diskussionen um Treuhand-Mythos, Wirtschaftsumbau und innerdeutsche Ost-West-Verhältnisse innerhalb Deutschlands hatten unter dem Eindruck dieser Ereignisse merklich an Schwung wie auch Dramatik verloren: Konnte etwa der Historiker Ilko-Sascha Kowalczuk, einer der führenden Protagonisten dieser jüngsten Ost-West-Debatten,[89] noch im März 2020 eine große wie interdisziplinäre Gruppe an Wissenschaftler*innen in Berlin zusammenrufen,[90] waren derartige Diskussionen und etliche andere Veranstaltungen bald darauf weitgehend unter dem Eindruck von Lockdowns, Impfdebatten sowie weiteren globalen Disruptionen vorerst verstummt oder in die digitalen Nischen abgewandert.[91]

Während Politik und Medien also schlagartig ihr zuvor steil angewachsenes Interesse an dem Themenkreis verloren, hatten hingegen die wissenschaftlichen Debatten gerade erst so richtig an Fahrt aufgenommen. Nach einer ganzen Zahl an Konferenzen, Workshops und Podiumsdiskussionen wurden (und werden) nach und nach wissenschaftliche Studien und Bücher veröffentlicht, die sich zumeist empirisch fundiert und differenziert argumentiert konkreter Forschungsprobleme annehmen wollen.[92] Eine zentrale Herausforderung dürften dabei nicht nur der

89 Ilko-Sascha Kowalczuk: Die Übernahme. Wie Ostdeutschland Teil der Bundesrepublik wurde. München 2019.

90 Dazu als eindrucksvolles Panorama: Kowalczuk/Ebert/Kulick (Hrsg.): (Ost)Deutschlands Weg (wie Anm. 3).

91 Vgl. exemplarisch hierfür: Malte Thiessen: Auf Abstand. Eine Gesellschaftsgeschichte der Coronapandemie. Frankfurt am Main u. a. 2021.

92 Hierzu etwa die programmatischen Beiträge in den ersten drei Ausgaben von: Marcus Böick/Constantin Goschler/Ralph Jessen (Hrsg.): Jahrbuch Deutsche Einheit. Berlin 2020–2022; sowie Malycha: Vom Hoffnungsträger zum Prügelknaben (wie Anm. 27); Max Trecker: Neue Unternehmer braucht das Land. Die Genese des ostdeutschen Mittelstands nach der Wiedervereinigung. Berlin 2022.

gesellschaftliche Transfer und die übergreifende Diskussion der Ergebnisse dieser wissenschaftlichen Bemühungen sein. Es wird vielmehr auch darum gehen, die oft in scheinbar festgefügten Ost-West-Kategorien erstarrten Debatten selbst zu überwinden und diese insbesondere um plurale Perspektiven inner- wie außerhalb Deutschlands zu erweitern;[93] die deutsch-deutsche ›Black Box‹ gehört endlich geöffnet.[94] Dabei dürften aktuelle Diskussionen um ethnische Spannungs- und Konfliktlagen (insbesondere infolge der Black-Lives-Matter-Bewegung in den USA) sowie die kriegerische Gewalt in Osteuropa die zeitgenössischen Interpretationen der postsozialistischen Umbrüche und Transformationen als unmittelbare Vorgeschichte unserer Gegenwart nochmals erheblich verändern.

93 Exemplarisch hierfür können die Beiträge stehen in: Christina Morina (Hrsg.): Deutschland und Europa seit 1990. Positionen, Kontroversen, Perspektiven. Göttingen 2021; Jörg Ganzenmüller (Hrsg.): Die revolutionären Umbrüche in Europa 1989/91. Deutungen und Repräsentationen (Europäische Diktaturen und ihre Überwindung, 28). Köln/Weimar/Wien 2021.

94 Vgl. etwa programmatisch: Naika Foroutan/Jana Hensel: Die Gesellschaft der Anderen. Berlin 2020; Kiran Klaus Patel/Ingo Schulze: Doppelt verbunden, halb vereint. Der Beitritt der DDR zur BRD und zur Europäischen Gemeinschaft. München 2022.

Verena Krieger

Flüchtender – Standhaltender – Wutbürger

Wolfgang Mattheuers bildkünstlerische Kommentare zur DDR-Transformation ausgehend von *Ausbruch (Panik)* (1988/89)

Werke der bildenden Kunst haben viele Funktionen, nicht zuletzt sind sie auch historische Zeugnisse, Kommentare zu gesellschaftlichen Prozessen und Konflikten mit ästhetischen Mitteln. Weil sie nicht sprachlicher Natur sind, sondern visuelle Artefakte, und weil sie keine journalistischen, wissenschaftlichen oder politischen Statements artikulieren, sondern in erster Linie auf einer ästhetischen Ebene wirken, beziehen sie sich immer auch auf andere Kunstwerke, schreiben sich in eine innerästhetische Entwicklung ein und entfalten ihre pointierte Aussagekraft als Kommentare zu zeitgeschichtlichen Entwicklungen nur dann, wenn man bereit ist, ihre bildlich-ästhetische Eigenlogik ernst zu nehmen und sie als solche zu entschlüsseln. Dabei ist jedes Kunstwerk eine individuelle Stellungnahme, jede Künstlerin, jeder Künstler hat eine eigene subjektive Perspektive, basierend auf jeweils spezifischen Lebensumständen, politischer Überzeugung und künstlerischer Grundhaltung, und entsprechend heterogen sind die künstlerischen Zeugnisse und Kommentare.

Die Frage, wie die DDR-Transformation in der bildenden Kunst reflektiert wird, lässt sich daher stets nur an individuellen Werken einzelner Künstlerinnen und Künstler untersuchen, wobei deren jeweilige geschichtliche Stellung und subjektiver Standpunkt zu berücksichtigen ist. Kein einzelnes Werk kann repräsentativ für alle anderen sein, wohl aber lassen sich an exemplarisch ausgewählten Werken relevante Tendenzen erkennen.

Ein solches exemplarisches Werk, ja ein Schlüsselwerk ist Wolfgang Mattheuers großformatiges Ölgemälde *Ausbruch (Panik)* (Abb. 1), das im Frühjahr 1989 fertiggestellt und noch im selben Jahr von dem westdeutschen Sammlerehepaar Ludwig erworben wurde und heute im Besitz der Stadt Aachen ist.[1] Es entstand

1 Zu diesem Werk liegen stark differierende Angaben hinsichtlich des Titels, der Datierung und der Maße vor. Der Ausstellungskatalog Museum Ludwig, Köln (Hrsg.): Unser Jahrhundert. Menschenbilder – Bilderwelten. Köln 1995, S. 213 betitelt es *Panik II* mit der Datierung 1989 und den Maßen 200 × 230 cm, ebenso der Ausstellungskatalog Ludwig Forum

Abb. 1 *Ausbruch (Panik)*, 1988/89, Öl auf Leinwand, 174,5 × 204,6 cm, Ludwig Forum für internationale Kunst, Aachen (G 89/1).

FÜR INTERNATIONALE KUNST (Hrsg.): Der europäische Flügel. Aachen 2004, S. 66–68; der Ausstellungskatalog INGRID MÖSSINGER (Hrsg.): Wolfgang Mattheuer. Leipzig 2002, Abb. 52 betitelt es hingegen *Ausbruch* mit der Datierung 1989/90. URSULA MATTHEUER-NEUSTÄDT UND WOLFGANG MATTHEUER STIFTUNG (Hrsg.): Wolfgang Mattheuer. Abend. Hügel. Wälder. Liebe. Der andere Mattheuer. Bielefeld/Leipzig 2007, S. 70 f. betitelt es *Ausbruch (Panik II)* mit der Datierung 1988/89 und den Maßen 170 × 200 cm; STEFANIE MICHELS (Hrsg.): Werkverzeichnis der Gemälde 1950–2003. Leipzig 2017, S. 201 betitelt es *Ausbruch (Panik)*, datiert 1988/89 mit den Maßen 170 × 200 cm. Nach Information des Ludwig Forums für internationale Kunst Aachen, Eigentümer des Gemäldes, ist es vom Künstler unten rechts eigenhändig *Panik II* betitelt und 1989 datiert; die tatsächlichen Maße betragen 174,5 × 204,6 cm (freundliche Auskunft von Dr. Nora Riediger am 30. 8. 2022). – Die unterschiedlichen Werktitel erklären sich vermutlich aus der Praxis des Malers, gelegentlich nachträgliche Titeländerungen vorzunehmen. Laut URSULA MATTHEUER-NEUSTÄDT: Bilder als Botschaft – Die Botschaft der Bilder. Am Beispiel Wolfgang Mattheuer. Ein Essay in zwei Teilen. Leipzig 1997, S. 156 »ergeben [sie] sich meist, wenn neue Bilder vorher nicht bedachte Zusammenhänge aufdecken und Mattheuer im Titel darauf hinweisen will«. So wurde etwa *Prometheus verlässt das Theater* zu *Geh aus deinem Kasten!* (S. 153). Auf *Ausbruch (Panik)* geht Mattheuer-Neustädt leider nicht ein. Da in *Ausbruch (Panik)* Motive und Kompositionen

unter dem Eindruck der Stimmungen in der Endphase der DDR, basiert aber auf zahlreichen Vorarbeiten verschiedener Gattungen in den vorangegangenen Jahren.

Als einer der bedeutendsten Künstler der DDR und ein Hauptvertreter der Leipziger Schule wurde Wolfgang Mattheuer (1927–2004) seit den 1970er Jahren vielfach auch in der Bundesrepublik und anderen westlichen Ländern ausgestellt. Er nahm dabei eine bemerkenswerte Zwischenstellung ein, insofern er bis 1988 SED-Mitglied war und in der DDR große Anerkennung genoss, sich jedoch zugleich in seiner Kunst mit deren Verhältnissen kritisch auseinandersetzte. Nach der ›Wende‹, die Mattheuer ersehnt und durch aktive Teilnahme an den Leipziger Montagsdemonstrationen mit befördert hatte, behielt der Künstler jedoch seine skeptische Grundhaltung bei und kommentierte in seinem bildkünstlerischen Werk die nun bundesrepublikanische Wirklichkeit ähnlich kritisch wie zuvor diejenige der DDR. Gerade aufgrund dieser Zwischenstellung sind seine Werke besonders aufschlussreiche Quellen, um Ambivalenzen und Zwischentöne in der subjektiven Wahrnehmung und Bewertung der langen Transformationsphase, welche die Jahre der niedergehenden DDR ebenso umfasst wie die Zeit nach deren Zusammenbruch und dem Beitritt zur Bundesrepublik, zu erschließen.

1. *Ausbruch (Panik)* als Allegorie der ›Wende‹-Stimmung

Das Gemälde zeigt eine Menschenmenge, die in großer Erregung durch einen Türrahmen aus einem dunklen Raum herausstürmt – den Betrachtenden entgegen, jedoch ohne sie zu beachten und seitlich an ihnen vorbei auf ein links gelegenes, außerbildliches Ziel hin. Die Menge ist bildfüllend, außer ihr sind nur eine undefinierbare graue Wand und eben jene gerahmte Öffnung zu sehen, aus der sie herausquillt. Der dunkle Raum dahinter ist nicht einsehbar; es ist auch

verschiedener Vorarbeiten synthetisiert und weiterentwickelt sind – so insbesondere die Gouache *Ausbruch* (1988) und das Gemälde *Panik I* (1987), ist die Verschmelzung beider Werktitel nachvollziehbar. Zudem wurde die Titeländerung im Ausstellungskatalog *Wolfgang Mattheuer* (2002) noch zu Lebzeiten des Künstlers und vermutlich mit seiner Zustimmung vorgenommen. Aus diesen Gründen wird hier die Betitelung des Werkverzeichnisses der Gemälde mit *Ausbruch (Panik)* übernommen. Die Erweiterung der Datierung auf 1988/89 dürfte dem Umstand geschuldet sein, dass in der 1988 entstandenen Gouache *Ausbruch* (Abb. 3) die Komposition des späteren Gemäldes bereits sehr detailliert angelegt ist. Ob Mattheuer mit dem Ölgemälde bereits 1988 oder erst 1989 begonnen hat, lässt sich nicht mehr feststellen. Im Ausstellungskatalog *Der europäische Flügel* (2004), S. 68 wird als Entstehungszeit »Frühjahr 1989« angegeben. Aufgrund der exakten Vorwegnahmen der Komposition im Jahr 1988 ist die Datierung 1988/89 nach Auffassung der Autorin jedoch plausibler.

Abb. 2 *Panik oder Ausbruch*, 1988, Tusche/Sepia/Pastell/Deckweiß auf Karton, 71 × 86 cm.

nicht erkennbar, ob es sich um einen geschlossenen oder nach oben hin offenen Raum handelt. Zu erkennen ist nur eine gerade Reihe weißer Lichter am oberen Rand, wobei eben diese Kombination von abgrundtiefer Schwärze und eiskalten Lichtern eine unheimliche Anmutung erzeugt. Aber auch die Szenerie im Vordergrund außerhalb des dunklen Raums ist durch ein grelles, kaltes Licht beleuchtet. Es wirft scharfe Schlagschatten und taucht alles in ein fahles Schwarzweiß; nur hier und dort sind an Kleidungsstücken Einzelner die Grundfarben Rot, Blau und Gelb zu erkennen. Rot und Gelb tauchen auch markant in der unteren linken Bildecke auf, wo sie zusammen mit dem schwarzen Schatten unweigerlich die deutschen Nationalfarben assoziieren lassen. Es ist aber keine Flagge, sondern eher ein Fetzen, der – von diesen unbeachtet, aber deutlich erkennbar – auf der Wegstrecke der Fliehenden liegt und die Richtung anzeigt. Die Symbolik ist evident und in Verbindung mit dem Entstehungsjahr des Bildes 1989 unzweifelhaft: Hier geht es um das Drängen der DDR-Bürgerinnen und -Bürger aus den eingeschlossenen Lebensbedingungen, wie es sich in den massenhaften Ausreisen über Ungarn im Sommer 1989 manifestierte. Mattheuer hat das Motiv aber schon vor diesen spektakulären Ereignissen entwickelt, denn zwei Zeichnungen

Abb. 3 *Ausbruch*, 1988, Gouache, Tusche auf Karton, 70,2×84,8 cm, Privatbesitz.

aus dem Jahr 1988 enthalten bereits in wesentlichen Zügen dieselbe Komposition. Die Sepiazeichnung *Panik oder Ausbruch* (Abb. 2) zeigt, wenngleich seitenverkehrt, die aus einem breiten Türrahmen hervorquellende Menge, von der etliche Einzelfiguren in Gestik und Mimik denjenigen des späteren Gemäldes gleichen. Aufgrund starker Schrägen wirkt die Komposition dramatischer, zugleich enthält sie mit der Andeutung eines von den Ausbrechenden niedergetretenen Lattenzauns ein erzählerisches Detail. Die Gouache *Ausbruch* (Abb. 3) ist offenkundig danach entstanden, da sie eine Weiterentwicklung hin zum Gemälde darstellt: Die Komposition ist nun gespiegelt, sodass sich die Menge von rechts nach links bewegt, die spannungsreiche Schräge gemildert und zugleich der Ausschnitt enger gefasst. Dem zuvor an der Spitze der Gruppe stehenden Mann, der schützend den Arm vor seine Stirn hält, ist eine zusätzliche Figur vorangestellt. Insgesamt drängt die Gruppe stärker aus dem Raum heraus und die einzelnen Figuren sind differenzierter ausgestaltet. Gemeinsam ist den beiden Vorarbeiten der scharfe Helldunkelkontrast, der durch die aufgesetzten weißen Lichter entsteht und der jenes harte Licht vorwegnimmt, in das die Szenerie im Ölgemälde *Aufbruch (Panik)* getaucht ist.

Mattheuers Entscheidung, die Komposition gegenüber der ersten Version seitenverkehrt zu realisieren, hat Konsequenzen für die Bildaussage. Denn es ist ein semantischer Unterschied, ob sich die Menge im Bild nach links oder nach rechts bewegt. Wie der Wahrnehmungspsychologe Rudolf Arnheim feststellte, wird »die von links nach rechts führende Bildbewegung als leichter und müheloser wahrgenommen«.[2] Umgekehrt muss eine bildimmanente Bewegungsrichtung von rechts nach links aufgrund der im europäischen Raum üblichen Leserichtung von links nach rechts in unserer Wahrnehmung stets gegen einen gewissen Widerstand ankommen. Mit der Spiegelung der Komposition unterstreicht Mattheuer also die nötige Kraftanstrengung, die die Ausbrechenden unternehmen müssen. Die bedrückte Situation der Menschen wird ebenso visuell artikuliert wie ihre Entschlossenheit auszubrechen. Nicht zu Unrecht wurde dem Werk daher ein prophetischer Charakter attestiert.[3] Was es darstellt, sind jedoch gerade nicht die konkreten Ereignisse von massenhaften Ausreisen und Mauerfall, sondern die Stimmung, die am Vorabend dieser Ereignisse existierte. In diesem Sinne ist das Gemälde eher in einem allgemeineren Sinn als Allegorie des Herausstrebens aus den DDR-Verhältnissen zu verstehen.

Auch wenn sich Mattheuer häufig mehr oder weniger verschlüsselt mit dem Unbehagen an der DDR-Lebenswirklichkeit auseinandergesetzt hat, ist das Sujet dieses Gemäldes – die Flucht einer Menge aus einem bedrückend-unheimlichen Raum – innerhalb seines Œuvres ungewöhnlich, und dies in zweifacher Hinsicht: Da ist zum einen das Motiv des beengten (Innen-) Raums. In Mattheuers Œuvre dominieren Darstellungen des Außenraums, er schuf sehr häufig Landschaften (z. B. das berühmte Gemälde *Hinter den sieben Bergen*, 1972) oder auch undefinierte, surreal anmutende offene Räume von potenziell unendlicher Weite. Gerade seine weiten, oft zwischen Idylle und Zerstörung changierenden Landschaften bilden große Reflexionsräume für zeitkritische Themen, so etwa in den berühmten Ikarus- und Sisyphos-Bildern.[4] Und auch wenn Mattheuer in seinen Gemälden Innenräume zeigt, wie etwa in seinem Selbstbildnis im Atelier *Drinnen, Draußen und ich ...* (1982) (Abb. 10), enthalten diese fast immer mindestens ein dominierendes Fenster, das den Blick nach außen lenkt und wiederum die Landschaft mit zu einem bestimmenden Thema macht. Das zweite ungewöhnliche Motiv ist die Menschenmenge. Mattheuer kommt in vielen seiner Bilder ganz

---

2 Rudolf Arnheim: Kunst und Sehen. Eine Psychologie des schöpferischen Auges. Neufassung Berlin/New York 1978 (Erstausgabe 1954), S. 37.

3 Ludwig Forum für internationale Kunst (Hrsg.): Der europäische Flügel (wie Anm. 1), S. 68.

4 Anja Hertel: Wolfgang Mattheuer. Die politische Landschaft. Marburg 2014 bezeichnet sie daher als »politische Landschaft«.

ohne menschliche Figuren aus. Oder er zeigt einzelne oder einige wenige Menschen, die öfters auf mythologischen Figuren basieren und allegorisch verschlüsselt sind, jedenfalls meist exemplarischen Charakter haben. So viele Figuren wie in diesem Bild gibt es bei ihm normalerweise nicht. Auf die wenigen Ausnahmen wird später noch eingegangen.

Trotz dieser beiden Besonderheiten steht das Gemälde nicht isoliert in Mattheuers Œuvre, sondern weist Bezüge zu etlichen anderen Werken des Künstlers auf. Ursula Mattheuer-Neustädt, seine Ehefrau, selbst Künstlerin und zugleich Autorin einer Monografie über Mattheuers Werk, verortet das Bild in der Gruppe der in der Endphase der DDR entstandenen »Panik- und Ausbruchsbilder«[5], deren Thematik sich ab 1983 herausgebildet habe. Die Vorgeschichte des Bildthemas der aus einem bedrückenden (Innen-) Raum Flüchtenden lässt sich jedoch, wie zu zeigen sein wird, noch wesentlich weiter zurückverfolgen, so wie das Sujet überhaupt zahlreiche Beziehungen zu anderen Bild- und Motivfindungen in Mattheuers Malerei und Grafik aufweist. Generell ist es charakteristisch für Mattheuers Arbeitsweise, Motive und Motivgruppen in immer wieder neuen Konstellationen zu verwenden und abzuwandeln, und dies über lange Zeiträume hinweg. Dabei greifen auch Arbeiten in verschiedenen Gattungen ineinander, so werden Bildideen vielfach zuerst oder auch parallel in Zeichnung oder Druckgrafik erprobt und später, wenn sie in der Malerei zur gereiften Version gelangten, mitunter auch plastisch ausgeführt.[6] Mattheuer-Neustädt charakterisiert diesen Prozess so, dass Mattheuers Bilder »in der Regel durch Verschmelzung oft lange vorhandener Pläne« entstanden seien.[7] Dies ist freilich nicht so zu verstehen, dass Mattheuer seine Bilderfindungen über Jahre hinweg langfristig und systematisch geplant hätte; vielmehr hat er sie in steter Auseinandersetzung (auch) mit der zeitgeschichtlichen Entwicklung durch immer neue Abwandlungen und Kombinationen seines Motivrepertoires allmählich entfaltet. In diesem Prozess werden bereits etablierte Sinnbezüge fortgeschrieben, in neue Kontexte transloziert und dadurch wiederum Sinnverschiebungen erzeugt.

---

5 Mattheuer-Neustädt: Bilder als Botschaft (wie Anm. 1), S. 153.

6 Plastisch ausgeführt wurde etwa der berühmte *Jahrhundertschritt*. Von *Ausbruch (Panik)* gibt es keine plastische Umsetzung, was aufgrund der komplexen vielfigurigen Komposition auch kaum realisierbar gewesen wäre, jedoch von Werken, die damit in einem motivischen Zusammenhang stehen und die in vorliegendem Beitrag zur Sprache kommen: *Allein* (2001) sowie *Flüchtende* (2001). Vgl. Galerie Schwind (Hrsg.): Wolfgang Mattheuer. Werkverzeichnis der Plastiken und Objekte. Frankfurt am Main 2005, WV/S-42, WV/S-44.

7 Mattheuer-Neustädt: Bilder als Botschaft (wie Anm. 1), S. 83.

Abb. 4 *Dieser ist verloren (Allein)*, 1969, Öl auf Leinwand, 70,5×50,7 cm (G 69/26).

Abb. 5 *Allein*, 1970, Öl auf Leinwand auf Hartfaser, 40×30 cm (G 70/36).

Dieser Prozess der Motiventwicklung, -wanderung und -transformation und der damit verbundenen Sinnverschiebungen soll im Folgenden bezogen auf *Ausbruch (Panik)* nachgezeichnet werden, wobei der zeitliche Rahmen vom Ende der 1960er bis zur Mitte der 1990er Jahre gespannt ist.[8] Das großformatige Gemälde *Ausbruch (Panik)* erweist sich dabei als Kulminationspunkt einer sich über rund zwei Jahrzehnte erstreckenden Entwicklung und Verschmelzung verschiedener Motive und Bildlösungen, die vor dem Hintergrund sich verändernder und zuspitzender gesellschaftlicher Entwicklungen immer neue Transformationen vollzogen und Bedeutungsverschiebungen erlangten. Allerdings handelt es sich bei dem Gemälde keineswegs um einen Schlusspunkt der Entwicklung, vielmehr verfügt es, wie zu zeigen ist, auch über ein Nachleben, welches bislang ebenso ausgeblendet wurde wie seine lange Vorgeschichte.

8 Aufgrund der großen Zahl relevanter Vorläufer und Varianten konzentriert sich vorliegender Beitrag auf die wichtigsten Werke und dabei speziell auf die Malerei. Die in diesem motivisch-thematischen Zusammenhang entstandenen grafischen und plastischen Arbeiten können nur kurz erwähnt, jedoch in diesem Rahmen nicht näher behandelt werden.

2. Vom Eingesperrten zum Flüchtenden

Zu dieser Vorgeschichte gehört das bereits Ende der 1960er Jahre in Mattheuers Œuvre erstmals auftauchende Motiv des einsam in einen Raum Eingesperrten: 1969 entstand das kleinformatige Ölbild *Dieser ist verloren (Allein)* (G 69/20), 70,5 × 50,7 cm (Abb. 4): Es zeigt eine kleine Figur in bürgerlicher Kleidung mit Krawatte und hochgestreckten Armen in einem geschlossenen und fensterlosen, spitz nach hinten zulaufenden Raum, der auch ein Tunnel sein könnte – in jedem Fall ist es eine albtraumhafte Situation. Im Vordergrund angedeutet sind menschliche Schatten, die der Figur bedrohlich entgegenstehen und ihr jeden Ausweg nehmen. Ihnen und ebenso den Betrachtenden zugewendet steht die Figur im Zentrum, mit erhobenen Armen eingespannt zwischen Decke und Boden – eine doppeldeutige Haltung zwischen Ergebenheitsadresse und Trägerschaft. Er ist »verloren«, wie es im Titel heißt, ausweglos eingeschlossen, aber auch verurteilt zu dieser die Raumdecke tragenden, stützenden Haltung; in dieser angedeuteten Analogie zur mythologischen Figur des Atlas liegt fast schon ein Verweis auf den später in Mattheuers Werk wichtig werdenden Sisyphos. Im darauffolgenden Jahr variiert Mattheuer das albtraumhafte Motiv in dem mit 40 × 30 cm noch viel kleineren Ölbild *Allein* (1970) (Abb. 5). Hier läuft der geschlossene Innenraum dezidiert in einer Ecke zusammen, in die die menschliche Figur, nun asymmetrisch platziert, eingesperrt ist. Im Verhältnis zum Raum ist sie hier viel kleiner und dementsprechend auch stärker stilisiert, ohne konkrete Eigenschaften wie Kleidung, die sie sozial kennzeichnen würde, jedoch in derselben Haltung mit erhobenen Armen. Diese reichen nun nicht mehr bis zur Decke und wirken auch nicht mehr tragend, sondern drücken pure Ohnmacht und Verzweiflung aus. Zudem ist die Figur ganz an die Wand gerückt, was die Ausweglosigkeit ihrer Situation noch deutlicher herausstellt. Mattheuer selbst bezeichnete das Werk als »mein hoffnungslosestes Bild«[9]; ein begleitend dazu entstandenes Gedicht mit dem Titel *Allein* beginnt mit den Worten: »Er sah rechts Mauern, er sah links Mauern …« und endet »dieser ist verloren«.[10] Das intime Format beider Bilder – von denen Mattheuer selbst die zweite, kleinere Version für die bessere hält[11] – legt die Vermutung eines autobiografischen Hintergrundes nahe. Ihre Entstehungszeit in den Jahren 1969/70 fällt zusammen mit der Zeit, in der der Künstler zwar wachsende Anerkennung

---

9 Wolfgang Mattheuer: Aus meiner Zeit. Tagebuchnotizen und andere Aufzeichnungen. Stuttgart 2002, S. 51 (20. September 1973).

10 Ebd.

11 Ebd.

Abb. 6 *Flüchtende*, 1967,
Öl auf Hartfaser, 36×20 cm (G 67/4).

genießt, doch auch zunehmend an den gesellschaftlichen Verhältnissen zweifelt. Einerseits ist er seit 1956 Professor an der Hochschule für Grafik und Buchkunst in Leipzig, er entfaltet eine erfolgreiche Ausstellungstätigkeit auch im Ausland und erhält 1968 den Kunstpreis der Stadt Leipzig. Andererseits steht er der Kulturpolitik der DDR ablehnend gegenüber, wie schon der Ungarn-Aufstand 1956 weckt auch der Prager Frühling und dessen Niederschlagung seine »Anteilnahme und Hoffnung, Trauer und Enttäuschung«[12], und ein Bühnenstück von Günter Rücker im Deutschen Theater in Ostberlin, an dem er 1969 mitwirkt, wird kurz nach der Uraufführung aus politischen Gründen abgesetzt.[13] Ab 1970 beginnt er sich auch künstlerisch mit dem Prager Frühling auseinanderzusetzen, u. a. in dem Holzschnitt *Hinter den sieben Bergen*, der dem gleichnamigen Gemälde von 1973 vorausgeht.[14] Äußerer Erfolg und das Empfinden von Ausweglosigkeit sind also eng verknüpft – insofern kann man

12 Mattheuer-Neustädt: Bilder als Botschaft (wie Anm. 1), S. 143. Vgl. auch Mattheuer: Aus meiner Zeit (wie Anm. 9), S. 22–24 (August 1968 und 9. Oktober 1972).

13 Michels (Hrsg.): Werkverzeichnis der Gemälde (wie Anm. 1), S. 57.

14 Ebd., G 73/15; Ingrid Mössinger/Kerstin Drechsel (Hrsg.): Wolfgang Mattheuer. Flugversuch. Retrospektive der Zeichnungen. Kunstsammlungen Chemnitz. München 2008, S. 190.

die Bilder des Eingesperrten durchaus als Ausdruck der Wahrnehmung seiner eigenen Situation interpretieren.[15]

Wenig später entsteht das zweite Motiv, das in *Ausbruch (Panik)* eine Rolle spielen wird: das Motiv des Flüchtenden. Schon seit der Mitte der 1960er Jahre hatte sich Mattheuer mehrfach mit dem Thema Flucht befasst, dabei stellte er in verschiedenen Medien und mit leichten Variationen stets eine weibliche Flüchtende dar: als monumentale Einzelfigur mit Kleid und Kopftuch und in den Armen schützend ein Baby haltend, den Kopf gesenkt oder zum expressiven Schrei erhoben. Stets bewegt sie sich auf freiem Feld, mitunter sind im Hintergrund Flammen oder ein Unwetter zu sehen.[16] Die *Flüchtende* (Abb. 6) ist Ausdruck von Anteilnahme, dient jedoch nicht dazu, direkt oder indirekt ein Alter Ego des Künstlers zu repräsentieren. Das ändert sich, als zu Beginn der 1970er Jahre auch der männliche Flüchtende auftaucht, was zunächst in mythologischer Verkleidung geschieht: *Die Flucht des Sisyphos* (1972) (Abb. 7) ist eines der drei in Dresden befindlichen großen Sisyphosbilder, die bereits zu DDR-Zeiten als – wenngleich ambivalente – Parabeln der Auflehnung gedeutet worden sind.[17] Die Flucht ist dabei keineswegs die einzige Handlungsoption des ins Zeitgenössische versetzten Sisyphos, die Mattheuer bildlich erprobt. Ebenso besteht die Möglichkeit, den Stein durch künstlerische Bearbeitung zu bezwingen (*Sisyphos behaut den Stein* (1974)) oder ihn einfach übermütig den Berg hinunterzutreten (*Der übermütige Sisyphos und die Seinen II* (1976) (Abb. 12)) – letztlich handelt es sich

15 Dafür spricht neben Mattheuers Erläuterung zu den Werken in seiner Tagebuchnotiz vom 20. 9. 1973 (wie Anm. 9) auch sein ebd. geäußertes generelles Bekenntnis: »Es ist nicht der Rede wert, dass sich [in meinen Bildern] alles nur um mich dreht. […] Schöpferisches Formen und Formulieren ist immer ›Ich-Darstellung‹, Bloßstellung, Entblößung. Gewollte Ich-Bezogenheit ist in einer Welt der Zwänge und Masken – ist unter Maskenzwang – gefährliche Kühnheit, Anmaßung, Rebellion. Und natürlich auch stets nahe dem Peinlichen, wenn Selbstdarstellung zur Selbstentblößung wird.«

16 *Flüchtende*, 1965, Lithografie (Ingrid Mössinger (Hrsg.): Wolfgang Mattheuer. Das druckgrafische Werk – Schenkung Hartmut Koch. Ausstellungskatalog Kunstsammlungen Chemnitz. Köln 2010, Nr. 162–1/2); *Die Flüchtende*, 1966, Gouache (Retrospektive der Zeichnungen, Nr. 21); *Flüchtende*, 1966, Stift auf Papier (Heinz Schönemann: Wolfgang Mattheuer. Leipzig 1988, Abb. 18); *Flüchtende*, 1967, Holzschnitt (Mössinger (Hrsg.): Das druckgrafische Werk (wie Anm. 16), Nr. 193); *Flüchtende*, 1967, Öl auf Hartfaser (Michels (Hrsg.): Werkverzeichnis der Gemälde (wie Anm. 1), G 67/4).

17 Heinz Schönemann: Wolfgang Mattheuer. Leipzig 1988, S. 84–89. Die Bedeutung mythologischer Stoffe für die kritische Auseinandersetzung mit den Verhältnissen in der Kunst und Literatur der DDR in den 1970/80er Jahren ist eingehend untersucht und soll hier nicht weiter thematisiert werden. Vgl. etwa Peter Arlt: Die Flucht des Sisyphos. Griechischer Mythos und Kunst. Eine europäische Bildtradition, ihre Aktualität in der DDR und heute. Gotha 2008.

Abb. 7 *Die Flucht des Sisyphos*, 1972, Öl auf Hartfaser, 96 × 118 cm, Staatliche Kunstsammlungen Dresden, Galerie Neue Meister (G 72/17).

bei allen drei Varianten um kreative Formen der Selbstbefreiung aus auferlegten Zwängen. Denn auch der flüchtende Sisyphos tritt ja beherzt aus dem ewigen Kreislauf heraus, zu dem er im Mythos verdammt wurde.[18] Eine Analogie zu Mattheuers ›Ausstieg‹ aus den Zwängen der Hochschullehre, den er nach langer innerer Vorbereitung 1974 vollzog, ist unverkennbar.

Im Folgenden soll das Augenmerk ganz auf die Gestaltung der Sisyphosfigur in *Die Flucht des Sisyphos* (1972) (Abb. 7) gerichtet werden: Es ist eine eindrucksvolle, über der Erde schwebende ganz und gar zeitgenössische Arbeiterfigur mit kraftvoll angehobenen und stark angewinkelten Beinen. Man sieht ihn schräg von hinten, mit starken Schlagschatten grell beleuchtet, auf dem Weg hinab in eine offene Landschaft, wobei das eigentliche Ziel seiner Bewegungsrichtung sich außerhalb des Bildrandes befindet. Der mannsgroße Felsbrocken verharrt bewegungslos im rechten Bilddrittel, seine Macht über Sisyphos verlierend, und ein

18 Später wird Mattheuer der Reihe noch eine vierte Variante hinzufügen: *Sisyphos sinniert* (1991), die den Ausstieg aus dem physischen in den geistigen Raum verlegt.

Maskenmann steht irritiert blickend zwischen beiden. In der *Flucht des Sisyphos* tritt die Figur des männlichen Flüchtenden erstmals markant in Mattheuers Œuvre auf.[19] Anders als die weibliche *Flüchtende* der 1960er Jahre erscheint er nicht schutzbedürftig, sondern kraftvoll und entschlossen auf eine außerhalb der Bildfläche gerichtete Zukunft hinstrebend.

Beide Motive – bedrückender Innenraum und Flüchtender – treten rund zehn Jahre später in dem neuen Motiv des aus einem Raum Fliehenden gemeinsam auf: Die 1985 entstandenen Gemälde *Aussteiger, oder: Fluchtweg* und *Geh aus Deinem Kasten!* lassen sich nun schon eindeutig im Kontext der zunehmenden Desillusionierung und bewussten inneren Abwendung von der DDR verorten. Mehr oder weniger unverhohlen wird hier die Frage des ›Ausstiegs‹, der Ausreise reflektiert. Der *Aussteiger* (Abb. 8) flieht aus einem brennenden Raum, seine Körperhaltung ist weitgehend dem Sisyphos entlehnt und wie dieser ist er von einem grellen Licht von der Seite beleuchtet, das hier eindeutig aus dem Außenraum stammt, dem er entgegenstrebt. Wie den fliehenden Sisyphos sehen wir ihn schräg von hinten und in dessen charakteristischer Beinhaltung, wobei das stark angewinkelt gehobene linke Bein hier zusätzlich durch die hohe Schwelle motiviert ist, die es zu überwinden gilt. Während aber Sisyphos mit gesenktem Kopf davonstürzt, blickt der ›Aussteiger‹ auf die Ursache seiner Flucht, die Flammen, zurück, und sein rechter Arm ist so weit nach hinten ausgestreckt, dass die Fingerspitzen vom Feuer erhellt sind. Und nicht zuletzt ist er im Unterschied zu Sisyphos nackt, man sieht auch sein Geschlecht, sodass er besonders schutzlos wirkt.

In *Geh aus Deinem Kasten!* (Abb. 9) ist dasselbe Motiv in eine erweiterte Komposition eingefügt. Man erfährt nun mehr über den brennenden Innenraum, der sich als eine Art Atelierraum des Künstlers Mattheuer entpuppt. Denn darin lehnen nicht nur Keilrahmen und Gemälde an der Wand, sondern es finden sich wie Requisiten im Depot etliche vertraute Bildmotive aus Mattheuers Œuvre, so unter anderem die Ikarusflügel, der Mann mit Schafsmaske und der Stein des Sisyphos, außerdem ein Gipskopf und ein ausgestreckter, zum rechten Bildrand hin, also in Gegenrichtung zum Flüchtenden, weisender Gipsarm und eine ebenfalls nach rechts gerichtete Hand mit Messer. Mit seinem ursprünglichen Titel *Prometheus verlässt das Theater* steht dieses Werk im Kontext der Prometheus-Bilder, in denen Mattheuer kritisch die Rolle des Künstlers thematisiert.[20] Später

19 Vorbereitet wird das Gemälde durch eine Lithografie desselben Titels von 1971, die dieselbe Komposition hochformatig mit einem engeren Bildausschnitt enthält. MÖSSINGER (Hrsg.): Das druckgrafische Werk (wie Anm. 16), Nr. 224.

20 Auslöser für Mattheuers Beschäftigung mit dem Thema Prometheus war das Vorhaben des Kulturbundes der DDR, anlässlich des 150-jährigen Todestages Johann Wolfgang von Goethes 1982 eine Mappe mit Grafiken, Texten und Kompositionen herauszugeben, die sich unter Bezug

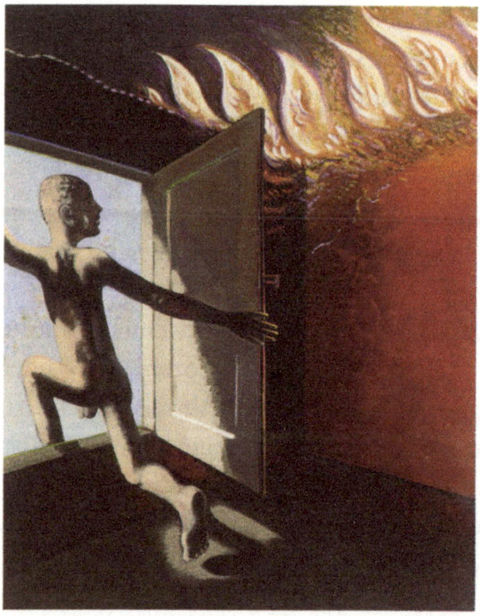

Abb. 8 *Aussteiger, oder: Fluchtweg*, 1982, Öl auf Hartfaser, 125 × 100 cm, Roentgen-Museum Neuwied (G 82/8).

erhält es den neuen programmatischen Titel *Geh aus Deinem Kasten!*, rekurrierend auf den Roman *Stopfkuchen. Eine See- und Mordgeschichte* (1891) von Wilhelm Raabe.[21] Dessen Protagonist, der mit dem abwertenden Spitznamen ›Stopfkuchen‹ versehene Heinrich Schaumann, gelingt es, trotz seiner gesellschaftlichen Außenseiterrolle ein glückliches und erfolgreiches Leben zu führen und zudem durch die Aufklärung eines unrechtmäßigen Mordvorwurfs die Bigotterie der Dorfgemeinschaft zu entlarven. Sein Lebensmotto lautet: »Gehe heraus aus dem Kasten!«[22], abgeleitet aus dem alttestamentarischen Bericht, wonach Gott am Ende der Sintflut Noah mit den Worten »Gehe aus dem Kasten« angeredet hat.[23] Mattheuer schätzte Raabes Roman außerordentlich.[24] Mit dem Wechsel des Titels – was bei ihm häufiger vorkam[25] – nahm er eine Sinnverschiebung

auf dessen Dramenfragment und die Hymne *Prometheus* mit dem Prometheus-Mythos auseinandersetzen. Da die Beiträge zu kritisch ausfielen, wurde das Projekt jedoch letztlich verboten. Mattheuer schuf in diesem Zusammenhang die Linolschnitte *Prometheus verlässt das Theater* und *Aussteiger* (beide 1981), die die Komposition des Gemäldes *Geh aus deinem Kasten!* vorwegnehmen. Vgl. den Kommentar in Michels (Hrsg.): Werkverzeichnis der Gemälde, S. 268 (wie Anm. 1).

21 Wilhelm Raabe: Stopfkuchen. Eine See- und Mordgeschichte, Berlin 1891.

22 Ders.: Stopfkuchen. Eine See- und Mordgeschichte, Neuausgabe München 2010, S. 97.

23 1 Mose 8, 16, LU.

24 Mattheuer-Neustädt: Bilder als Botschaft (wie Anm. 1), S. 153.

25 Lt. ebd., S. 156 »ergaben sich« Titeländerungen »meist, wenn neue Bilder vorher nicht bedachte Zusammenhänge aufdecken«.

Abb. 9 *Geh aus Deinem Kasten!*, 1985, Öl auf Leinwand, 150,5 × 257 cm, Sprengel Museum Hannover (G 85/9).

des Bildes gegenüber dem vorangegangenen Linolschnitt *Prometheus verlässt das Theater* (1981) derselben Komposition vor: Nun steht nicht mehr die Identifikation des Künstlers mit der mythologischen Schöpferfigur Prometheus im Vordergrund, sondern die aufrechte, selbstbewusste Haltung des Außenseiters gegenüber der Gesellschaft.

In unserem Zusammenhang ist wiederum vor allem der Flüchtende von Interesse. Seine Konturen sind praktisch identisch mit der des ›Aussteigers‹ von 1981, nur dass das Gesicht hier deutlicher ausgearbeitet ist und erkennbar einen jungen Menschen zeigt. Mit Blick zurück tritt er die Flucht nach vorn in einen himmelblauen, abstrakt, aber verheißungsvoll wirkenden Raum an. Mit ihrer energischen angewinkelten Beinhaltung, die vom Sisyphos übernommen ist, dient die Figur als Chiffre für den entschiedenen Ausstieg aus einer bedrückenden Situation bei gleichzeitiger Ungewissheit über das Wohin. Diese Ungewissheit zeigt sich in der inneren Spannung zwischen Vorwärtsstürmen und Zaudern, die beim *Aussteiger* (Abb. 8) gegenüber dem flüchtenden *Sisyphos* (Abb. 7) neu auftritt. Sie drückt sich aus in der Torsion des Körpers mit der gegenläufigen Bewegungsrichtung von Beinen und Blick, einem nach vorne und einem nach hinten ausgestreckten Arm. Die ambivalente Körperhaltung offenbart, welche seelische Kraftanstrengung es den Flüchtenden kostet, den Raum tatsächlich zu verlassen. In *Geh aus deinem Kasten!* wird diese innere Spannung durch die äußere Spannung zwischen der Fluchtrichtung nach links und der energischen Zeigerichtung des Gipsarmes nach rechts noch zusätzlich unterstrichen.

Abb. 10 *Drinnen, Draußen und Ich*, 1986, Öl auf Leinwand, 200×200 cm, Staatliche Museen zu Berlin, Nationalgalerie (G 86/17).

Auch wenn die Figur nicht porträthafte Züge von Mattheuer selbst trägt, ist aufgrund der Ateliersituation doch klar, dass es hier einen Selbstbezug gibt. Der Flüchtende erscheint als Mattheuers mentales Alter Ego. Dieser autobiografische Bezug wird durch das bereits erwähnte Atelierbild *Drinnen, Draußen und Ich* von 1986 (Abb. 10) unterstrichen. Es ist eine raffiniert konstruierte Komposition, in der die Außenwelt ebenso wie das Innenleben des Künstlers durch Fenster, Spiegel und bemalte Leinwände als Bilder im Bild vielfach gebrochen ins Atelier hineingeholt sind. Im Zentrum steht ein auf der Staffelei stehendes gemaltes Selbstbildnis, das wie ein Spiegelbild aussieht und in dessen Hintergrund sich – gleichsam im Rücken des Künstlers – exakt jene durch eine Tür hinaus ins Himmelblaue flüchtende Figur zeigt, die aus dem *Aussteiger* und aus *Geh aus deinem Kasten!* bekannt ist. Auch die lodernden Flammen sind aus diesen beiden Bildern übernommen und dringen damit gewissermaßen von hinten in den freundlich und licht wirkenden Atelierraum ein. Bei genauerem Hinsehen zeigt sich allerdings, dass das Motiv des aus einem brennenden Raum Flüchtenden gerahmt ist, es handelt sich also um ein Bild im Bild im Bild, wodurch das dramatische Moment der Szene eingehegt wird. Gleichwohl befindet es sich im Zentrum des ganzen Gemäldes und unmittelbar im Hintergrund des Künstlers, so wie eine Fantasie oder ein böser Traum. Mattheuer imaginiert in diesem Gemälde den Flüchtenden als eine Seite seiner selbst, als eine Option seines eigenen Lebens, die er aber letztlich bewusst nicht wahrnimmt. Stattdessen präsentiert er sich in der Frontalansicht als standhaft und – gerade indem er sein malerisches Instrumentarium als Reflexionsmittel gebraucht – der gesellschaftlichen Situation standhaltend.

3. Einzelner und Menge

Das Motiv des Flüchtenden existiert bei Mattheuer, wie gezeigt wurde, schon früh und zunächst parallel zu und unabhängig von dem Motiv des bedrückenden Innenraumes. In den 1980er Jahren treten beide Motive zusammen in der neuen Bildfindung des aus einem Raum Flüchtenden. Gegen Ende der 1980er Jahre erhält dieses Motiv dann eine neue Dimension: In *Ausbruch (Panik)* (1988/89) (Abb. 1) ist es nicht mehr nur ein Einzelner, der flüchtet, sondern eine Menschenmenge. Was eine individuelle eskapistische Fantasie war, wird zum kollektiven Ereignis. Zugleich wird die Betrachterperspektive um 180 Grad umgekehrt, denn nun sieht man die Flüchtenden nicht mehr von hinten, aus dem Innenraum heraus, sondern von vorn und außen, aus einem uneinsehbaren Raum auf sich zukommen. Dadurch sind die Betrachtenden nicht mehr in der Rolle der mit in den bedrückenden Kastenraum Eingeschlossenen und dort Verbleibenden, sondern sie werden zu äußeren, unbeteiligten Zeugen des Fluchtvorganges. Ein weiterer Effekt dieser Umkehrung ist, dass die Gesichter der Flüchtenden und ihr emotionaler Ausdruck erkennbar werden.

Auch für diese motivische und kompositorische Neuerung gibt es Vorarbeiten, es handelt sich um die von Mattheuer-Neustädt so bezeichnete, Ende der 1980er Jahre entstandene Gruppe der »Panik- und Ausbruchbilder«[26], in denen das Fluchtmotiv vom Individuellen ins Kollektive gewendet wird. *Panik I* (1987) (Abb. 11) und *Panik II* (1989) zeigen in Grisaille-Malerei mehrere Figuren, die sich aufgeregt zum vorderen Bildrand drängen. Ihre Bewegungen sind exaltiert,

26 Mattheuer-Neustädt: Bilder als Botschaft (wie Anm. 1), S. 153.

Abb. 11 *Panik I*, 1987, Öl auf Leinwand, 170×200 cm, Museum am Dom, Würzburg (G 87/11).

Abb. 12 *Der übermütige Sisyphos und die Seinen II*, 1976, Öl auf Leinwand, 200×200 cm, Staatliche Kunstsammlungen Dresden, Galerie Neue Meister (G 76/10).

die Gesichter nicht zu erkennen. Allerdings handelt es sich in beiden Fällen nur um eine kleine überschaubare Gruppe, nicht wirklich um eine Menschenmenge, die Figuren streben teils in unterschiedliche Richtungen und der Hintergrund ist zwar düster, aber nicht versperrt, sondern weit und offen. Bei *Panik I* (Abb. 11) handelt es sich um eine weite Meereslandschaft, bei *Panik II* ist der Hintergrund uneindeutiger: Man kann Wasser sehen, aber auch angedeutete Mauern sowie Himmelskörper. Trotz dieser Unterschiede können beide Werke als vorbereitende oder begleitende Studien zu *Ausbruch (Panik)* gewertet werden, nicht nur weil sie beide *Panik* betitelt sind, sondern vor allem aufgrund des expressiven Gesichtsausdruckes der Figuren und ihrer auffallenden Gestikulation mit ausgestreckten oder schützend über den Kopf gehaltenen Armen, die auf Ähnliches in *Ausbruch (Panik)* verweist.

Die Menge ist ein in der Kunstgeschichte erst spät – infolge der Französischen Revolution – aufgetretenes und bis in die Gegenwart hinein relativ selten gebliebenes Bildmotiv.[27] Auch in Mattheuers Œuvre kommt es, wie erwähnt, nur vereinzelt vor. Doch bei diesen wenigen Ausnahmen handelt es sich um relevante Werke. Das wohl früheste Beispiel ist das Gemälde *Der übermütige Sisyphos und die Seinen II* (1976) (Abb. 12) aus der bereits erwähnten Sisyphos-Folge, in dem eine Gruppe von Männern unterschiedlichen Alters und Hautfarbe Sisyphos beim Herabtreten des Felsbrockens unterstützt, angefeuert durch eine Frau, die

27 Wolfgang Kemp: Das Bild der Menge. In: Städel Jahrbuch N. F., Bd. 4. Frankfurt am Main 1973, S. 249–270.

die schwarze Anna in Käthe Kollwitz' radiertem Bauernkriegszyklus zitiert.[28] Einer gemeinsamen Choreografie folgend, wiederholen sie die Körperhaltung des Sisyphos mit kraftvoll angehobenen und angewinkelten Beinen und geballten Fäusten, wobei ihr Gesichtsausdruck optimistisch und von einer fröhlichen Aggressivität ist.[29]

Eine größere Menschenmenge mit exaltierter Gestik und Mimik taucht auch in der kleinformatigen Arbeit *Der Eine und die Anderen* (1989) (Abb. 13) auf,[30] jedoch ist hier das Motiv in doppelter Hinsicht gegenüber allen bisherigen Darstellungen abgeändert: Die flüchtende Masse bewegt sich nicht aus einem geschlossenen Innenraum heraus und sie wird kontrastiert mit einem vorweg laufenden Einzelnen, wobei unklar ist, ob sie diesem folgt oder ihn zurückhalten will. Wut und Angst spiegeln sich in ihren Gesichtern. Der vorauslaufende Eine ist geduckt, und sein Schritt längst nicht so kraftvoll und entschlossen wie bei den früheren Flüchtenden. Er ist dieselbe Figur wie der zweite Mann vorne links in *Ausbruch (Panik)* (Abb. 1). Der Flüchtende läuft auf schwankendem, welligem Boden, den seine Verfolgerinnen und Verfolger soeben im Begriff sind gleichfalls zu betreten, ansonsten ist der Hintergrund dunkel, raumlos und ungreifbar, nur eine riesige Lampe oder Sonne taucht die Szenerie in ein fahles Licht. Nicht nur die Körperhaltung des Flüchtenden, auch manche Einzelfiguren, so vor allem das ängstlich klammernde Mädchen, gleichen den Figuren in *Ausbruch (Panik).* Anders als dort ist aber hier vor allem der Abstand zwischen dem Einen und der Menge der Anderen hervorgehoben, markiert durch den diagonal verlaufenden Rand des welligen Bodens: Er bildet die Linie, die überschritten wird und hinter die es offenbar kein Zurück mehr gibt. Spielt der Eine in diesem Bild die Rolle einer heroischen Avantgarde oder wird er von der aufgeregten Menge gejagt? In jedem Fall ist er ein Außenseiter und selbst von Angst und Unsicherheit erfüllt. Noch deutlicher wird dies in der großformatigen Adaption der Komposition *Der verlorene Sohn (Der Eine und die Anderen II)* (1990) (Abb. 14). Schon der biblische Titel ist sprechend. Der Schnitt zwischen ›altem‹ und ›neuem‹ Terrain wird als weiße Demarkationslinie zwischen Einzelnem und Menge noch deutlicher herausgestellt. Mehr als um das Verhältnis des Flüchtenden zu dem von ihm geflohenen Terrain bzw.

28 Käthe Kollwitz: Bauernkriegszyklus, Blatt 5: Losbruch, 1902/03.

29 Ein Jahrzehnt später ist in *Kein Ende, irgendwann …?* (1986) die Euphorie einer angespannten Stimmung gewichen. Da es sich hier um eine ganz andere Komposition handelt, die keine Beziehungen zu *Aufbruch (Panik)* aufweist, wird dieses Werk hier nicht behandelt.

30 Die Komposition ist wiederholt in dem Linolschnitt *Ausbruch*, einem von sechs Blättern aus der grafischen Serie *Suite '89*, jeweils 100 × 85 cm, 1988/94. Mössinger (Hrsg.): Das druckgrafische Werk (wie Anm. 16), Nr. 368–373.

Abb. 13 *Der Eine und die Anderen I*, 1989, Öl auf Hartfaser, 70×85 cm, Deutscher Bundestag, Berlin (G 89/10).

den gesellschaftlichen Verhältnissen geht es um seine Beziehung zur Menge der Anderen. Als Mattheuer dieses Gemälde 1990 schuf, hatte er sich selbst in gewisser Weise in eine Außenseiterrolle begeben, etwa indem er es ablehnte, den von Christa Wolf initiierten offenen Brief *Für unser Land* mitzuunterzeichnen.[31] Er glaubte damals bereits nicht mehr an die Möglichkeit, aus der DDR heraus eine sozialistische Alternative zur Bundesrepublik zu entwickeln.[32] Damit war er innerhalb der kritischen Intelligenz in der ausgehenden DDR selbst in gewisser Weise zum ›verlorenen Sohn‹ geworden. Insofern hat auch dieses Gemälde einen indirekten autobiografischen Bezug.[33]

31 Christa Wolf et al.: Für unser Land. Aufruf vom 26. November 1989. Aufgerufen unter URL: https://web.archive.org/web/20131012065100/http://www.hdg.de/lemo/html/dokumente/DieDeutscheEinheit_aufrufFuerUnserLand/index.html, letzter Aufruf: 01.09.2022.

32 Mattheuer: Aus meiner Zeit (wie Anm. 9), S. 115 f. (Brief an Christa Wolf vom 5. Dezember 1989).

33 Den freundlichen Hinweis auf diesen Zusammenhang gab Bernd Lindner.

Abb. 14 *Der verlorene Sohn (Der Eine und die Anderen II)*, 1990, Öl auf Leinwand, 170×200 cm, Stiftung Haus der Geschichte der Bundesrepublik Deutschland, Bonn (G90/8).

4. Angst und Ambivalenz

Wenden wir uns *Aufbruch (Panik)* (Abb. 1) vor dem Hintergrund der geschilderten Entwicklung und Vorläufer noch einmal zu, so lassen sich weitere Beobachtungen machen: Die Menschenmenge in diesem Bild ist nicht diszipliniert: Anders als in *Der übermütige Sisyphos und die Seinen II* (Abb. 12) folgt sie keiner Regel und keiner Choreografie, vielmehr handelt es sich um ein Knäuel von in- und umeinander verkeilten Leibern. Es ist keine Gruppe, sondern eine Ansammlung von Einzelnen, die weder einander unterstützen noch aufeinander Rücksicht nehmen. Jeder Einzelne agiert individuell, geleitet von Angst, Panik, vielleicht auch Erwartung. Überwiegend handelt es sich um Männer, die mit kräftigen Schritten und exaltiert ausgreifenden Armen nach vorne stürmen. Nur zwei Frauen und ein einziges Kind befinden sich unter ihnen, sie versuchen sich, anstatt durch Körperkraft, durch flexibles Schlängeln aufrechtzuhalten und vorwärtszukommen. In ihrer panisch-rauschhaften Fluchtbewegung trampelt die Menge alles nieder, nicht nur Holzlatten, auch ein Mensch liegt bereits am Boden, ohne dass die anderen Notiz von ihm nehmen. Das Kind versucht sich zu halten, ist aber in Gefahr, gleichfalls beiseitegestoßen und niedergerissen zu werden.

Alle sind erregt, mit aufgerissenen Mündern und weit geöffneten Augen. Dabei gibt es eine feine Differenzierung im affektiven Ausdrucksgehalt von Gestik und Mimik: Während die hinteren eher aggressiv und neugierig nach vorne drängen, blicken die vorderen skeptisch bis angstvoll auf das, was – für die Betrachtenden unsichtbar – vor ihnen liegt. Der Mann an der Spitze stürmt mit geballten Fäusten vorneweg, dagegen hält der ihm Nachfolgende – praktisch identisch mit dem »Einen« aus *Der Eine und die Anderen* (Abb. 13) bzw. *Der verlorene Sohn* (Abb. 14), der hier nun in die Menge integriert ist – den Arm schützend vor seinen Kopf, fast als wolle er die Augen bedecken, um das vor ihm Liegende nicht sehen zu müssen; passend dazu hält er den Blick gesenkt. Der Dritte wiederum greift sich mit beiden Händen voller Entsetzen an den Kopf. Was er sieht und ob er überhaupt etwas Bestimmtes sieht, ist für die Betrachtenden nicht erkennbar, da es sich außerhalb des Bildfeldes befindet. Eines ist allen Figuren im Bild gemeinsam: Anders als in *Aussteiger oder Fluchtweg* (Abb. 8) und in *Geh aus deinem Kasten!* (Abb. 9) gibt es keinen Blick zurück!

Zugleich ist der Raum, in den die Menschen hinausstürmen, alles andere als verheißungsvoll – vielmehr wirkt er beunruhigend und angsteinflößend. Kein verlockendes Himmelblau mehr, sondern im Grunde dieselbe Schwärze, dasselbe kalte Licht wie im Raum, den sie fliehen. Ist dies überhaupt ein anderer, ein besserer Raum? Die Unterschiede zwischen Innen- und Außenraum sind jedenfalls verloren gegangen. Auch der angedeutete Flaggenfetzen am Boden entfaltet keine positive Kraft. So ist der angstvolle Ausdruck in den Gesichtern mehr als nur subjektive Stimmung, vielmehr findet er in der düster-bedrohlichen, unüberschaubaren Außenwelt ihr objektives Korrelat. Insgesamt ist die Bewegung der Menge, sowohl in ihrer Gesamtheit wie in den individuellen Ausprägungen, durch eine innere Spannung zwischen Vorwärtsstürmen und Zaudern charakterisiert. Ähnlich wie aus den Gesichtern geht daraus eine innere Ambivalenz hervor. Diese Ambivalenz ist wohl das zentrale und sprechende Moment des Gemäldes.

5. Vom Flüchtenden zum Wütenden

Doch dies ist nicht Mattheuers letzter Bildkommentar zur DDR-Transformation. Fünf Jahre nach der ›Wende‹, im Jahr 1994, greift er das Motiv des in einem geschlossenen Raum eingesperrten Mannes erneut auf, um die veränderte Situation in Ostdeutschland zu thematisieren. In *Man wütet …* (Abb. 15) hat der Raum bunte Wände, die zueinander versetzt stehen; er ist auch nicht wirklich verschlossen, eher labyrinthisch – man könnte weiter hineingehen. In seinem Zentrum befindet sich ein Tobender – er flüchtet nicht, sucht keinen Ausweg, sondern er ist außer sich, die Extremitäten von sich werfend, den Mund weit aufgerissen zum Schrei. Links und rechts sind angedeutete Figuren, die ähnlich, aber nicht ganz identisch agieren. Die schattenhafte Figur vor der pinken Wand rechts wiederholt die Körperhaltung des Protagonisten mit der erhobenen Faust. Als zusätzliches Attribut hält sie Palette und Pinsel – ein Alter Ego des Malers? Die Figur links hingegen hat den Zeigefinger erhoben. Das ist ein neues Motiv. Seine Bedeutung – und letztlich die gesamte Szene – erschließt sich erst, wenn man die Zeichnung *Das mißglückte Gespräch* (1993) (Abb. 16) und den darauf basierenden Linolschnitt gleichen Titels (1996) (Abb. 17) mit heranzieht. Beide zeigen dieselbe tobende Männerfigur, allerdings in einem Kastenraum, der nach hinten verschlossen und zur Seite durch eine Tür geöffnet ist. In dieser Tür ist die Silhouette eines sich abwendenden Mannes zu sehen, der im Herausgehen mahnend oder belehrend den Zeigefinger erhebt. Erst im Linolschnitt offenbart Mattheuer auf indirekte Weise den autobiografischen Hintergrund dieser Bildidee. Es handelt sich um eines von sieben Blättern der Suite *Wolfgang Mattheuer – Texte*, die sich jeweils auf Texte des Künstlers beziehen, die er bereits 1990 unter dem Titel *Äusserungen* herausgegeben hatte.[34] Unsere Grafik bezieht sich auf das Gedicht *Mißglücktes Gespräch* vom 10. Mai 1969. Es thematisiert eine Situation des Ausgeliefertseins an bürokratische Willkür und das daraus resultierende Gefühl ohnmächtiger Wut und endet mit den Worten: »Lassen wir's / Ein Jeder gehe / in seine vier Wände / und rede / und renne / gegen jede«.[35]

Es ist bemerkenswert, dass Mattheuer in den 1990er Jahren auf ein Bildmotiv und ein Gedicht zurückgreift, die beide Ende der 1960er Jahre in einer Hochphase seiner Enttäuschung und Unzufriedenheit mit den DDR-Verhältnissen entstanden sind. Die Ohnmachtserfahrung in der DDR wird so mit seinem Erleben der bundesrepublikanischen Verhältnisse gleichgesetzt. Neu ist allerdings die Visualisierung der Wut, die zuvor einzig im Gedicht Ausdruck gefunden hatte, während die damit zusammenhängenden Bilder *Dieser ist verloren (Allein)* (Abb. 4) und *Allein* (Abb. 5) nur das Gefühl von Ohnmacht und Ausweglosigkeit artikulierten.

---

34 Wolfgang Mattheuer: Äusserungen. Texte. Graphik. Leipzig 1990. Die Texte, auf die sich die Linolschnitte beziehen, stammen aus den Jahren 1969 bis 1986. Die gesamte Suite in Mössinger (Hrsg.): Das druckgrafische Werk (wie Anm. 16), Nr. 388–394.

35 Mattheuer: Äusserungen (wie Anm. 34), S. 26 f: »Mißglücktes Gespräch: / Nein / Leider / geschlossen heute / müssen leider / Morgen? / So / Ja leider, Nein, / Leider Nein, / ja keiner kann / Nein Ja doch / lieber Mann / da ... / Lassen wir's / Ein Jeder gehe / in seine vier Wände / und rede / und renne / gegen jede.«

Abb. 15 *Man wütet …*, 1994, Öl auf Hartfaser, 125 × 100 cm, Ursula Mattheuer-Neustädt und Wolfgang Mattheuer Stiftung, (G 94/9).

Gerade in der Fortschreibung des Bildmotivs des im Innenraum Eingesperrten wird die Neuformulierung besonders evident. Die Ausweglosigkeit in diesem Raum scheint schlimmer zu sein als in den geschlossenen Kastenräumen der 1980er Jahre, bei denen den Flüchtenden immerhin die Tür zu einem neuen Raum offenstand – sei dieser nun himmelblau-verheißungsvoll oder düster-uneinsichtig. In *Man wütet …* (Abb. 15) ist der Raum nicht verschlossen, sondern verwinkelt und unübersichtlich, an ein Labyrinth oder Spiegelkabinett erinnernd. Flucht ist keine Option mehr, Enttäuschung und Wut müssen sich andere Wege bahnen.

Dafür, dass Mattheuer mit dieser Wutszene indirekten Bezug auf die Situation der Nachwendezeit nimmt, spricht die Tatsache, dass er sich in diesen Jahren höchst unzufrieden mit der politischen Entwicklung geäußert hat. In Tagebuchaufzeichnungen, Briefen und zahlreichen Interviews artikuliert er seinen Ärger über die Überheblichkeit der Westdeutschen, die sich als die »guteren« oder »gutesten Deutschen«[36] gerierten, wobei er diese westdeutsche Arroganz gegenüber den Ostdeutschen offenbar in einem Mangel an Nationalgefühl begründet sieht. So meint er im Gespräch mit Günter Gaus 1993, die Vereinigung der Deutschen sei bisher missglückt, »weil sie kein verbindendes, selbstverständliches Nationalgefühl haben«.[37]

36 Z. B. Mattheuer: Aus meiner Zeit (wie Anm. 9), S. 201 (25. Juli 1994).
37 Ebd., S. 195 (Gespräch mit Günter Gaus, 10. Juni 1993).

Abb. 16 *Mißglücktes Gespräch*, 1993, Bleistift auf Karton, 32,9×25 cm, Privatbesitz.

Abb. 17 *Mißglücktes Gespräch*, 1996, Linolschnitt, 41,9×30,1 cm / 50×35,2 cm, aus der Suite *Wolfgang Mattheuer – Texte*, zum Text vom 10. Mai 1969.

Vom westlichen Kunstbetrieb fühlt er sich, obwohl er Ausstellungs- und Verkaufserfolge erzielt, nicht genügend gewürdigt und reagiert mit Unverständnis und Ablehnung auf westliche Kunst. Bereits 1993 tritt er aus Protest gegen die »Uniformität frei-marktwirtschaftlicher Salonkunst« aus der Akademie der Künste aus.[38]

Auffällig ist, dass er sich von der linken Utopie einer gerechten Welt nicht prinzipiell verabschiedet,[39] sie jedoch an das Nationale bindet, das für ihn einen stetig wachsenden Stellenwert gewinnt. Während er sich Anfang der 1990er Jahre noch von einem »übersteigerten Stolz«[40] der Deutschen abgrenzt und argumentiert, dass »unterdrücktes Nationalgefühl [...] zum Chauvinismus pervertieren«[41] könne, nähert er sich bald darauf immer deutlicher rechtsnationalistischen Positionen an. Er wendet sich gegen »multikulturelle Utopien«[42], »Nationalmasochismus«[43]

38 Mattheuer: Aus meiner Zeit (wie Anm. 9), S. 295 (Brief an den Präsidenten der Akademie der Künste Walter Jens, 4. Dezember 1993).

39 Vgl. ebd., S. 219 f. (Sommer 1998).

40 Ebd., S. 180 (Gespräch mit Günter Gaus, 10. Juni 1993).

41 Ebd., S. 203 (25. Juli 1994).

42 Ebd., S. 202 (25. Juli 1994).

43 Ebd., S. 220 (10./11. Oktober 1998).

und »extreme Globalisten«[44], empört sich über eine »Nation, die sich zu einer Standortbevölkerung schrumpft«[45] und eine Benachteiligung der »eingeborenen Deutschen«[46] gegenüber Ausländern und befürchtet, dass die Deutschen »aussterben«.[47] Als begeisterter Leser und Gratulant der *Jungen Freiheit* anlässlich von deren Umstellung auf wöchentliches Erscheinen 1994 beklagt er die »Herabwürdigung und Diskriminierung alles Nationalen in der Politik und in den Medien«.[48] Er korrespondiert mit Armin Mohler, einem Vordenker der Neuen Rechten, dem gegenüber er beklagt, dass anlässlich des fünfzigsten Jahrestages des Kriegsendes »der deutsche Masochismus Orgien feiern« werde.[49] Und er kritisiert, dass in Deutschland rechts stets mit Faschismus gleichgesetzt werde: »Das ist doch nicht normal.«[50] Immer offener verwendet Mattheuer neurechte Topoi, immer aggressiver wird sein Tonfall.

Betrachtet man das Gemälde *Man wütet …* (Abb. 15) vor diesem Hintergrund, scheint es nicht übertrieben, in der Figur des Wütenden einen ›Wutbürger‹ avant la lettre zu sehen. Sie stammt nicht aus Mattheuers Motivarsenal der DDR-Jahre, sondern ist neu hinzugekommen – ebenso die Figur mit erhobenem Zeigefinger, bei der es sich offenbar um einen ›Besserwessi‹ bzw. jenen »guteren Deutschen« handelt, von dem sich Mattheuer »sündenstolz des Rechtsextremismus bezichtigt« sieht, weil dieser sich als Mittel- und nicht als Ostdeutscher versteht.[51]

Denkt man zurück an Mattheuers Selbstbildnis im Atelier *Drinnen, Draußen und ich …* (Abb. 10), so ist der Gegensatz evident: Dort zeigt sich der Künstler besonnen, standhaft und reflexiv, während sein Krypto-Selbstbildnis als Wütender den exaltierten Figuren mit aufgerissenen Mündern in den ›Panik- und Ausbruchbildern‹ gleicht – nur dass es sich im Unterschied zu diesen Bildern beim Protagonisten in *Man wütet …* (Abb. 15) nicht um eine Menge, sondern (wieder) um einen Einzelnen handelt und die Figur, anstatt aus der bedrückenden Situation zu flüchten, in diesem Raum tobend verharrt. Hier gibt es keine produktive, auf Veränderung und Besserung der Situation gerichtete Handlung mehr, sondern nur noch festgefressene, sinnlose, letztlich (selbst-)zerstörerische Wut.

---

44 Mattheuer: Aus meiner Zeit (wie Anm. 9), S. 243 (20. Oktober 2001).

45 Ebd., S. 219 (Sommer 1998).

46 Ebd., S. 229 (15. Dezember 1998).

47 Ebd., S. 239 (9. November 2000).

48 Zit. nach: Hans Sarkowicz: Apo von rechts. In: *DIE ZEIT*, 28. Januar 1994.

49 Mattheuer: Aus meiner Zeit (wie Anm. 9), S. 205 (Brief an Dr. Armin Mohler, 7. Mai 1995).

50 Zit. nach: Marlies Menge: Der Mann mit Maske. In: *DIE ZEIT*, 11. November 1999.

51 Mattheuer: Aus meiner Zeit (wie Anm. 9), S. 201 (25. Juli 1994).

Abb. 18 *Allein*, 2000, Acryl und Aquarell auf Papier, 107,7×78,5 cm.

Im Jahr 2000 greift Mattheuer das frühe Motiv des Eingesperrten erneut auf, nun aber kehrt er von der expressiven Wut zur Stimmung von Einsamkeit und Ausweglosigkeit zurück: *Allein* (2000) (Abb. 18) zeigt in Acryl und Aquarell auf Papier eine winzige verlorene Figur am Ende eines tunnelartig nach hinten zusammenlaufenden fensterlosen Raumes. Dessen Wände sind schwarz, der Boden gitterartig und die Decke undefinierbar weiß, sodass unklar ist, ob er nach oben offen oder geschlossen ist. In jedem Falle ist die Figur eingesperrt und ausgeliefert, sie reckt die Arme hoch wie schon in den Bildern gleichen Titels von 1969 und 1970 (Abb. 2 und 3). Der Kreis scheint sich geschlossen zu haben. Mattheuer kehrt unter den neuen gesellschaftlichen Verhältnissen zurück zu seiner Bildformel aus der Ulbricht-Ära. Keine Flucht findet mehr statt, kein Ausbruch aus bedrückenden Verhältnissen, diese scheinen vielmehr so übermächtig geworden zu sein, dass selbst wütendes Toben sinnlos geworden ist. Am Ende steht tiefe Resignation.

6. Transformation der Motive als Reflex gesellschaftlicher Prozesse

Wie aufgezeigt wurde, taucht das Motiv des in einem verschlossenen Raum Eingesperrten bereits Ende der 1960er Jahre in Mattheuers Œuvre auf, wobei ein autobiografischer Bezug erkennbar ist, zumal die kleinformatigen Bilder im Privatbesitz des Künstlers bleiben. In den 1970er Jahren tritt dann das Motiv des Flüchtenden in Erscheinung, zunächst in der Figur des sich emanzipierenden Sisyphos – aufgrund der kurzzeitig liberalisierten Kulturpolitik ist dies nun im Großformat und mit der Dresdner Galerie der neuen Meister an einem prominenten Ort möglich. In der Figur des sich entschlossen und kraftvoll dem ihm aufoktroyierten Felsbrocken entziehenden Sisyphos manifestiert sich der Typus des Flüchtenden, den Mattheuer fortan weiterentwickelt. In den 1980er Jahren treten die Motive des Eingesperrtseins und des Flüchtenden zusammen in der neuen Bildformulierung des aus einem geschlossenen Raum heraus Fliehenden. Immer offenkundiger wird der Flüchtende zum Alter Ego des Künstlers, der mit dem engen Atelierraum zugleich der bedrückenden Enge der DDR zu entkommen sucht – dabei allerdings zögert. In der ambivalenten Figur des ins Freie strebenden und zugleich zurückblickenden Flüchtenden artikuliert Mattheuer das Lebensgefühl vieler Zeitgenossinnen und Zeitgenossen, ohne sich diese eskapistische Fantasie ganz zu eigen zu machen. Ganz im Gegenteil präsentiert er sich in der Rolle des aufrecht Standhaltenden, der sein Metier der Malerei konsequent als Medium kritischer Reflexion zu nutzen entschlossen ist. Ende der 1980er Jahre tritt an die Stelle des flüchtenden Einzelnen zunächst die panisch-orientierungslose, schließlich die aus einem düsteren Raum ausbrechende Menge. Die ambivalenten Empfindungen des Flüchtenden steigern sich zu Panik, Wut und Entsetzen bei gleichzeitiger Entschlossenheit und Hoffnung. Allerdings ist die Menge roh und sogar gewalttätig – sie scheint den voranlaufenden Einzelnen aufhalten zu wollen und schreckt auch nicht davor zurück, andere beiseitezuschieben oder gar niederzutreten. Anders als in den frühen 1980er Jahren ist auch das Ziel ihres Ausbruchs nicht mehr verheißungsvoll, sondern uneinsehbar und geradezu unheimlich. So treten in Mattheuers Allegorie der ›Wende‹-Stimmung deren innere Widersprüche offen zutage.

In den ersten Jahren nach dem Umbruch vollzieht das Motiv eine erneute Wendung. Mattheuer greift auf seine alte Bildidee des in einen engen Raum Eingesperrten zurück, nun allerdings in modifizierter Form: Statt aus der bedrückenden Situation auszubrechen, steigert sich der Bildprotagonist in eine Haltung ohnmächtigen Wütens hinein. Erinnerungen an die Erfahrung des Ausgeliefertseins Ende der 1960er/Anfang der 1970er Jahre gehen in diese bildlichen Reminiszenzen mit ein. An die Stelle aktiven und kreativen Handelns – das Flüchten ja darstellt – treten sinnloses Toben und schließlich Resignation.

In dem gesamten geschilderten Prozess stetiger Neukombination, Transformation und Redefinition der Motive von flüchtender Figur und Raum, Individuum und Menge sowie Hoffnung, Panik und Wut offenbaren sich die Bildfindungen als Reflexe auf die jeweils aktuelle gesellschaftliche Situation und als indirekte Artikulationen der Haltung des Künstlers dazu. Es steht zu vermuten, dass sich im Prozess der stetig neuen Bildfindungen nicht nur die wechselnden Stimmungen und Haltungen von Mattheuer selbst artikulieren, sondern auch allgemeine gesellschaftliche Stimmungen und Tendenzen. Gerade in diesem Vermögen, Überindividuelles auszudrücken, liegt die Qualität von Mattheuers Bildern. Obwohl und vielleicht gerade weil sie auch autobiografisch sind, weisen sie weit darüber hinaus – wie so oft in der Kunst.

Christoph Classen

Lost in Transition?

Transformationserzählungen in Film und Fernsehen

Vor anderthalb Jahrzehnten haben die beiden Medienwissenschaftler Matthias Steinle und Tobias Ebbrecht ein typisches Muster deutscher Fernsehproduktionen zur Nachkriegsgeschichte identifiziert: Während die Vergangenheit Westdeutschlands vor 1990 mit mehr oder minder nostalgischen Untertönen als schwierige, aber am Ende gemeisterte Erfolgsgeschichte erzählt worden sei, werde die DDR im Fernsehen meist auf ihren Diktaturcharakter und ihr Scheitern reduziert.[1] Bezogen war diese These auf sogenannte Dokudramen der 1990er und 2000er Jahre, aufwendige, häufig mehrteilige Produktionen, die fiktionale Elemente mit einem realen historischen Hintergrund verknüpften. Die – empirisch gut belegbare – Beobachtung kann nicht zuletzt als ein Mosaikstein des Diskurses zur DDR-Vergangenheit während der Transformationszeit interpretiert werden. Mittlerweile artikuliert sich nicht nur zunehmende Kritik an dieser Sichtweise, die als westlich und ignorant empfunden wird,[2] sondern der Diskurs wird nun auch selbst zum Gegenstand historischer Reflexion.[3]

Dabei versteht sich, dass die Gegenwart der Transformationszeit die Darstellungen der Vergangenheit massiv geprägt hat. Filme aus der Zeit nach 1990 sagen mindestens genau so viel über ihre Entstehungszeit aus wie über die DDR-Vergangenheit, von der sie handeln. Eine erinnerungskulturelle Perspektive auf Film- und Fernsehproduktionen liegt also nahe, und sie ist vielfach umgesetzt

---

1 Vgl. TOBIAS EBBRECHT/MATTHIAS STEINLE: Dokudrama in Deutschland als historisches Ereignisfernsehen – eine Annäherung aus pragmatischer Perspektive. In: *MEDIENwissenschaft* 3 (2008), S. 250–255.

2 Beispielsweise fühlt sich der in der DDR aufgewachsene Journalist und *Spiegel*-Reporter Alexander Osang im Hinblick auf die Verengungen und Klischees dieses Diskurses »wie in einem 30 Jahre währenden Resozialisierungsprogramm«; vgl. ALEXANDER OSANG: Die Erziehung des Ostens. In: *Spiegel-Spezial* 30 Jahre Mauerfall: Ziemlich beste Deutsche. Warum es uns so schwerfällt, ein Volk zu werden. Oktober/November 2019, S. 18–23, hier S. 22.

3 Vgl. z. B. das vom Bundesministerium für Bildung und Forschung (BMBF) geförderte Verbundprojekt ›Das mediale Erbe der DDR‹ an der Ludwig-Maximilian-Universität München, der Freien Universität Berlin und dem Leibniz-Zentrum für Zeithistorische Forschung Potsdam (ZZF): https://medienerbe-ddr.de/, letzter Zugriff: 02.01.2023.

worden.[4] Nicht immer wurden dabei allerdings die zeitgenössischen Perspektiven der Transformationszeit hinreichend beleuchtet, oft waren die Darstellungen allein auf die Geschichte der DDR bezogen. Vermutlich muss diese Zeitebene erst selbst historisiert werden, um konsequent einen solchen Blickwinkel einzunehmen.[5]

Im Folgenden soll es allerdings nicht um die DDR im Film gehen, sondern im engeren Sinne um filmische Auseinandersetzungen mit der Transformationszeit – beginnend mit den Ereignissen von 1989. Die Analyse schließt sowohl zeitgenössische Filme als auch historische Rückblicke ein. Obgleich sich deutlich weniger Filme mit diesen beiden Jahrzehnten beschäftigen als mit der 40-jährigen Geschichte der DDR, kann der vorliegende Text die Transformation im Film nur kursorisch behandeln. Die Filmauswahl ist gewiss nicht repräsentativ, geschweige denn vollständig, zumal es an systematischen Vorarbeiten für diesen Zeitraum mangelt.[6] Der gegenwartsbezogene publizistische Diskurs im Fernsehen hat ohnehin eine unüberschaubare Menge Material hervorgebracht und muss hier außen vor bleiben. Er ist allerdings bereits mehrfach Gegenstand von zeitgenössischen Analysen gewesen.[7] Der vorliegende Text sollte daher nur als ein erster Ansatz verstanden werden, in erinnerungskultureller Perspektive einige Muster des filmischen Diskurses zur Transformation zu identifizieren.

---

4 Vgl. unter anderem: Ralf Schenk: Die DDR im deutschen Film nach 1989. In: *Aus Politik und Zeitgeschichte (APuZ)* 44 (2005), S. 31–38; Hans-Joachim Veen (Hrsg.): Das Bild der DDR in Literatur, Film und Internet. 25 Jahre Erinnerung und Deutung. Köln u. a. 2015; Dominik Orth/Heinz-Peter Preusser (Hrsg.): Mauershow – Die DDR als Film. Berlin 2020.

5 Vgl. dazu jetzt das Online-Handbuch ›DDR im Film‹, das im Kontext des genannten BMBF-Projekts entstanden ist und dort insbesondere auch den Forschungsüberblick: Anna Himmel/Fabian Holzmann/Daria Gordeeva: Die Film-DDR in der Forschung. In: Daria Gordeeva/Michael Meyen (Hrsg.): DDR im Film 2022. Abgerufen unter URL: https://ddr-im-film.de/de/forschung, letzter Zugriff: 02.01.2023.

6 Vgl. jedoch den Festivalkatalog von moving history – Festival des historischen Films Potsdam (Hrsg.): Als wir träumten. Revolution, Mauerfall, Nachwendezeit. Redaktion: Anna Heizmann. Potsdam 2019; zahlreiche der erwähnten Filme werden zudem in der Literatur behandelt, allerdings in der Regel entweder in filmwissenschaftlichen Einzelanalysen oder unter anderen Fragestellungen bzw. Kontexten, vgl. u. a.: Gerhard Jens Lüdecker: Leben im anderen Deutschland: Zur Konstruktion von Normalität und Abweichung im gegenwärtigen Wendefilm. In: Waltraud ›Wara‹ Wende/Lars Koch (Hrsg.): Krisenkino. Filmanalyse als Kulturanalyse: Zur Konstruktion von Normalität und Abweichung im Spielfilm. Bielefeld 2010, S. 251–269; Sarah Kordecki: Und ewig ruft die Heimat. Zeitgenössische Diskurse und Selbstreflexivität in den Heimatwellen der Nachkriegs- und Wendezeit. Göttingen 2020.

7 Vgl. u. a. Werner Früh u. a.: Ostdeutschland im Fernsehen. München 1999; Thomas Ahbe/Rainer Gries/Wolfgang Schmale (Hrsg.): Die Ostdeutschen in den Medien. Das Bild von *den Anderen* nach 1990. Leipzig 2009.

1. Revolution, Transformation, Utopie: DDR-Erinnerung und Film seit den 1990er Jahren

Am 10. November 1989, dem Tag nach dem plötzlichen Fall der Berliner Mauer, sagte Walter Momper, der regierende Bürgermeister von Westberlin, in seiner Rede vor dem Schöneberger Rathaus: »Wir Deutschen sind jetzt das glücklichste Volk auf der Welt.«[8] Aus Anlass des 30-jährigen Jubiläums des Mauerfalls bemerkte die *Berliner Zeitung* dazu trocken: »Jeder, der schon mal eine glücklichst begonnene Ehe vermasselt hat, weiß solche Sätze einzuordnen.« Im Folgenden ist von einer »Honeymoon-Verblendung« die Rede, und »[d]ann sitzt man irgendwann da und beschmeißt sich mit Vorwürfen.«[9]

Damit wird die nun gut drei Jahrzehnte währende Geschichte der deutsch-deutschen Vereinigung als Desillusionierung interpretiert, als gescheiterte Beziehung, deren Partner man »zur Therapie schicken möchte«.[10] Das hat gewiss etwas Treffendes, zumal es nicht leicht fällt, sich der Metaphorik der erkalteten Liebe zu entziehen. Aber die Metapher verdeckt zugleich die komplexen Ursachen für die schwierige Vereinigungsgeschichte, die eben ganz anders gelagert sind als in individuellen Beziehungen. Davon handeln die Beiträge des vorliegenden Buches.

Wenn sich, wie eingangs schon angedeutet, die Wahrnehmungen von Gegenwart und Vergangenheit gegenseitig beeinflussen, dann liegt es nahe, sich zunächst auf die erinnerungskulturelle Auseinandersetzung mit der DDR einzulassen. Der Berliner Historiker Martin Sabrow hat dazu ein Modell vorgelegt, das sich als Vorschlag zur Strukturierung der Erinnerung an die DDR nach deren Ende versteht.[11] Er unterscheidet dabei idealtypisch drei unterschiedliche, politisch konnotierte Gedächtnistypen, die seit den 1990er Jahren nebeneinander existieren und miteinander konkurrieren. Demnach gibt es erstens ein ›Diktaturgedächtnis‹, das die repressiven Elemente der Herrschaft der Sozialistischen Einheitspartei Deutschlands (SED) in das Zentrum der Erinnerung rückt. Betont wird dort die vermeintlich allgegenwärtige politische Unterdrückung durch das System, das daraus resultierende Unrecht und die Unfreiheit der Bürger*innen. Typisch ist die dichotomische Unterscheidung zwischen Täter*innen und Opfern. Explizite

8 Senatskanzlei Berlin (Hrsg.): »Wir Deutschen sind das glücklichste Volk auf der Welt« – Die Reden am 10. November 1989 vor dem Schöneberger Rathaus. In: Dokumentation Berlin. Berlin 1989, S. 3–5, hier: S. 3.

9 Elmar Jehn: Einigkeit und Recht und Dankbarkeit. In: *Berliner Kurier*, Danke, ihr 89er! Die große *KURIER* Sonderausgabe zu 30 Jahren Mauerfall. 9. November 2019, S. 3.

10 Ebd.

11 Vgl. hierzu und zum Folgenden: Martin Sabrow: Die DDR erinnern. In: Ders. (Hrsg.): Erinnerungsorte der DDR. München 2009, S. 11–27.

oder implizite Kontrastfolie sind rechtsstaatliche Demokratien, namentlich die der Bundesrepublik. Entsprechend zeichnet sich diese Form der Erinnerung durch einen politischen Fokus und häufig auch durch eine didaktische Perspektive aus: Aus dem Wissen um die (negative) Vergangenheit soll Wertschätzung für die liberale Demokratie in der Gegenwart erwachsen. Diese gegenwartsapologetische Tendenz korrespondiert mit der Notwendigkeit, die neue politische Ordnung nach dem Systembruch von 1989/90 zu legitimieren bzw. das Vorgängerregime zu de-legitimieren. Sabrow verortet dieses »staatlich approbierte DDR-Bild« dementsprechend primär in der Sphäre der öffentlichen Gedenkkultur.[12]

Daneben hat sich jedoch eine andere Erinnerungsform etablieren können, deren gesellschaftliche Breiten- und Tiefenwirkung in Ostdeutschland deutlich größer ist. Das ›Arrangementgedächtnis‹ leugnet zwar nicht grundsätzlich den diktatorischen und häufig auch Unrechtscharakter des Regimes, stellt dem aber die lebensweltliche Sphäre gegenüber. Es nimmt damit die vielfachen biografischen Erfahrungen der ehemaligen DDR-Bürger*innen auf und verarbeitet sie zu Erzählungen von den vielfältigen Arrangements, von Eigensinn, Selbstbehauptung, auch Stolz auf Erreichtes oder die Verteidigung der privaten Sphäre unter den schwierigen Bedingungen der »Diktatur der Grenzen«.[13] Gegenüber dem Diktaturgedächtnis hat das Arrangementgedächtnis nicht nur den Vorteil, dass es auch für jene Mehrheit anschlussfähig ist, denen die DDR nicht überwiegend als repressives System in Erinnerung ist, sondern es schafft zudem Raum für die Ambivalenzen, die sich für das Leben in der DDR ergaben, und die eben häufig nicht in einer einfachen Täter*in-Opfer-Dichotomie aufgingen. Pointiert könnte man sagen, dass sich dieser Erinnerungsdiskurs statt eines politischen durch einen gesellschaftlichen Fokus auszeichnet, der die Erfahrungen der Ostdeutschen reflektiert.

Die dritte und letzte Instanz des Modells stellt das ›Fortschrittsgedächtnis‹ dar. Es repräsentiert einen Minderheitendiskurs, der trotz des Untergangs der DDR an der sozialistischen Utopie festhält. Oft werden die politischen Ansprüche der DDR etwa im Hinblick auf den antifaschistischen Ursprungsmythos, die vermeintlich wissenschaftliche, rational-technokratische Grundlage sowie die damit verbundenen Ziele von umfassender sozialer Fürsorge und Gleichheit sowie Frieden als nach wie vor richtig und gegenüber dem marktwirtschaftlichen Modell der Bundesrepublik und der ›Nachwendezeit‹ als moralisch mindestens

12 SABROW: Die DDR erinnern (wie Anm. 11), S. 18.

13 THOMAS LINDENBERGER: Die Diktatur der Grenzen. Zur Einleitung. In: DERS. (Hrsg.): Herrschaft und Eigen-Sinn in der Diktatur. Studien zur Gesellschaftsgeschichte der DDR. Köln u. a. 1999, S. 13–44.

gleichwertig, eher jedoch als überlegen angesehen. Je nach Spielart berufen sie sich auf einen vermeintlich ›guten Anfang‹, der erst im Laufe der 40-jährigen Existenz der DDR korrumpiert worden sei, oder werten den Niedergang des Kommunismus insgesamt als ›Konterrevolution‹ und somit (vorübergehenden) Rückschritt eines teleologisch gedachten Fortschritts der Menschheitsgeschichte. Verglichen mit den beiden anderen Typen sei das Fortschrittsgedächtnis jedoch gering ausgeprägt, so Sabrow; es mache sich in der Gegenwart regelmäßig am Erhalt von Bauten oder sozialen Versorgungsleistungen aus der DDR fest.[14] Eine gewisse Nähe zu den deklassierten Eliten des untergegangenen Systems wird man zudem konstatieren können.

Obgleich diese Typologie sich auf die Erinnerung an die DDR bezieht, scheint sie auch geeignet, die Filme der Transformationszeit zumindest grob zu klassifizieren. Offenbar war der Diskurs zur Transformation so eng mit der Erinnerung an die DDR verbunden, dass deren politische und soziale Determinanten auch hier wirksam waren. In Anlehnung an Sabrows drei Gedächtnistypen ließen sich somit die Kategorien Revolutionsfilme, Transformationsfilme und Utopiefilme ableiten. ›Revolutionsfilme‹ zeichnen sich dadurch aus, dass sich bei ihnen die Gegenwart der ›Nachwendezeit‹ positiv von der als repressiv gezeichneten, überwundenen Vergangenheit abhebt. Die negative Vergangenheit kann allerdings als Hypothek in der Gegenwart fortwirken. Bei ›Transformationsfilmen‹ geht es anders als beim Gedächtnis naturgemäß nicht um Arrangements mit der Macht. Im Mittelpunkt stehen jedoch auch hier lebensweltliche Aspekte. Konkret thematisieren sie die Probleme, den Bruch von 1989/90 zu bewältigen. Verluste und Gewinne stehen dabei nebeneinander und lassen sich meist nicht einfach gegeneinander aufrechnen. ›Utopiefilme‹ schließlich erzählen Verfallsgeschichten. Der Untergang der DDR und die Vereinigung werden überwiegend als drohender oder bereits erlittener Niedergang von Errungenschaften der sozialistischen Vergangenheit gedeutet. Explizit oder implizit bildet die sozialistische Utopie den Referenzrahmen für die (negative) Bewertung der Gegenwart.

Im Folgenden wird der Versuch unternommen, den filmischen Diskurs zum Thema Transformation mithilfe dieses Modells zu skizzieren und in Ansätzen zu analysieren. Insbesondere soll den daran geknüpften Narrativen aus zeithistorischer Perspektive Aufmerksamkeit zuteilwerden. In Anlehnung an das Konzept des kanadischen Literaturwissenschaftlers Northrop Frye geht es um die Frage, ob die Geschichte der Transformation als Tragödie, Komödie, Romanze oder Satire konstruiert wird.[15] Während sich Romanzen und Satiren nach Frye durch

---

14 Vgl. Sabrow: Die DDR erinnern (wie Anm. 11), S. 19 f.

15 Vgl. Northrop Frye: Anatomy of Criticism. Four Essays. Princeton 2000.

die Polarität von Gut und Böse und die damit verbundenen Auseinandersetzungen auszeichnen, gilt dies für die beiden anderen Formen nicht. Sie unterscheiden sich dafür hinsichtlich des Ausgangs: In Komödien können die Schwierigkeiten letztlich überwunden werden, Tragödien zeichnen sich dagegen durch Ausweglosigkeit aus: Ihre Protagonist*innen bleiben trotz aller Anstrengungen stets verstrickt und schuldhaft.[16]

Dabei wird *a prima vista* nicht zwischen Dokumentar- und Spielfilmproduktionen unterschieden, vielmehr wird entsprechend der jüngeren filmwissenschaftlichen Forschung davon ausgegangen, dass beide zwar im Grad der Inszenierung differieren, nicht aber hinsichtlich ihrer grundsätzlichen filmischen Konstruktion.[17] Dass die Typologie auch hier Idealtypen beschreibt, de facto also vielfach Mischformen vorliegen, die eine Zuordnung zu einer der Kategorien erschweren und vielleicht auch nicht immer zwingend erscheinen lassen, ist der methodische Preis, der im Falle derartiger Ordnungsversuche entrichtet werden muss. In jedem Fall ist davon auszugehen, dass sich hinter den drei Oberkategorien durchaus unterschiedliche Filme mit jeweils eigenen Blickwinkeln und ästhetischen Strategien versammeln. Keinesfalls eignen sie sich, um den einzelnen Filmen als künstlerisch-kulturellen Werken tatsächlich umfassend gerecht zu werden.

2. Befreit vom Joch der Diktatur: Revolutionsfilme

Die Kategorie legt es nahe, zunächst auf jene Spiel- und Dokumentarfilme zu blicken, die sich mit dem unmittelbaren Umsturz befassen, also gewissermaßen dem Ursprung der Transformation. Das Ereignis ist in der filmischen Erinnerung eindeutig präsenter als die Jahre danach. Viele der späteren Spielfilme referieren dabei auf das (relativ überschaubare) dokumentarische Material, das von der Flüchtlingsbewegung und während der Leipziger Montagsdemonstrationen sowie später im Zuge der Demonstrationen und der Maueröffnung in Berlin ent-

---

16 Generell zu Erzähltheorien im historischen Zusammenhang: Achim Saupe/Felix Wiedemann: Narration und Narratologie. Erzähltheorien in der Geschichtswissenschaft, Version 1.0. In: *Docupedia-Zeitgeschichte* 28 (Januar 2015). Abgerufen unter URL: https://docupedia.de/zg/Narration, letzter Zugriff: 02.01.2023.

17 Eher wird das Dokumentarische hier als spezifische Form von Authentifizierung verstanden; vgl. Judith Keilbach: Authentizität als filmische Konstruktion. In: Christoph Classen/Achim Saupe/Hans-Ulrich Wagner (Hrsg.): Echt inszeniert. Historische Authentizität und Medien in der Moderne. Potsdam 2022, S. 31–57. Entsprechend ihrer spürbar größeren Reichweite und damit verbundenen erinnerungskulturellen Bedeutung liegt ein Schwerpunkt hier allerdings auf Spielfilmen.

standen ist.[18] Dies hat zur Ikonisierung bestimmter Bilder beigetragen, zugleich war damit eine Verengung der Erinnerung und ihre De-Kontextualisierung verbunden.[19] Die Leipziger Montagsdemonstrationen, die ursprünglich vor allem auf Reformen zielten, wurden später häufig zur Vorgeschichte der Wiedervereinigung umgedeutet – wie überhaupt die Heterogenität der Bewegung und der anfangs noch starke Ruf der Bürgerbewegung nach einem reformierten Sozialismus in diesen Filmen praktisch nicht vorkommen. Dies zeigt sich besonders deutlich in dem zweiteiligen Dokudrama *Deutschlandspiel*[20], in dem die (dokumentarischen) Bilder der Demonstrationen zu Monumenten eines vom Bundeskanzler erfolgreich umgesetzten Willens zur Einheit wurden.[21]

Der erfolgreiche Fernseh-Spielfilm *Nikolaikirche*[22] nimmt dagegen eine Perspektive von unten ein: Die Ereignisse des Herbstes 1989 werden hier durch eine fiktionale Ebene ergänzt, die von den Konflikten zwischen systemnahen und oppositionellen Mitgliedern einer Familie handeln. Im Zuge der Montagsdemonstrationen spitzen sich diese zu. Am Ende setzen sich die westlichen, liberalen Werte durch, die Diktatur geht unter. Den meisten der Filme, die sich auf die Grenzöffnung und den Vereinigungsprozess konzentrieren, ist trotz aller Unterschiede gemein, dass sie die Ereignisse als Befreiung deuten. Das Recht scheint sich fast zwangsläufig seinen Weg zu bahnen.

Besonders deutlich wird dies in dem ersten der sogenannten Mauerfilme, dem Kinofilm *Das Versprechen*[23], der eine durch die Mauer verhinderte Liebe behandelt. Hier wird die Grenzöffnung überhaupt erst zur Chance auf ein gemeinsames Leben. Auch wenn der Film offenlässt, ob es dazu nach über einem Jahrzehnt der erzwungenen Trennung noch kommt, ist die allegorische Botschaft überdeutlich: Das Ende der unmenschlichen staatlichen Repression schafft erst die Voraussetzung für ein freies und selbstbestimmtes Leben. Auf dem Höhepunkt der »Vereinigungskrise«[24] Mitte der 1990er Jahre stieß der Film allerdings eher

---

18 Vgl. zu den Bildern und ihrer Verwendung in den aktuellen Fernsehnachrichten Thomas Grossmann: Fernsehen, Revolution und das Ende der DDR. Göttingen 2015.

19 Dazu und zum Folgenden: Andreas Kötzing: Unscharfe Kontraste. Die filmische Repräsentation der Leipziger Montagsdemonstrationen im Kontext der DDR-Erinnerungskultur. In: Alexander Leistner/Monika Wohlrab-Sahr (Hrsg.): Das umstrittene Erbe von 1989. Zur Gegenwart eines Gesellschaftszusammenbruchs. Wien 2022, S. 89–109.

20 Hans-Christoph Blumenberg: *Deutschlandspiel*, zwei Teile. D (ZDF) 2000.

21 Vgl. Matthias Steinle: Good Bye Lenin – Welcome Crises. In: Tobias Ebbrecht/Hilde Hoffmann/Jörg Schweinitz (Hrsg.): DDR erinnern, vergessen. Das visuelle Gedächtnis des Dokumentarfilms. Marburg 2009, S. 322–342; hier S. 334.

22 Frank Beyer: *Nikolaikirche*. D (ARTE/ARD) 1995, nach dem Roman von Erich Loest.

23 Margarethe von Trotta: *Das Versprechen*. D 1995.

24 Jürgen Kocka: Vereinigungskrise. Göttingen 1995.

auf Ablehnung.[25] Eine derartige Perspektive auf den Umbruch passte offenbar kaum noch in die damalige, vor allem in Ostdeutschland als krisenhaft wahrgenommene Zeit.

Das Thema (wenn nicht die Metapher) einer durch Grenze und Repression verhinderten, 1989 dann plötzlich möglichen Liebe findet sich später aber wieder häufiger: 2007 in dem TV-Spielfilm *12 heißt: Ich liebe dich*[26], der eine Liebesbeziehung und schließlich Heirat zwischen Stasi-Opfer und -Vernehmer behandelt, kurz darauf in den Fernsehproduktionen *Das Wunder von Berlin*[27] und *Wir sind das Volk – Liebe kennt keine Grenzen*[28] (beide 2008) und 2019 schließlich in dem Kinospielfilm *Zwischen uns die Mauer*[29], der ebenfalls von einer unglücklichen Liebe über die Grenze hinweg handelt, diesmal zwischen zwei Teenagern. Der Zusammenbruch der SED-Herrschaft und des Grenzregimes wird hier jeweils zur Erlösung, zu einem Endpunkt der Geschichte.[30] Narratologisch handelt es sich hierbei um Romanzen: Ein*e Held*in kämpft gegen und überwindet das Böse (meist in Form der Staatssicherheit) und das Paar scheint am Ende wie im Märchen glücklich vereint – ein ›Wunder‹ eben. Die Probleme der Transformation bleiben dabei notwendigerweise ausgeblendet. Die Ereignisse von 1989 werden so tendenziell zu einer Gegenwartsapologie: Es handelt sich um eine abgeschlossene, überwundene Vergangenheit, deren Relevanz sich vor allem als negativer Kontrast zur vermeintlich glücklichen Zeit danach darstellt.

Allerdings unterliegt das Befreiungs- und Erlösungsnarrativ im Laufe der Zeit gewissen Modifikationen: Die späteren Filme präsentieren keine ungebrochenen Held*innengeschichten mehr, wie noch *Nikolaikirche*.[31] So handelt es sich zwar auch bei *Der Turm*[32] um ein Familienporträt im Angesicht der ›Wende‹, aber von Heldentum der Protagonist*innen ist hier kaum noch etwas zu spüren. Der

25 Vgl. Felix Moeller: Das Versprechen. In: moving history: Als wir träumten (wie Anm. 6), S. 120–122.

26 Connie Walther: *12 heißt: Ich liebe dich.* D (ARD) 2007, nach dem autobiografischen Buch von Regina Kaiser und Uwe Karlstedt.

27 Roland Suso Richter: *Das Wunder von Berlin.* D (ZDF) 2008.

28 Thomas Berger: *Wir sind das Volk – Liebe kennt keine Grenzen*, zwei Teile. D (SAT 1) 2008.

29 Norbert Lechner: *Zwischen uns die Mauer.* D 2019, nach dem autobiografischen Roman von Katrin Hildebrand.

30 Dies korrespondiert auf politischer Ebene mit der ebenso berühmten wie umstrittenen Analyse des US-amerikanischen Politologen Francis Fukuyama; vgl. Ders.: Das Ende der Geschichte. München 1992.

31 Vgl. Manuel Köppen: Abschied ohne Ankunft. Der frühe Wendefilm. In: Inge Stephan/Alexandra Tacke (Hrsg.): NachBilder der Wende. Köln u. a. 2008, S. 174–197.

32 Christian Schwochow: *Der Turm*, zwei Teile. D (MDR) 2012, nach dem gleichnamigen Roman von Uwe Tellkamp.

Film *12 heißt: Ich liebe dich* belässt es nicht bei einer Anklage unmenschlicher Repression in der DDR, die 1989 endete. Aus der durch die Grenze verhinderten Liebe wird hier diejenige zwischen Täter und Opfer. Es geht also nicht nur um die Verfolgung durch die Staatssicherheit, sondern auch um Versöhnung. Neben die Frage der Repression tritt diejenige nach deren gesellschaftlicher Bewältigung.[33] In *Das Wunder von Berlin* ist der Protagonist bei der Öffnung der Mauer gespalten zwischen der Freude über das Wiedersehen mit seiner Freundin und dem Verlust seines Glaubens an die Zukunft des Sozialismus.[34] In *Bornholmer Straße*[35], rund zweieinhalb Jahrzehnte nach den Ereignissen, ist die Figur des Helden, der die Mauer öffnet, satirisch gewendet, sie ist zum unfreiwilligen Helden, zur komischen Figur geworden; ein Motiv, das sich bereits in *Helden wie wir*[36] findet, hier allerdings als groteske Parodie auf die verbreiteten Heldenerzählungen des Mauerfalls.

In solchen Ambivalenzen und Verschiebungen spiegelt sich das Wissen um den schwierigen Transformationsprozess und die Konflikte der Vereinigung. Anders als kurz danach konnten die Ereignisse retrospektiv nicht mehr lediglich als Held*innen- oder Erlösungsgeschichten erzählt werden. Das politisch konnotierte Befreiungs- und Erlösungsnarrativ bleibt aber in diesen Filmen gleichwohl dominant. Es zeigt damit seit den 1990er Jahren eine bemerkenswerte Stabilität. Das Wunder, so scheint es, gibt es immer wieder.

Jenseits der unmittelbaren Auseinandersetzung mit den Ereignissen des Herbstes 1989 ist das Ministerium für Staatssicherheit (MfS/Stasi) ein Thema, das auf den repressiven Charakter der DDR rekurriert. Das zeigt sich schon daran, dass gerade die ›Mauerfilme‹ meist nicht nur die Maueröffnung, sondern auch die Stasi prominent behandeln, wohl um den Unrechtscharakter der DDR zu unterstreichen und damit dem Befreiungsnarrativ zusätzliches Gewicht zu verleihen.

Welche zentrale Stellung das Thema Stasi nicht nur generell im ›Nachwende‹-Diskurs, sondern speziell auch im Film eingenommen hat, lässt sich daran ablesen, dass es rund 30 Jahre nach ihrer Abwicklung so gut wie keine gesamtdeutschen

---

33 Diese Tendenz weist auch schon der wohl bekannteste DDR-Stasi-Film *Das Leben der Anderen* (Florian Henckel zu Donnersmarck: *Das Leben der Anderen*. D 2006) auf.

34 Kritisch merkt Köppen an, die eingebaute Verlustgeschichte diene hier primär als Legitimation, das ›Wunder‹ noch einmal erzählen zu können; vgl. Köppen: Abschied ohne Ankunft (wie Anm. 31), S. 195.

35 Christian Schwochow: *Bornholmer Straße*. D (ARD) 2014.

36 Sebastian Peterson: *Helden wie wir*. D 1999, nach dem gleichnamigen Roman von Thomas Brussig.

Spielfilme über die DDR gibt, in der das MfS nicht wenigstens am Rande vorkommt: »Über das Leben in der DDR zu erzählen, ohne die Staatssicherheit zu thematisieren – das scheint in Film und Fernsehen heute fast unmöglich zu sein«, schrieb der Dresdner Historiker Andreas Kötzing 2018, nicht ohne auf die häufig anzutreffende retrospektive Mystifizierung des MfS als ›allmächtige‹ Organisation hinzuweisen.[37] Die Auseinandersetzung mit dem Geheimdienst ist dabei keineswegs auf die Zeit vor seiner Auflösung im Winter 1989/90 begrenzt, sondern umfasst notorisch auch dessen ›Nachgeschichte‹ im vereinigten Deutschland.

Zu den frühen Filmen, die sich dieser Thematik angenommen haben, gehören die Dokumentarfilme *Verriegelte Zeit*[38], *Streng vertraulich oder Die innere Verfassung*[39] und *Der schwarze Kasten*[40], die alle im Umfeld der Bürgerbewegung entstanden sind. *Verriegelte Zeit* ist ein autobiografischer Film, in dem die Filmemacherin ihrer Verhaftung und Verurteilung Mitte der 1980er Jahre sowie der anschließenden Haft und ihrem Freikauf in die Bundesrepublik nachspürt. Unmittelbar nach der Auflösung des MfS hat sie die Orte des damaligen Geschehens aufgesucht, etwa das Gefängnis, vor allem aber die Menschen, die für das Unrecht verantwortlich waren: Mitarbeiter der Staatssicherheit, den Richter, der sie verurteilt hat, ihre Gefängnisdirektorin und andere. Im Film konfrontiert sie diese Personen mit ihrem Fall und fragt nach den Motiven. Oft stößt sie auf Schweigen, bisweilen auf Ausreden und Rechtfertigungen, nie auf Reue. Exemplarisch wird hier die Notwendigkeit einer Aufarbeitung der Repression und des Unrechts formuliert, noch vor den einschlägigen politischen Entscheidungen.[41] Der – auch ästhetisch eindrucksvolle – Film war insofern ein wichtiger Beitrag zu der seinerzeit kontrovers geführten Debatte um den Umgang mit der Stasi und ihren Akten.

Letzteres gilt auch für die beiden anderen Filme. *Streng vertraulich* dokumentiert die Auflösung des Ministeriums durch das Bürgerkomitee ab Dezember 1989. *Der schwarze Kasten* versucht dagegen, rückblickend eine reflexiv-kritische Gesprächsebene mit einem Stasi-Offizier, einem ›Schreibtischtäter‹ herzustellen – und zeigt offen, wie dieses Projekt letztlich scheitert. Allen drei Filmen gemein

37 Andreas Kötzing: Bilder der Allmacht. Die Staatssicherheit in Film und Fernsehen – eine vorläufige Bestandsaufnahme. In: Ders. (Hrsg.): Bilder der Allmacht. Die Staatssicherheit in Film und Fernsehen. Göttingen 2018, S. 10–39, hier S. 12.

38 Sybille Schönemann: *Verriegelte Zeit*. D 1990.

39 Ralf Marschalleck: *Streng vertraulich oder Die innere Fassung*. D 1990.

40 Tamara Trampe/Johann Feindt: *Der schwarze Kasten*. D 1992.

41 Vgl. Ilka Brombach: Verriegelte Zeit. In: moving history: Als wir träumten (wie Anm. 6), S. 118 f.

ist, dass sie noch während des Umbruchs mit dokumentarischen Mitteln – die Macher*innen hatten alle zuvor für die Deutsche Film AG (DEFA) gearbeitet – den Versuch unternahmen, die bis dahin verdeckte Vergangenheit des DDR-Geheimdienstes sichtbar zu machen.

Dabei wird einerseits die anhaltende Machtasymmetrie zwischen dem staatlichen Exekutivapparat und den zivilgesellschaftlichen Akteur*innen reflektiert. Andererseits geht es aber auch ganz explizit darum, die Motive, Denkmuster und das Handeln der hauptamtlichen Stasi-Mitarbeiter*innen begreifbar zu machen. In der konkreten Umbruchsituation sollte so nicht zuletzt ein politisches Signal für die notwendige Aufarbeitung gesendet werden. Sie unterscheiden sich darin grundlegend von späteren Spielfilmen, aber auch Fernsehdokumentationen wie z. B. dem ARD-Zweiteiler *Operation Fernsehen*[42] mit ihrem skandalisierenden Gestus und der Fixierung auf die Unterwanderung durch Informelle Mitarbeiter*innen (IM).[43] Allerdings, das soll nicht verschwiegen werden, gibt es auch später noch Beispiele für einen weniger gegenwartsaffirmativen Bezug auf die Stasi-Vergangenheit. Der Dokumentarfilm *Jeder schweigt von etwas anderem*[44] von 2006 thematisiert beispielsweise die anhaltende Traumatisierung von Opfern in transgenerationeller Perspektive. Er handelt damit nicht vorrangig von der Überwindung der ›dunklen‹ Vergangenheit, sondern vom Unvermögen der Transformationsgesellschaft, diesem schwierigen Erbe tatsächlich gerecht zu werden.[45]

Auch die Darstellung in fiktionalen Kriminalfilmen und Thrillern folgte anderen Gesetzmäßigkeiten als die frühen dokumentarischen Annäherungen. Exemplarisch zeigt sich dies bereits an einer Produktion, die als Kooperation zwischen dem Westdeutschen Rundfunk (WDR) und dem Deutschen Fernsehfunk (DFF) in der Zeit noch vor der Wiedervereinigung entstanden ist. Der TV-Film *Unter Brüdern*[46] wurde im Sommer 1990 als (einmaliges) Crossover der beiden populären TV-Krimi-Reihen *Tatort* und *Polizeiruf 110* aus West- und Ostdeutschland

---

42 Tilman Jens/Friederike Pohlmann/Tobias Voigt/Thomas Ockers: *Operation Fernsehen*, zwei Teile. D (WDR/MDR) 2004.

43 Vgl. zu den drei Filmen ausführlich Ilka Brombach: Stille Demontage der Macht. Dokumentarfilme über die Staatssicherheit 1990–1992. In: Kötzing: Bilder der Allmacht (wie Anm. 37), S. 183–202.

44 Dörte Franke/Marc Bauder: *Jeder schweigt von etwas anderem*. D 2006. Abgerufen unter URL: https://www.bpb.de/346109/jeder-schweigt-von-etwas-anderem/, letzter Zugriff: 02.01.2023.

45 Vgl. Gerhard Jens Lüdeker: Generationenerinnerung. Der Täter-Opfer-Diskurs am Beispiel von JEDER SCHWEIGT VON ETWAS ANDEREM. In: Ebbrecht/Hoffmann/Schweinitz (Hrsg.): DDR erinnern, vergessen (wie Anm. 21), S. 304–321.

46 Helmut Krätzing: *Unter Brüdern*. D (WDR/DFF) 1990.

gedreht und kurz nach Inkrafttreten des Einigungsvertrages im November 1990 sowohl in der ARD als auch im DDR-Fernsehen gesendet.[47] Die Story dreht sich um illegalen Kunsthandel, und dahinter, so zeigt sich im Zuge der Ermittlungen, stecken ehemalige MfS-Mitarbeiter, die den beiden westdeutschen Undercover-Ermittlern Horst Schimanski (Götz George) und Christian Thanner (Eberhard Feik) extrem gefährlich werden. Damit zeigen sich hier gleich zwei Topoi, die sich bis in die Gegenwart gehalten haben, nämlich erstens die Annahme, Teile der Stasi hätten nach ihrer offiziellen Auflösung 1990 in Form geheimer Seilschaften fortexistiert, und zweitens, deren bevorzugtes Betätigungsfeld sei krimineller Natur und stelle eine fortwirkende Bedrohung der neuen Ordnung dar. Dem unmittelbaren zeitlichen Umfeld der Wiedervereinigung dürfte im Übrigen wohl die versöhnliche Pointe geschuldet gewesen sein, dass der Stasi-Trupp für einen westdeutschen Kunsthändler unterwegs war.[48] Offensichtlich war die Story von den Aktivitäten des Bereichs Kommerzielle Koordinierung (KoKo) unter Alexander Schalck-Golodkowski inspiriert, der zur Devisenbeschaffung Antiquitäten in den Westen verkaufte – ein Sujet, das auch in späteren *Tatort*-Folgen auftauchte. »Für den ›Tatort‹ gilt die folgende Regel: Wenn die DDR thematisiert wird, ist die Stasi nicht weit.«[49]

Das Fortwirken der Stasi als kriminelles Netzwerk ist ein Szenario, das sich in Agent*innen- und Kriminalthrillern nach wie vor großer Beliebtheit erfreut. Dies geht zudem oft einher mit stereotypen Zeichnungen der Figuren.[50] Als aktuelleres Beispiel mag an dieser Stelle der Hinweis auf den ARD-Mehrteiler *Die Toten von Marnow*[51] dienen, dessen Handlung an *Unter Brüdern* erinnert. Jetzt ist es eine Mordserie unter Ex-Stasi-Mitarbeitern in Mecklenburg, die das Ermittler*innenteam beschäftigt. Im Hintergrund stehen Medikamentenversuche an Kindern zu DDR-Zeiten, und auch diesmal saß der eigentliche kommerzielle Nutznießer in der Bundesrepublik. 30 Jahre nach der Wiedervereinigung wirkt

47 Vgl. zu dieser Produktion Irmgard Zündorf: Unter Brüdern. Der erste gesamtdeutsche Tatort bzw. Polizeiruf. In: Deutsches Historisches Museum (Hrsg.): Alltag Einheit. Portrait einer Übergangsgesellschaft. Berlin 2015, S. 22–25.

48 Damit passte der Tenor nebenbei zum ›linken‹ Grundton der Schimanski-Tatorte; vgl. Dirk Schümer: Kein Bock mehr. Schimanskis Abgang 1991. In: *Frankfurter Allgemeine Zeitung (FAZ)*, 31. Dezember 2008, S. 24.

49 Vgl. Anita Krätzner-Ebert: Von »Schneewittchen« und »Rosenholz«. Die Darstellung der Staatssicherheit in der Fernsehreihe »Tatort«. In: Kötzing: Bilder der Allmacht (wie Anm. 37), S. 245–261, hier S. 249; vgl. zur Thematik auch: Tina Welke: Tatort Deutsche Einheit. Ostdeutsche Identitätsinszenierung im »Tatort« des MDR. Bielefeld 2012.

50 Ebd., S. 255 ff.

51 Andreas Herzog: *Die Toten von Marnow*, acht Teile. D (ARD/Degeto) 2021, nach dem Roman von Holger Karsten Schmidt.

die Staatssicherheit in solchen Darstellungen wie eine mächtige Organisation, die noch nach Jahrzehnten damit beschäftigt ist, ihre kriminellen Machenschaften zu verbergen, und dafür buchstäblich über Leichen geht. Dass dieses Muster auf die Drehbuchschreiber*innen fiktionaler Thriller eine hohe Anziehungskraft ausübt, mag unter dramaturgischen Aspekten verständlich sein. Der Topos findet sich ähnlich jedoch auch in Dokumentarfilmen: In TV-Produktionen wird bisweilen die Stasi für den Mord an Treuhand-Chef Detlev Karsten Rohwedder 1991 verantwortlich gemacht, obwohl die Rote Armee Fraktion (RAF) sich zu der Tat bekannt hat.[52] »Der Mörder ist immer die Stasi«, bemerkte dazu ironisch *die tageszeitung* (taz).[53]

Vorstellungen von einer allmächtigen Staatssicherheit, deren ›Zersetzungs‹-Aktivitäten noch über 1990 hinauswirken, kennzeichnen auch den Fernseh-Spielfilm *Der Stich des Skorpion* von 2006.[54] In Rückblenden wird hier die Geschichte eines Dissidenten und Fluchthelfers erzählt, auf den das MfS im Westen einen nur zufällig gescheiterten Mordanschlag verübt hat. Nach Einsicht seiner Stasi-Akte muss er feststellen, dass seine eigene Ehefrau als IM auf ihn angesetzt war. Diese sieht keinen anderen Ausweg, als sich das Leben zu nehmen. Damit zerstört die Staatssicherheit noch nach ihrer Auflösung das Leben des Protagonisten und erreicht so – sozusagen posthum – ihr lange verfolgtes Ziel.[55]

Im Unterschied zum Ereignis des Mauerfalls handelt es sich bei den Stasi-Filmen nicht zwangsläufig um eine Erlösungsgeschichte, die 1990 ihren Höhe- und zugleich Endpunkt erreicht hat. Das Thema steht vielmehr für die Notwendigkeit, sich in der Zeit danach mit der Repression und dem Unrecht in der Vergangenheit auseinanderzusetzen, weil diese sonst untergründig weiterwirken. Die Verlängerung der Perspektive in die Transformationszeit bringt es mit sich, dass sich dort, wo das Thema nicht lediglich zur Spannungserzeugung dient, die einfache zeitliche Codierung von überwundener Vergangenheit und Gegenwart als ›schlechte‹ versus ›gute‹ Zeit relativiert wird: Das Böse ist auch nach 1990 noch nicht tot. Diese Filme folgen ebenfalls dem Narrativ von Romanzen, das heißt, die Held*innen ringen das Böse in Form alter Stasi-Seilschaften nieder.

---

52 U. a. in der TV-Dokumentation: Werner Czaschke/Clemens Schmidt: *Wer erschoß den Treuhand-Chef?* D (WDR) 1998; mit eindrucksvollen Reenactments: Jan Peter/Georg Tschurtschenthaler/Torsten Striegnitz: *Rohwedder – Einigkeit und Mord und Freiheit*. D (Netflix) 2020.

53 Wolfgang Gast: Ein Hauch Verschwörung. In: *taz*, 19. Februar 1998, S. 19.

54 Wolfgang Wagner: *Der Stich des Skorpion*. D (Studio Hamburg/WDR/Arte) 2006, nach dem autobiografischen Roman von Wolfgang Welsch.

55 Vgl. Myriam Neumann: Aus dem Archiv. Staatssicherheit und BStU-Bürokratie im Spielfilm. In: Kötzing: Bilder der Allmacht (wie Anm. 37), S. 228–244.

Genau dieses Schema liegt in jüngerer Zeit der Serie *ZERV – Zeit der Abrechnung* zugrunde.[56] Die Abkürzung steht für »Zentrale Ermittlungsstelle für Regierungs- und Vereinigungskriminalität«, eine Berliner Polizeibehörde, die von 1991 bis 2000 tatsächlich existiert hat. In der Serie geht es um illegale Waffengeschäfte mit Material der Nationalen Volksarmee (NVA), die in bewährter Manier von alten Seilschaften aus KoKo- und Stasi-Mitarbeitern getätigt werden, während das Ermittler*innenteam versucht, der Bande das Handwerk zu legen. Wie schon 1990 in der gemeinsamen *Tatort-/Polizeiruf*-Folge spielen hier Verstrickungen mit dem Westen eine wichtige Rolle. An dessen moralischer Überlegenheit darf daher gezweifelt werden. Außerdem wird nun direkt die schwierige Zusammenarbeit und Machtasymmetrie zwischen ost- und westdeutschen Polizist*innen thematisiert: »Die Buschzulage will verdient sein«, treibt der West-Chef seine Leute an. »Der Fuchs ist schlau und stellt sich dumm, beim Wessi ist es andersrum«, zitiert ein Ostdeutscher den Volksmund.[57] Am Ende wird jedoch alles harmonisch aufgelöst: Im gemeinsamen Kampf gegen die Bösewichte hat man sich gegenseitig schätzen gelernt.

Das Ziel dürfte besonders im Fernsehen nicht zuletzt der Versuch sein, die unterschiedlichen Stränge und Muster west- und ostdeutscher Erinnerung zusammenzubringen.[58] Obwohl die Überwindung des DDR-Unrechts stets im Vordergrund bleibt, spielen die Erfahrungen von Ostdeutschen während der Transformation mittlerweile erkennbar eine Rolle. Die Übergänge zur folgenden Kategorie der ›Transformationsfilme‹ sind fließend – was sich schon daran ablesen lässt, dass auch dort das Thema Stasi einen prominenten Platz einnimmt.

3. Abschiede, Aufbrüche, Sinnsuchen: Transformationsfilme

Bei frühen Spielfilmen, die die ostdeutsche Gesellschaft nach der Wiedervereinigung in den Blick nehmen und die nicht von der DEFA kommen, fällt ihr dezidiert optimistischer Tenor ins Auge. Beispielhaft dafür sei hier der Fernsehfilm *Der Brocken*[59] genannt, eine noch vom Deutschen Fernsehfunk (DFF) begonnene Produktion, die erst nach der Abwicklung des DDR-Fernsehens 1991 vom Norddeutschen Rundfunk (NDR) fertiggestellt wurde. Die Handlung dreht sich um

56 Dustin Loose: *ZERV – Zeit der Abrechnung*, sechs Teile. D (ARD) 2022.

57 Ebd., Teil 1: *Andere Zeiten*. TC 00:20:39; Teil 2: *In Deckung*. TC 00:21:48.

58 Vgl. Tobias Ebbrecht-Hartmann: Die Stasi als negatives Prisma deutscher Geschichte. Grenzüberschreitungen und verflochtene Erinnerungen in Filmen über die DDR. In: Kötzing: Bilder der Allmacht (wie Anm. 37), S. 309–326.

59 Vadim Glowna: *Der Brocken*. D (DFF/NDR) 1992.

Ada Fenske (Elsa Grube-Deister), eine ältere Dame, deren idyllisches, auf Rügen direkt an der Ostsee gelegenes Grundstück das Interesse westlicher Geschäftsleute bzw. Militärs weckt. Die Erwartung des schmierigen und intriganten Westlers Albert Zwirner (Rolf Zacher), die in marktwirtschaftlichen Belangen unerfahrene Ostdeutsche leicht über den Tisch ziehen zu können, geht jedoch nicht auf. Statt zu verkaufen organisiert die vermeintlich wehrlose Oma mit den Dorfbewohner*innen ein alternatives Netzwerk, das generell den Ausverkauf der Insel an westliche Interessent*innen verhindert, indem es den Einheimischen eine neue wirtschaftliche Perspektive verschafft.

Auf diese Weise wird den von Arbeitslosigkeit und Raubtierkapitalismus verunsicherten Ostdeutschen nicht nur eine (neoliberale) Utopie für die Überwindung der Krise aus eigener Kraft geboten. Letztlich erweisen sich die Ostdeutschen mit ihrer lokal-genossenschaftlich organisierten und ökologisch-alternativ orientierten Produktionsform den westlichen Kapitalismus-Profis sogar als überlegen – und dies nicht allein in moralischer Hinsicht.[60]

Ein sehr ähnlicher Tenor findet sich in der Filmkomödie *Go Trabi Go* und der Fortsetzung *Go Trabi Go 2 – Das war der wilde Osten* aus den frühen 1990er Jahren.[61] Der erste Teil gehörte zu den erfolgreichsten deutschen Produktionen dieser Zeit. Die Familie des Deutschlehrers Struutz nutzt die neue Reisefreiheit, um mit ihrem Trabant auf eine lang ersehnte Italien-Reise zu gehen. Die Komik entsteht situativ vor allem aus kulturellen Differenzen und Missverständnissen, die aus der fehlenden Weltläufigkeit der Familie resultieren. Letztlich erwächst aber genau aus der Naivität und Unverstelltheit sowie dem ungebrochenen Rekurs auf Goethes *Italienische Reise* eine Haltung, mit der sich die Ostdeutschen positiv vom Massentourismus westlicher Prägung abheben. Geschickt werden hier westdeutsche Mythen wie der Italientourismus des ›Wirtschaftswunders‹ mit ostdeutschen Symbolen wie dem Trabant und dem gesamtdeutschen Klischee des bildungsbürgerlichen Klassik-Kults verbunden. Im zweiten Film, der Lehrer Struutz dann sogar bis in die USA trägt, erweisen sich die ostdeutschen Protagonist*innen in Wirtschaftsfragen ebenfalls als extrem lernfähig und – im Team mit einem unangepassten Westdeutschen – auch erfolgreich gegenüber Wendegewinnlern. »Der Film hat für die deutsche Vereinigung mehr getan als viele Politiker«, wird der Darsteller André Eisermann 2015 zu *Go Trabi Go*

60 Vgl. dazu die negative Kritik von HARALD MARTENSTEIN: Das große Zachern. DER BROCKEN, noch eine Komödie übers vereinigte Deutschland. In: *Der Tagesspiegel*, 23. April 1992.

61 PETER TIMM: *Go Trabi Go*. D 1991; und WOLFGANG BÜLD/REINHARD KLOOSS: *Go Trabi Go 2 – Das war der wilde Osten*. D 1992.

zitiert.[62] Das bringt zumindest die Absicht auf den Punkt: Unverkennbar wurde hier an einer positiven gesamtdeutschen Identität gearbeitet.

Die Botschaft dieser »optimistischen Aufbruchsfilm[e]«[63] ist klar: Alle Schwierigkeiten der Transformation können überwunden werden, und die Unterschiede zwischen Ost und West sind nicht etwa ein Problem, sondern eine gesamtdeutsche Stärke. Dieser optimistische Blick auf die Zukunft überlebte sich allerdings schnell. Dass die Fortsetzung von *Go Trabi Go* nicht an den Erfolg des ersten Teils anknüpfen konnte, dürfte daher weniger dem Film selbst als der sich rasant verändernden gesellschaftlichen Stimmung geschuldet sein: Als der zweite Teil im Spätsommer 1992 in die Kinos kam, waren die einschneidenden ökonomischen und sozialen Folgen der Wiedervereinigung in Form von Massenarbeitslosigkeit und Abwanderung der Jüngeren aus den ›neuen Ländern‹ bereits für alle spürbar, die pogromartigen Ausschreitungen gegen vietnamesische Vertragsarbeiter*innen in Rostock-Lichtenhagen[64] fielen zeitlich mit dem Kinostart zusammen. Zumindest im Osten passten harmonisierende Komödien wie diese daher kaum noch in die Zeit.

Richtiger erschien nun die gegenteilige Botschaft, nämlich diejenige einer rücksichtslosen Unterordnung des Gemeinwohls unter kapitalistische Gewinn- und Verwertungsinteressen in Ostdeutschland, wie sie vor allem einige westdeutsche Regisseur*innen in den 1990er und 2000er Jahren ins Bild setzten. Geradezu prophetisch und zum Zeitpunkt der Premiere im Herbst 1990 – wenn überhaupt – allenfalls als unzeitgemäßer Kassandraruf wahrgenommen, parodierte Christoph Schlingensief in seiner anspielungsreichen Satire *Das deutsche Kettensägenmassaker*[65] die in seinen Augen überhastete Wiedervereinigung als Kolonialisierung und buchstäbliche Verwertung der Ostdeutschen. Diese politische Botschaft nahm wenig später der Regisseur Dominik Graf auf, allerdings nicht in Form experimenteller Low-Budget-Produktionen, sondern im Rahmen konventioneller Krimi-Handlungen zur Fernseh-Primetime – mit entsprechenden Schwierigkeiten, diese Sicht im Rahmen der Produktion durchzusetzen.[66] *Die*

62 Torsten Wahl: Gletscherblau in Rom. Wolfgang Stumph fährt für den MDR noch einmal Trabant. In: *Berliner Zeitung*, 28. September 2015; zitiert nach: Chris Wahl: Go, Trabi, Go. In: moving history: Als wir träumten (wie Anm. 6), S. 76.

63 Chris Wahl: Go, Trabi, Go (wie Anm. 62), S. 74–76, hier S. 75.

64 Siehe dazu auch den Beitrag von Franka Maubach in diesem Band.

65 Christoph Schlingensief: *Das deutsche Kettensägenmassaker – Die erste Stunde der Wiedervereinigung*. D 1990; vgl. dazu: Nikolai Okunew: »Das Deutsche Kettensägenmassaker«. Als Christoph Schlingensief 1990 mit dem Schinken nach der Wurst warf. In: *Zeitgeschichte-online*, 7. August 2024, URL: https://zeitgeschichte-online.de/film/das-deutsche-kettensaegenmassaker, letzter Zugriff: 27.08.2024.

66 Vgl. dazu das Gespräch über *Die Verflechtung* zwischen Marco Abel und Dominik Graf im Rahmen des Filmfestivals moving history in Potsdam am 25.09.2019. Abgerufen unter URL:

Verflechtung[67] und später *Eine Stadt wird erpresst*[68] zeigen ein düsteres Bild vom Osten als schwer getroffenes Opfer eines gewissenlosen Ausverkaufs – überall Kriminalität, Verfall und Perspektivlosigkeit statt der von Bundeskanzler Helmut Kohl versprochenen ›blühenden Landschaften‹. Dieses negative Bild wurde freilich dort seinerseits als Klischee und westliche Projektion kritisiert sowie als wenig hilfreich im Sinne einer gegenseitigen Verständigung empfunden.[69]

Ganz ähnlich reagierte die Kritik auf den Versuch des öffentlich-rechtlichen Fernsehens, der mittlerweile offensichtlichen Vereinigungskrise nun mit Ironie beizukommen, in Form zweier Sitcom-Serien nach US-amerikanischem Vorbild. Zunächst erschien 1993 die für den WDR und den NDR produzierte 13-teilige Satire *Motzki*.[70] Drehbuchschreiber Wolfgang Menge nahm hier ebenfalls eine primär westliche Perspektive ein, indem er einen reaktionären Frührentner aus Westberlin porträtierte, der gegen die Wiedervereinigung wettert, weil er materielle Einschränkungen fürchtet.[71] In *Motzki* kamen aktuelle Probleme in Ostdeutschland wie Arbeitslosigkeit, Stasi-Vergangenheit und Rückübertragungen zwar am Rande vor, die Satire persiflierte jedoch hauptsächlich westliche Überheblichkeit, Ressentiments und Desinteresse gegenüber den Ostdeutschen – »ein kaum verzerrtes Spiegelbild der westdeutschen Gesellschaft«, wie der *Spiegel* damals meinte.[72]

Richtig lag das Blatt jedenfalls mit der Prognose, dass diese Form von Ironie besonders im Osten kaum positiv aufgenommen werden könne. Boulevardzeitungen und einige Politiker forderten bereits nach der ersten Folge die sofortige Absetzung, denn »Motzki verletzt die Würde der Menschen im Osten Deutschlands«[73] und spalte die Nation.[74] Es gab sogar den Versuch, die Serie wegen angeblicher Volksverhetzung juristisch zu stoppen.[75] Ebenso wenig Zuspruch erhielt wenig später der Versuch, *Motzki* eine ostdeutsche Perspektive entgegenzusetzen: *Die*

---

https://www.youtube.com/watch?v=rOECBG4FYpY&t=267s, letzter Zugriff: 03.01.2023.

67 Dominik Graf: *Die Verflechtung*. D (WDR/SDR) 1993, Episode 2 der Serie *Morlock*. D 1992–1994.

68 Ders.: *Eine Stadt wird erpresst*. D (ZDF/Arte) 2006.

69 Vgl. Marco Abel: Die Verflechtung. In: moving history: Als wir träumten (wie Anm. 6), S. 115–117, hier S. 117.

70 Thomas Nennstiel: *Motzki*. D (ARD) 1993.

71 Die Serie ähnelt in mehrerlei Hinsicht Wolfgang Menges erfolgreichem Vorläufer *Ein Herz und eine Seele*, 25 Folgen in zwei Staffeln D (WDR) 1973–1976.

72 »Lachen über die Verbitterung«. In: *Der Spiegel* 4 (1993), S. 180–181.

73 So der nordrhein-westfälische CDU-Politiker Herbert Reul, zitiert nach: Böse Geister. In: *Der Spiegel* 6 (1993), S. 213–214.

74 Vgl. Barbara Bollwahn: Wird Ossihasser ›Motzki‹ zum Politikum? Reaktionen auf die erste von 13 Folgen über den miesen Dauernörgler aus dem Wedding. In: *taz*, 4. Februar 1993, S. 24.

75 Motzki motzt weiter. In: *taz*, 27. Februar 1993, S. 29.

Trotzkis[76] parodierte eine proletarische Leipziger Familie, die mit der Marktwirtschaft und anderen Herausforderungen der Transformationszeit zu kämpfen hat. Sollte das Ziel tatsächlich gewesen sein, Verständnis für die Situation der Menschen in den neuen Ländern zu fördern,[77] dann scheiterte dieses Vorhaben gründlich.

Vor diesem Hintergrund mag es überraschen, dass es 2003 eine Komödie war, die mit mehr als 6,5 Millionen Zuschauer*innen zum bislang bekanntesten und erfolgreichsten Film über die frühe ›Wendezeit‹ wurde. Die ›coming of age‹-story *Good Bye, Lenin!*[78] handelt vom schwierigen Abschied von der DDR. Ihr ist oft vorgeworfen worden, diese ostalgisch zu verklären.[79] Diametral entgegengesetzt kam jedoch ebenso die Kritik auf, der Film gebe ihr im Sinne einer sozialistischen Alternative keinerlei Chance, sondern reduziere sie auf ein ›Affentheater‹.[80] Die antagonistische Kritik verweist auf die Polarisierung der DDR-Erinnerungskultur zu dieser Zeit: Die eine Seite bestand auf eindimensionalen Repräsentationen im Sinne des Diktaturgedächtnisses, während andere darauf hinwiesen, dass das Fortschrittsgedächtnis seinerzeit im Film kaum je vertreten war.

Tatsächlich entzog sich *Good Bye, Lenin!* diesen entgegengesetzten Erwartungen, und genau darauf beruhte offenbar sein Erfolg: Weder stimmte der Film in den Chor der unbedingten Abrechnung mit der DDR ein, noch zeigte er ernsthaft Verständnis für sie als Systemalternative. Ganz im Sinne des Arrangementgedächtnisses bestand er stattdessen auf den Wert gelebter Biografien jenseits des politischen Systems. Das machte ihn anschlussfähig sowohl für ost- als auch für westdeutsche Lesarten. In diesem Sinne erschien das Jahr 1989/90 in Ostberlin im Film zwar als Ende eines absurden Systems. Zugleich wurde dieses jedoch durch einen kaum weniger grotesken Turbokapitalismus abgelöst, der schwerlich als Erlösung begriffen werden konnte. Ein gutes Jahrzehnt nach der Wiedervereinigung war damit die Enttäuschung über den Vereinigungsprozess in Ostdeutschland gewissermaßen ›eingepreist‹. In den 1990er Jahren wäre eine solche vermittelnde Position vermutlich noch kaum möglich gewesen.[81]

---

76 Günter Meyer: *Die Trotzkis*, 13 Folgen. D (MDR) 1993/94.

77 Heinz Schmidt: Der Osten schlägt zurück. In: *Süddeutsche Zeitung*, 14. Dezember 1993.

78 Wolfgang Becker: *Good Bye, Lenin!* D 2003.

79 Vgl. z. B.: Mathias Wedel: Rückkehr der Spreewaldgurke. Phase 3 der Wiedervereinigung. Warum der Film Good Bye, Lenin! so erfolgreich ist. In: *Frankfurter Rundschau*, 5. März 2003, S. 9.

80 So Anke Westphal: Was unterging, taucht nicht mehr auf. »Good Bye, Lenin!« von Wolfgang Becker legt heiter Distanz ein – das macht traurig. In: *Berliner Zeitung*, 8. Februar 2003, S. 9.

81 In diesem Sinne auch Thomas Lindenberger: Zeitgeschichte am Schneidetisch. Zur Historisierung der DDR in deutschen Spielfilmen. In: Gerhard Paul (Hrsg.): Visual History. Ein Studienbuch, Göttingen 2006, S. 353–372.

Jenseits der narrativen Strukturen – im Falle von *Good Bye, Lenin!* wird die komödiantische Form übrigens durch ein darunter liegendes tragisches Narrativ relativiert – fällt auf, dass sich das Motiv des Erwachsenwerdens in Spielfilmen häufiger findet, ebenso wie das des Roadmovies, bisweilen auch beides kombiniert. Die Zeit des Umbruchs und beschleunigten Wandels gerät so zur Analogie oder zur Umwelt jugendlicher Krisen, individueller Sinnsuchen und kontingenter Lebenswege. Einige frühe Filme handeln von Erkundungen des nun frei zugänglichen Ostens durch Westdeutsche.[82] Sie betonten tendenziell die Offenheit und die Chancen des Aufbruchs, während die rückblickend entstandenen Porträts ostdeutscher Protagonist*innen meist spürbar ambivalenter angelegt sind.[83] Im Falle von *Tschick* und *Als wir träumten*[84] erscheinen die 1990er Jahre als Zeit eines normativen Vakuums, als Anarchie, der zwar auch utopisches Potenzial innewohnte, die aber für Jugendliche durch den Ausfall der Erwachsenen als Vorbilder häufig Verlorenheit und Orientierungslosigkeit mit sich brachte. Am deutlichsten artikulierte dies ein Film über eine Gruppe Jugendlicher während der Ausschreitungen in Rostock-Lichtenhagen. *Wir sind jung. Wir sind stark.*[85] zeichnete das albtraumhafte Bild einer ›lost generation‹, deren Erfahrungen in die rechtsradikale Destruktivität der »Baseballschlägerjahre«[86] mündete.

In den letztgenannten Filmen der fortgeschrittenen 2010er Jahre entsteht der Eindruck, dass sich der Blick auf die Transformationszeit von der Engführung mit der DDR-Erinnerung zu lösen beginnt. Mittlerweile scheinen unbefangenere und differenziertere Perspektiven auf die ›Nachwendezeit‹ möglich, ohne dass diese sofort im Hinblick auf die DDR-Vergangenheit skandalisiert werden. Ablesen lässt sich das naturgemäß insbesondere an der Thematisierung der Staatssicherheit. Allein schon, dass dieses Thema inzwischen nicht mehr nur im Kontext der Diktaturerinnerung prominent behandelt werden kann, deutet auf eine entsprechende Veränderung der Erinnerungskultur. Eine Komödie wie *Kundschafter des Friedens*[87], in der ehemalige Agenten der für die Auslandsspionage zuständigen Hauptabteilung Aufklärung (HVA) vom Bundesnachrichtendienst

82 Pia Frankenberg: *Nie wieder schlafen*. D 1992; Detlev Buck: *Wir können auch anders*. D 1993.

83 Z. B. Markus Goller: *Friendship!* D 2010; Fatih Akin: *Tschick*. D 2016, nach dem gleichnamigen Roman von Wolfgang Herrndorf.

84 Andreas Dresen: *Als wir träumten*. D 2016, nach dem gleichnamigen Roman von Clemens Meyer.

85 Burhan Qurbani: *Wir sind jung. Wir sind stark.* D 2014.

86 Siehe hierzu weiterführend: Christian Bangel: #Baseballschlägerjahre. Ein Hashtag und seine Geschichten. In: *Aus Politik und Zeitgeschichte (APuZ)* 49–50 (2022), S. 4–9.

87 Robert Thalheim: *Kundschafter des Friedens*. D 2017.

(BND) reaktiviert werden, hätte einige Jahre früher vermutlich noch erheblichen Widerstand provoziert. Die Vereinigung der beiden Geheimdienste birgt dabei erkennbar eine gesamtdeutsch-versöhnliche Botschaft, ganz so, wie es die *Stasikomödie*[88] in Bezug auf die bis dato unüberbrückbaren Gegensätze zwischen Dissident*innen und ehemaligen Zuträger*innen bzw. Mitarbeiter*innen des Staatssicherheitsdienstes tut.

Letzteres gilt auch für Andreas Dresens erfolgreiches Biopic über den in ›Nachwendezeiten‹ populären Liedermacher Gerhard Gundermann und dessen Umgang mit seiner Stasi-Verstrickung in den 1990er Jahren.[89] Damit wird auf einer Metaebene der aufgeladene und polarisierende Diskurs um die DDR-Vergangenheit selbst zu einem Thema, über das nun auch gelacht werden kann.[90] Fast völlig entkoppelt von den Ritualen und Reflexen des DDR-Vergangenheitsdiskurses präsentiert sich die Netflix-Serie *Kleo*[91], in der es um einen Rachefeldzug einer ehemaligen Stasi-Auftragskillerin an ihren Vorgesetzten geht. Das Thema scheint damit im Bereich der von konkreter Geschichte weitgehend abstrahierender Unterhaltung angekommen zu sein.

4. Der Osten als Verlierer: Utopiefilme

Die dritte Kategorie von Filmen kombiniert den kritischen Blick auf die ›Wende‹- und ›Nachwendezeit‹ mit einem mehr oder minder offenen Verweis auf den Sozialismus als humanere Alternative zum Kapitalismus. Das kann die Form einer Verlustgeschichte annehmen, mit der Transformation als Kolonialisierung des Ostens und einer tendenziell nostalgischen Verklärung des Realsozialismus – eine Referenz an das Fortschrittsgedächtnis. Inszenierungen einer sozialistischen Zukunft können aber auch ohne positiven Bezug zur DDR auskommen, dann erscheint der Realsozialismus lediglich als gescheiterte oder pervertierte Form einer (echten) sozialistischen Gesellschaft. Auch in diesen Fällen bedeutet die kapitalistische Systemtransformation für die Betroffenen allerdings kaum etwas Gutes. Diese letztgenannte Perspektive lag schon deshalb nicht fern, weil sie grundsätzlich im Einklang mit dem Horizont der Bürgerrechtsbewegung stand,

88 Leander Hausmann: *Stasikomödie.* D 2022.

89 Andreas Dresen: *Gundermann.* D 2017.

90 Schon gut zehn Jahre früher findet sich dieser Ansatz – allerdings ohne die humoristische Brechung und eher aus der Betroffenenperspektive – in dem TV-Spielfilm *Die Nachrichten* von Matti Geschoneck. D 2005, nach dem gleichnamigen Roman von Alexander Osang.

91 Viviane Andereggen/Jano Ben Chaabane: *Kleo.* D (Netflix) seit 2022; bisher 14 Folgen in zwei Staffeln.

deren Ziel 1989 wie oben bereits erwähnt nicht ein wiedervereinigtes Deutschland und ein grundlegender Umsturz der Wirtschaftsordnung war. Stattdessen strebte sie zu Anfang mehrheitlich einen demokratisch reformierten Sozialismus an, den sogenannten ›Dritten Weg‹ – eine Perspektive, die spätestens nach der Volkskammerwahl im Frühjahr 1990 allerdings schnell in den Hintergrund geriet und heute wenn überhaupt meist allein mit der ehemaligen Staatspartei SED/PDS assoziiert wird.[92]

Einschlägige Filme finden sich denn auch zunächst fast ausnahmslos im unmittelbaren zeitlichen Zusammenhang mit den Ereignissen der Jahre 1989/90. Sie stammten von Dokumentarfilmer*innen aus der DDR, die sich ihre Drehgenehmigungen häufig noch mühsam erkämpfen mussten. Die genaue Beobachtung der Montagsdemonstrationen in *Leipzig im Herbst*[93] mit zahlreichen Interviews von Teilnehmer*innen macht deutlich, wie stark die Hoffnung auf einen reformierten Sozialismus seinerzeit noch war. Entstanden sind in den Jahren 1990 und 1991 aber vor allem Bilder eines untergehenden Systems, auch wenn einige dieser Filme noch unter den Bedingungen der DDR-Zensur begonnen worden sind und im Ansatz entsprechend vorsichtige Plädoyers zur Reform darstellen. Beispielsweise gilt das für das Porträt der jugendlichen Mitglieder einer Ostberliner Punkband[94] und die Begleitung eines regimekritischen Potsdamer Abiturienten in seinem letzten Schuljahr.[95]

Viele dieser Produktionen versuchten, wie treffend bemerkt worden ist, »eine Gegenwelt herzustellen«[96] zu den euphorischen, aber oberflächlichen Freudenbildern der Maueröffnung im Fernsehen, indem sie auf den gelebten Alltag fokussieren. Die Stimmung in diesen Filmen ist melancholisch, viele zeigen Arbeiter*innen an ihren plötzlich unsicher gewordenen Arbeitsplätzen. Das Zerbrechen der »arbeiterlichen Gesellschaft«[97] DDR kündigte sich an, und dementsprechend groß waren Furcht, Verbitterung, Resignation oder manchmal auch Wut der Porträtierten. Besonders spürbar – und bisweilen auch ironisch-süffisant

---

92 Vgl. Martin Sabrow: Der vergessene ›Dritte Weg‹. In: *Aus Politik und Zeitgeschichte (APuZ)* 11 (2010), S. 6–13.

93 Gerd Kroske/Andreas Voigt: *Leipzig im Herbst*. DDR 1989.

94 Helke Misselwitz: *Sperrmüll*. D 1991.

95 Kurt Tetzlaff: *Im Durchgang – Protokoll für das Gedächtnis*. D (DEFA) 1990; sowie die Fortsetzung: Ders.: *Im Durchgang – Protokoll einer Hoffnung*. D (DEFA) 1991.

96 Heidemarie Hecht: Der letzte Akt 1989 bis 1992. In: Günter Jordan/Ralf Schenk (Red.): Schwarzweiß und Farbe. DEFA Dokumentarfilme 1946–1992. Potsdam 1996, S. 235–269, hier: S. 240.

97 Wolfgang Engler: Die Ostdeutschen. Kunde von einem verlorenen Land. Berlin 1999, S. 173.

kommentiert – wird dies in Mehrteilern wie Volker Koepps Dokumentationen über Industriearbeiter*innen in der brandenburgischen Provinz[98] und den ›Nachwendefilmen‹ der Langzeitbeobachtung *Die Kinder von Golzow* von Winfried und Barbara Junge.[99] Die Protagonist*innen erscheinen hier häufig vor allem als Opfer von Zeitläuften, auf die sie kaum Einfluss nehmen können – ein tendenziell tragisches Narrativ.

Einige Filme beobachten Menschen am Rand der Gesellschaft. Der Kurzfilm *Kehraus*[100] begleitet beispielsweise eine Gruppe von Straßenkehrern, die in Leipzig nach dem Mauerfall den Müll beseitigen, der nach den Massenkundgebungen liegen geblieben ist. Dabei wird deutlich, wie wenig ihr Leben mit den Verheißungen und Versprechungen von Freiheit in der aufkommenden Konsumgesellschaft zu tun hat. Es wird klar, dass diese Menschen nicht zu den Gewinnern der neuen Zeit gehören werden.[101] Das Gleiche lässt sich über die Bewohner*innen des Dorfes Schmiedewalde in der sächsischen Provinz sagen, bloß mit dem Unterschied, dass im Mai 1991, als *Im schönsten Wiesengrunde*[102] entstanden ist, die Strukturen, die das Dorfleben zuvor bestimmt hatten, bereits zusammengebrochen waren. Jobverlust und Armut, Rückbau von kulturellen und sozialen Infrastrukturen sowie Abwanderung der Jugend und grassierender Rechtsradikalismus bestimmten das Bild. Erzählt wird die Geschichte eines Verlustes, in der das neue West-Auto vor einer Garage wie Hohn wirkt.

Den Filmen ist anzusehen, dass sie formal und ästhetisch in der Tradition des DEFA-Dokumentarismus standen. Entsprechend gering war seinerzeit beim Publikum das Interesse daran, zumal sich der reformierte Sozialismus als realpolitische Alternative bereits Anfang 1990 de facto überholt hatte. Mit der Abwicklung der zentralisierten Filmindustrie und des DDR-Fernsehens verloren zudem auch viele der Autor*innen ihre institutionelle Basis und mussten ihre Arbeit künftig am Markt orientieren. Dokumentarfilme, in denen eine sozialistische Utopie implizit oder explizit zum Ausdruck kam, gab es daher nach den frühen 1990er Jahren nur noch sehr selten.

---

98 Volker Koepp: *Neues aus Wittstock*. D 1992; sowie die sog. *Märkische Trilogie* über Arbeiter in einer Ziegeleifabrik. DDR/D 1989–1991.

99 Winfried Junge/Barbara Junge: *Das Leben des Jürgen von Golzow*. D 1994.

100 Gerd Kroske: *Kehraus*. D 1990.

101 Der Regisseur Gerd Kroske hat den Mitgliedern der Gruppe zwei weitere Filme gewidmet, die diese Prognose einer zunehmend prekären Existenz bestätigen: *Kehrein, Kehraus*. D 1997 und *Kehraus, wieder*. D 2006; vgl. Günter Agde: Demo-Müll oder sanfte Ausdauer mit Ironie. Die drei Leipzig-Filme von Gerd Kroske. In: Ebbrecht/Hoffmann/ Schweinitz (Hrsg.): DDR erinnern, vergessen (wie Anm. 21), S. 92–106.

102 Peter Badel/Dieter Chill: *Im schönsten Wiesengrunde*. D 1991.

Auch in Spielfilmen, die bekanntlich mit besonders hohen Investitionen verbunden sind und insofern auf breite Akzeptanz zielen, spielte die Vorstellung einer ernsthaften sozialistischen Alternative über Jahrzehnte keine Rolle. Erst rund 30 Jahre nach dem Ende der DDR scheint sich das vereinzelt zu ändern. *Adam und Evelyn*[103] erzählt die Geschichte einer Flucht aus der DDR über Ungarn 1989 und der Rückkehr nach dem Mauerfall. Die zuvor geregelte und – zumindest für eine der Hauptpersonen – auch glückliche Existenz gerät durch die ›Wende‹ aus den Fugen. Der Umbruch, oder genauer: die Sehnsucht nach dem Westen, hat hier wenig Gutes bewirkt. Weniger als Verfalls- denn als Geschichte einer Selbstbehauptung stellt sich der positive Bezug in dem Dokumentarfilm *Bettina*[104] dar, einem empathischen Porträt der Liedermacherin Bettina Wegner, die in der DDR politisch verfolgt und schließlich zur Ausreise gezwungen wurde. Dessen ungeachtet hat sie sich den Glauben an ihre sozialistischen Ideale bewahrt. In diesem Fall ist das ungebrochene Bekenntnis zur sozialistischen Utopie allerdings mit einer denkbar deutlichen Absage an den Realsozialismus der DDR verbunden.

5. Fazit

Film und Fernsehen waren (und sind) einerseits Träger des allgemeinen Diskurses, in dem das Thema Transformation verhandelt wurde. Insofern finden sich hier Erzählungen und Wertungen, die sich zur selben Zeit auch in anderen Medien artikuliert haben. Zugleich haben sie die Wahrnehmungen dieser Zeit maßgeblich geprägt, insbesondere in Form ikonografischer Bilder beispielsweise von den Montagsdemonstrationen und vom Mauerfall sowie durch die Erzählungen erfolgreicher Spielfilme mit großer Reichweite, bisweilen sogar über Deutschland hinaus. Damit sind bestimmte Prämissen verbunden, denn einschlägige Filme geben keineswegs nur individuelle Perspektiven wieder, sondern sind stets auch Ausdruck von spezifischen Produktionsbedingungen und -kontexten. So weist das öffentlich-rechtliche Fernsehen mit seinem Bildungsauftrag zumindest bei aufwendigen Produktionen lange Zeit eine Affinität zu politisch orientierten Revolutionsfilmen auf: Die Ereignisse von 1989 wurden als Befreiung und das Erbe der DDR überwiegend als Hypothek gedeutet. Dabei war anscheinend auch die Auseinandersetzung mit dem Nationalsozialismus prägend: Oft wirkt es so, als habe man unbedingt die Fehler der Nachkriegszeit vermeiden wollen, in der im Westen das NS-Unrecht lange verharmlost worden war und die deutsche

103 Andreas Goldstein: *Adam und Evelyn*. D 2019.

104 Lutz Pehnert: *Bettina*. D 2022.

Gesellschaft in Film und Fernsehen vor allem als Opfer von Krieg und Unterdrückung erschien.[105] Nun dominierte das Diktaturgedächtnis, aber um den Preis, dass es für viele Ostdeutsche kaum anschlussfähig war. Die Erzählungen vieler Kinofilme sind demgegenüber spürbar offener, allerdings sind Perspektiven, die sich klar von den gängigen Diskursmustern absetzen, auch hier nicht häufig; das Risiko eines Scheiterns beim mehrheitlich westlichen Publikum dürfte als zu hoch bewertet worden sein.

Überhaupt ist auffällig, wie stark der Blick auf die Transformationszeit mit dem DDR-Gedächtnis verschränkt war. Am offensichtlichsten ist das im Falle der ›Revolutionsfilme‹, die entweder vom Fall der Mauer und der Wiedervereinigung oder von den schädlichen Relikten der Diktatur handeln. Die DDR ist hier als repressives Gegenmodell zur Gegenwart stets mehr oder minder direkt präsent – auch wenn die daran geknüpften Erzählungen durchaus Modifikationen unterliegen. Angesichts des Wissens um die schwierige Zeit danach haben die reinen Helden- und Erlösungserzählungen über 1989 mittlerweile ausgedient.[106]

Weniger offensichtlich ist der Bezug zur Vergangenheit im Fall der ›Transformationsfilme‹, aber auch sie kamen lange kaum ohne Verweise auf das DDR-Gedächtnis aus. Die ›optimistischen Aufbruchsfilme‹ hoben analog zum Arrangementgedächtnis den Wert ostdeutscher Biografien hervor: Der Unterschied zu den Westdeutschen mochte anfangs irritieren, letztlich erwies er sich in Filmen wie *Go Trabi Go* jedoch sogar als Vorteil. Angesichts der realen, unübersehbaren ökonomischen und sozialen Folgen des Bruchs war diesem positiven Bezug auf den Wert ostdeutscher Erfahrung allerdings sehr bald die Grundlage entzogen. Ein gutes Jahrzehnt später bot *Good Bye, Lenin!* wieder einen positiven biografischen Anknüpfungspunkt, nun allerdings bereichert um eine gründliche Desillusionierung über das Wesen des Kapitalismus. Erst nach dem Ende der Einheitseuphorie, nach der Ernüchterung über Sozialismus *und* Kapitalismus ist hier für die Ostdeutschen die Ankunft im vereinigten Deutschland möglich. Ankunftsfilme, so scheint es, sind zwar noch denkbar, aber sie kommen seit Mitte der 1990er Jahre nicht mehr ohne eine bittere Note aus. Es ist kein Zufall, dass sie häufig vom Erwachsenwerden handeln oder als Suchbewegung angelegt sind. Immerhin wird der Bezug zum DDR-Gedächtnis in letzter Zeit offenbar schwächer: Filme wie *Als wir träumten* oder *Wir sind jung. Wir sind stark.* thematisieren diese Zeit stärker um ihrer selbst willen. Die Erinnerung an die DDR rückt in den Hintergrund.

105 Vgl. Christoph Classen: Bilder der Vergangenheit. Der Nationalsozialismus im Fernsehen der Bundesrepublik Deutschland 1955–1965. Köln u. a. 1999.

106 Vgl. Martin Sabrow: 1989 als Erzählung. In: *Aus Politik und Zeitgeschichte (APuZ)* 35–37/2019, S. 25–33.

›Utopiefilme‹ sind dagegen zunächst ausschließlich ein Phänomen der frühen 1990er Jahre. Sie stammen von ostdeutschen Dokumentarfilmer*innen und waren nach dem Ende der DEFA so gut wie ausgestorben. Der Sozialismus war zumindest im Kino und im Fernsehen nach dem Untergang der DDR offenbar lange Zeit so gründlich diskreditiert, dass ein positiver Bezug kaum möglich war. Inzwischen wird diese Perspektive jedoch vereinzelt von jüngeren Regisseur*innen wieder aufgegriffen. Dabei zeigt sich eine Tendenz zur Hybridisierung, die auch für die beiden anderen Kategorien zutrifft: So wie sich in *Bettina* das Insistieren auf eine sozialistische Utopie und Repressionserfahrungen im Realsozialismus nicht ausschließen, so finden sich auch in neueren Revolutions- und Transformationsfilmen komplementäre Elemente, die auf biografische bzw. repressive Aspekte verweisen. *Gundermann* und die Serie *ZERV* sind dafür Beispiele. Ersterer nimmt die sozialistische Überzeugung seines Protagonisten ebenso ernst wie dessen IM-Tätigkeit – es geht um Utopie *und* Diktatur. Die Story um Stasi- und KoKo-Seilschaften in *ZERV* bemüht zwar einen klassischen Topos des Diktaturgedächtnisses, handelt aber zugleich von westdeutscher Übermacht und dem schwierigen Standing der Ostdeutschen nach der Vereinigung.

Neben solchen Hybridisierungen weisen weitere Indizien auf eine langsame Historisierung der Transformationszeit und eine damit verbundene Lockerung des Bezugs auf das DDR-Gedächtnis hin. Außer der weitgehenden Auflösung konkreter historischer Bezüge wie in der Netflix-Serie *Kleo*[107] finden sich inzwischen vereinzelt auch Filme, die den Transformationsdiskurs auf einer Metaebene thematisieren. *Im Niemandsland*[108] etwa erinnert auf den ersten Blick an die ›Mauerfilme‹. Wie diese handelt er von einer Liebe zweier Jugendlicher zwischen Ost und West – bloß, dass die Mauer 1990 gar nicht mehr geschlossen ist. Es ist vielmehr die Unfähigkeit der Elterngeneration auf beiden Seiten, ihre Vergangenheitsobsessionen zu überwinden, die den Kindern eine gemeinsame Zukunft verbaut. Die Transformationszeit wird so für die Nachwachsenden nicht zur Befreiung, sondern zur Tragödie. Die Aufarbeitung der Aufarbeitung, so scheint es, hat auch im Film begonnen.

---

107 Auch *Kleo* beinhaltet allerdings bei genauerer Betrachtung sowohl Aspekte des Revolutionsfilms (Stichwort: Allmacht der Stasi) als auch des Utopiefilms: Kleo rächt offenbar nicht zuletzt den Verrat der sozialistischen Ideale durch die DDR-Nomenklatura.

108 Florian Aigner: *Im Niemandsland*. D 2019.

Autorinnen und Autoren

Arp, Agnès Dr. phil.; geb. 1973 in Paris; Studium der Philosophie, Deutschen Studien und Geschichte in Paris, Leipzig, Berlin und Jena; 2006 Promotion mit einem Oral-History-Forschungsprojekt über die Lebensläufe der Privatunternehmer in der DDR bei Lutz Niethammer. Forschungsthemen: Oral History, Narrative Medizin, die deutsche neueste Geschichte und die Auswirkungen der Transformation auf das Leben der Ostdeutschen in den ›neuen Bundesländern‹; Beteiligung an mehreren Berichten über die soziale Lage der DDR-Heimkinder, der SED-Opfer und zur Frage der politisch motivierten Adoption in der DDR. Aktuell wissenschaftliche Mitarbeiterin an der Universität Erfurt, seit 2021 Aufbau einer Oral-History-Forschungsstelle zur ostdeutschen Erfahrung.

Publikationen (Auswahl): mit Élisa Goudin-Steinmann*:* Die DDR nach der DDR. Ostdeutsche Lebenserzählungen. Gießen 2022 (franz. EA: La RDA après la RDA. Des Allemands de l'Est racontent. Paris 2020); mit Franka Maubach und Annette Leo*:* Giving voice to the Oppressed: The International Oral History Association as an academic network and political movement. Oldenburg 2019; (Hrsg.) mit Annette Leo: Mein Land verschwand so schnell …: 16 Lebensgeschichten und die Wende 1989/90. Weimar 2009.

Böick, Marcus, Dr. phil., geb. 1983 in Aschersleben; 2004–2009 Studium der Geschichte, Politikwissenschaft, Soziologie und Sozialpsychologie an der Ruhr-Universität Bochum; 2009–2014 Promotionsstipendiat der Bundesstiftung zur Aufarbeitung der SED-Diktatur; 2015 Promotion zur Geschichte der Treuhandanstalt und ihres Personals; 2017–2023 Akademischer Rat a. Z. am Historischen Institut der Ruhr-Universität Bochum; 2021 Junior Research Fellow am Institute for Advanced Studies des University College London; 2022 Gastprofessor beim BMBF-Forschungsverbund *Diktaturerfahrung und Transformation* der Friedrich-Schiller-Universität Jena; 2022/23 John F. Kennedy Memorial Fellow und Visiting Scholar am Minda de Gunzburg Center for European Studies der Harvard University; seit 2023 Assistant Professor for Modern German History und Fellow am King's College der Cambridge University.

Publikationen (Auswahl): mit Christoph Lorke: Zwischen Aufbruch und Abwicklung: eine Geschichte des »Aufbau Ost«. Bonn 2022; mit Marcel Schmeer: Im Kreuzfeuer der Kritik. Umstrittene Organisationen im 20. Jahrhundert. Frankfurt am Main u. a. 2020; Die Treuhand: Idee – Praxis – Erfahrung: 1990–1994. Göttingen [4]2020.

Bretschneider, Uta, Dr. phil.; geb. 1985 in Burgstädt; 2003–2008 Studium der Volkskunde/Kulturgeschichte und Soziologie an der Friedrich-Schiller-Universität Jena; 2008–2009 wissenschaftliche Hilfskraft im DFG-Projekt *Ländlicher Alltag auf dem Weg in die Moderne. Sächsische und oberlausitzische Agrargesellschaften zwischen Rétablissement und Erstem Weltkrieg* am Institut für Sächsische Geschichte und Volkskunde, Dresden; 2009–2011 Mitarbeiterin des Hennebergischen Museums Kloster Veßra; 2011–2014 Doktorandin am Bereich Volkskunde der Friedrich-Schiller-Universität Jena; 2024 Promotion zum Thema *»Vom Ich zum Wir«? Flüchtlinge und Vertriebene als Neubauern in der LPG*; 2014–2016 wissenschaftliche Mitarbeiterin am Institut für Sächsische Geschichte und Volkskunde, Dresden; 2016–2020 Direktorin des Hennebergischen Museums Kloster Veßra; seit 2020 Direktorin des Zeitgeschichtlichen Forums Leipzig.

Publikationen (Auswahl): mit JENS SCHÖNE: Provinzlust. Erotikshops in Ostdeutschland. Berlin 2024; mit LENA PANZER-SELZ: LPG-Dinge. Erinnerungen an die Landwirtschaft der DDR. Dresden 2019; »Vom Ich zum Wir«? Flüchtlinge und Vertriebene als Neubauern in der LPG. Leipzig 2016.

Brunner, Detlev, Prof. Dr.; geb. 1959; 1991 Promotion an der TU Berlin; 2004 Habilitation an der Universität Rostock; 1992 bis 2010 Tätigkeiten an der Ruhr-Universität Bochum, der Universität Rostock und dem Institut für Zeitgeschichte München-Berlin; 2010 bis 2016 Lehrstuhlvertretung Neueste Geschichte und Zeitgeschichte an der Universität Leipzig; ab 2016 wissenschaftlicher Mitarbeiter, seit 2019 außerplanmäßiger Professor am Historischen Seminar der Universität Leipzig; ab 2022 Direktor der Forschungsstelle Transformationsgeschichte der Universität Leipzig.

Publikationen (Auswahl): (Hrsg.) mit MICHAELA KUHNHENNE: Proteste, Betriebe und Gewerkschaften. Beiträge zur ostdeutschen Transformation seit 1990. Berlin 2023; Einheit und Transformation. Deutschland in den 1990er Jahren, Stuttgart 2022; Bürokratie und Politik des Allgemeinen Deutschen Gewerkschaftsbundes 1918/19 bis 1933. Köln 1992.

Classen, Christoph, Dr. phil.; geb. 1965 in Hagen/Westfalen; 1986–1995 Studium der Geschichte, Germanistik und Psychologie an der Universität Hamburg; 1997–2003 Doktorand an der FU Berlin und am Zentrum für Zeithistorische Forschung in Potsdam (ZZF); 2003 Promotion zum Antifaschismus im Rundfunk der SBZ und der frühen DDR am Friedrich-Meinecke-Institut der FU Berlin; seit 2003 wissenschaftlicher Mitarbeiter am Leibniz-Zentrum für Zeithistorische Forschung Potsdam; 2017 Mitbegründer des Potsdamer Filmfestivals *moving history*.

Publikationen (Auswahl): (Hrsg.) mit Achim Saupe/Hans-Ulrich Wagner: Echt inszeniert. Zum Verhältnis von Authentizität, Geschichte und Medien in der Moderne. Potsdam 2022; Das Sandmännchen. In: Martin Sabrow (Hrsg.): Erinnerungsorte der DDR. München 2009, S. 342–350; Faschismus und Antifaschismus. Die nationalsozialistische Vergangenheit im ostdeutschen Hörfunk 1945–1953 (Zeithistorische Studien, 27). Köln, Weimar, Wien 2004.

Ganzenmüller, Jörg, Prof. Dr. phil.; geb. 1969 in Augsburg, Studium der Neueren und Neuesten Geschichte, Osteuropäischen Geschichte und Wissenschaftlichen Politik an der Albert-Ludwigs-Universität in Freiburg; 2000–2001 und 2002–2004 wissenschaftlicher Mitarbeiter am Lehrstuhl für Neuere und Osteuropäische Geschichte an der Universität Freiburg; 2003 Promotion an der Universität Freiburg mit einer Studie zum belagerten Leningrad; 2004–2010 wissenschaftlicher Mitarbeiter am Lehrstuhl für Osteuropäische Geschichte der Friedrich-Schiller-Universität Jena; 2008–2009 Stipendiat des Historischen Kollegs in München; 2010 Habilitation an der Universität Jena mit einer Studie zum polnischen Adel in den westlichen Provinzen des russischen Zarenreiches; 2010–2014 Vertreter des Lehrstuhls für Osteuropäische Geschichte an der Universität Jena; seit 2014 Vorstandsvorsitzender der Stiftung Ettersberg in Weimar, seit 2017 zudem Inhaber der Professur für Europäischen Diktaturenvergleich am Historischen Institut der Friedrich-Schiller-Universität Jena.

Publikationen (Auswahl): mit Bertram Triebel (Hrsg.): Gesellschaft als staatliche Veranstaltung? Orte politischer und kultureller Partizipation in der DDR (Europäische Diktaturen und ihre Überwindung, 27). Köln/Weimar/Wien 2022; (Hrsg.): Die revolutionären Umbrüche in Europa 1989/91. Deutungen und Repräsentationen (Europäische Diktaturen und ihre Überwindung, 28). Köln/Weimar/Wien 2021; Das belagerte Leningrad 1941 bis 1944. Die Stadt in den Strategien von Angreifern und Verteidigern (Krieg in der Geschichte, 22). Paderborn u. a. 2005, 2., durchges. Auflage 2007.

Goudin-Steinmann, Élisa, Prof. Dr.; Professorin für zeitgenössische Geschichte an der Universität Paris 3 – Sorbonne nouvelle; 2002 Dissertation zum Thema *Les inflexions de la politique culturelle allemande après l'unification, à l'exemple de la ville de Leipzig – 1990–1998* (Die Änderungen in der deutschen Kulturpolitik nach der Vereinigung am Beispiel der Stadt Leipzig, 1990–1998); 2018 Habilitation zum Thema *Pour une socio-histoire des politiques culturelles en RDA et dans les nouveaux Länder: histoire du quotidien et histoire des politiques publiquest* (Für eine Sozio-Geschichte der Kulturpolitik in der DDR und den neuen

Bundesländern: Alltagsgeschichte und Geschichte der öffentlichen Politiken); Mitherausgeberin des Blogs *Regards sur la RDA et les nouveaux Länder*.

Publikationen (Auswahl): mit AGNÈS ARP: Die DDR nach der DDR. Ostdeutsche Lebenserzählungen. Gießen 2022 (franz. EA: La RDA après la RDA. Des Allemands de l'Est racontent. Paris 2020); mit CAROLA HÄHNEL-MESNARD: Ostdeutsche Erinnerungsdiskurse nach 1989. Narrative kultureller Identität (DDR-Diskurse – Interdisziplinäre Studien zu Sprache, Land und Gesellschaft, 1). Berlin 2013; Culture et action publique en Allemagne. L'impact de l'unification (Éditions Connaissances et Savoirs). Paris 2004.

Holtmann, Everhard, Prof. Dr.; geb. 1946 in Kamen; 1967–1971 Studium der Geschichte, Sozialwissenschaften und Publizistik in Bochum und Wien; Promotionsstipendiat der Studienstiftung des Deutschen Volkes 1972–1974; 1975 Promotion an der Ruhr-Universität Bochum mit einer Arbeit zum autoritären Regime in Österreich 1933–1938; 1986 Habilitation (Politikwissenschaft) an der Universität Erlangen-Nürnberg mit einer Arbeit über lokale politische Kultur im frühen Nachkriegsdeutschland; 1992–2012 Professur für Systemanalyse und Vergleichende Politik an der Martin-Luther-Universität Halle-Wittenberg; 2012–2021 Forschungsdirektor und seither Senior Research Fellow am Zentrum für Sozialforschung Halle e. V. (ZSH) an der Martin-Luther-Universität Halle-Wittenberg; 2005–2012 Sprecher des DFG-SFB 580 *Gesellschaftliche Entwicklungen nach dem Systemumbruch* der Universitäten Jena und Halle.

Publikationen (Auswahl): mit TOBIAS JAECK und ODETTE WOHLLEBEN: Länderbericht zum Deutschen Freiwilligen-Survey 2019. Wiesbaden 2023; (Hrsg.): Die Umdeutung der Demokratie. Politische Partizipation in Ost- und Westdeutschland. Frankfurt am Main/New York 2019; (Hrsg.) mit HEINRICH BEST: Aufbruch der entsicherten Gesellschaft. Deutschland nach der Wiedervereinigung. Frankfurt am Main/New York 2012.

Hördler, Nicole, Dr. phil. und Studienrätin; Historikerin, Ethnologin und Lehrerin für Geschichte und Latein mit Fachleitung am Ernst-Abbe-Gymnasium Jena; Vorstand im Thüringer Altphilologenverband; Studium an der Universität Potsdam; Promotion an der Humboldt-Universität zu Berlin.

Publikationen (Auswahl): mit SIGRID JACOBEIT: Warum Jungs heute nicht mehr Adolf heißen. Was ich schon immer über die Nazi-Zeit wissen wollte. Berlin 2020; Prettin liegt in Deutschland. Stadt und Land zwischen Aufbruch, Resignation und Identitätssuche, 1990 bis 2010. Berlin 2015.

Jaeck, Tobias, Dipl.-Soz.; geb. 1977 in Weimar; 2002–2009 Studium der Soziologie und Kulturwissenschaften in Leipzig, Halle (Saale) und Essex; 2008–2012 wissenschaftlicher Mitarbeiter des SFB 580 *Gesellschaftliche Entwicklungen nach dem Systemumbruch* im Teilprojekt A4 *Politisch-administrative Eliten in ost- und westdeutschen kommunalen Gebietskörperschaften*; 2008–2012 Lehrtätigkeit am Institut für Politikwissenschaft der Martin-Luther-Universität Halle-Wittenberg im Bereich *Methoden der empirischen Sozialforschung*; seit 2008 Durchführung, Planung und Organisation der Bürgerumfrage Halle (Saale); 2007–2020 Mitarbeit im Längsschnittprojekt *Sachsen-Anhalt-Monitor* des Landes Sachsen-Anhalt in Zusammenarbeit mit der Landeszentrale für politische Bildung; seit 2012 wissenschaftlicher Mitarbeiter am Zentrum für Sozialforschung Halle e. V. (ZSH) an der Martin-Luther-Universität Halle-Wittenberg.

Publikationen (Auswahl): mit Jörg Hebenstreit u. a.: Deutschland-Monitor 2023. Gesellschaftliche und politische Einstellungen mit dem Themenschwerpunkt »Stadt und Land« (Hauptbericht). Halle (Saale)/Jena/Mannheim 2023; mit Matthias Brachert und Everhard Holtmann: Einflüsse des Lebensumfelds auf politische Einstellungen und Wahlverhalten. Eine vergleichende Analyse der Landtagswahlen 2019 in drei ostdeutschen Bundesländern (*Empirische Sozialforschung*, H. 12). Bonn 2020; Die »langen Wellen« im Entwicklungsverlauf von politischer Partizipation in Ostdeutschland von 1990 bis zur Gegenwart. In: Everhard Holtmann (Hrsg.): Die Umdeutung der Demokratie – Politische Partizipation in Ost- und Westdeutschland. Frankfurt am Main/New York 2019, S. 35–55.

Krieger, Verena, Prof. Dr. phil.; geb. 1961 in Erlangen; Studium der Kunstgeschichte, Philosophie und Geschichte in Bochum und Köln; 1987–1990 Mitglied des Deutschen Bundestages, Sprecherin im Bundesvorstand der ›Grünen‹; 1996 Promotion über die Bedeutung der Ikonenmalerei für die russische Avantgarde; 1996–1998 Post-Doc-Stipendiatin am Lotman-Institut für russische und sowjetische Kultur an der Universität Bochum; 1998–2008 Wissenschaftliche Mitarbeiterin am Institut für Kunstgeschichte in Stuttgart; 2000–2002 Habilitationsstipendiatin der Deutschen Forschungsgemeinschaft; 2004 Habilitation; 2005–2008 Gast- und Vertretungsprofessuren an den Universitäten Bern, Jena und München sowie an der Hochschule für Gestaltung in Karlsruhe; 2008–2011 Univ.-Professorin für Kunstgeschichte an der Universität für angewandte Kunst Wien; seit 2011 Inhaberin des Lehrstuhls für Kunstgeschichte an der Friedrich-Schiller-Universität Jena.

Publikationen (Auswahl): (Hrsg.) mit Ella Falldorf: Beyond Unrepresentability. Exploring Visual Representations from Nazi Camps, Ghettos, and the Holocaust. Böhlau Köln/Weimar/Wien 2025; Beuys – Schlingensief – Zentrum für politische Schönheit. Gesellschaft als Material künstlerischer Gestaltung und die Autonomie der Kunst in der Gesellschaft. In: DANIEL MARTIN FEIGE/ MICHAEL LÜTHY (Hrsg.): Die Autonomie der Kunst. Beiträge zu einer Kontroverse, Bielefeld 2024; mit GREGOR STREIM: Collage/Montage seit den 1960er Jahren: Kontinuitäten und Transformationen in künstlerischer Praxis und ihrer Theoretisierung. In: VERENA KRIEGER/GREGOR STREIM (Hrsg.): Collage/Montage in Kunst und Literatur von den 1960er Jahren bis heute. Köln/ Weimar/Wien 2024, S. 7–24.

Maubach, Franka, Dr. phil.; geb. 1974; 1993–2000 Studium der Neueren und Neuesten Geschichte, Politikwissenschaft und Ostslawischen Philologie in Freiburg im Brsg., 2000–2007 Promotion zur Geschichte der Wehrmachthelferinnen im Zweiten Weltkrieg und 2021 Habilitation zur Biografie des deutsch-amerikanischen Historikers Hans Rosenberg an der Friedrich-Schiller-Universität Jena; Professurvertretungen an der Bergischen Universität Wuppertal, der Humboldt-Universität zu Berlin und der Universität Bielefeld.

Publikationen (Auswahl): Liminale Räume. Straßengewalt im ostdeutschen Umbruch und der Mord an Amadeu Antonio. In: HANNAH AHLHEIM/ FRANZISKA REHLINGHAUS (Hrsg.): Grenzgänge. Zur Historiographie des Liminalen im 20. Jahrhundert. Bielefeld 2024, S. 93–108; Mölln, Solingen und die lange Geschichte des Rassismus in der Bundesrepublik. In: *Aus Politik und Zeitgeschichte (APuZ)* 49–50 (2022), S. 27–32; mit NORBERT FREI, CHRISTINA MORINA und MAIK TÄNDLER: Zur rechten Zeit. Wider die Rückkehr des Nationalismus. Berlin 2019; Die Stellung halten. Kriegserfahrungen und Lebensgeschichte von Wehrmachthelferinnen, Göttingen 2009.

Pasternack, Peer, Prof. Dr.; geb. 1963 in Köthen/Anhalt; 1994 Diplom (Politikwissenschaft, Universität Leipzig); 1998 Promotion (FB Pädagogik, Universität Oldenburg); 2005 Habilitation (Soziologie, Universität Kassel); 1991 Gründer und seither Herausgeber der Zeitschrift *hochschule ost*, ab 2002 unter dem Titel *die hochschule. journal für wissenschaft und bildung*; seit 1996 am Institut für Hochschulforschung (HoF) an der Martin-Luther-Universität Halle-Wittenberg, seit 2004 dessen Forschungsdirektor bzw. Direktor; Lehrveranstaltungen am Institut für Soziologie der MLU.

Publikationen (Auswahl): Lose gekoppelt. Die Universität Halle-Wittenberg und die Stadt Wittenberg seit 1817: eine Beziehungsgeschichte. Halle (Saale) 2024; Von Campus- bis Industrieliteratur. Eine literarische DDR-Wissenschaftsgeschichte. Baden-Baden 2024; 50 Jahre Streitfall Halle-Neustadt. Idee und Experiment. Lebensort und Provokation. Halle (Saale) 2014.

Stückrad, Juliane, Dr. phil.; geb. 1975 in Eisenach; 1994–2000 Studium der Ethnologie und Kunstgeschichte in Leipzig; Tätigkeit im Bereich Bauforschung und Archäologie in Brandenburg; 2010 Promotion in Volkskunde/Empirische Kulturwissenschaft an der Friedrich-Schiller-Universität Jena zur Kultur des Unmuts; 2011–2015 Wissenschaftliche Mitarbeiterin am Lehrstuhl für Volkskunde/Empirische Kulturwissenschaft der FSU Jena; 2015–2020 freiberufliche Kulturwissenschaftlerin, tätig u. a. für Evangelisch-lutherische Landeskirche Sachsen, Evangelische Kirche Mitteldeutschland, Landestheater Eisenach, Friedrich-Ebert-Stiftung; seit 2020 Wissenschaftliche Mitarbeiterin in der Volkskundlichen Beratungs- und Dokumentationsstelle für Thüringen.

Publikationen (Auswahl): Die Unmutigen – die Mutigen. Feldforschung in der Mitte Deutschlands. Berlin 2022; »Die Perspektive der Stadt ist ja eigentlich die Perspektive der Menschen«. Eine ethnografische Studie zur Stimmungslage in Gößnitz. Hrsg. von der Friedrich-Ebert-Stiftung Landesbüro Thüringen. Erfurt 2020; Ich schimpfe nicht, ich sage nur die Wahrheit. Eine Ethnographie des Unmuts am Beispiel der Bewohner des Elbe-Elster-Kreises im Süden Brandenburgs. Kiel 2010.

Abbildungsverzeichnis

Holtmann/Jaeck: Politische Einstellungen in Ostdeutschland nach dem ›doppelten Transformationsschock‹

Abb. 1, 4–7 © Everhard Holtmann/Tobias Jaeck

Abb. 2 © Everhard Holtmann/Tobias Jaeck; Erstveröffentlichung: MATTHIAS BRACHERT: Bestimmungsgründe regionaler Unterschiede der politischen Partizipation in Deutschland. In: EVERHARD HOLTMANN (Hrsg.): Die Umdeutung der Demokratie. Politische Partizipation in Ost- und Westdeutschland. Frankfurt am Main/New York 2019, S. 256.

Abb. 3 © Everhard Holtmann/Tobias Jaeck; Erstveröffentlichung: EVERHARD HOLTMANN/TOBIAS JAECK/KERSTIN VOELKL: Sachsen-Anhalt-Monitor 2020. 30 Jahre Bundesland Sachsen-Anhalt, 30 Jahre Deutsche Einheit. Halle (Saale) 2020, S. 57.

Brunner: Arbeitsplatzverlust und Unsicherheit

Abb. 1 © Sozialpolitik-aktuell.de, Quelle: Statistik der Bundesagentur für Arbeit (2024): Arbeitslosigkeit im Zeitverlauf.

Tab. 1 © Blätter für deutsche und internationale Politik (www.blaetter.de); abgedruckt in: JÖRG GOLDBERG: Kein Aufschwung in Ostdeutschland. In: *Blätter für deutsche und internationale Politik* 6/1992, S. 759–764, hier S. 759.

Abb. 2 © Fotosammlung Bernhard Hecker, Forschungsstelle Transformationsgeschichte, Universität Leipzig

Tab. 2 © Institut für empirische Psychologie in München/Köln

Hördler: Identitäten im Umbruch

Abb. 1 © ZEITonline; Erstveröffentlichung in: Gehaltsvergleich: Was man in Deutschland wo verdient. In: *ZEITonline*, 22. August 2024, URL: https://www.zeit.de/arbeit/gemeinde-gehalt-deutschland-vergleich-daten-entwicklung

Krieger: Flüchtender – Standhaltender – Wutbürger

Abb. 1, 4–15 STEFANIE MICHELS (Hrsg.): Werkverzeichnis der Gemälde 1950–2003. Leipzig 2017. © VG Bildkunst, Bonn 2024

Abb. 2, 16 Wolfgang Mattheuer (1927–2004) – Ikarus, der Unerkannte und der Jahrhundertschritt. Zeichnungen aus Privatbesitz. Ausstellungskatalog Suermondt-Ludwig-Museum. Aachen 2005. © VG Bildkunst, Bonn 2024

Abb. 3, 18 INGRID MÖSSINGER/KERSTIN DRECHSEL (Hrsg.): Wolfgang Mattheuer. Flugversuch. Retrospektive der Zeichnungen. Ausstellungskatalog Kunstsammlungen Chemnitz. München 2008. © VG Bildkunst, Bonn 2024

Abb. 17 KERSTIN DRECHSEL/JUTTA HELD (Hrsg.): Wolfgang Mattheuer zum 70. Geburtstag – Graphikretrospektive 1948–1997 – Sammlung Koch, Chemnitz. Ausstellungskatalog Städtische Kunstsammlungen Chemnitz. Chemnitz 1997. © VG Bildkunst, Bonn 2024

Personenregister

A

Ahbe, Thomas 99

B

Bangel, Christian 29, 93, 136, 156
Bauerkämper, Arnd 111
Berger, Almuth 143
Biedenkopf, Kurt 59, 194
Biermann, Wolf 70
Böhmermann, Jan 202 f.
Bösch, Frank 141
Bourdieu, Pierre 165
Brasch, Marion 170
Brecht, Bertolt 71
Breuel, Birgit 189, 194, 200, 205
Bude, Heinz 87, 92, 103

C

Carter, Jimmy 167

D

de Maizière, Lothar 30, 59
Đỗ Anh Lân 141
Dresen, Andreas 260
Düwel, Rosemarie 154–156

E

Eisermann, André 255

F

Feik, Eberhard 252
Fink, Heinrich 168
Freino, Karolina 207
Freyer, Thomas 206

G

Gauck, Joachim 92
Gaus, Günter 234
George, Götz 252
Gleicke, Iris 193
Goethe, Johann Wolfgang von 180, 223, 255
Gorbatschow, Michail 163
Graf, Dominik 256
Grebe, Rainald 90, 93
Grube-Deister, Elsa 255
Gundermann, Gerhard 260
Gysi, Gregor 197

H

Haseloff, Rainer 91
Hecker, Bernhard 51
Heise, Thomas 151
Heitmeyer, Wilhelm 154
Hensel, Jana 25, 93
Honecker, Erich 148
Hüwelmeier, Gertrud 145

J

Jähn, Sigmund 166
Jeggle, Utz 117
Junge, Winfried und Barbara 262

K

Koepp, Volker 262
Kohl, Helmut 30, 53, 143, 172, 185, 187, 203, 257
Kollath, Mai Phuong 136, 157
Kollwitz, Käthe 229
Köpping, Petra 192 f., 197
Kowalczuk, Ilko-Sascha 209
Krumbiegel, Sebastian 202

L

Lindenberger, Thomas 138
Ludewig, Johannes 194
Lüdtke, Alf 138 f.
Ludwig, Peter und Irene 211
Luther, Martin 93

M

Mattheuer, Wolfgang 30, 33, 211, 213 f., 216 f., 219, 221, 223 f., 226–228, 230, 232–234, 236–239
Mattheuer-Neustädt, Ursula 217, 227
Mau, Steffen 13, 87, 89, 92, 94, 100, 105
Menge, Wolfgang 257
Merkel, Angela 92, 186
Meyer, Heinz-Werner 59
Millner, Carolin 205
Momper, Walter 243
Münch, Werner 58

N

Nagel, Wolfgang 150
Naumann, Henrike 205
Nguyen, Angelika 152
Nguyen, Dan Thy 135, 141
Nguyen Dinh Khoi 154–156
Nguyen Do Thin 135 f., 157
Nguyễn Ngọc Châu 135, 141
Nguyen Van Tu 145, 149–151
Nichelmann, Johannes 204
Nora, Pierre 120

O

Offenstadt, Nicolas 117 f.
Osang, Alexander 241

P

Platzeck, Mathias 208
Popitz, Heinrich 137 f.

R

Raabe, Wilhelm 224
Ramelow, Bodo 59 f.
Reagan, Ronald 167
Reul, Herbert 257
Riese, Burgard 51
Rietzschel, Lukas 204
Rilla, Joe 145
Rochau, Lothar 70
Roeder, Manfred 141
Röhl, Andreas 150
Rohner, Franziska 148
Rohnstock, Katrin 204
Rohwedder, Detlev Karsten 188 f., 200, 253
Rücker, Günter 220

S

Sabrow, Martin 99, 243–245
Schabowski, Günter 168
Schalck-Golodkowski, Alexander 252
Schäuble, Wolfgang 198 f.
Schlingensief, Christoph 256
Schmidt, Jutta 56
Schöne, Jens 108
Schönian, Valerie 204
Schröder, Gerhard 185
Seehofer, Horst 208
Sindermann, Horst 65
Stange, Eva-Maria 57

T

Ther, Philipp 89
Thumfart, Alexander 33, 135
Tübke, Werner 206
Turgut, Mehmet 155

V

Vogel, Bernhard 59

W

Waigel, Theo 194
Wanderwitz, Marco 30
Wegner, Bettina 263
Weimar, Lisa-Katharina 141
Werkentin, Falco 112
Wolf, Christa 172, 230

Z

Zacher, Rolf 255
Zinn, Howard 161
Zschäpe, Beate 148
Zwickel, Klaus 57